U0645364

90周年
90件大事

广西师范大学
校庆丛书编撰委员会 编

GUANGXI NORMAL UNIVERSITY PRESS
广西师范大学出版社
·桂林·

90 周年 90 件大事
90 ZHOUNIAN 90 JIAN DASHI

图书在版编目（CIP）数据

90 周年 90 件大事 / 广西师范大学校庆丛书编撰委员
会编. --桂林：广西师范大学出版社，2022.9
（广西师范大学 90 周年校庆丛书）
ISBN 978-7-5598-5377-6

Ⅰ. ①9… Ⅱ. ①广… Ⅲ. ①广西师范大学－校史－
大事记 Ⅳ. ①G659.286.73

中国版本图书馆 CIP 数据核字（2022）第 167511 号

广西师范大学出版社出版发行

（广西桂林市五里店路 9 号　邮政编码：541004）
（网址：http://www.bbtpress.com）
出版人：黄轩庄
全国新华书店经销
广西广大印务有限责任公司印刷
（桂林市临桂区秧塘工业园西城大道北侧广西师范大学出版社
集团有限公司创意产业园内　邮政编码：541199）
开本：787 mm × 1 092 mm　1/16
印张：31.5　　字数：508 千
2022 年 9 月第 1 版　　2022 年 9 月第 1 次印刷
定价：88.00 元

如发现印装质量问题，影响阅读，请与出版社发行部门联系调换。

广西师范大学
90周年校庆丛书编撰委员会

主　任　贺祖斌

副主任　旷永青　赵　铁　黄文韬　苏桂发　孙杰远　莫　坷

　　　　林春逸　李英利　林国庆　黄海波　汤志华

委　员　（以姓氏笔画为序）

　　　　韦　冬　毛立刚　文国韬　邓海军　伍尚海　刘玉兰

　　　　刘立浩　刘朝文　汤文辉　阳承姣　苏曦凌　李冬梅

　　　　李宇杰　李林波　李家元　杨　峰　何　云　何小明

　　　　宋树祥　张亮亮　陈欢欣　易锦言　周长山　郑国辉

　　　　孟旭琼　柯君行　倪水雄　黄权标　黄孝权　黄轩庄

　　　　黄晓昀　梁　君　蒋业权　蒋拥军　蒙志明　赖　仿

　　　　窦　武　谭智雄

90 周年 90 件大事

本书编写顾问组

张葆全　黄介山　王枬　梁宏　邓军

赵铁　苏桂发　林春逸　唐凌　黄伟林

林国庆　黄海波　汤志华　周长山

本书编写组

组　长：贺祖斌

副组长：谭智雄　刘朝文　谢凌香

成　员：杨凯　谢婷婷　陈鹏　卢春华

　　　　张乾一　朱会华　李健　王董

　　　　钟婉莹　赵剑光　赵萌萌　车向清

本书审校组

李殷青　韦冬　郑国辉　吴骞　窦武

总 序

独秀九秩风华正茂，星耀八桂盛世筑梦。

巍巍师大，文脉悠远。90年前诞生的广西师范大学，植根八桂大地，兼蓄山水灵气，具有悠久的办学历史和深厚的人文底蕴。回顾那熠熠生辉的流金岁月，从1932年的探索初创，到1941年的艰难重建，从1953年的重获新生，到1983年的更名升级，广西师范大学历经四度调整、六次更名、八次迁址，走过了曲折而自豪的办学历程。

星河流转，岁月峥嵘。在激荡的历史风云中，学校始终传承师范血脉，赓续红色基因，广揽名师，努力成为"建设广西之柱石"。一大批学养深厚、心系天下的名家大师在此执教问学，杨东莼创办"小莫斯科"，薛暮桥首创广西农村经济调查，陈望道开展马克思主义大众化实践，曾作忠打造"西南民主堡垒"，林砺儒于抗战烽火撰著《教育哲学》，谢厚藩指导学生民主运动，谭丕模八易其稿终成《中国文学史纲》，黄现璠开拓壮学研究，赵佩莹重烟剂研究全国领先，钟文典开启太平天国研究，伍纯道开创我校艺术教育……他们培养了一批批勇于担当、追求卓越的优秀学子，为学校赢得了广泛盛誉。前辈先贤苦心开创的校风学风，是观照时代、敢为人先的学问追求，是百家争鸣、追求真理的治学精神，是厚积薄发、崇实求新的学术风骨，是沉潜学问、不慕虚名的人生境界，是因材施教、教学相长的育人思想，是为党育人、为国育才的坚定信念！

时光轮回，阔步向前。九十载的砥砺前行，九十载的坚忍勃发，终于结出硕果，今日之广西师范大学，用一代代师大人的智慧和双手打造出王城、育才、雁山3个校区，幼木成林、郁郁葱葱，5A级景区王城校区历史底蕴深厚，育才校区人气集聚，雁山校区风景如画，数万名学子求学若渴，意气风发；数千名教职工教书育人，孜孜不倦。岁月无痕，却在白驹过隙间铭刻了广西师大人艰苦创业的精神与业绩、坎坷与执着、光荣与梦想，铭刻了广西师大人历经风雨沧桑而自强不息、奋斗不止的集体意志。如今，广西师范大学秉承着"尊师重道　敬业乐群"的校训精神和"弘文励教　至臻至善"的"独秀精神"，在新时代的朝阳下满载阳光、希望和嘱托扬帆远航。

值此90周年校庆之际，为了更好地传承历史、启迪未来，在学校党委部署下，由校党委宣传部统筹协调，校办、社科处、科技处、教务处、档案馆等相关部门编撰，出版了广西师范大学90周年校庆丛书，丛书由6本校史书著组成：

《红色记忆——20世纪三四十年代广西师范大学校史》由宣传部牵头，马克思主义学院协同编撰。该书展现了20世纪三四十年代广西师范大学3个历史时期（广西师专时期、桂林师院时期和南宁师院时期）党组织的发展历程和共产党员师生传播真理、投身革命的事迹。书中的每一个历史事件、每一位中共党员师生、每一张鲜活影像，都展现了我们党在团结带领中国人民进行百年奋斗的伟大历程中代代相传的红色血脉；展现了革命先烈毁家纾难、顽强斗争所铸就的不朽丰碑；展现了广西师大人在党的坚强领导下始终坚守的梦想和追求、情怀和担当、牺牲和奉献，从而汇聚成了广西师范大学最宝贵的精神财富和最鲜亮的基因底色。

《西迁记忆——广西师范大学抗战迁徙办学史迹（1944—1946）》由宣传部牵头，福泉市档案史志局/档案馆协同编撰。该书首次深度研究广西师范大学前身国立桂林师范学院抗战烽火中迁徙（柳州丹洲、贵州平越）办学的历史，力图研究阐释学校西迁办学中体现出的团结一致、勇往直前、百折不挠、勇于担当的崇高精神，展示师生团结协助勇往直前、互敬互爱鼓励扶掖的优秀品质，还原其中真实可感的历史细节，填补了校史研究的空白。

《广西师范大学史（2012—2022）》由档案馆牵头，党办、校办、宣传部、各学院（部）协同编撰，该书展现了2012年以来学校加强党对教育事业的全面领导，聚焦立德树人根本任务，加快推进"双一流"建设和内涵式发展，取得了党的建设更强、顶层设计更完善、人才培养质量更高、学科建设迈上新台阶、人才队伍竞争力更强、科研创新取得新突破、国际交流呈现新气象等一系列标志性的成果，实现跨越式发展的历史面貌。

《90周年90件大事》由校长办公室牵头，档案馆、各学院（部）、各单位协同编撰。该书以纪事的方式，全面展现了学校各个历史时期发生的具有重要意义的90件大事，每件大事力争还原当时的历史场景，并延伸到学校现在和未来的发展图景，呈现学校90年来筚路蓝缕、奋发图强、创造辉煌的不平凡历史。附录详细地记载了学校院系、部门、学科、专业调整历史和历届党政主要领导。这些历史的背后，凝聚着每一位先辈付出的心血，凝聚着全校师生、广大校友的深切关爱，凝聚着所有关心师大发展朋友们的大力支持。90件大事见证了学校曾经走过的风雨历程，总结过往、继往开来，必将继续激励我们坚守教育初心、奋发砥砺前行。

《90周年90项成果》由社科处、科技处、教务处牵头，图书馆、出版社、校团委、研究生院、创新创业学院、各学院（部）协同编撰。该书介绍了学校取得的90项代表性成果，包括教学类成果、人文社会科学类科研成果、自然科学类科研成果，涵盖学校各个历史时期。其中大多数是获国家级奖项的成果，更不乏具有突破性意义的成果，如学校获得的首个国家社科基金重大项目结题成果、首批国家自然科学基金项目，首批广西社科优秀成果奖、广西自然科学奖最高奖项的成果等，还有不少是在学界、业界极具影响力的代表性成果，具有鲜明的时代价值。

—
2022

《独秀学人录》由我校教授主编、各学科专家撰稿，对学校办学历史上广西省立师范专科学校、国立桂林师范学院、广西师范学院等不同时期的不同学科的31位具有代表性的教授学者的学术生涯进行述评，如杨东莼、陈望道、薛暮桥、曾作忠、林砺儒、谢厚藩、张云莹、陈伯康、林焕平、赵佩莹、钟文典、伍纯道等学术大家，以呈现广西师范大学学术研究的代际承传。

校庆丛书6本校史书著各自独立，内容各有侧重，但又融为一体，力图全景展示广西师范大学九十载办学发展历程，以此凝聚广大师生知校、爱校、荣校、兴校的不竭动力，激发广大师生与学校发展同心同向的实际行动，让"知校"成为常态，让"爱校"成为习惯，让"荣校"成为自觉，让"兴校"成为使命。

校庆丛书编撰过程中，时任校党委书记邓军教授给予了悉心的指导和大力的支持，对丛书的总体策划提出了高屋建瓴的指导意见，在此特表示感谢和敬意！

抚阅历史，我们心潮澎湃；展望未来，我们激情满怀。面对新时代教育大发展的大好形势，我们要以习近平新时代中国特色社会主义思想为指引，抢抓机遇，开拓创新，解放思想，担当实干，汇聚起为党育人、为国育才的磅礴力量，落实立德树人根本任务，向着建设国内一流、国际知名、教师教育特色鲜明的国内高水平大学的目标迈进，在新征程上以奋进之笔书写广西师范大学更加绚丽的华章，为建设新时代中国特色社会主义壮美广西和实现中华民族伟大复兴的中国梦贡献力量！

广西师范大学90周年校庆丛书编撰委员会
2022年9月

目

录

|90 周年 90 件大事|

1932
—
2022

1932
—
2022

|附录|

唐现之筹建师专
开启广西近代高等师范教育

◎ **导读** ◎

20世纪20—30年代，广西近代高等师范教育萌芽。1932年春，广西著名教育家唐现之筹建广西省立师范专科学校，开启了广西近代高等师范教育，成为民国成立后广西第一所高等师范学校。随着国内著名文化人相继到校任教、流连与居住，师专的办学校址——桂林西林公园（即现在雁山园）也成为近代广西文化的发源地。

广西近代高等师范教育的萌芽

旧中国的广西经济长期处于落后状态，各族人民过着饥寒交迫的生活，文化、教育更处于封闭不发达的境地，民智不开，愚盲充斥，中小学教育十分落后，更谈不上高等教育的发展。19世纪末20世纪初的广西教育，正处在"废科举、兴学堂"的新旧教育体制的交替时期，上承戊戌维新以前的封建教育，下连民国的近代教育，在广西整个教育史上占有重要地位。

据史载，受维新运动和康有为来桂讲学的影响，广西各地广设学堂，提倡西学，诸如普通教育、师范教育、留学教育、军政干部教育等有所兴起。1902年，广西巡抚丁振铎兴办广西大学堂，1903年改为广西高等学堂；1906年，新任巡抚张鸣岐设提学使专管教育，向外延聘人才，1908年将广西高等学堂改为广西优级师范学堂，培养中学堂师资和初级师范师资，1911年因辛亥革命爆发而停办，这是广西最早的高等师范教育的雏形。从此，广西教育事业开始了一个新的历程。到民国时期，新旧桂系军阀热衷培植个人势力，重视办学，招揽人才，其目的是巩固统治阶级利益，但在客观上对促进广西教育事业的发展起了积极的作用。

1925年，国民党的新桂系统一广西，为巩固其统治，建设地方政权，伺机向外扩张，他们提出把广西建成"模范省"，推行"三自三寓"政策，颁行"广西建设纲领"，提出了"复兴中国，建设广西"的口号，着手加速广西各项建设。特别重视兴办教育，认为这是"救亡图存，达到民族复兴"之道路。1932年春，广西省政府以"促进乡村教育，培养更多师资"为由，决定创办广西师范专科学校，在南宁建立筹备处。

陶行知的高足——唐现之

1931年冬，广西省教育厅厅长李任仁到广州约见唐现之，表示愿意接纳唐现之重建广西高等师范教育的建议，请他回广西筹建一所师范专科学校。于是，1932年春，唐现之毅然辞去中山大学待遇优厚的职务，携全家老幼顶着寒风，溯江西进，回到南宁，出任广西省立师范专科学校筹备处主任，负责筹建广西省立师范专科学校。

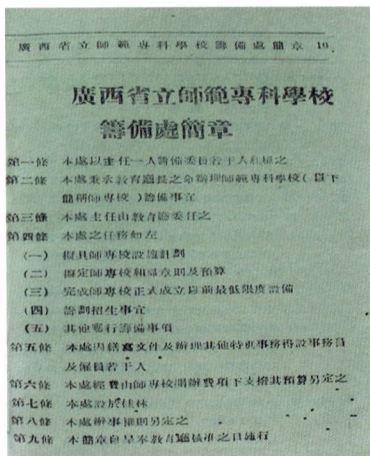

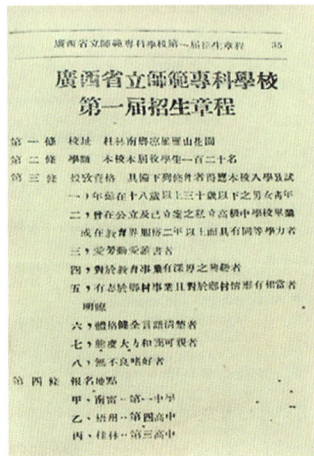

⊙ 广西省立师范专科学校筹备处简章　　⊙ 唐现之　　⊙ 广西省立师范专科学校第一届招生章程

唐现之（1897—1975）又名唐谷，广西灌阳县文市田心村人。1919年，唐现之考入国立南京高等师范学校教育科，科主任是著名教育家陶行知，唐现之成为陶行知三个得意门生之一。陶行知曾数度邀请他去晓庄师范任教，但他因报效桑梓教育，未能前往。

筹建广西师专

唐现之先生担任筹备处主任后，决定以我国著名教育家陶行知办晓庄师范学校的教育思想为办学宗旨，把广西省立师范专科学校办成晓庄式的学校，接近农村，施行边学习边劳动，把学生培养成为"有农夫的身手，有科学的头脑，有改造社会的精神"的新型知识青年，毕业后到各县充任乡村教师，与农民结合起来改造教育、改造社会，以实现教育救国的理想。

于是，唐现之积极开展学校的各项筹备工作，从校址的选择到经费的筹措，从教师的聘请到招生简章的制定，事事躬亲。在《广西省立师范专科学校的旨趣》和《师范专科学校章程》中，表达了他的教育主张。在广西当局和社会各界人士的支持下，学校于1932年6月7日发出《广西省立师范专科学校第一届招生章程》，8月招生考试和录取工作完毕，录取新生100名，9月1日开学。

在唐现之办学思想的指导下，新生入学后便一边学习，一边参加建校劳动，协助建筑校舍，开辟操场，开荒种菜。唐现之以身作则，搬到学生集体宿舍去住。

在唐现之的努力下，广西省立师范专科学校建立起来了，成为中华民国成立后广西第一所高等师范学校。作为广西高等师范教育开拓者之一的唐现之先生，他的艰苦创业精神和办学思想，为后人所敬重和怀念。

雁山园——近代广西文化的发源地

广西省立师范专科学校的校址最初计划设在当时的省府南宁，以1929年停办的广西省立工程专门学校为基础，到1932年3月，已修建校舍四座。但唐现之念念不忘的是办一所"晓庄模式"的师范院校，对校址设在南宁市区不甚满意。在寻找能实现教育理想的场所的过程中，他想到了历史悠久、文化底蕴深厚的桂林。在他的建议下，当年7月，经省政府委员会决议，校址从南宁改为桂林，设在距市区20公里的桂林西林公园（即雁山园），接着对雁山园进行了较大规模的改造，拆掉了原有的敞亭、花神祠等建筑，人工填湖20余亩，相继建起了教学楼、宿舍楼、食堂等建筑。

雁山园位于广西桂林市雁山区大埠乡境内，为古典私家园林，原名雁山别墅，曾名西林公园、雁山公园。雁山园始建于清咸同年间。第一任园主，为清朝临桂县大埠（今桂林市雁山区大埠乡）乡绅唐岳。雁山园是唐岳参考上海的豫园建造的。整个园林依山傍水、树亭建阁，规模堪称当时广西之最。据《临桂县志》记载，"岳既建别墅，冠盖云集，宴会演戏无虚日，曾声势煊赫，雄视一方"，证实了园林曾有的优美与喧闹。

1873年，唐岳病逝，其后人将雁山园转让给时任两广总督的岑春煊。岑春煊系云贵总督岑毓英之子，历任广东、甘肃布政使，陕西巡抚，四川、两广总督，邮传部尚书等官职。岑春煊祖籍广西西林，故将此园更名为"西林园"，并对园内主体建筑重新修葺。1929年，岑春煊将西林园捐赠给广西省政府，从此更名为"雁山公园"，开始向普通民众开放。

民国时期的雁山公园主要用于政府办学。广西师专设址在雁山园，开启了广西高等师范教育新的旅程，此后，不少国内文化名人陆续到此工作或居住，有史学家将雁山园称为"近代广西文化的发源地"。

（刘朝文　执笔　李殷青　审校）

文献来源

[1] 王枬，黄伟林. 师大故人［M］. 桂林：广西师范大学出版社，2017.

[2] 广西师范大学校史修订组. 广西师范大学史（1932—2002）［M］. 桂林：广西师范大学出版社，2012.

[3] 张瑜. 桂林雁山园——岭南历史文化名园［M］. 桂林：广西师范大学出版社，2017.

广西师专正式成立
杨东莼任首任校长

◎ 导读 ◎

1932年10月12日，广西省立师范专科学校举行开校暨校长就职典礼，宣告广西师专正式成立，杨东莼任首任校长，这是广西高等师范教育史上的一件大事，是广西高等师范教育的开端，广西师专也成为中国近代最早的高等师范学校之一。

杨东莼来桂

1932年初，广西当局决定筹建广西省立师范专科学校。到秋季入学时，筹备主任唐现之已把学校筹建了起来。学校是为桂系当局培养新政人才的，请谁来担任校长？这个问题摆在了时任广西省教育厅厅长李任仁的面前，李任仁一时心里无底。正在踌躇之时，白崇禧的作战室主任参谋刘斐，极力向他推荐杨东莼来做师专的校长。

刘斐与杨东莼是湖南醴陵同乡同窗，彼此间有着深厚友谊，是莫逆之交。1919年初，刘斐跟着白崇禧来到广西，在其身边做主任参谋。杨东莼于1919年初考入北京大学，参加过五四运动，是五四运动的中坚，两年后休学回湖南，先后在醴陵、长沙等地任中学教师，并于1923年在长沙加入中国共产党。1927年4月，长沙形势急转直下，杨东莼已不能在长沙、醴陵立足，遂在友人资助下，于这年12月，东渡日本留学。此时的刘斐，也被白崇禧保送到日本学军事。一次偶然机会，杨东莼与刘斐在东京街头巧遇。两个多年未见的同窗好友，做梦也没想到能在异国重逢，格外惊喜。刘斐学成后回到广西，继续留在白崇禧身边工作。心头牵挂的一件事

⊙ 杨东莼

就是把杨东莼推荐给白崇禧，但苦于未遇到合适的机会，直到1932年初广西当局要创办广西师专。刘斐的推荐不仅仅是因为旧日友情，还因为与杨东莼在日本相遇后，刘斐眼见着这位昔日北大才子逐渐成长为英姿勃发的青年学者——抵日后杨东莼翻译、著述多有成就，他翻译的恩格斯《费尔巴哈论》出版后在中国学术文化界广受好评；他撰写的《本国文化史大纲》由上海北新书局1931年出版后影响甚大。

刘斐向白崇禧推荐杨东莼任广西师专校长，白一口应允，并对他说："你要会做工作，先向省教育厅厅长李任仁推荐，由李找我，我好说话。"刘斐按照白的授意，立刻去找李任仁，对他说："杨东莼是北京大学高材生，又留学日本，是大学问家，做师专校长完全够格。"李完全同意。之后，李任仁跟白一说，两人一拍即合。杨东莼就这样被白、李定为广西师专校长。

白崇禧与李任仁议定杨东莼为广西师专校长之后，刘斐旋即写信给在上海从事历史、哲学研究的杨东莼，通知他速来桂林任职。杨东莼根据刘的嘱咐，1932年8月间从上海来到桂林，此时的杨东莼32岁。随即，在刘斐、田良骥（湖南醴陵人，与刘斐、杨东莼、朱笃一等均系同乡同窗好友。此时，田在广西兴安县任县长）陪同下，从桂林到南宁，与李宗仁、白崇禧见面。白崇禧叮嘱杨东莼想办法办好师专，为广西培养更多的人才。就这样，在刘斐一手推荐之下，杨东莼得到了李宗仁、白崇禧的认可，顺利出任广西省立师范专科学校首任校长。

举行开校暨校长就职典礼

　　1932年10月初的一天，杨东莼在广西省教育厅厅长李任仁的陪同下来到广西师专。12日，学校举行开校暨校长就职典礼。学校礼堂内外，到处张贴"师专是建设广西之柱石"等标语和口号，校园气氛十分热烈。

　　典礼上，李任仁把一枚用红布包好的校印双手捧着交给杨东莼，以示郑重交权。继之，杨东莼校长作了长篇答词，阐述创办师专的特殊意义、自己的决心和办学理念。他在就职演讲中说："在这国难当头、农村经济日益破产、危机四伏的时候，广西政府能拿12万元开办费，每年9万元的经常费用来办师专，实在有它的特殊意义。"他说，"师专是对现有的学校或过去的师范学校革命而产生的，这便是创办师专的特殊意义"，"政府创办师专，就是要着手改建农村的经济和政治，自然就应有一种和这样的改建相适应的教育，师专便是由于这种相互适应的关联而创办的。"既然目标定了，就要抱定"我不入地狱谁入地狱"的决心，努力干下去。

　　杨东莼继而又说："我远从上海来，一不是想来赚钱，二不是想来培植个人势力，我对于你们也用不着客气，也用不着巴结。假使我不尽责，你们可以不客气监督我，我自己觉得真正无能力干下去时，我便告退，我以一身来，仍以一身去。"

　　杨东莼说："我们努力干下去，还有干的方法。但是，要谈到干的

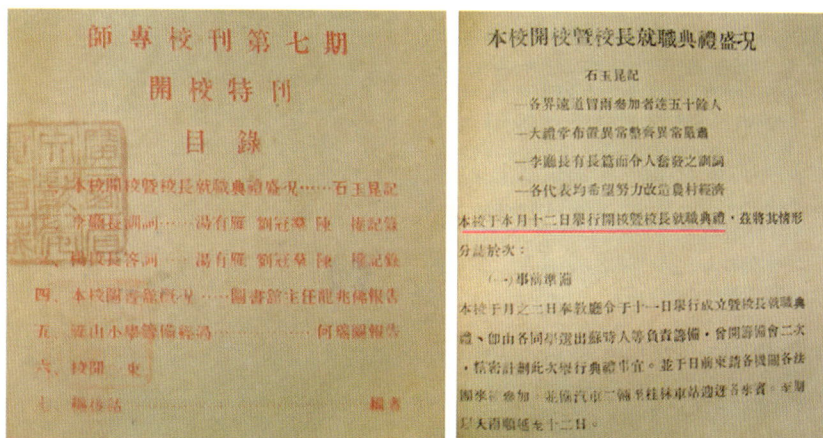

⊙　广西师专校刊刊登开校暨校长就职典礼盛况

方法，又非把你们的传统观念和个人本位的习惯改变不可，所以本学期有三点要你们改变过来。第一，在思想方面，要用团体生活的锻炼，去打破你们以个人为本位的人生观；要用勤劳做事，去打破你们入学校混资格的观念。第二，要改变你们的生活态度，改革你们的斯文习气。使你们自动地处理一切日常生活。第三，改变你们的传统的学习方法，改变你们的依赖教科书的习惯，完全侧重于自动研究，共同讨论及实际工作三者，而尤注重三者的循环性。"杨东莼的答词，抑扬顿挫，博得师生们的喝彩。

"自由研究"与"团体训练"

杨东莼主政广西师专之后，他提出"自由研究"与"团体训练"的办学思想以此推动治校育人，其目的在于创成一种宽松、民主的环境，引导学生自觉探求真理，独立研究学问，过上一种心情舒畅、团结友爱、具有革命觉悟、朝气蓬勃的革命战士生活。

杨东莼办学探索"团体训练"的集体主义教育，以"团体训练"打破学生个人本位的人生观，培养集体主义精神。他多次发表关于集体生活问题的演讲，带领教师设计了许多"团体训练"措施。一是为集体生活提供必要的物质条件。广西师专学生只需交少量学费，其余都是公费补贴。每人发两套衣服、一件棉大衣，还统一发放毛巾、肥皂、笔记本。膳食费用由各班学生代表组成膳食委员会自行管理。医药由卫生所全包。军训、宿舍的床位以班为单位，浴室是集体澡堂。编队、出操、内勤等也都按照集体生活的要求安排。二是以制度加强学生之间的交流。杨东莼采取一些细致的措施，如各届学生的

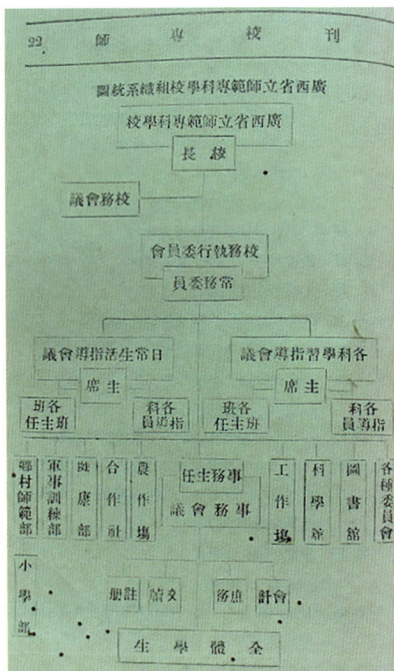
⊙ 广西师专组织系统图

编班，尽量把有同乡或老同学关系的学生分开，避免形成小团体。各班教室的座位每学期调换一次。宿舍是三四十人同住的大房间，床位每学期调换一次。膳厅的座位是全校各班混合编席，每个月末调换一次。三是成立各种学生团体组织。为培养学生的合作意识与民主管理能力，杨东莼鼓励学生通过民主选举建立各种自治团体。当时，校内规模最大的学生自治团体是健康委员会，分膳食、体育、清洁、游艺4组。第二大的是出版委员会，分壁报、校刊、编剪、通讯4组。此外，还有剧团、远足旅行团、田间工作小组等。

在教学方面，杨东莼在广西师专大胆变革，开启"自主研究"的启发式学习探究模式，引导学生独立思考。一是引导学生合作探究。杨东莼聘请朱克靖、薛暮桥、汪泽楷、沈起予等政治立场进步、学术水平出色的知名人士来校任教，除开设传统的"教育概论""教育学""心理学""教材与教法"等师范类课程外，还开设"社会进化史""中国通史""自然辩证法""政治经济学""文学概论""世界大势"等课程，启发学生自主探究分析时事和社会问题。课程一般不采用固定的教材，教学方法提倡课堂讲课与学生自学和小组讨论相结合的启发式教学。二是鼓励学生广泛阅读。广西师专图书室对各种不同思想、不同流派的图书兼收并蓄。例如，哲学方面的书籍，有关于唯物论的，也有关于唯心论的，供学生自主研究。学生上午一般有三四节课，下午就到图书室看书，每周除两个下午有军训课外，其余时间几乎都在图书室或教室自学。每个学生不仅依照各科老师的安排进行学习，还制定个人的自学计划。三是设立班主任制度。班主任制度是让教师与学生紧密联系、共同促进教学的一种新的探索。班主任主要负责对学生进行思想和生活上的指导。学校要求学生每天写日记，由班主任批阅，鼓励学生在日记中畅所欲言，班主任给予必要的指导和帮助。杨东莼认为，这是培养"自主研究"学风的一种有效方法。四是倡导在社会实践中学习。杨东莼说："我们所规定的课程，都是活的知识与活的技能，而不是死的书本。"为此，广西师专在附近的雁山村开办村民小学（夜校），由学生负责管理授课；在良丰圩设立民众教育组织，陈列书报，出版墙报，为村民提供代写书信、文稿服务；组织师生进行了大规模的广西农村经济调查，使学生充分接触现实、了解社会，在社会这本"无字"的"大书"中汲取成长的力量。

在师生关系方面，在杨东莼的带动下，广西师专的师生关系和谐融洽。如全校师生定期进行清洁大扫除，他和朱克靖等老师也跟学生一样，光着脚打扫卫生。广西师专新建日式澡堂，杨东莼给师生亲自示范指导使用。作为校长，杨东莼非常强调务实与深入。他常说："只要认真看看食堂和厕所，就可以知道一个学校的管理水平。"

杨东莼是李大钊的学生，对哲学和历史有较深的研究，学识渊博，总是和颜悦色，以理服人。他对教师、学生和工友一视同仁、以诚相待，其人格魅力深深感染了广西师专师生。

杨东莼一以贯之的教育主张、教育方针和教育思想，不仅在他任职广西师专校长时期得到贯彻执行，也在他离任后得以继续发扬。他在广西师专构建的民主和谐的平等师生关系，使师生情谊万古长青，为学校留下优良的校风、学风、教风。

广西师专的创建，是广西高等师范教育史上的一件大事，是广西高等师范教育的开端，广西师专也成为中国近代最早的高等师范学校之一。杨东莼主持的广西师专，为社会培养了一大批栋梁之材，不少学生后来走上了革命道路。

（刘朝文　执笔　李殷青　审校）

文献来源

［1］路璠，何砺锋. 三十年代的广西师专综述［C］// 桂林市政协文史资料委员会. 桂林文史资料第20辑：三十年代广西师专. 桂林：漓江出版社，1992.

［2］杨东莼. 治学严谨，坚持真理，敢于直言［Z/OL］（2020-9-1）.https://www.mj.org.cn/wzt/2020wztjsj/2020km/202009/t20200901_231179htm.

［3］曹裕文. 杨东莼在桂林［J］// 广西文史，2008年（1）：23-28.

［4］路璋. 我所知道广西师专的一些情况［C］// 桂林市政协文史资料委员会. 桂林文史资料第20辑：三十年代广西师专. 桂林：漓江出版社，1992.

［5］王枬，唐仁郭. 广西师范大学简史［M］. 桂林：广西师范大学出版社，2014.

［6］贺祖斌. 变革精神推动治校育人：杨东莼在广西省立师范专科学校的办学治校理念［N］. 中国社会科学报，2020-10-20：第A07版.

制定《章程》聘请名师
启迪思想播撒火种

◎ 导读 ◎

1932年，杨东莼提倡"自由研究""集体生活"办学方针，制定广西师专学校章程，开设新兴社会科学课程，启迪思想，播撒革命火种，在广西高等师范教育发展史上写下了光辉的一页。

雁山园环境清幽，亭台楼阁，花草茂盛，十分典雅。广西省立师范专科学校在雁山办学后，陆续修建了大礼堂、教室、图书馆、学生宿舍、教职工宿舍等，在杨东莼校长的主持下，各项建设取得了开创性的业绩。

巧妙利用口号，宣传马列主义

杨东莼是早期共产党员，他学识渊博，思想敏锐，言辞生动，深为师生敬佩，自担任首任校长后，重视学校师资队伍的建设，尊重知识，尊重人才，为办好师专，聘请国内知名学者、教授来校任教，在师专师生中积极宣传马克思主义思想，传播革命真理。

国民党桂系聘杨东莼为师专校长，其目的是标榜自己的"开明进步"，但又害怕进步势力的发展，力图限制，所以派遣爪牙心腹对广西师专侦察监视。在此情况下的杨东莼主持师专，贯彻中共六大决议精神，只能在"团体生活"口号的掩护下开展办学，在学术上提倡"自由研究"，在生活上主张过"集体生活"。

所谓"自由研究"，即对三民主义、马克思主义、列宁主义、资本主义、无政府主义等，都可以自由研究，这在当时国民党实行一个主义、一个政党、一个政府的独裁统治的情况下，无疑是一个具有革命性的办学方针。通过自由研究，进行比较鉴别，才能发现科学真理。这是杨东莼巧妙地利用学术研究的口号，达到宣传马克思主义、列宁主义的目的。他强调"集体生活"，就是要求学生生活艰苦朴素，学习刻苦勤奋。他激励教师以极大的热忱传播革命真理，用马克思主义的观点进行教学，教育学生克服自私自利的个人主义和自由散漫作风。为学生走向进步、走向革命给予良好的启迪。

开设新兴社会课程　启迪学生进步

在课程设置和教学内容方面，学校除开设师范专业课程外，利用"自由研究"口号，开设了当时国内其他高等学校所没有或不敢开设的新课程，如《社会发展史》《世界大势》《农村经济》《社会进化史》等课程。这些课程，有的是揭示人类发展规律，如《社会发展史》，介绍从猿到人，从原始社会到社会主义社会、共产主义社会的历史规律；有的是分析世界矛盾斗争的现状及其发展趋势，如《世界大势》讲的是资本主义发展到帝国主义的诸多矛盾和斗争，使学生认识无产阶级革命不可避免和必然取得胜利的规律；有的是介绍我国农村经济发展的现状和农民生活的出路，如《农村经济》讲的是我国农村落后的情况及其原因，并带学生到农村进行调查，使学生认识到工农的疾苦和依靠工农进行革命的道理。这些课程基本上是以马克思主义为指导，理论联系实际，对提高青年学生认识社会变革的道理、了解当前形势的发展与前途、解决革命人生观与世界观问题，无疑起了良好的作用。

在教学方法方面，杨东莼校长主张采取教师讲课、学生自学和小组讨论相结合的启发式教学。如薛暮桥老师讲农村经济，紧密结合当时土地革命的需要，在课堂上简要地讲述中国农村的土地关系和租佃制度、借贷制度、雇佣制度等问题，并让学生阅读老师指定的参考书，然后将120个学生，按地区分成3个小组，各自讨论本地区的农业生产关系，联系自己家乡的农村经济状况及所见所闻，谈认识、体会。他还组织和带领学生到农村进行调查，为此，他制作了几百张农村经济调查表和一万多份农户调查表，带领学生到苍梧、柳州、邕宁、龙州等地，并指导学生实地调查，取得了大量的数据资料，写出了《广西省农村经济调查报告》一书。该书指出，中国农村是半殖民地半封建社会，反帝反封是中国革命的任务。这对当时参加社会调查的青年学生是一次深刻的思想启迪。薛暮桥老师这种理论联系实际的教学，加深了学生对农村经济的理解，得到了杨东莼的赞赏。各门课程一般都不采用固定的教材，上课时讲授纲要，学生一面听，一面记笔记，课后阅读参考书，抓住重点内容和课程疑难问题，进行分组讨论，然后由老师概括总结归纳。这种启发式的教学方法，很受学生的欢迎。学生们都说："和薛老师一道下农村，进行社会经济调查，了解农村土地的情况和各种租佃关系，深刻地认识中国农村社会经济结构和性质，这件事对同学们的启发很大，进一步认识农村的阶级斗争，对理论联系实际，也做出了榜样，是最新的教学方法。"

在图书资料建设方面，为了丰富教学内容，传播进步思想，杨东莼校长十分重视学校图书资料的建设，动用政府拨给办学的有限经费，购置了许多中外进步书刊，如《社会发展史纲》《新教育大纲》《政治经济学》《资本论大纲》《马克思传》《国际工人运动史》等社会科学书报和有关自然科学的书籍，供师生阅读参考。他积极邀请进步专家、学者到学校给师生作报告，给师生传播知识和新思想，如地理学家田曙岚先生到桂林，杨校长特地请他到学校作报告。田先生为了考证地图是否准确，曾经到全国许多地方进行考察。在学校作报告时他介绍了1933年在江西中央苏区考察得到的印象，叙述了苏区社会安定、人民生活幸福的情景，给师生很大的启迪。

倡导教学合一　营造浓厚学风

在思想教育和生活管理方面，杨东莼校长提倡从事社会科学研究，开展社会调查，研究社会现实，关心国家大事，养成集体生活，勤奋读书，注重劳动，崇尚节俭，师生合作，以诚相见，少说话、多做事，教学做合一，即知即行的学风，要求学生热爱师范专业，提出"燃烧自己，照亮别人""人民教师光荣"的训词。对教职员工的德性，他在《广西省立师范专科学校章程》中明确八项规定：

　　1. 对于教育有深长的兴趣；

　　2. 对于学校有爱护之热情；

　　3. 对于同事能和衷共济；

　　4. 对于学生能以身作则；

　　5. 对于自己能自强不息；

　　6. 对于社会能公而忘私；

　　7. 对于真理能竭力拥护；

　　8. 对于人格能始终保持。

　　杨东莼校长提出的办学思想和在教学实践活动中所采取的一系列措施，使学校各项建设获得顺利的发展。他强调在教学中要以马克思主义为指导，重视师资队伍建设，聘请了朱克靖、薛暮桥、金奎光、廖庶谦、沈起予、朱少希、张海鳌、崔真吾、官亦民、杜敬斋、刘瑞生、张汉辅、彭仲文、陈竺同、王伯达、胡守愚等知名学者来校任教。学术上主张"自由讨论"，教学上提倡启发学生思维，思想教育和生活管理上要求学生热爱祖国，热爱人民，热爱师范专业，养成尊师爱生，遵纪守法的良好风气。杨东莼校长指出，我们的教育是"创造的、实验的、有计划的"，是"适合于广西的社会结构和经济情形"的。

　　学校办学的主要特点和经验是：第一，教育与社会服务相结合。教育绝不能脱离社会的需要。当时的广西，缺乏县一级教育行政人员，缺乏乡村师范学校的中小学教师，师专的办学正是适应这一需要办起来的。因此，师专的创办，一开始就具有强大的生命力。第二，教育理论与社会调查实践相结合，使学生学的书本知识，能运用于社会实践，促使学生获得的知识是真的活的和终生有用的知识，使学生在社会实践中增长才干和实际本领。这是师专办学成功的一条主要经验。第三，教学民主与学术自由相结合，学校在教学活动中。师生的双边活动，教学相长的气氛是很活跃的，课堂教学与分组讨论相结合是一种很有效的教学形式。在学术活动中，杨东莼校长提出的"自由研究"的口号是很著名的，在当时，它不仅是一个革命性的办学方针，而且巧妙地利用它达到宣传马克思主义、列宁主义的目的。使学校成为国统区一所新型的、民主的进步学校。第四，教育与生产劳动相结合。

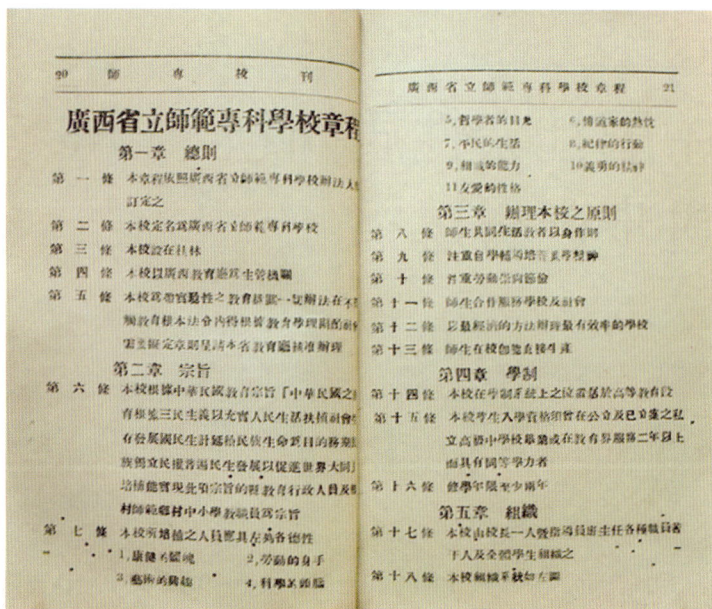

⊙《广西省立师范专科学校章程》

学校创办之初就明确提出，要把学生培养成"有农夫的身手、有科学的头脑，有改造社会的精神"的新型知识青年。因此，校址选择接近农村，新生入学，就进行边建校、边劳动、边学习教育。学校办一个农场，学生参加种田、养鱼等生产劳动。培养学生艰苦节俭、克服各种困难的优良品质，是很有成效的，为后来许多学生投身革命斗争打下了良好的思想基础，为后来广西高等师范教育的发展奠定了良好的基础，在广西高等师范教育发展史上写下了光辉的一页。

（刘朝文　执笔　李般青　审校）

文献来源

［1］薛暮桥.关于广西师范专科学校的回忆［C］// 桂林市政协文史资料委员会.桂林文史资料第20辑：三十年代广西师专.桂林：漓江出版社，1992.

［2］田光萱.广西师专办学的特点［C］// 桂林市政协文史资料委员会.桂林文史资料第20辑：三十年代广西师专.桂林：漓江出版社，1992.

［3］广西师范大学校史修订组.广西师范大学史（1932-2002）［M］.桂林：广西师范大学出版社，2012.

论战中国社会性质问题
学校进步声誉远播

◎ **导读** ◎

1935年到1936年间，学校进步师生和托派开展了一场有关中国社会性质问题的论战，称为"史托之争"（斯大林［史］派与托洛茨基［托］派对中国社会性质属半殖民半封建社会还是资本主义社会的争论），进步师生取得了胜利，学校进步声誉进一步提升。

"史托之争"的挑起

1932年至1934年间，首任校长杨东莼利用桂蒋矛盾，遵循"团体训练、自由研究"的办学理念，积极而比较隐蔽地进行马克思列宁主义教育，把广西师专办成了传播进步思想，培养革命干部的学校，学校被誉为"小莫斯科"。1934年春，桂系认为广西师专已被杨东莼赤化，于是把杨东莼、朱克靖、薛暮桥等"礼送"出广西。1934年5月，桂系派罗尔棻接替杨东莼任校长职务，想对学生施加影响，转变学生思想。

但罗尔棻没有很好贯彻桂系的意图，于是桂系驱使王公度势力利用托派为急先锋，从"左"的方面对师专进步师生发动思想、政治进攻，以图夺取杨东莼建立的这个"小小的革命据点"（薛暮桥语）。

1935年5月，郭任吾接任广西师专校长，随同到任的有原任南宁初中教师施云（史唐）、秦某。施云、秦某是留苏学生，在苏联和上海都参加了托派组织，

1932年到广西后仍坚持托派观点并继续托派的活动。他们到学生中大肆宣传托派理论，提出"中国革命问题"。他们声称，中国革命复兴的关键在于城市工人运动，要学生在朝会上讨论中国社会性质，革命性质、任务、对象、动力、前途等一系列问题。由于临近暑假，学生中尚无托派基础，在理论上准备不足，讨论没有深入，争论还没有进入高潮，但却冲击了进步学生，使他们深感加强政治理论学习的急迫性。

随后，进步学生开始着重研究中国的社会性质问题，他们通过阅读薛暮桥、刘端生的《广西农村经济调查报告》，薛暮桥主编的《中国农村》月刊所载有关中国农村社会性质的论文，《读书杂志》的《中国社会史论战》，《中共第六次代表大会决议》和华岗的《中国大革命史》等书和资料，接触并了解中国是半殖民地半封建社会的观点。

论战的开展

施云、秦某约一些稍受他们影响的学生，宣传托派理论，说中国是资本主义经济占优势的社会，革命性质是社会主义革命，革命政权是无产阶级专政。他们攻击中国共产党，宣扬大革命的失败是共产党的右倾造成的，组织、政治不独立，后来"左"倾，把力量搞垮了。当时广西师专虽然还没有共产党和共青团的组织，但却有一批拥护中国共产党的理论、纲领的进步学生，他们对中国革命问题展开了辩论，首先就中国社会性质问题展开公开的论战。

为了与托派展开论战，进步师生决定以壁报等形式，开展回击。1935年下半年开学后，教务主任陈此生找师专第二届同学沈国华谈话，说学校决定由学生会出版"普罗密修士"壁报，指定由沈国华主编，陈大文和刁剑萍担任壁报的学术评论编辑。大家认为托派理论总的出发点是"中国是一个资本主义社会"，托派所说的一套中国革命的性质、对象、任务、动力、前途都是由这个论断派生出来的。批判托派关于中国社会性质问题的错误言论，才能打中托派的要害。于是决定出版一期中国社会性质问题专刊。

进步同学的核心人物陶保桓组织同学写了一批水平较高的文章，陶保桓联系当时的社会实际，从上海《申报》、天津《大公报》、《南宁民国日报》、《中国农村》月刊等报刊收集了大量资料，综述在帝国主义经济侵略下，中国农村经济崩溃，农民贫困、破产、饥饿的情况，描述中国农民还受着高额地租、高额利息和苛捐杂税的剥削，论证中国是半殖民地半封建社会。

同时，持托派观点的学生内部有的意见不统一，有的也没有认真读书，写不出有分量的文章来，只是从任曙的《中国经济研究绪论》、严灵峰的《中国经济问题研究》及《中国社会史论战专辑》等托派观点的文章中东抄西袭，七拼八凑。

壁报连续出版了四期的"中国社会性质问题研究"专刊，随着论战的开展，火药味越来越浓，整个论战由自发的斗争发展到有组织的斗争，形成了壁垒森严的两大派。

论战的结束及马哲民的总结报告

论战持续一段时间后，形势对托派和王公度势力都不利，校长郭任吾担心广西当权者指责他无能，在1935年10月底开始采取压制措施，宣布不准继续进行关于中国社会性质问题的书面讨论。陈望道得知此事后，对沈国华说："这一阶段的任务已经顺利完成，来个打扫战场，

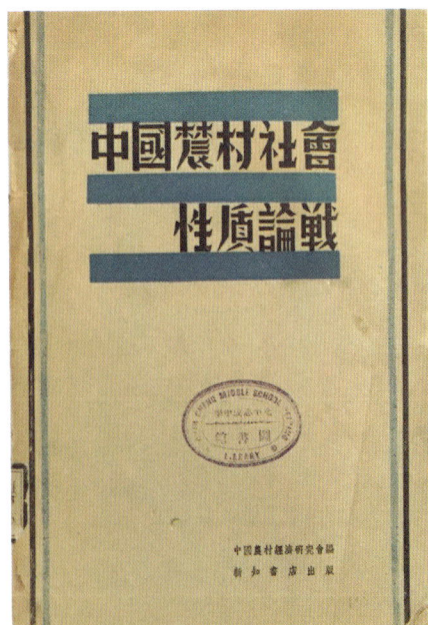

⊙《中国农村社会性质论战》(1936年新知书店发行)

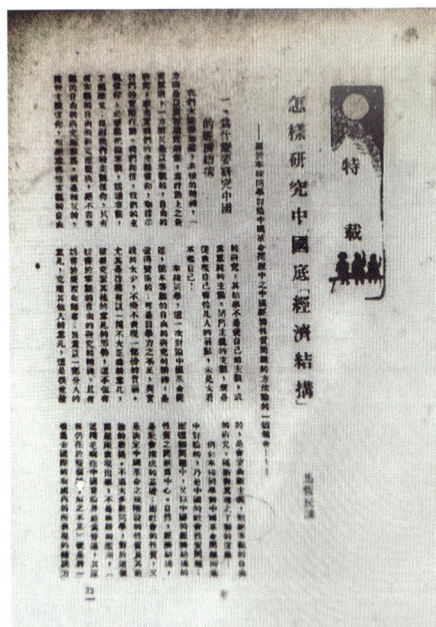

⊙ 马哲民的报告《怎样研究中国的"经济结构"》

休养生息一下，也未尝不可！"

壁报论战停止后，双方在争夺群众的活动中继续阐述自己的观点，驳斥对方的观点。到1936年，两派争论的焦点则转到抗日民族统一战线问题上去了。

1936年上半年，史、托两派论战结束后，教务主任陈此生提议请马哲民作结论。马哲民是一位早期共产党员，1927年脱离了组织关系。1932年应北平学生之请，演讲《陈独秀和中国革命》而被判入狱9个月。1934年，马哲民前往桂林，到广西师专任教历史哲学。

马哲民的报告题为《怎样研究中国的"经济结构"》，副标题为"关于本校同学讨论中国革命问题中之中国经济性质问题的方法论的一个报告"，他声明只重方法论，而不提出结论。因为只有正确的方法，才能得出正确的结论。马哲民批判了自1931年《新思潮》与托派就中国社会性质问题开展争论以来，关于研究中国经济结构方法论的几种错误观点。

马哲民讲了三个小时还没有讲完，因为他主要是批判托派的观点，郭任吾不让他再讲了。讲稿后来登载在1936年1月16日出版的师专校刊《月牙》第三、四期合刊，全文2.5万字。编者在《编后》说："……尤其值得向读者推荐的，是马哲民先生那篇《怎样研究中国的"经济结构"》的文章，他把近年来发表的对于中国社会史的分析的各种奇形怪样的理论，做了一次大扫除。这于研究中国社会史的读者，实在是一件善举。"

可以说，这次论战是广西师专进步同学和托派在理论战线上的一次大较量，进步同学胜利了，托派失败了。师专进步同学之所以取得胜利，主要原因是他们的论断——中国是半殖民地半封建社会，是客观存在的真理，论战使进步学生在认识上得到了提高、政治上更加成熟、找党更加迫切，为后面学校成立党支部作了思想组织准备。

（杨凯 执笔 李殷青 审校）

文献来源

[1] 桂林市政协文史资料委员会.桂林文史资料第20辑：三十年代广西师专［C］.桂林：漓江出版社，1992.

[2] 王枬，黄伟林.师大故人［M］.桂林：广西师范大学出版社，2017.

名人来访雁山园
学校知名度显著提升

◎ 导读 ◎

雁山园在桂林历史上有过重要的影响，是中国众多历史名人荟萃的地方。1932年广西省立师范专科学校在雁山园创建，一大批名人到访雁山园，这些名人或以游客身份或以考察者身份来雁山园和广西省立师范专科学校游玩时所作的客观记录、所写下的赞美之词，极大提升了学校知名度。

旅行团游览师专

1932年6月至7月，广东基督教青年会旅行团第二次游览广西，大约是6月29日游览了西林公园，曾留下这样一段文字：

> 五点到良丰，有西林公园，为当地名胜，园本属唐氏，后让于岑春煊，岑旋送于省政府，今则为师范专门学校。予等到时，先谒校主人，有某教员导游，园有茶亭、乌鱼亭，中有池，池心有亭台，长桥画栏，掩遏波光，其亭台为学校所有，分为图书阅报及各种办事室，园有雁山，岩洞幽深，可

以避暑。①

　　1934年1月4日，旅行家田曙岚来到桂林，时任广西省立师范专科学校校长杨东莼偕秘书钟纬组、教员朱少希专程从良丰到桂林拜访田曙岚。1月10日，田曙岚又接到杨东莼的信函，约他到广西省立师范专科学校讲演并游览，在其《邕乡处处：广西旅行记》写下一段赞扬师专的文字：

　　　一月十三日，早饭后，钟君偕余游西林公园。园之前有一小溪，水深多潭，时有游鳞浮沉其间。右侧有山，其下有洞，洞中岩石秀丽，结构奇特，经此可通山后。园中各种建筑，大部式样古雅，一小部则系中西合璧；参差其内，别饶佳趣。景色清雅，令人胸怀舒畅，如入世外桃源。继入校舍参观，至澡堂，堂仿东洋式，布置颇精。其余寝室、教室、礼堂以及消费社等，余均巡礼一番，可称空气新鲜，光线充足，设备颇为完善。②

　　1934年5月，香港中华书局经理郑健庐游览广西，著有《桂游一月记》，对西林公园和广西师专记录甚详：

　　　余等即赴良丰。此园为前清咸丰年间唐子实所建，其后人以赠岑西林。岑又以归公。改为公园。近公路之后门，有"西林公园"四字。今省立师范专科学校设于园内。园周约十里，山水悉围于内，峰峦耸翠，岩洞通幽，山石玲珑，长廊曲折，曲桥流水，石径长松，小阁窗明，高楼帘卷，其结构颇似颐和园。而突泉一曲，喷云卷雪，势如怒潮，尤为可观。虽亭馆失修，然建筑之精，隐约犹见，若依其遗构，加以经营，足为八桂之冠也。③

①　卢湘父.桂游鸿雪.广东基督教青年会会友事业特刊，1934:17-18.
②　田曙岚.邕乡处处：广西旅行记.沈阳：辽宁教育出版社，2013:266.
③　郑健庐.桂游一月记.上海：中华书局，1935:97-98.

⊙ 地理学家田曙岚在广西师专作题为《旅行闽西经过情形》的演讲

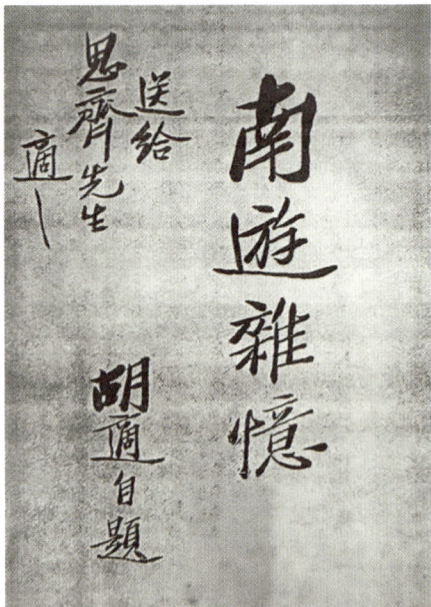

⊙ 胡适的《南游杂忆》封面

胡适到师专讲学

1935年初，胡适应邀前往香港讲学并接受香港大学荣誉学位，在香港会晤了李宗仁，与李宗仁相谈甚洽。之后，应当时广西高层领导之邀，在回家途中特意绕道广西，广泛考察，深入交流。元月20日到24日，他专程到桂林一游。之后，在他的《南游杂忆》中详细记录了在师专的这一短暂经历。

我们从阳朔回桂林时，路上经过良丰的师范专科学校，我在那边讲演一次。其地原名雁山，也是一座石山，岩壑甚美。清咸丰、同治之间，桂林人唐岳买山筑墙，把整个雁山围在园里，名为雁山园。后来园归岑春煊，岑又转送给省政府，今称为西林公园，用作师专校址。现有学生二百三十人。我们到时，天已黑了；讲演完始吃晚饭，晚饭后，校长罗尔棻先生和各位教员陪我们携汽油灯游雁山。岩洞颇大，中有泉水，流出岩外成小湖。洞中多凉风，夏间乘凉最宜。洞中多石乳，洞口上方有石乳所成龙骨形，颇奇突。园中原有花树三千种，屡次驻兵，花树多荒死，现只存几百种了。有绿草梅，正开花，灯光下奇艳逼人。校中诸君又引我们去看红豆树，树高约两丈余。教员沈君说，这株红豆树往往三年才结子一次。沈君藏有红豆，拿来遍赠我们几个同游的人。红豆大于檀香山的相思子约一倍，生在豆荚里，荚长约一寸半。

　　游岩洞时，我问此岩何名，他们说，"向来没有岩名，胡先生何不为此岩取一个名字，作个纪念？"我笑说，"此去不远有条相思江，岩下又有相思红豆树，何不就叫它做相思岩。"他们都赞许这个名字。次日我在飞机上想起这个相思岩来，就戏仿前夜听得的山歌，作小诗寄题《相思岩》：相思江上相思岩，相思岩下相思豆，三年结子不嫌迟，一夜相思叫人瘦。

　　这究竟是文人的山歌，远不如小儿女唱的道地山歌的朴素而新鲜。

　　我题桂林良丰的"相思岩"山歌，已记在前面了，后来我的朋友寿生先生看见了这首山歌，他说它不合山歌的音节，不适宜于歌唱。他替我修改成这个样子：相思江上相思岩，相思豆地靠岩栽，三年结子不嫌晚，一夜相思也难挨。

　　寿生先生生长贵州，能唱山歌，这一支我也听他唱过，确是哀婉好听。我谢谢他的好意。[①]

　　1935年元月23日晚，胡适从阳朔返桂林途中访问了位于雁山园的广西师专，给230名师专学生做了"个人主义的人生观"的演讲。

　　演讲完，在时任师专校长罗尔棻的陪同下，胡适一行参观了园内方竹山下的一个岩洞。之后胡适为这个岩洞取名为"相思岩"。在离桂返程的飞机上，胡适写下了两首有关桂林的小诗，其中一首专门写雁山园的相思岩和红豆。诗以树起，树以诗贵，以后雁山园的红豆相思树声名大噪，享誉岭南。

　　相思岩旁边还有一座红豆小馆，20世纪40年代，著名历史学家陈寅恪曾在此居住一年之久，并留有许多诗文，陈寅恪精通多国文字，

[①]　胡适.南游杂忆［M］.国民出版社，1935.10.

研究隋唐历史最为著称。1942年，陈寅恪写下《壬午桂林雁山七夕——桂林良丰居时作》：

> 香江乞巧上高楼，瓜果纷陈伴粤讴。
> 羿彀旧游余断梦，雁山佳节又清秋。
> 已凉天气沉沉睡，欲曙星河淡淡收。
> 不是世间儿女意，国门生入有新愁。

名人著书纪念师专

1936年，著名的《旅行杂志》刊登过一篇署名俞心敬的文章《雁山纪游》，当时俞心敬在桂林邮局供职，对桂林山水多有游览，雁山园也是他的游览对象。文章对雁山园和广西省立师范专科学校做了很详细的记录：

> 别墅为清季巨宦唐子实营构，东西二雁山盘踞园中，相思江支流四周萦绕，楼亭台阁皆出画意，为临桂有数名园。清末，唐姓举赠粤督西林岑公，后西林又慨归省有，因名西林公园。省立

⊙ 广西省立师范专科学校碧云湖，来源：1935年《广西一览》

师范专科就设庠序，以故楼台修缮一新。校中教员，半聘自外省，江浙籍尤占多数。旧同学陈君邦彦，去秋来此执教。入园投刺访问同乡，日曜停课，教师多赴桂垣休沐。陈君以夫人患臂疮，独留校未出。当蒙导游全园，不至在暗中摸索。

进内园门，临前为梅厅，厅下辟作膳堂，旁为厨房，经行朱桂曲径下，以达涵通楼，全园最精建筑也。门窗以贵木制成，各雕商彝夏鼎之属，多标职器名，种类繁颐，目不暇给。楼上为校办公室，下为会客室，巡览一周，西行跨九曲桥，抵湖心亭，现为音乐绘画二室，有学生引吭歌武家坡，佐以弦索，入桂来初次入耳半调也。凭栏稍憩，有双鹅戏水，因生客至，长鸣数声，响传空谷间，遂嘱映相者绕出湖前，写一影，底片后为车夫潜视漏光，懊丧不已。出湖心亭，环湖而南，参观藏书楼，楼为新建。

此外，孙中山 1921 年在桂林誓师北伐时曾来这里游玩，并在相思河上荡舟，留下了"孙中山系舟处纪念亭"旧址。1937 年，当时的民国政府主席林森到此游玩也留下了"山明水秀"的题字。著名学者如马君武、杨东莼、陈寅恪、李达、陈望道、王力、陈焕镛、薛暮桥、邓初民曾在这里执教。近代著名人物如李四光、朱德、周恩来、郭沫若也曾在此流连或居住。

（徐小珍　执笔　李殷青　审校）

文献来源

［1］吕孟禧.广西名胜纪游［M］.南宁：广西民族出版社，1983.

［2］陆琦.岭南私家园林［M］.北京：清华大学出版社，2013.

［3］舒天.桂林风烟［M］.天津：百花文艺出版社，2003.

［4］马君武，文明国.二十世纪名人自述系列马君武自述［M］.合肥：安徽文艺出版社，2013.

［5］王枬，黄伟林.民国师范：民国时期广西师范大学教授故事集［M］.桂林：广西师范大学出版社，2012.

陈望道创办《月牙》刊物
思想革命文艺的先锋阵地

◎ 导读 ◎

1935年11月，陈望道创办校报《月牙》，至1936年6月，共出版10期。《月牙》是师专的进步校刊，是学校文艺的阵地、思想的阵地、革命的阵地。

陈望道创办《月牙》

1935年，广西省教育厅厅长李任仁连发三信力邀陈此生来师专当教务主任，希望他能够掌好师专的舵，并且邀些知名教授来校任教。陈此生在出任教务主任后，即向全国各地的知名学者遍致函件，邀请他们来师专讲学或任教。此后有不少文人学者到访或任职，其中就有左翼作家陈望道、杨潮、夏征农。

更为幸运的是，陈望道等都很有打理刊物的经验。陈望道在浙江杭州省立第一师范任教时就有办校刊的经验，至于后来，或者自己主编杂志，或者应报社之邀担任编辑，其学生夏征农等自然也随着老师获得不少的办刊阅历。而"新闻巨子"杨潮在处理新闻报道、时事评论上更是游刃有余。

即便远离政治中心，师专"亦不是一潭静水"。一面是学校力图贯彻的民主风气，一面又是当时广西当局意识形态的干预，其中纠葛不少。当时国内政治和社会形势日趋严峻，来到当时的桂林广西师专，陈望道始终没有改变他"宣扬真理、改革社会"的初心使命，到校不过两月便着手办了两件大事：一是在开学典礼上的演讲"怎样负起文化运动的责任"，二是以《桂林日报》为阵地推广白话文，发起了反对文言文的斗争。在那之后，不久又出现了一场有关中国社会性质的争论——"史托之争"。此时，陈望道和陈此生都感到，无论如何都必须创办一个刊物了，让师专的学生除口头的论辩之外再添上些书面的号召。

陈望道把刊物命名为《月牙》，并为刊头题字和绘制封面图案。标识图案以简单的红色线条勾画成一弯眉月和几颗星星。据学生们回忆，当中用意大概有三：一是象征位于桂林城东的月牙山，借此彰显刊物的桂林特色；二是指月之初升，表示新开始；三是新月化成镰刀，农民就拿枪杆子了，象征当时农村革命的深入，且新月像是党徽的一部分，寓意深远。经历了种种的曲折和准备，《月牙》于1935年11月16日正式创立了，由夏征农任主编，杨潮、马哲民等教师担任编委，陶保桓、陈大文等学生为编辑成员。

《月牙》里面有什么

《月牙》为半月刊，是16开铅印本，由桂林启文印务局发行。发行时间从1935年11月16日到1936年6月25日，七个多月共出版了10期，每期3万字到4万字，合刊多至8万字，每期售价仅5分，合刊则售1角。师专办《月牙》刊物目的："本刊出版的动机，是鉴于蒋介石的南京政府，不仅用尽野蛮残酷的手段，屠杀、压迫革命民众，他们自己却是赤裸裸地断送和拍卖中国革命民众的利益，钳制革命的言论，消灭革命的思想……

⊙ 陈此生（左）陈望道（右）

我们想借这个刊物，做一个星星的野火，好去燃烧那被压负在反动统治下的民众心坎里的革命烈焰，一齐起来，廓清一切黑暗的反动势力，创造一个光明灿烂的世界，并推动中国文化，正式踏上一个新的阶段!"

《月牙》是综合性刊物，内容涉及时事、政治、经济、文化、教育、青年妇女和文艺理论、创作等问题。主要内容划定为七类：一是国内外的时事评论；二是社会问题的调查和研究；三是教育问题的研究和批判；四是社会科学理论的探索和介绍；五是文艺理论和文艺作品介绍或批评；六是读者通讯；七是书报介绍和批判。虽然《月牙》只是一份内部刊物，却影响了广西文坛，繁荣了学术思想和文化艺术。《月牙》刊物的出版，使师专的声誉大增。

一次形式和内容上的创新

值得注意的是，1936年《月牙》曾进行一次形式和内容上的创新，先后编辑了四个专号，都是针对广西和全国的形势而及时提出的，也有总结和回顾的意思。一是新年（特大）号。于1月出版，对一年来的国际政治、国内政治、中国的经济和农村，以及中日问题都做了综合

⊙《月牙》创刊者：陈望道

⊙《月牙》主编：夏征农

性的分析、叙述，如陶保桓的《一九三五年的中国农村》。二是抗日专号。于3月出版，由第6、7期合刊而来，发表近20篇文章，首篇《写在前面》便指出抗日是中国民族解放运动当前最主要的任务，也更多地介绍了各地广大革命民众抗日的状况和当前的形势，揭露南京政府不抗日的真面目，如刊出了若漫的《"北平学界爱国运动顿挫"吗？（北平通讯）》，匪石的《"抗日"与南京政府》等。三是反文言文专号。于5月出版，由一篇《桂林中学同学录序》而来，这是桂林中学颇有

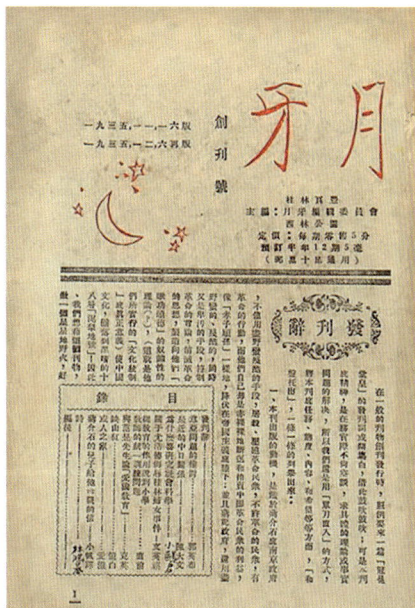

⊙《月牙》创刊号

名望的老教师、前清举人石孟涵所写的"骈文"，陈望道发现后立刻组织学生写批判文章，提倡大众语的白话文，反对用"骈文"来复活封建意识。四是反法西斯专号。于6月出版，由第9、10期合刊而来，专号多达7万字，揭露了德、意、日以及中国蓝衣社等法西斯的种种罪行，有陈大文、严炳枢翻译的共产国际报告，题为《现代法西斯主义的本质》和《反法西斯主义与劳动阶级的统一战线》。据陈大文回忆，《月牙》曾因本身的优质内容和低廉售价而好几次再版，甚至影响到了正在中学读书的小儿郎们，指引他们走向了革命的道路。学生林采徽逐期将《月牙》寄给读初中的弟弟，他弟弟受到《月牙》的影响，抗战后便奔赴延安参加革命。离休老干部屈汉平同志说："抗战前读过在《月牙》上发表的文章，当时我在永淳中学读书。《月牙》对指引青年走上革命道路很有帮助。"

因为《月牙》，广西师专成为国统区唯一一所敢于公开讲马克思主义的高校，甚至有"小莫斯科"之称。1936年"六一"运动后，夏征农和杨潮等进步教师被当局辞退。《月牙》随即终刊。除《月牙》外，陈望道还亲自指导创办并命名一份名为"普罗密修士"的壁报，他借用古希腊神话隐喻抗拒强暴、为人类幸福不惜牺牲的英雄精神。

擎起新文化大旗

陈望道在广西师专还旗帜鲜明地擎起新文化大旗。1935年10月，陈望道作为新教员代表在全校师生大会上作题为《怎样负起文化运动的责任》的演讲，给学生们留下深刻印象。他以清亮的浙江口音谈语言现象中存在的封建思想，抨击日常生活中宣扬封建道德的现象，展开反文言文的斗争，倡导新文学，传播新文化，提升白话文在桂林的地位，推动新思想的传播。

主讲修辞导话剧

陈望道在师专讲授"修辞学"和"中国文法"两门课程，所用教材是他的著作《修辞学发凡》和新编的《中国文法研究讲义》。陈望道虽然不是戏剧家，却是话剧的倡导者，他用话剧这一新文艺的表现形式为广西开启新风尚。在他的积极倡导下，师专师生组织成立了"广西师专剧团"，陈望道任团长，并领导师专剧团先后举行两次盛大的话剧公演，成为广西话剧运动的起点。经过陈望道等人的开垦，话剧这一新兴剧种作为新文化的象征，开始在八桂土地上成长起来。

（王燕　刘朝文　执笔　李殷青　审校）

文献来源

[1] 周维强. 太白之风——陈望道传 [M]. 杭州：浙江人民出版社，2006.

[2] 周维强. 国际的眼光·世界的怀抱·社会的关怀 [M] // 周维强. 史思与文心. 合肥：中国科学技术大学出版社，2012.

[3] 陈大文. 广西师专校刊《月牙》[C] // 桂林市政协文史资料委员会. 桂林文史资料第20辑：三十年代广西师专. 桂林：漓江出版社，1992.

[4] 邓明以. 陈望道传 [M]. 上海：复旦大学出版社，2005.

[5] 林志仪. 陈望道先生在桂林——忆雁山往事 [C] // 桂林市政协文史资料委员会. 桂林文史资料第15辑. 桂林：漓江出版社，1990.

[6] 王枬，唐仁郭. 广西师范大学简史 [M]. 桂林：广西师范大学出版社，2014.

[7] 周晔，陈振新. 陈望道："红豆院"里话新风 [D/OL]. http://news.gxnews.com.cn/staticpages/20191022/newgx5dae38e5-18755780.shtml.

组建反帝反法西斯大同盟
积极为党培养后备力量

◎ 导读 ◎

广西师专从成立开始就一直存在着进步力量与反动势力的斗争。自1935年秋起，进步师生杨潮、陶保桓等组建反帝反法西斯大同盟。"同盟"在酝酿、组建、斗争过程中，培养和锻炼出了一批进步学生，为抗战培养党员，逐渐成为共产党直接领导下的外围组织。

　　1932年，广西师专创办之初。当时李宗仁、白崇禧、黄绍竑为了建设"模范省"，达到"建设广西，复兴中国"的目的，采取了"联共反蒋"的政策，一方面聘请国内文化界有声望的进步人士任教，如杨东莼出任师专校长、陈此生担任师专的教务主任；另一方面，又要限制革命势力的发展，暗地里安插一些特务和托派分子在师生中进行反动活动。师专从成立开始就一直存在着进步力量与反动势力的斗争。在师专共产党员教师的影响下，一些进步的学生从中受到了锻炼和考验，学生们在思想上对革命有了深刻的认识。

反帝反法西斯大同盟的建立

1934年下半年，师专进步学生中还没有党的组织，但已形成了以陶保桓、郭英布、覃注礼、路璠等为中心骨干的进步团体。1935年春季开学不久，托派分子施云在师专学生中挑起了关于中国社会性质问题的论战。托派认为中国属于资本主义性质，而进步学生认为中国属于半封建半殖民地社会性质，这一看法与列宁论述殖民地半殖民地国家的理论是一致的，也是中国共产党人和马克思主义者所持的观点。到1935年下半年，论战发展到在墙报上展开。其范围已不限于在校内，而且扩展到校外，影响力颇大。

1935年秋，杨潮从英文资料中译出了好几份重要的文件，即：共产国际七大文件、共产国际执行委员会总书记季米特洛夫关于《建立全世界反对德国法西斯的统一战线》的报告、中国共产党驻共产国际代表团草拟的《为抗日救国告全体同胞书》(即《八一宣言》)和党提出的建立"抗日民族统一战线"文件以及党的六大制定的十大纲领。这些文件在学生中间传抄、传阅，译文的手抄本还流传到柳州、南宁。同学们不仅从党的纲领性文件中获得了斗争的强大思想武器，还促使他们认识到必须成立一个核心组织。

1935年10月，陶保桓、路伟良等同学向教师杨潮汇报了论战的情况，经过反复讨论研究，杨潮觉得应该将斗争中的进步骨干分子团结起来，建立"反帝反法西斯大同盟"组织。杨潮起草了"同盟"纲领。在杨潮的指导下，陶保桓出面找到各班进步学生骨干商议，他们均赞同成立"同盟"。随即，这些骨干以教学班为单位，吸收盟员成立小组。由陶保桓指定各班领导人，负责领导该班盟员工作，开展活动。"同盟"还把发展盟员的工作做到了校外，在桂林高中、桂林三中、桂林女中都发展有盟员，有名单的盟员就有60多人。1936年春，"反帝反法西斯大同盟"成立。

反帝反法西斯大同盟的纲领

其宗旨是：在国际上反对帝国主义、反对法西斯、拥护苏联。在国内反对日本帝国主义侵略我国东三省，反对蒋介石的不抵抗政策。

⊙ 杨潮

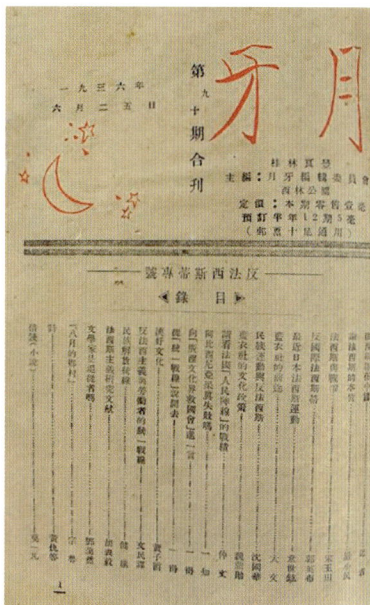

⊙《月牙》出版第九、十期合刊"反法西斯专号"

主张全国各阶层人民团结起来，共同抗战！反对蒋介石的法西斯统治，对广西当局采取推动抗日的方针。

主要任务是：在广西师专内进行反对托派的斗争。

自从建立反帝反法西斯大同盟后，师专学生反托派斗争更加强了，敢于在同学中公开驳斥反苏、反共、反中国红军的谬论。无论是朝会辩论还是墙报、校刊，都运用了马克思主义观点分析，从理论和事实上论证了托派论调的错误，使大多数同学看清了托派的真实面目。盟员大量向校刊《月牙》投稿，校刊出版了反托文章，出版了反法西斯专号等等。

1936年8月，随着日本帝国主义加紧侵略中国，它与英美等帝国主义的矛盾日益加深，这时一般地提反帝的口号已不符合当时的形势要求，而应该提"打倒日本帝国主义"，要"缩短战线，对于其他帝国主义暂时保持和平的友谊关系，进一步利用国际间的矛盾，取得实力的援助"。10月，在中共广西地下党组织的支持下，刘敦安、陶保桓、龙德洽等共同研究，决定将"反帝反法西斯大同盟"改为"抗日反法西斯同盟"，明确规定"抗日反法西斯同盟"是党的外围组织。

为抗战培养党员

抗日反法西斯同盟成立后，在内部积极学习马列主义，除公开可买到的著作外，学生们还秘密印刷了《国家与革命》《社会民主党在民主革命中的两种策略》等列宁著作，宣传中共的主张和共产国际关于建立反法西斯统一战线的报告等，有组织地在师专内和校外同托派观点的学生开展斗争，争夺校内学生自治会的领导权和广西省学生联合会的主要领导席位。

1936年6月，广西师专并入广西大学。8月，改为广西大学文法学院，广西当局趁机解聘了杨潮等一批进步教师。此时黄旭初兼任广西大学校长，朱佛定为秘书长。徐敬伍同志由南宁到桂林，任中共桂林市委书记，陶保桓参加市委，任组织委员兼统战委员，龙德洽任宣传委员。陶保桓负责领导广西大学文法学院党支部。徐敬伍要求陶保桓将过去师专的反帝反法西斯大同盟盟员加以培养，凡是合乎党员条件的，一个一个地发展入党。徐敬伍还说，只要陶保桓发展一个，他就批准一个。陶保桓还将在十五军政治部抗日宣传队的桂林高中的十多名同学发展成为同盟盟员。其后由路璠同志兼任抗日反法西斯同盟支部书记，广西大学文法学院党支部直接领导抗日反法西斯同盟的工作。

"同盟"组织开展的斗争活动，培养和锻炼出了一批进步学生。由国民党广西省党部召开的第二届省学生代表大会上，进步学生取得了重大的胜利，30名正式、候补干事中，进步学生占大多数，盟员宁振邦、何砺峰（均为师五班）分别当选为省学联组织部部长和宣传部部长。会议通过了组织救亡先锋队等进步议案。

1937年"七七事变"后，由于原师专学生参加广西第二届学生军北上抗日等原因，"抗日反法西斯同盟"停止了活动。

时任广西省工委书记，解放后担任广西人大常委会副主任的陈岸对"同盟"是这样评价的：

"抗日反法西斯同盟"对广西革命事业的贡献是很大的，首先是在传播马克思列宁主义，推动抗日救亡运动和反对托派的斗争方面，都起过积极的作用，特别是在发展壮大广西党组织和培养党员干部的工作中作出了很大的贡献。盟员60多人，现在，其中近半数已经谢世。回顾半个多世纪以来，这些盟员中的大多数都成为广西各级党组织的领导骨干（路璠、廖联原、杨烈、黄嘉、陈盛年和黄耿等都是党的高级干部），人数虽然不多，所起的作用却很大。

⊙ 陶保桓

由杨潮一手指导创建起来的"同盟"组织虽然历时不长，但却深深影响了一大批同学和盟员，成了他们参加革命的起点。

（徐小珍　刘朝文　执笔　李殷青　审校）

文献来源

［1］桂林市政协文史资料委员会.桂林文史资料第20辑：三十年代广西师专［C］.桂林：漓江出版社，1992.

［2］刘寿保，魏华龄.桂林抗战文化研究文集5［C］.桂林：广西师范大学出版社，1997.

［3］韦华南，谭玉萍.风雨十七年1936—1953：广西大学革命斗争史料［M］.桂林：广西师范大学出版社，1998.

［4］梁怀兆.生命的脚印［M］.南宁：广西人民出版社，2009.

［5］王枬，黄伟林.民国师范：民国时期广西师范大学教授故事集［M］.桂林：广西师范大学出版社，2012.

［6］董咸熙.回顾广西师专初办时期［C］//中国人民政治协商会议广西壮族自治区委员会文史资料研究委员会.广西文史资料选辑第27辑.1989（3）.

师专话剧运动兴起
爱国主义思想传播广泛

◎ **导读** ◎

1936年上半年，广西师专举行了两次话剧（新剧）公演，轰动了整个桂林，使一向沉迷于桂剧的观众遽然耳目一新，传播了新兴艺术和爱国主义思想，影响了广西戏剧后来的发展。在桂林乃至广西戏剧发展史上都具有开创性意义。

话剧是一种舶来品，是一种移植到中国的外来戏剧形式，与中国的社会变革息息相关。1906年中国的留学生在日本成立了第一个话剧团体春柳社。五四运动后话剧有了较大的发展。当时，话剧活动主要集中在北京、上海等相对开放的大城市，在内陆影响较小。然而，话剧在桂林却是个例外。

据说，五四运动以后，桂林法专演过《朝鲜亡国痛史》，桂林三中曾上演《刺伊藤博文》，桂林二师演过活报剧。这些新剧多是以反对日本侵略和拯救中国危亡为主题，这一时期的话剧活动处在启蒙时期。

1936年1月，广西师专在桂林第三高中（坐落于桂林王城中）礼堂举行了一次真正意义上的话剧公演。上演的剧目为《屏风后》和《父归》两个独幕剧，这次公演曾在社会上引起了强烈的反响，冲击了桂林平静保守的风气，使观众获得新异的艺术欣赏体验，受到反封建的思想教育，开启了桂林话剧运动的新篇章。

同年4月，广西师专在桂林中学礼堂举行第二次大型话剧公演，演出了苏联脱烈泰耶夫的《怒吼吧，中国！》和俄国果戈理的《巡按》(亦译作《钦差大臣》)。这次演出比第一次公演的规模更大，投入的人力更多，还有很多观众特地从柳州、南宁赶过来。这次话剧公演轰动了整个桂林，在它的影响下，出现了中学生演剧，对抗日救亡的宣传起到了推动作用。

第一次话剧公演

1935年12月，师专校刊《月牙》上发表了题为《戏剧的功能和任务》的文章，该文说："广西的戏剧，目前还大半是旧剧在支持，新剧运动的提倡，是刻不容缓的事。我们应该把大众从旧剧手里夺回来，使他们能得到高尚艺术的陶冶，能获取一切适应时代的新智识。"同时他指出："我们要把握着戏剧这个良好的社会教育工具来推进一切反帝反封建的工作。我们要用戏剧的力量来暴露旧社会的罪恶，促进社会的变革与发展。"此文，曾为话剧运动在桂林的开展造了舆论。

在进步教授陈望道等人的推动下，师专学生积极参加话剧运动。1935年冬成立广西师专剧团，由陈望道任团长，并组成了陈望道、夏征农、杨潮三人领导小组。在三人的共同领导下有了第一次话剧公演。

第一次话剧公演的剧目是《父归》和《屏风后》，《屏风后》是欧阳予倩的作品。两剧均为独幕剧，由师生合演。《屏风后》是一部讽刺剧，它有力地揭露和抨击了封建道德虚伪、丑恶的实质。正如一个剧中人物指出的："不要看这个屏风小，几千年的道德，全靠这个屏风。"当时公演这个戏，对反封建运动起了积极的宣传作用。

⊙ 1937年启明书局发行的《巡按》，作者果戈理，译者沈佩秋

第二次话剧公演

借着第一次话剧公演的成功，广西师专剧团在1936年4月春假期间，举行了第二次大型话剧公演。为使话剧活动更蓬勃地开展，陈望道向学校教务主任推荐著名的电影、戏剧导演沈西苓来校执导。公演剧目分别是苏联脱烈泰耶夫的作品《怒吼吧，中国！》和俄国果戈理的作品《巡按》。然而，要演出这两个大型话剧是很不容易的，因为剧中人物多、场次多，布景、灯光复杂，需要投入大量的人力和物力，而且非有专家设计和导演不可。

⊙ 沈西苓

《怒吼吧，中国！》是沈西苓亲自翻译的剧本。剧本是以1924年6月发生于长江上游的万县惨案为题材的，写英国军舰在中国内河的强横逞凶、美国资本家对中国工人的苛酷剥削。面对帝国主义的逞凶肆虐，绝不能引颈受戮，中国人民只有奋起斗争，才能求得生存。过去上海好些专业剧团想上演，都未能演成，只有上海戏剧协社经过多方筹措经费，向各剧团借用演员，突破反动势力的阻挠，方于1933年9月得以公演。那么，广西师专为何能成功上演这样的大型话剧呢？

因为师专本身具有条件：一是经过第一次公演，已取得一定的经验，发现师生有着很大的潜力，演员不成问题；二是因陈望道、邓初民、陈此生等老师的倡议，学校拨给了演出所需的大笔经费；三是当时广西政治环境比较开明，校内师生的进步言行不受局限，进步的话剧活动可以畅行无阻；四是有著名的戏剧家沈西苓担任导演。沈西苓具有很高的革命热情和认真负责的实干精神，既担任两个剧的导演，还负责整个舞台装置的布景、灯光，以至服装、道具的设计。导演工作尤其繁重，由于时间紧迫，沈西苓每个下午和晚上都用来排练。在排练中，他一方面要求演员先读剧本，掌握剧情，熟记台词，另一方面给演员说戏，分析人物性格，然后作出表演示范，指导演员反复练习，毫不松懈。担任演员的老师和同学也积极投入，认真排练，极力要求演好所饰的角色，服从导演的指挥，从不迟到早退。就这样，经过一个月的奋战，达到了熟练的程度，再通过彩排，先在校内演出，最后搬到桂林城公演。

《怒吼吧，中国！》演员全部由广西师专的师生担任，这部话剧的成功是全校160多名师生通力合作的结果，不仅演员全情投入，负责道具布景的同学也十分尽心。剧中一个战舰的布景十分复杂，换景时间又极短，十几位布景的同学经过认真的商量和考虑，合理分工，配合默契，幕布一拉下来，一声令下，马上拆卸旧景，装配新景。当台下的观众还在议论前场的演出时，帷幕就已经拉开了。

《巡按》由师生合演，也因此更加引人瞩目。《巡按》为讽刺喜剧，写一浮浪青年被错认作钦差巡按的故事。虽然它反映的是沙俄的官场现实，但观众们仿佛是在读一部旧中国的"官场现形记"。

在公演特刊中还载有《导演团的几句话》，对这次公演做了一些说明：一是为把这两个名剧搬上舞台，在全校"动员了160多人"参加，其中包括"教职员的大部分"；二是条件不够，"没有好的舞台来布景"，"没有完整的灯光、服装"，"没有长期互相练习的机会"；三是指出公演的意义，认为"只要不致完全失败"，相信"这次的公演，是会给广西的戏剧运动多少有点刺激的"。

虽然和专业剧团相比，广西师专剧团还有很多不足，但是它在桂林乃至广西戏剧发展史上都具有开创性意义，传播了新兴艺术和爱国主义思想，影响了广西戏剧后来的发展。

（贾雅楠　执笔　李般青　审校）

文献来源

［1］王福琨.中国共产党在桂林抗战文化形成和发展中的作用［M］.南宁：广西人民出版社，2007.

［2］桂林市政协文史资料委员会.桂林文史资料第20辑：三十年代广西师专［C］.桂林：漓江出版社，1992.

［3］王枬，黄伟林.民国师范：民国时期广西师范大学教授故事集［M］.桂林：广西师范大学出版社，2012.

成立首个党支部
学校成为"小莫斯科"

◎ 导读 ◎

1932年，广西师专成立以来，首任校长杨东莼聘请了一批共产党员和著名进步学者先后到校任教，开设了大量新兴社会科学课程，探索马克思主义青年培养之路，使师专被称为"小莫斯科"，其深深影响了师专学生乃至一批广西学子的思想，促使他们走上进步之路，也助推着八桂大地的革命浪潮。1936年10月广西师专学生成立了广西高校首个党支部，后来师专党员成为重建广西党组织的骨干力量。

1932年春，广西省立师范专科学校（简称广西师专）开始筹备，同年秋季正式开学。1933年3月广西党组织遭到严重破坏后，地下党便处于隐蔽的状态。1932年10月，杨东莼任广西师专校长。杨东莼是一名早期的共产党员，为了能够多培养些革命青年，他延聘一批共产党员和著名进步学者先后到校任教和主持校务工作。他们在学校传播马列主义，按照党的路线、方针，开展思想斗争，引导学生走向革命道路。学生中的一批先进分子更是产生了一种发自内心的强烈愿望——找党。

杨东莼探索马克思主义青年培养之路

杨东莼认为教育不能脱离政治，尤其在"九一八"事变后，内忧外患，国难当头，学生埋头死读书不符合国家的需要。面对桂系当局有限度的"开明"和"进步"，他在蒋桂矛盾的夹缝里对学生进行马列主义思想教育，提倡学生关心国事，探究社会现实问题，努力培养一批信仰马克思主义的青年。

杨东莼广邀朱克靖、汪泽楷、金奎光（金星淑）、薛暮桥、张海鳌、沈起予等共产党人、进步人士前来任教，开设了一批新兴社会科学课程，组织了许多关于中国社会性质和中国革命问题的讨论。

教学方面，杨东莼实施"自由研究"的方针，把课堂讲课与学生自学、小组讨论结合起来。每天上午安排三四节课，下午的时间由学生自由支配。此外，师专图书馆藏书相当丰富，新书古籍，兼包并蓄。当时国内出版的进步书刊，凡是能买到的都买来了，包括马恩列斯的书籍，还有李大钊、陈独秀、艾思奇、鲁迅的著作。当时学生读的热门书有恩格斯的《家庭、私有制和国家的起源》、布哈林的《唯物史观》、河上肇的《经济学大纲》、李达的《社会学人纲》、杨东莼的《本国文化史大纲》、邓初民的《社会进化史纲》、李浩吾的《新教育大纲》等。

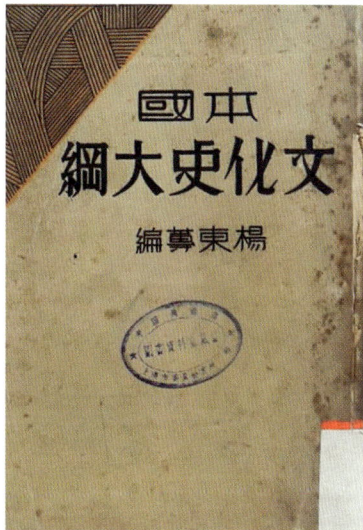

⊙ 杨东莼所编著《本国文化史大纲》，1931年北新书局出版

师专成为"小莫斯科"

杨东莼是早期共产党员，师专的一些师生想通过他加入共产党，但是考虑到当时广西的政局，杨东莼慎重决定，不在师专发展党员。1933年，美术老师官亦民坦率地向他要求介绍入党；军训大队部大队长杨必声则建议他在校内建立共产党支部，他都谢绝了。因为他曾和朱克靖、薛暮桥等人商量，认为一是没有党组织领导，不好建党；二是不建党可以把师专办得长久一些，多培养些革命青年，以后他们有

了觉悟，自己能找到党的。果然如此，1935年，官亦民在东京加入了中国共产党，任中共留东支部宣传部部长。就这样，杨东莼默默扮演着引路人的角色，引导师专师生追寻党的足迹。

杨东莼把师专办得颇具马克思主义色彩，被称为"小莫斯科"，这引起了桂系当局的注意。白崇禧发现曾在大革命时期任国民革命军第三军党代表的朱克靖在广西师专，就把他礼送出了广西。杨东莼感到处境艰难。一日，他与薛暮桥等教师商量是否向白崇禧提出辞职时，送报人员送来了报纸，上面竟刊载着："杨东莼辞职照准"。这其实是白崇禧给杨东莼的一纸逐客令。

1934年4月，杨东莼被迫离开师专。其后，桂系当局安排了新校长，加强了对师专的管制；后于1936年6月，将其并入广西大学，成为广西大学文法学院。

杨东莼缔造的这所被称为"小莫斯科"的大学虽然仅有短短数年的办学历程，但其深深影响了一批广西学子的思想，促使他们走上进步之路，也助推着八桂大地的革命浪潮。

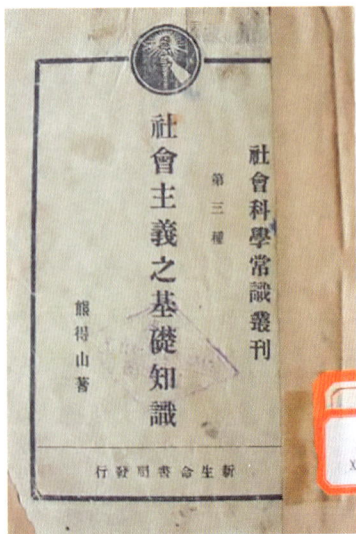

⊙ 熊得山著《社会主义之基础知识》

⊙ 邓初民著《社会进化史纲》

成立党支部

广西师专学生在进步思想的指引下向中共党组织靠拢。1934年冬，红军长征经过桂北，一名战士（中央苏区红军班长"小李"）负伤流落至广西师专附近，学生刘鸿珍（张华）、黎霞煊、黎锦若照顾他直至1935年7月伤愈。放暑假第二天，这三名学生留下休学申请书和两封告别信，和战士一同北上江西寻找红军和党组织。后来被捕，被投入江西赣州监狱、广州集中营，1936年9月获释。1936年春，师专第一届学生刘敦安、梁寂溪到香港找到了党组织，共产党员陈勉恕（大革命时期是中共广西区委筹备组成员，曾在梁寂溪家开过秘密会议）听了刘敦安在广西师专开展革命斗争的情况汇报，并了解到他们强烈要求入党的愿望后，便以南方支部名义介绍和批准刘敦安、梁寂溪和凌焕衡三人入党，刘敦安等三人成为广西师专最早入党的学生。7、8月间，原师专学生郭英布、路伟良、陶保桓、曾世钦先后入党。9月，陶保桓、曾世钦同庞敦志组成中共桂林支部，陶保桓任支部书记。中共桂林支部成立后，由于广西师专已并入广西大学文法学院，故首先在文法学院发展党员；原师专学生路璠、李芦炭（李殷丹）入党，建立党小组，10月成立党支部，曾世钦为支书，路璠为组委，李炉炭为宣委。

1935年10月，在杨潮的指导下，陶保桓、路伟良和龙德沿等进步学生在广西师专组建了"反帝反法西斯大同盟"。1936年10月，改名为"抗日反法西斯同盟"。该同盟积极参与抗日救亡活动，成为中共的外围组织，部分盟员先后加入中国共产党。

（刘朝文　执笔　李殷青　审校）

文献来源

［1］王枬，黄伟林.师大故人［M］.桂林：广西师范大学出版社，2017.

［2］韦若松.回顾广西农村经济调查［C］//桂林市政协文史资料委员会.桂林文史资料第20辑：三十年代广西师专.桂林：漓江出版社，1992.

［3］王枬，唐仁郭.广西师范大学简史［M］.桂林：广西师范大学出版社，2014.

［4］路璠，何砺锋.三十年代的广西师专综述［C］//桂林市政协文史资料委员会.桂林文史资料第20辑：三十年代广西师专.桂林：漓江出版社，1992.

加入广西学生军
抗日救亡争取民族生存

◎ 导读 ◎

在中国共产党抗日民族统一战线思想的推动下，国民党广西当局于1936年6月底至1941年8月先后组建三届广西学生军。思想进步的广西师专学生积极请愿并组织成立广西学生军，成为抗日前线不可缺少的一支重要力量，他们为争取抗日战争的胜利作出了自己的贡献，在反抗外来侵略，挽救民族危亡的斗争史上留下了光辉的一页。

呈报《师专学生组织学生军请愿书》

1931年9月18日，日本在中国东北发动"九一八"事变，拉开了侵华战争的序幕。1935年，日本又制造"华北事变"，把侵略魔爪伸到华北地区，中华民族生存受到严重威胁，民族矛盾开始上升为主要矛盾。反对日本侵略中国，成为我国各民族、各阶层人民的首要任务。中国共产党首先提出武装抵抗日本的侵略的主张，全国人民在中国共产党的领导下，掀起了声势浩大的抗日救亡运动。在中国共产党倡导的抗日民族统一战线和全国人民抗日救亡浪潮的推动影响下，国民党中的一些爱国将士，开始有了抗日的觉悟。

1936年6月1日，国民党两广地方实力派陈济棠、李宗仁、白崇禧发表通电，号召抗日，并借机试图与蒋争夺南京国民党政权。与此同时，桂系当局要求学生到广西各地宣传抗日，得到广西师专学生的积极响应。两百多名学生，分成三个大队，每队七八十人，大队下设二至三个中队，每中队又分若干小队；第一大队前往百色区各县乡，第二大队前往玉林区各县乡，第三大队到桂林区各县乡。他们深入偏远乡村，挨户访问，书写抗日标语，通过演讲、教唱抗日歌曲等，对群众进行抗日救国宣传。当时各县的中学生，前后约八百人，抗日热情颇高，亦蜂拥前来，共同开展抗日宣传活动。中旬途经南宁，师专学生发起组织学生军的倡议，并向省政府呈报《师专学生组织学生军请愿书》：

> 为呈请准予组织学生军，俾参加前线工作事。窃副总司令之焦土抗战主张，实为中华民族救亡图存之最后一着，亦即全国民众之一致要求。在此伟大民族解放斗争之下，热血青年，亟应从速奋起，慷慨从戎，以增强抗日救国之力量，而促进民族解放之完成。为此生等奉命宣传经邕，即拟发起组织学生军，业经开会征求意见，旋有志愿参加者八五人，理合缮具志愿参加学生军名单，随文呈报察核，准予组织，即发给全副武装，俾得正式成立，并乞通电本省各地学生团体，热烈自动组织学生军，以增强民族革命力量，而期抗日救国早日完成，如何之处，敬请指令祗遵。谨呈。

师专学生的请愿书得到当时的广西省政府批准，不久后就成立了广西学生军。广西学生军全称为中华民国国民革命军广西抗日救国学生军，于6月27日在南宁市公共体育场召开成立大会暨誓师典礼。白崇禧、黄旭初、邱昌渭、邓初民等政界要员和名流学者出席了典礼。刘斐担任学生军司令。参加典礼的还有已经编配完毕的学生军、南宁各中小学全体学生、各抗日团体代表，以及自发到场的民众，有2万多人，会场气氛热烈。学生军以广西师专全校学生280多人为主体，还有其他学校学生百余人参加。第一届广西学生军成立后，分赴湘桂边、粤桂边和黔桂边等地进行抗日宣传。文字、演讲、戏剧、歌咏、美术……每到一个地区，学生军就把抗日主张通过多种形式传播到田间地头、街头巷尾，向群众揭露和控诉日寇的暴行，披露沦陷区和战区人民遭受的灾难与痛苦，宣传全国军民英勇抗战的事迹。

在学生军的带动下，全省有40余所中学成立了抗日宣传队，深入城镇、乡村甚至边远山寨，开展抗日宣传，在广西迅速掀起了抗日救亡高潮。

后来由于蒋桂妥协，一度轰轰烈烈的"六一"运动结束。9月，第一届学生军宣布解散。而当时的广西师专也已被撤销，未毕业的师五、六两个班（师专第三届学生）并入广西大学文法学院。

第二届学生军

1937年"卢沟桥事变"发生后，广西当局再次组织学生军（亦称广西第二届学生军）。命令广西大学文法学院文学、社会学两系学生全部参加学生军。同时参加学生军的还有从省内各学校招来的高中生、初中生。学生军先在南宁南门外李家村集训几星期，后于1937年12月经桂林出发北上。到达武昌后，驻扎在蛇山公园的抱冰堂，随即展开形式多样的抗日宣传活动，出版墙报，表演独幕剧。当时全国各地集中在武汉的抗日救亡团体虽有上百个，但只有广西学生军是全副武装

⊙ 第二届广西学生军合影

的，因而特别引人注目。中共领导人王明、博古曾为学生军演讲或上课；沈钧儒、郭沫若、胡愈之等救国会领导人和社会名流，以及原广西师专的教授邓初民、马哲民等都相继来看望他们。周恩来和邓颖超还两次到学生军驻地看望，并为学生军中的党员易凤英（师专"反帝反法西斯大同盟"盟员，由师专第二届学生陶保桓培养和发展入党）、莫如珍、郑忠等接上了组织关系。

创作《广西学生军军歌》宣传抗战

"我们是广西青年学生军，我们是铁打的一群，在伟大的时代里负起伟大的使命，我们抱定勇敢、坚强、战斗、牺牲的精神；我们要和前线战士、全国同胞誓死克服我们的敌人。我们为国家争取独立，为民族争生存，为人类申正义，为世界求和平，在伟大的时代里负起伟大的使命，我们是铁打的一群，我们是广西青年学生军。"这首唱响抗战时期广西城乡的《广西学生军军歌》，曾鼓舞了无数爱国学生奋勇向

⊙ 时任广西国防艺术社音乐教员、曲作家陆华柏应邀为第二届广西学生军作的军歌

前，为实现祖国的独立而舍生忘我，谱写了壮丽人生。

这首歌是时任广西国防艺术社音乐教员、曲作家陆华柏应邀为第二届广西学生军作的军歌。首演于1937年12月2日的桂林女中礼堂，陆华柏任钢琴伴奏，时任国防艺术社音乐部负责人的廖行键指导学唱。

1938年2月，学生军继续北上到达河南潢川，学生军中的西大学生奉命留在潢川，成为李宗仁创办的第五战区抗敌青年军团的政工干部，负责培训该军团收容的5000多名流亡学生。

1938年11月，广州失守，广西形势危急，广西当局再次组织学生军（亦称广西第三届学生军），设立了广西学生军司令部，广西绥靖公署参谋长夏威兼任司令。1939年底，日军发动桂南会战，学生军配合当局进行了组织、宣传和战地工作。1940年10月间，日军撤出桂南，广西的威胁解除，学生军在南宁随即解散。

（刘朝文　执笔　郑国辉　审校）

文献来源

［1］王枬，唐仁郭．广西师范大学简史［M］．桂林：广西师范大学出版社，2014.

首次并入广西大学
师专办学基因延续

◎ 导读 ◎

1936年6月，广西师专被迫停办并入广西大学，8月改为广西大学的文法学院，广西师专进步力量的革命活动在广西大学继续发展，开展抗日救亡民主运动，为中国革命的胜利，为民族的生存和解放作出了贡献。

师专停办

从1932年广西师专创建到1936年并入广西大学仅仅4年时间，学校在杨东莼、陈此生等进步人士的领导下，办得很有生气和特色，已形成一所新型学校的雏形。为什么师专停办呢？这是因为：一是杨东莼校长领导下的师专办学思想和办学方向与桂系当局办师专的目的背道而驰。桂系当局办师专的目的是培植地方势力，培养实现他们的政治主张所需要的人才，为他们推行的"三自三寓"政策服务。而杨东莼提出："师专是对现有的学校或过去的师范学校革命而产生的"，"师专是建设广西之柱石"，明确地阐述了师专的办学宗旨是要把学校办成一所进步的、民主的、革命的学校，其主要任务是培养乡村教师和革命人才，这是桂系当局不能允许的。二是蒋桂妥协，桂系当局不再需要借助进步力量的支持。原来蒋桂矛盾激化，桂系当局想借助进步力量的支持与蒋介石抗衡，争夺中原。他们深知自己的力量还很弱小，必须招揽人才，壮大自己的力量。于是，他们竖起"民主、开明"的旗帜，以"反蒋抗日"为号召，容许一大批民主进步人士、专家、学者到师专任教。而这批民主进步人士、专家、学者到师专任教后，传播革命思想，发展进步力量，当事态发展到触犯桂系当局利益时，他们就不能容忍这些进步力量的存在，从排挤杨东莼、朱笃一（朱克靖）开始，后来又解聘一大批民主进步人士和打击革命学生。1936年6月底，蒋桂妥协，"六一"运动结束，师专就被迫停办。

师专并入广西大学

1936年6月，广西省政府根据《高等教育整理方案》，改组广西大学，校长由省主席黄旭初兼任，废副校长制，改设秘书长，并设立校本部，以资统辖各学院；并将广西省立师范专科学校教师和在校学生并入广西大学。8月，又将广西师专改并为广西大学文法学院，设文学、社会学两系，并附设乡村师范班，聘请陈望道教授为文学系主任，施复亮教授为社会学系主任。

广西师专并入广西大学，使广西大学这所创办于1928年的广西高等学府，其规模由原来理、工、农三个学院发展成为四个学院（加文法学院）11个系，1个经济研究所和1个附中，成为由多学科组成的综合性大学，在当时国内高等学校中享有一定声誉。

广西师专并入广西大学后，原师专进步力量的革命活动在广西大学继续发展。"反帝反法西斯大同盟"的成员（未毕业的第三、四届学生）转移到广西大学文法学院。作为广西师专学生领袖和广西"反法西斯大同盟"理事会主席的陶保桓，已经毕业离校，分配在省教育厅（南宁）工作。师专有一批青年学生在杨东莼、朱克靖、薛暮桥、杨潮等革命前辈的教育和影响下，进步很快，在斗争实践中受到了锻炼和考验。他们要求加入中国共产党组织，而当时广西地下党组织处于秘密状态，1936年1月，刘敦安到香港找到广西地下党区委筹备员之一的陈勉恕，经陈的介绍，刘敦安、梁寂溪、凌焕衡（三人同时到香港找地下党组织）

三人加入了中国共产党。他们回到南宁后，梁寂溪转到梧州初中教书，刘敦安、凌焕衡到南宁广西民团干校任政治教官，并从事党组织活动，首先发展麦世法、龙德洽入党，同年秋，又先后发展陶保桓、曾世钦等入党。并建立了支部，刘敦安任支部书记。后来又发展张镇道、毛恣观等20多人入党，建立了党总支，刘敦安指定杨江（路伟良）任总支书记（刘敦安当时任广西省军团书记）。他们的革命活动，在青年学生中产生了很大的影响。陶保桓入党后，以广西省教育厅第四科员的身份为掩护，积极在学校、机关、团体之间开展革命活动，发动抗日救亡，培养进步力量，并保持着与刚刚并入广西大学的原师专学生的联系。1936年9月，陶保桓受上级党组织的派遣，从南宁返回桂林工作。10月，广西大学校本部及文法学院亦迁往桂林，以良丰西林公园（雁山园）为校址。

陶保桓回桂不久，就建立了中共桂林支部（后设桂林县委）并任支部书记，在桂林中学、桂林女中等学校发展党员，仅半年时间，就培养吸收了十几名党员。同时，负责领导广西大学文法学院地下党支部的工作。在他的领导下，把原师专的"反帝反法西斯大同盟"改为"抗日反法西斯大同盟"，一些盟员也逐步被吸收为地下共产党员。而"抗日反法西斯大同盟"则作为党的外围组织。1936年10月，中共广西大学文法学院支部正式成立，由曾世钦任支部书记，李炉炭（李殷丹）任宣传委员，路璠仟组织委员。支部建立后，党组织发展很快，当时党员有：韦树辉、莫一凡、梁邦鄂、李明沂、杨美灏、邓剑泹、岑立翔、韦才献、宁振邦、苏泹、黄露西、廖洪、周甲铭（蒙谷）、邓崇武等。广西大学文法学院党支部成为当时桂林党组织一个最有战斗力的支部。

1937年2月，桂系当局企图以军事管制的办法，控制学生的进步活动。将文法学院迁入桂林李子园，还将文法学院附设乡村师范第三班学生编入广西民团干部学校训练。

开展抗日救亡民主运动

师专合并到广西大学后，在文法学院党支部领导下，学校开展了一系列的抗日救亡民主运动。通过组织读书会，介绍进步书刊，推动社会科学的学习，促进广大同学了解世界形势，关心国家政治状况，

⊙ 文法学院办学旧址——桂林李子园

学习马列主义著作，传播革命思想理论。如介绍艾思奇的《大众哲学》、沈志远的《新经济学大纲》、邓初民的《社会发展史》等给青年学生学习，对提高他们的政治理论水平和思想觉悟起了很大的作用，并为进一步发展组织打下了良好的思想基础。通过领导学生自治会，开展抗日救亡民主运动。

从1936年底至1941年4月，广西大学文法学院先后组织几十个各种抗日宣传活动团队，如话剧团、歌咏团、演讲团、艺术团、假期社会服务团、战地服务团、抗敌后援工作团等，经常到省内各城镇、农村进行巡回演出宣传。演话剧、出壁报、贴标语、搞画展，举行营火晚会、歌咏晚会、联欢舞会、时事座谈会、家庭访问，开办群众夜校等宣传活动，进行抗敌救国宣传。他们1938年1月11日分乘13辆汽车赴柳州及钦廉一带进行宣传活动，3月15日才先后返回学校上课。其规模之大、参加人数之多、活动范围之广、热情之高，都是当时青年学生运动中少见的。

此外，学生们还积极参加广西学生抗日救国联合会工作。1938年文法学院学生自治会常务干事曾昭翘（党员）、秦川、何冠群等3人除在校内开展活动外，还与桂林市各中学学生自治会联系成立桂林学联

90 周年 90 件大事

组织，参加广西学生抗日救国联合会的工作，推动了广西学生救亡运动的发展。经过党组织的教育培养和各种实际斗争的锻炼和考验，一大批青年学生团结在党的周围，为进一步壮大党的队伍创造了条件。1937年2月以后，先后发展王祥彻、甘文治、朱汝鉴、罗预全等4人入党。新生中也有一批党员进校，其中如李朋章、刘治琼、于辉坤、朱敦年。1938年2月，又有陈贞娴等几名党员来到广西大学，党支部的力量因此得到了进一步加强。从1937年2月至1938年9月，文法学院在李子园时期共有党员11人，党支部书记为王祥彻。当时的学生自治会成员和班代表大部分都是党员和进步学生，在他们的积极推动下，学校的救亡运动、学术研究以至各种群众团体活动，都开展得很有生机。

这个时期中共广西大学文法学院党支部，无论是在南宁，还是在桂林良丰和李子园的活动，不但在领导学生抗日救亡运动方面做出了积极的贡献，而且在广西学生军中和后来的中国革命斗争中也做出了应有的贡献。

1937年春，根据革命形势发展的需要，陶保桓调离桂林，到柳州中学教书，以教学工作为掩护，继续从事党的工作。1937年8月31日，陶保桓在柳州中学不幸被国民党特务逮捕，随即押往桂林，囚于广西警备司令部监狱。敌人妄图从他身上获取地下党的机密，反复刑讯逼供、拷打，他的左臂被打断，双手的拇指被刺出窟窿，全身上下，皮开肉绽，鲜血淋漓，惨不忍睹。他忍受了极端的痛苦折磨，始终以一个共产党员大义凛然的英雄气概，蔑视敌人，丝毫没有透露党的机密。为了党的事业，为了共产主义理想，视死如归，从容就义，时年27岁。与陶保桓同在广西大学或广西师专求学的一批革命青年，许多人后来参加了中国共产党，成为无产阶级革命的坚强战士，他们为革命的胜利，为民族的生存和解放，抛头颅、洒热血、献出了宝贵的生命。如麦世法、刘敦安、郑定一、陈达伍、胡承桃、陈务智、余会之（均于1941年在安徽立煌县被桂系军阀杀害）、张镇道（1947年在广东西江打游击时牺牲，时任团长）、黄隆生（解放初期参加革命工作被土匪杀害）等20名革命先烈，他们威武不屈的革命精神，一直是鼓舞青年前进的强大精神力量，许多人在他们的激励下成为广西革命活动的骨干力量。

新中国成立后，成为广西省厅局领导层成员的有梁寂溪、李隆、廖联原、张华、李殷丹、江平秋、路璠、路伟良（杨江）、何励锋、杨明等20多人；还有一批成为广西教育战线的骨干力量，如陈迩冬、汤

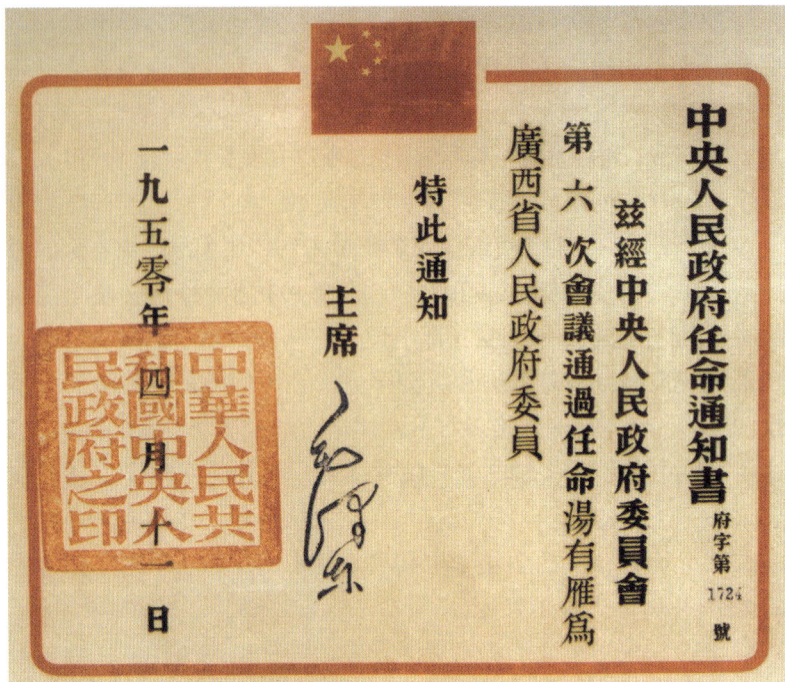

⊙ 汤有雁（师专第一届学生），1950年4月11日，毛泽东签发的广西省人民政府委员任命书

松年、李志署、周伟、温致义、邱行、严沛、何励锋、雷剑、区镇、黄体荣、路璋、林志仪、汤有雁、韦若松、陈大文等等，他们为发展广西的社会主义建设和科学文化教育事业做出了积极贡献。

（刘朝文　执笔　郑国辉　审校）

文献来源

［1］广西师范大学校史修订组.广西师范大学史（1932-2002）［M］.桂林：广西师范大学出版社，2012.

［2］严沛.刘敦安烈士传略［C］//桂林市政协文史资料委员会.桂林文史资料第20辑：三十年代广西师专.桂林：漓江出版社，1992.

曾作忠重建广西师专
学成归国造福桑梓

◎ 导读 ◎

1941年，学成归国的曾作忠痛感广西教育的落后，决心振兴桑梓教育事业，造福社会。曾作忠提出创办一所师范学院或师专的建议获得了广西省政府的同意，并由他负责筹办工作，他聘请林砺儒指导筹办师专。1941年12月5日，重建的广西省立师范专科学校顺利开学，曾作忠任校长，开启了广西高等师范教育新篇章。

1941年4月，曾作忠应桂系当局之邀回家乡桂林讲学，与广西政界及教育界人士接触后，痛感广西教育的落后，决心以己之力振兴桑梓的教育事业。自1936年广西省立师范专科学校并入广西大学以来，广西就不再有独立的高等师范院校。因此，曾作忠建议当局趁大批教授、学者和文化界知名人士聚集桂林的大好时机，创办一所师范学院，如条件暂时不允许，可先建师专。这一建议得到当时广西省政府主席黄旭初的部分采纳，同意重建师范专科学校，并任命曾作忠为广西教育研究所所长，负责筹办工作。

情系桑梓　教育救国

曾作忠，字恕存，别号素忱，1895年4月24日出生于桂林凤凰街，祖籍灵川县都八图曾家村。家境清贫，5岁丧父，靠母亲何氏辛勤劳动维持生活。10岁入蒙馆，12岁就读临桂小学，16岁考入桂林中学。他在校学习勤奋，每次考试都名列第一，课外喜读进步书刊，并与蔡松坡主办的《南风》杂志编者交往，深受民主思想影响。1913年秋，因组织同学反对思想陈腐的校长被开除学籍，后得社会人士声援，又因桂林道尹赏其才华，得以恢复学籍。他于1915年毕业，应聘到柳州中学任教，时年仅20岁，是广西公立中学中最年轻的

⊙ 曾作忠（1895—1977）

教师。1917年，曾作忠考入北京高等师范学堂英语系，1921年毕业后入北京高等教育研究科深造，至1924年毕业。

这段时间，曾作忠以炽烈的爱国热情投身五四运动，出席苏俄使馆举办的座谈会，参加示威游行，要求惩办卖国贼。也在这时，曾作忠认定只有教育，方能唤醒国民进行爱国民主革命，并走上教育救国的道路。曾作忠深入探讨教育问题，利用业余时间，创办平民夜校。1921年至1925年，曾作忠先后发表了《美国男女同校的历史》《初级中学教育》《青年犯罪》《道尔顿制教育》等论著。其中《初级中学教育》一书，深得北京高等师范学堂林砺儒教授和北京民国大学校长雷殷的赞赏，并因此得以受聘为民国大学英语系教授，时年29岁，在当时大学教授中是少见的。在民国大学任教期间，因与校长雷殷力主改革校政，反对派以非议时政向军阀告密而被捕入狱，后经师友营救获释。为摆脱厄境，经梁漱溟介绍到广州投奔李济深，任李济深总指挥部政治处主任，一度主持广州《民国日报》笔政。次年，李济深被蒋介石软禁，曾作忠亦离穗赴沪，从此不涉足政界。

1929年9月，曾作忠赴美留学，入华盛顿大学研究院攻读心理学专业。1931年获硕士学位，1934年获博士学位。学成归国后，历任暨南大学、大夏大学、复旦大学、圣约翰大学教授。在此时期，曾作忠除教学和从事学术研究外，曾与陈鹤琴、谭云山发起组织中国教育学

会和中印文化学会。抗日战争爆发，举家内迁昆明，执教云南大学和西南联合大学。

曾作忠具有民主主义和爱国主义思想，主张教育救国，虽一直在外省，却十分关心桑梓的教育事业。民国以来，广西教育事业有一定的发展，但高等师范教育很落后，至1941年全省尚未有一所师范学院。在这之前虽办了几届师专，但断断续续，不成气候，致使中学师资来源匮乏的问题无法从根本上得到解决。建国兴邦，教育为本，而要办好教育又必须有大量高质量的教师。他建议广西办一所师范学院，这样才能从根本上保证中等学校师资来源，这远见卓识的建议得到了广西当局的采纳。

聘请林砺儒指导筹办师专

曾作忠为了实现其办学主张，于1941年5月，聘请他的老师林砺儒教授为广西教育研究所的导师，并协助筹办工作。林砺儒（1889—1977），原名绳直，广东信宜县人。早在五四运动时期，就与李大钊、鲁迅时有交往，是著名的爱国学者、教育家和革命家。他的民主教育思想特别是师范教育的理论和实践深得人心，为时所重。林砺儒当时任广东教育学院院长，因坚持教学和教育工作的锐意革新，提倡学术研究自由，敢于兼收并蓄，聘请进步人士任教讲学，并实行民主办学，还敢于抨击国民党当局的反动教育措施，在理论和实践上探索中国教育改造的途径，1941年5月被当局免职。也就在这时，曾作忠仰慕林砺儒在教育界的崇高声望和他进步的教育思想，请他来参与和指导在广西筹办师范学院工作。由于林砺儒的德行声望，许多名流学者不远千里到校任教讲学。学校实行学术自由民主治校，教学质量学术水平不断提高，声誉日隆，学校在其与曾作忠的共同经营下，连升三格，发展成了一所有名望的高等学府。

师专重新开学

1941年10月，曾作忠从西南联大回到桂林，被任命为重建广西师范专科学校筹备处主任，他聘请靳为藩、周公勇、李洁繁、钟毓文、唐自我等6人为筹备员。11月1日，借桂林市东灵街广西教育研究所所址（现在七星公园内公园派出所的地方）成立筹备处，并将一部分房子作为校舍。不久，广西省政府任命曾作忠为校长，主持学校工作。为了办好学校，在省内外聘请教师20多人。11月15日，派人分赴桂、柳、邕、玉、浔及百色等地举行招生考试，录取教育、史地、理化三科学生94名，25日在桂林续招新生16名，共110名。12月5日新生入学，标志着成功重建广西省立师范专科

⊙ 林砺儒

学校。12月8日进行新生入学训练，22日开始上课。在一年级新生中，有地下党员李绛、刘一光、林冰风、覃舜恩等。他们组织读书会，宣传革命思想，经常讨论国际国内形势，参加的有植恒钦、李航民、梁漪等。1942年2月12日，校址从桂林东灵街迁至东江六合路，占地面积20多亩，建有楼房3座、平房11座、草屋5座。计有教室、实验室、图书馆、办公室、宿舍60多间，各种设备都很简陋，师生工作学习条件相当艰苦。师专办学经费困难，曾作忠用多年积蓄和变卖首饰所得，替师专偿还了建校初期购置图书的欠款。他还通过各种途径购置图书，甚至到敌占区抢救古籍，使师专图书达到上万册。

（刘朝文　执笔　郑国辉　审校）

文献来源

[1] 张谷.国立桂林师范学院实录综述［C］// 桂林市政协文史资料委员会.桂林文史资料第36辑：国立桂林师范学院实录.桂林：漓江出版社，1997.

[2] 陈毅武，曾孝威.曾作忠先生传略［C］// 桂林市政协文史资料委员会.桂林文史资料第36辑：国立桂林师范学院实录.桂林：漓江出版社，1997.

[3] 广西师范大学校史修订组.广西师范大学史（1932—2002）［M］.桂林：广西师范大学出版社，2012.

升格国立桂林师范学院
成为全国著名院校

◎ 导读 ◎

1942年4月，重建不久的广西师专升格为广西省立桂林师范学院。1943年8月，广西省立桂林师范学院又升格为国立桂林师范学院。学校民主治校，思想进步、学识渊博的专家和学者云集，提倡学术研究自由，教学与学术水平高，校风优良，学风驰誉社会，办学规模扩大，跻身于当时西南有影响的高等院校行列，成为全国有名望的师范学院。

升格省立桂林师范学院

1942年2月，因抗战疏迁到桂林的江苏教育学院停办，该院在六合路的校舍遂交给广西师专使用。曾作忠等广西知名人士利用这个机会，向省府提出要求，将广西师专改为广西省立师范学院。1942年4月1日，广西省府同意将广西师专改名为桂林师范学院，由曾作忠任院长，并聘请林砺儒教授为教务长，张映南教授为总务长。原设教育、史地、理化三个专修科改为三个学系，同年秋增设国文、英语两个学系，使之成为拥有五个系和附属中学的学院。

当时桂林是抗日的大后方，名流学者进步人士云集，学校利用这一有利时机，兼收并蓄，一大批思想进步、学识渊博的专家和学者到院任教讲学。师院聘请林仲达教授为教育系主任，陈竺同教授为史地系主任，谢厚藩教授为理化系主任，张世禄教授为国文系主任，陈翰笙教授为英语系主任。学院还先后聘请史国雅、穆木天、彭虚心、宋云彬、顾毓芬、严宗临、杨荣国、张毕来、谭丕模、潘祖武、杨溪如、翟凤鸾、王西彦、欧阳予倩、吴世昌、方管、靳为霖、杨锡昌等为教授。

当时学院共有教职员工54人，其中教授、副教授23人，靳为藩为院长秘书，唐自我为注册主任，李仲甲为图书馆主任，李洁繁为出版主任，周公勇为体育主任，龙明勋为事务主任，钟毓文为文书主任。附中分为六年一贯制及三年制初中、高中二部。曾作忠院长指出："本院之职责，为培养西南各省中等学校师资、地方教育行政人员与从事研究、高深教育之学者，及辅导本区内之中等教育，责任重大，影响久远。"他要求教师齐心协力，一定要把学校办好。从此，广西终于有了一所初具规模的正规师范学院。

升格国立桂林师范学院

1943年8月1日，学院奉教育部命令，改省立桂林师范学院为国立桂林师范学院，直属教育部并承担西南各省中等学校师资培养。学院除原有5个系外，教育部将国立广西大学师范专修科的中文、数理化、史地三个专修科并归学院，当年招收5个系、3个专修科学生300多人。这时学院有本科生13个班，专科生9个班。学院除自行招生外，还由湘、闽、粤等省选送一定名额的保送生，全院共有学生380多人。

是年，又聘请徐旭、傅彬然、秦道坚、赵咸坚、赵咸云、冯钟泰、江云、白坚、黄现藩、雷震、黄国芳、林焕平等为教授，名师荟萃，师资队伍得到进一步的扩大和加强，教职员增至87人。在曾作忠院长和林砺儒教务长的倡导下，学院重视教育的社会性和实践性，重视德才兼备的人格教育，提倡学术自由和教学民主，学院学术研究和学习氛围十分浓厚，学术水平和教学质量有所提高，民主进步的校风、学风初步形成。同时，学院基础设施有所发展，校舍及图书仪器设备有所扩充，使当时桂林师院的办学条件得到较大的改善。

国立桂林师范学院的崛起，得益于不仅有熟谙教育的行家里手曾作忠主持校务，而且聘主张教育立法的先驱、著名教育家林砺儒为教务长，他们两人珠联璧合，成为办好学院的出色领导者。

在曾作忠和林砺儒的艰苦经营下，学院发展很快，专业与学术并重，科学知识的传授与思维能力的培养并重；同时兼顾中西古今，博采学术精华。各学科知识都按大学要求编排，强调突出师范专业的特点，英语、哲学、经济学、国际政治、教育学、心理学和体育，是各系必修的公共学科，提倡教学民主，学术自由，求真理，明是非，给师院教书育人创造了良好的环境和条件。

林砺儒的教育哲学，谭丕模的中国文学史和清朝思想史，谢厚藩的普通物理学，杨荣国的古代哲学和孔墨思想，徐寅初的经济学，穆木天的西方文学和诗论，汪士楷的西洋近代史，高天行的西洋文学史，欧阳予倩的戏剧，宋云彬的中国近代史，方管的诗选，曹伯韩的文字训诂，石兆棠的哲学，王西彦的文艺学等课程颇受欢迎，他们都是国内具有高深学养的专家、学者，使师院以民主进步的校风、高水准的教学质量和学术水平跻身于当时国内有影响的高等院校行列。

⊙ 国立桂林师范学院大门

成为抗战后方著名高等师范院校

师院改为国立后，发生了很大的变化，教育部和桂系当局直接控制学校的力量加强了，学院增设了训导处，由教育部派黄金鳌为训导长，黄国梆为生活指导主任。这两人来校工作，实际上是分别负责学院国民党和三青团的工作，并计划在学院成立国民党区党部和三青团区分部。1943年暑假，他们选派一批所谓"品学兼优"的学生去南岳夏令营培训，让这些学生回校后担任学生会和三青团骨干，这引起进步师生的强烈反感，迫于学院进步力量的压力，同时又得不到院长曾作忠的支持，他们后来只建立了国民党区分部和三青团区分队。这段时间，蒋经国用江西赣南专员的名义，选派40名学生来学院，这批学生大部分是三青团的骨干分子。

由于学院反动势力的加强，学院内部斗争形势更为复杂了，进步师生遭受打击和迫害的事件时有发生。1943年7月入学的进步学生黄日昌（地下党员），学习努力，思想进步，于1944年春被推选为学生自治会主办的刊物《师声》总编辑。他以办《师声》为掩护，与梁哲组建学生文艺团体"虹社"，请宋云彬教授指导，创办文艺刊物《野地》。他们经常在《野地》上发表文艺作品，鞭挞和揭露国民党的黑暗统治。

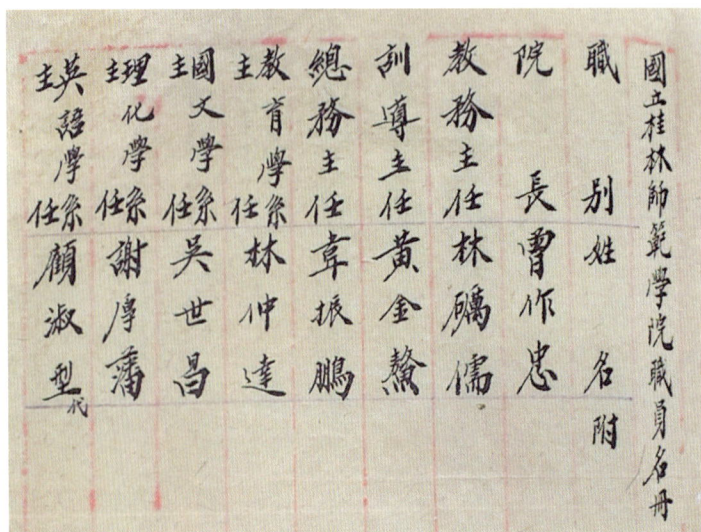

⊙ 国立桂林师范学院职员名册（部分，1944年）

结果被桂系特务发觉，1944年4月两人被秘密逮捕，关在甲山监狱，经过多次刑讯、逼供，受尽种种折磨，后被押往衡阳集中营转重庆中美合作所（渣滓洞）。在途中遭到日本飞机轰炸，他们乘机越狱，逃出虎口，幸免于难。

七七事变后，日本全面侵略中国，华北和东南沿海大城市相继失守。京汉前线撤退，桂林成为抗日大后方，国内许多重要机关疏迁桂林，许多名流学者云集，学术风气和民主空气空前浓厚，桂林成为"西南文化名城"，桂林师院成为大后方著名的三所高等师范学院之一。

国立桂林师范学院是广西高等师范教育发展史上的一座丰碑，是一所有过辉煌战斗历程的高等学府。这所高等学府在20世纪的40年代，承担着培育广西和西南各省中等学校师资以及地方教育行政人员的重任，曾以强大的教授阵容，高水准的教学和学术质量，以及民主进步的优良校风和学风而驰誉社会，跻身当时西南有影响的高等院校行列。作为广西的第一所正规的师范学院，它坚持民主进步的办学方针，为广西教育事业培育了大批的中学教师和教育干部，为广西高等师范教育的发展做出了贡献。

（刘朝文　执笔　郑国辉　审校）

文献来源

［1］张谷.国立桂林师范学院实录综述［C］//桂林市政协文史资料委员会.桂林文史资料第36辑：国立桂林师范学院实录.桂林：漓江出版社，1997.

［2］陈毅武，曾孝威.曾作忠先生传略［C］//桂林市政协文史资料委员会.桂林文史资料第36辑：国立桂林师范学院实录.桂林：漓江出版社，1997.

［3］广西师范大学校史修订组.广西师范大学史（1932—2002）［M］.桂林：广西师范大学出版社，2012.

附属中学成立
基础教育发展试验田

◎ **导读** ◎

广西师范大学附属中学的前身是1941年创办的桂林市立中学和1942年3月创办的广西师专附中。1955年8月30日两所学校合并成为广西师院附属中学，在宝积山南麓（孔明台）办学。2008年8月附属中学主校区迁至桂林市八里街经济开发区。80多年办学历程中，附属中学始终和国家民族同命运，共呼吸，敢于作基础教育发展试验田，成长为一所办学历史悠久，文化积淀深厚，享誉区内外的品牌学校。

附属中学创立

1941年，中国的抗日战争到了极为艰难的时刻，大片国土沦丧，物资极为匮乏。为救亡图存，积蓄抗战力量，广西省政府决定在当时的省府桂林成立一所新的中学。同年2月，省政府任命留法归来的赵钦武为校长，以东郊的冷家祠堂（现广西师范大学育才校区附近）为校址成立了附属中学的前身之一——桂林市市立中学。同年9月，桂林市市立中学迁至桂林市东望城岗。翌年3月，附属中学的另一支血脉广西师专附中在时任广西师专校长曾作忠和教务主任林砺儒的支持下于桂林市东灵街开办，1943年8月更名为国立桂林师院附中。

附属中学的光辉历史

桂林市立中学成立初期，桂林云集了全国众多知名的文化人，他们中的一批进步人士，如田汉、安娥、夏衍、洪深、欧阳予倩等都曾在市立中学任教讲学。他们以纸笔为枪炮，以讲台为战场，组织学生编演话剧，积极宣传抗日救国的主张，为抗日战争的胜利做出了贡献。在市立中学任教期间，国歌词作者田汉先生和妻子安娥女士创作了《市立中学校歌》，即现在传唱的附属中学校歌。从办学伊始，附属中学便流淌着爱国奉献、追求卓越的血液。

附属中学校址校名变迁

1944年10月，市立中学因校舍被日军全部炸毁而被迫停办；国立桂林师院附中随国立桂林师院疏迁至三江，1945年3月又迁至贵州平越（今福泉市）办学。抗日战争胜利后，国立桂林师院附中随桂林师院开始回迁，1946年1月全部回桂，借王城部分房舍作为临时校址办学。1947年1月，市立中学恢复办学并暂托桂林中学代办一年，1948年2月迁至桂林市宝积山南麓（孔明台）办学，1950年3月更名为桂林市第二

⊙ 桂林市东郊冷家祠堂

中学，1955年8月30日整体划归广西师院，与国立桂林师院附中合并成为广西师院附属中学，校址位于宝积山南麓孔明台。

"文革"期间，广西师范学院附属中学又改名为桂林市第十中学，到1983年正式定名为广西师范大学附属中学。2008年9月，广西师范大学附属中学成功搬迁到桂林市城北八里街经济技术开发区的新校区。

引领基础教育

附属中学素以治学严谨、校风学风优良、教学质量高著称。学校人才辈出，一批批教师坚守岗位，甘当人梯，开启智慧，播撒真知，传承文明，肩负起塑造国家栋梁的历史使命，涌现出张文伟、黄敦信等一批德高望重的教师，以及章保罗、汪真真、阳裔伟等特级教师，陈培干、刘德馨、蓝庆武、梁庆忠、方洁玲等优秀教师。一批批学生考进全国知名学府，赢得社会各界广泛赞誉。

附属中学1954年被确定为广西10所重点中学之一。进入新的世纪，附属中学获得了新的发展。2003年通过自治区评估，成为广西首批示

⊙ 广西师范学院附属中学

范性高中。2008年9月，八里街校区正式启用。从此，学校迎来了承前启后，继往开来的重要发展时期，步入发展的快车道。2012年学校为进一步提升办学竞争力，为国家培养更多的国际化创新人才，开办了中美双文凭国际班。同时，为了增强示范性高中的辐射和影响，开始了集团化办学之路。2015年学校通过广西首批"科技人才培养特色普通高中"评估验收，成为广西唯一一所同时具有首批示范性普通高中、特色普通高中两项荣誉称号的学校。

近年来，学校办学质量不断提升，高考各项评价指标始终位列全区前茅，向北京大学、清华大学、上海交通大学、复旦大学、浙江大学等名优高校输送了一大批优秀学子，连续被清华大学认定为生源基地校，成为全区基础教育的窗口和领航校。

新时代的附属中学

在习近平新时代中国特色社会主义思想的指导下，学校继续坚持"立德树人，全人发展"的教育观，秉承"明德至善 博学笃行"的校训，涵养"养正、养智、养全"的校风，引领"立人、立新、立言"的教风，培育"向善、向上、向真"的学风。

基于新高考改革和发展学生核心素养的背景，学校大胆进行课程改革，大力倡导"思维+"课堂，发展学生思维能力，培养学生思维品质，让课堂成为激发学生思维，培养学生能力的主阵地。

学校把科技创新作为学校特色发展和培养学生个性化发展的方向，全面提升学生的科技素养，形成了有学校特色的科技创新课程体系。培养了一大批承担各项特色课程的教师，建设了一批高技术含量的科技教室。附中学生代表广西参加全国各级各类科技创新比赛屡获大奖。附中成为广西基础教育实施科技创新的名片。

学校重视第二课堂，通过每年开展大量的实践活动让学生们内强素质，外塑形象。社团活动增长见识，发展特长；体艺活动强健体魄，陶冶情操；系列讲座启迪思想，拓宽视野。丰富多彩的校园文化培养了一批又一批全面的创新型人才，他们在全国、自治区各类竞赛中屡创佳绩。

附属中学是广西生涯教育首批试验学校，学校成立了学生发展指导中心，积极开展"高中生生涯规划"系列教育活动，把生涯教育和心理教育相结合，形成了具有附中特色的生涯教育课程。近年来，附属中学办学条件也全面提升，综合楼拔地而起，田汉园、拜师园高雅精致，学校已成为广大学子的幸福家园。

2021年11月27日附属中学成功举办了建校80周年庆典。回顾过去，风雨兼程，一路走来，附属中学始终和国家民族同命运，共呼吸，逐渐成长为一所办学历史悠久，文化积淀深厚，享誉区内外的品牌学校。展望未来，全体附中人将接续奋斗，不断创新，奋勇前进，充分发挥作为广西基础教育窗口和领航校的优势，力争成为西部一流、全国知名的示范性普通高中。

⊙ 广西师范大学附属中学学校大门

（黄世杰　执笔　李林波　审校）

战火迁校平越办学
艰难岁月坚守育人初心

◎ 导读 ◎

为了躲避战火，国立桂林师范学院被迫迁校。1944年6月开始，学院经柳州三江、剑河、三合，后到达贵州平越（今福泉市）办学，1946年1月，迁回桂林。重温这段历史，是为了从中汲取精神和力量，推动新时代学校"双一流"建设。

忍别桂林，疏校丹洲

1944年初夏，日军进犯湘桂。4月长沙沦陷，5月日军包围衡阳，6月，桂林城开始了第一次紧急疏散。6月15日，国立桂林师范学院奉教育部之令进行迁移，院长曾作忠留下带领员工抢运图书仪器，教务长林砺儒率师生南撤至柳州长安镇。不久，衡阳被日军攻陷，师院为避免损失，决定另选一个比较安全的地方进行搬迁。

教授们及疏散委员会提供出许多不同的路线。有些主张避入偏僻的深山；有些主张沿黔桂铁路去往贵州；有些主张溯柳江而上迁至原定的三江县丹洲乡。第一个主张因院舍及经费联络问题无法解决，不能成立；争执最激烈的是第二、三路线。这时院长曾作忠已离开桂林，料理师院物资的搬迁，搬迁方案未能确定。不久院长回来了，才决定原则上暂搬到丹洲。理由是：第一，水路交通运输方便；第二，三江地处偏僻，非敌人之所注意；第三，与贵州接界，必要时仍可撤入贵州，且经常能与教育部取得联系。

事后看来，当时的决定是正确的。假如当时走黔桂铁路的话，会遭遇到怎样的狼狈、危险和损失，是不可想象的。

丹洲复课

10月4日，师院迁至丹洲，开学复课。丹洲是融江中的一个小岛，四面环水，岛上长着苍翠的树木，远远望去，蔚然可观。师院设在原来省立柳庆师范学校的旧址，校舍都是古刹破庙改成的，一切都是因陋就简，但范围还够宽大，大家不感到特别局促。

经过简单修缮与安置，师院便在丹洲开始招新生，同时又登《柳州日报》并分别函知师院学生到丹洲上课。

双十节这一天，师院正式在丹洲开课，教室里只挂上了一块小黑板，师院给每个同学发一张短凳，一方块木板，让学生自行保管。因此，学生上课下课，或参加纪念周，每个人都会携带着这么一套东西。

男女同学宿舍，都安置在一间较为宽敞的城隍庙里，男生挤在大厅里住，女生仅占一间走廊上的小房。同学的膳堂也设在这里，因为教室离得很远，同时教室又很少，所以没课上的同学，都集中在膳堂自习，于是膳堂无形中又变成了自修室。

丹洲开课的时间很短，11月初，从长安镇传来消息，桂柳的情势

⊙ 1944年10月，国立桂林师范学院在柳州三江丹洲书院复课

非常紧张，师院又须作搬家的准备了。因为如果敌人攻下桂柳，长安、丹洲随时有被袭击的可能。11月12日，桂柳都已沦陷的消息传来，于是，疏散委员会召开紧急会议，重新组织疏散队伍，决定沿融江河北上，目的地是贵州三合。

和敌人赛跑

　　11月15日师院开始疏散。曾作忠与几位教职工因料理事务，最后撤离丹洲。疏散途中，曾作忠照顾教授、家属、病号坐船，自己始终坚持与学生一道徒步行军，翻山越岭，倍受战乱流离艰辛。

　　1944年11月30日，师院队伍已经离开广西省界，进入了贵州境内。这时，敌人已经深入六寨，原定前往三合的计划，因敌人向黔境进攻而不得不改变了，所以师院暂时逗留在榕江。几天后，消息来得更加紧急，谣言四起，应征前往独山修筑机场的民工纷纷退了回来。敌人攻上了云贵高原，而且从独山直达三合。12月6日晚，榕江告紧，敌人进犯至八开，八开是都柳江沿岸的一个乡镇，离榕江仅有30公里，全城哗然。当晚疏散委员会召开紧急会议，商讨如何应急，院长也发来通知，要同学做好准备，第二天出发北上。但从富禄开上来的船还没有到达榕江，同学所背负的行李只是很少的一部分，大部分东西还放在船上，所以大家决定让一部分同学走回下江一带去找船，其余的人抄小路急行北上，加速追赶，跟上院长的队伍。

　　12月6日早，院长带了一部分同学北上，另一部分同学南下去取行李。南下的同学渡河后，在山冈上选举负责领队的同学，选完之后，率队前行。刚刚走到斜坡，便发现三架盟军P51式飞机迎面而来。领队的同学担心敌我不明，会遭受危险，机警地吹起散开躲避的哨子，待同学躲避隐藏后，飞机已经抵达上空，向学生们开枪扫射，然后投弹10余枚，炸弹相距队伍不过百米左右。幸好是在山腰，同学们全部安然无恙。

　　后来才知道是榕江守军逃避责任，谎报榕江近郊有敌人出现。这一谎报险些把七八十名同学的性命葬送。当晚赶至下江，走了45公里，7日走到巨洞，才遇到师院的船只，晚上大家各自整理好自己的行李，再作北上的准备。

　　8日，经过询问从榕江开往巨洞的船只，才知道榕江仍无战事，同学们于是日夜兼程越过榕江，去追随院长。留下教师们和部分学生，带着师院图书、公物等一同南下。从此，师院暂时南北分道，分为两部。

南北殊途

12月10日北上的这支队伍冒险回到榕江，榕江却不再是几天前的榕江，市民们都被谣言和轰炸吓跑了，城里非常冷清、荒凉，队伍本来不打算停驻在这不安的城市，但天色已晚，同时情况也缓和了下来，于是就借宿贵州师范。12月11日的路上，土匪横行，拦路抢劫，幸而队伍和部队一同前行，顺利到达忠诚，12日晚到达寨蒿，13日休息一天，14日到朗洞，15日到达白棵，17日到达剑河。院长率领先行的一批同学在城外热烈迎接，虽然相别的日子短暂，但在兵荒马乱的年头，人的生命每时每刻都可能发生变故，同学们相互紧紧地握手，亲热得简直忘了几天来所遭受到的苦痛。

12月，院长率领部分师生先行到达剑河，得知交通大学贵州分校已经迁离平越，于是决定借用交大旧址安顿下来准备复课，来弥补学生因疏散而荒废的学业。1945年1月，院长曾作忠率领部分师生于15

⊙ 学院借用国立交通大学贵州分校平越（今福泉）旧址办学

日到达平越，一面着手安排复课，一面通知后续人员赶到平越。后续人员大多是教授及其家属，他们正滞居梅林。在曾作忠安排下，于2月22日到达平越。

师生团圆

教师们2月22日安全抵达平越，师生团圆，可以安于教学了。

总结这次疏散的经过，历尽了许多艰难困苦和危险，爬过高山，走过雪地，耗时三个多月，逃了千余里。逃难中师院的师生们也收获良多，院长曾作忠曾回忆道：一是沟通了师生间的情感，使师院更加团结；二是民主、自治、互助的精神，在逃难中已培养成功，而且有效地发挥着；三是逃难让学生更加爱护团体，适应严密的集体生活；四是个人在逃难中养成刻苦耐劳、果敢敏锐等优良习惯，变得刚毅苗壮，把一向读书人文弱的恶习廓清；五是多接触自然与社会，加深了了解，尤其能够体察黔桂边境同胞生活情形。

1945年3月，师院在平越交大旧址正式复课。复课初期，由于一些教师未随师院疏散，师资不足，曾作忠与林砺儒多方动员延聘，谭丕模等著名教授学者陆续到校任教，教学逐步走上了正轨。

⊙ 1945年7月30日，国立桂林师范学院各系第一届毕业生与老师合影

欢天喜地返桂林

1945年7月27日晚，院长曾作忠接到贵阳来电，说桂林已获光复，消息震撼了整个山城。师生们的心中马上泛起回桂林的希望，一年来的奔波流浪的生活，实在是太辛苦了。

桂林光复，继而日军无条件投降。抗战胜利后，师院人无不归心似箭。1945年11月，曾作忠率部分员工先回桂林筹备迁返事宜，看到六合路校址荡然无存，便向省政府借得王城，也就是省府遗址。曾作忠亲自率师生员工，清理废墟，修缮教室，同时续招新生和保送生300余名。11月25日，曾作忠主持召开了桂林分部一年级的开学典礼。

1946年，曾作忠又亲赴重庆，向教育部交涉师院复员问题。当时教育部强调各校复员要统筹进行安排，但又没有采取积极措施，师院的实际问题很难解决。经曾作忠据理力争，教育部才同意师院迁返桂林。1946年1月26日，平越师生全部抵达桂林。那两天在桂林的师生一直忙碌于接待工作，同时举行球赛，放映电影，聚餐，开联欢会，庆祝师院在桂林大团圆。

⊙ 1946年1月14日，国立桂林师范学院国文学会师生离平越回桂林前合影

90周年90件大事

⊙ 2021年7月23—25日，广西师范大学开展"重走西迁路，再启新征程"——红色校史寻访社会实践活动

⊙ 2022年7月，广西师范大学处级领导干部党史学习教育常态化长效化专题培训班在贵州福泉举办

重走西迁路　再启新征程

2021年，全国上下深入开展党史学习教育，为深入挖掘红色校史，重走抗战时学校的西迁之路，追忆学校师生的光辉事迹，7月23—25日，学校组织开展"重走西迁路，再启新征程"——红色校史寻访社会实践活动，分别到柳州三江丹洲、贵州福泉（原平越）、桂林王城寻访。此次活动由校长贺祖斌带队，副校长林春逸、校办、宣传部、学工部（处）、校团委、高师中心、教育学部、美术学院相关人员及辅导员、青马班学生共计30余人师生代表共同参加。2021年10月19日至21日，校党委副书记赵铁率队赴柳州三江县、贵州福泉市调研考察，追寻学校西迁历史，搜集校史资料。

2022年7月16日，广西师范大学2022年处级领导干部党史学习教育常态化长效化专题培训班在贵州福泉开班。开班仪式上，广西师范大学与福泉市人民政府签订校地战略合作框架协议，广西师范大学附属中学和福泉中学签订合作协议。同时，支持100万元启动福泉市"领导干部综合能力提升计划培训项目"，以此回报福泉人民。

桂林师范学院在战火中迁校办学激发了师生们的集体主义精神、服务社会意识，树立起了严谨求实、民主进步的校风学风，凝聚起了团结一致、勇往直前、百折不挠、勇于担当的"西迁办学精神"，此活动的开展进一步勉励师生们牢记这段坎坷的西迁之路，以实际行动传承校训精神、赓续红色基因，不忘初心，接续奋斗，为建设国内高水平大学凝聚起磅礴伟力。

（杜子壮　执笔　郑国辉　审校）

文献来源

［1］桂林市政协文史资料委员会.桂林文史资料第36辑：国立桂林师范学院实录［C］.桂林：漓江出版社，1997.

［2］王枬，黄伟林.校长纪事：广西师范大学历任校长故事集［M］.桂林：广西师范大学出版社，2012.

［3］王枬，李殷青.图映岁月：广西师范大学建设发展历史图片集［M］.桂林：广西师范大学出版社，2012.

［4］贺祖斌.重走西迁路［J］.当代广西，2021，（17）：60-61.

中共携手民盟并肩战斗
同心共筑西南民主堡垒

◎ 导读 ◎

20世纪40年代，中共地下党在国立桂林师范学院开展了长达9年的地下工作，书写了广西党史的精彩篇章。其间，国立桂林师范学院的中共党组织与民盟组织并肩战斗，把国立桂林师范学院的民主运动推向高潮，学校被重庆《新华日报》誉为"西南民主堡垒"。

中共党组织的地下活动

1941年首届学生招生前，时任中共广西省工委书记钱兴就安排了一批中共地下党员报考，当时在汉民中学工作的李锋、吕孟光，在桂林女中读书的覃舜恩等党员考上后，在钱兴的指示下组织读书会，联系进步同学，成为桂林师院第一批革命力量。

师院建校初期有五个系，其中英语系主任陈翰笙、教育系主任林仲达、史地系主任陈竺同都是中共党员。这些进步学者在学子们的心中播撒下民主的种子，使得桂林师院的民主运动持续不断、绵延不绝。

1945年5月4日，因抗战迁至贵州平越的桂林师院全体学生为响应浙大、西南联大同学发出的民主宣言，发表了题为《我们要民主胜利和平》的宣言，倡议建立民主的联合政府。这一民主宣言被国民党中统局严密监控并上报教育部部长朱家骅。现今，中国第二历史档案馆公开的国民政府教育部档案中就有《中统局关于桂林师范学院学生发表我们要民主胜利和平宣言的情报》。

1945年11月，桂林建立了中共广西省工委领导的中共桂林市工作委员会和中共桂林师范学院特别支部，师院学生卢蒙坚任支部书记，学生覃宗义任副书记。1949年，在中共桂林师范学院特别支部基础上成立南宁城工委师院组织。1946年至1949年间，师院有77名学生和2名教职工加入中共，隶属南宁城工委师院组织。

中共和民盟并肩战斗

在活动策略上，中共地下党与民盟互相支持、风雨同舟，并借助学生自治会、教授会等合法组织领导民主运动。

1945年11月，中国民主同盟广西省支部委员会在桂林秘密成立，桂林师院的一批教师成为骨干：徐寅初担任主任委员，张锡昌任秘书长，张毕来任宣传部部长，靳为霖任宣传部副部长，林砺儒、杨荣国、曹伯韩是支部委员，其中张毕来、杨荣国、曹伯韩等教师之前就是中共党员。

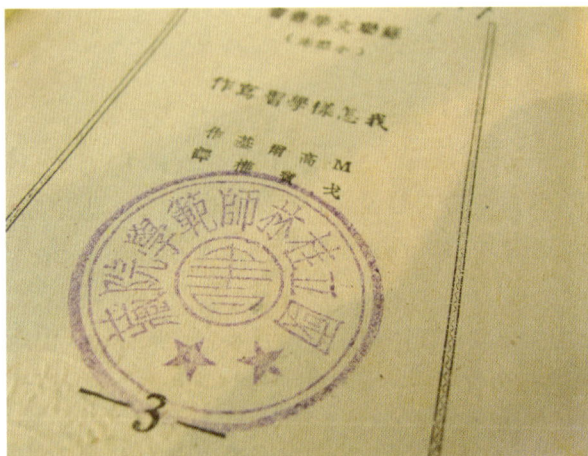

⊙ 国立桂林师范学院藏书印

1946年4月，学生党员、民盟盟员郑仲坚（郑风）与上级接上组织关系。不久后，郑仲坚接受周匡人（中共党员，同时是民盟广西支部组织部部长）的指示，在桂林师院建立了广西省支部领导下的两个基层支部：桂林师院教师支部和学生支部。1945至1947年间，教师支部有盟员15人，其中有中共党员7人；学生支部有盟员22人，其中有中共党员9人。

　　在桂林师院，中共与民盟结为可靠同盟，默契配合。1946年10月，钱兴与回到桂林师院复学的植恒钦（1941—1942年间曾参加中共地下党员在桂林师院组织的读书会，1945年加入民盟）取得联系，通过植恒钦把希望与民盟密切配合、共同战斗的想法转达给了民盟广西省支部主委徐寅初。徐寅初对此表示赞同，并结合广西的局势做了部署：坚持民主运动，开展地下工作，利用各种时机揭露国民党反动派的罪行，发展进步力量，扩大民主运动。在中共与民盟精诚合作的良好氛围下，植恒钦和黄启成、陈炯高、潘澄熙等同学组成一个时局研究小组，把中共地下组织发来的电讯、文件传播到同学们中间，还经常与叶生发、杨荣国等盟员教师沟通交流，使民盟与中共的工作保持一致。

掀起"反内战、反饥饿、反迫害"民主运动高潮

　　当时桂林师院的教授会、学生自治会的领导权掌握在中共和民盟

⊙ 国立桂林师院学生郑仲坚
（中共党员、民盟盟员）

⊙ 国立桂林师院学生植恒钦
（民盟盟员）

手中，领导了声势浩大的民主运动。1946年桂林师院掀起的"反内战、反饥饿、反迫害"民主运动中，学生自治会成为公开领导学生运动的合法组织，学生自治会除了编辑出版《学生生活》，还多次以开座谈会、出壁报、办夜校、演话剧等形式，凝聚了一大批进步学生。1946年5月4日，桂林师院学生自治会联合桂林文化界联谊会在师院附中礼堂举行五四运动纪念会，林砺儒、穆木天、靳为霖等师院教师作了演讲，号召大家发扬"五四"传统，反对内战独裁，争取和平民主。当晚，桂林师院学生演出了欧阳予倩导演的揭露蒋介石内战阴谋的话剧《凯旋》。这场盛大的五四运动纪念会遭到国民党控制下的《中央日报》(桂林版)和《广西日报》(桂林版)连续发文攻击。

不久，国民党当局决定把民主运动活跃的桂林师院迁往南宁。师生们在中共和民盟的领导下展开了持续数月的反迁校运动。最后，中共和民盟的领导为了保住师院这颗革命种子，决定停止辩论，向师生们做好思想工作，组织迁校，把民主革命的火种带到南宁。1947年2月，桂林师院全部迁至南宁。

1947年10月，国民党当局宣布民盟为非法组织，民盟总部被解散。师院的民盟组织被迫暂时停止组织活动。然而，桂林师院的中共党员师生仍然坚持地下活动，借助学生自治会、"建社"(1949年4月初组建的学习中共方针政策的学生团体)等学生团体汇聚大批进步学生。

回顾20世纪40年代国立桂林师范学院的民主运动，中共地下党与民盟互相支持、风雨同舟，借助学生自治会、教授会等合法组织开展了轰轰烈烈的民主运动，把学校打造成"西南民主堡垒"，培养出一大批追求民主进步的革命青年，极大地推动了桂林、南宁等地中共党组

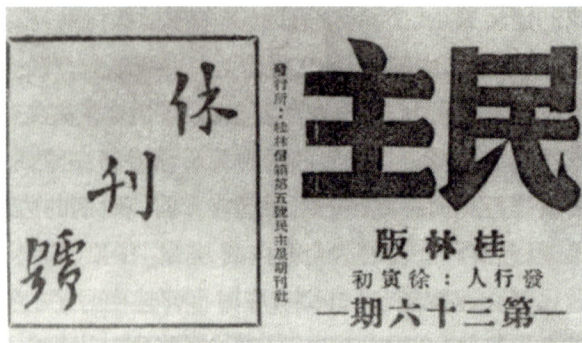

图为《民主》(桂林版)休刊号。

⊙ 广西民盟机关刊物《民主》周刊(桂林版)休刊号，发行人：徐寅初

织的建设和广西革命运动的发展。

（谢婷婷　执笔　郑国辉　审校）

文献来源

［1］张谷，谭得伶.文学史家谭丕模评传［M］.北京：北京师范大学出版社，2005：(219).

［2］郑凤，陈忠.桂林师范学院学运斗争回忆［A］//张谷，魏华龄.国立桂林师范学院实录［C］.桂林：漓江出版社，1997：(206).

［3］梁健.南宁师院地下斗争杂忆［A］//中共广西壮族自治区委员会党史资料征集委员会.解放战争时期党领导的城市工作［C］.南宁：广西人民出版社，1989：(361~362).

［4］韦球松.老盟员植恒钦［A］//桂林市政协文史资料委员会.肝胆相照——桂林市民主党派工商联和无党派人士史料［C］.2007：(116~117).

［5］谢之雄.民盟广西大学生支部的组建与活动（1946年冬——1947年夏)［A］//中国民主同盟广西壮族自治区委员会.风雨同舟六十年——民盟广西地方组织成立六十周年纪念文集［C］.2002：(117~118).

［6］苏阳，覃光恒，曾平.中共南宁特支在师院的活动［A］//中共南宁市委党史研究室.战斗在黎明——解放前夕南宁地下斗争回忆录［C］.南宁：广西科技技术出版社，1999：(131).

改名国立南宁师范学院
师生开展护校运动

◎ **导读** ◎

桂系当局为了削弱桂林的进步力量和民主运动，于1946年2—3月责令国立桂林师范学院搬迁南宁，随后强行更名为国立南宁师范学院，师院师生非常愤怒，坚决反对，为此展开反搬迁反更名护校运动。护校运动不仅是为师生利益、学校光荣历史而斗争，也是紧密地配合着当时共产党领导下的全国民主爱国运动，是全国民主运动的组成部分。

被责令搬迁南宁

1946年上半年，正是国内民主运动蓬勃发展的时候，桂林师院和广西大学进步师生，在"反迫害，要民主"声浪的激荡下，民主运动得到空前的发展。当时，桂林师院从贵州迁回桂林，广西大学也将分散在梧州、柳州办学的师生迁到桂林将军桥新校址，学生人数增多，两所高等院校互相支持，互相呼应，爱国民主运动一浪高过一浪。特别是师院，地处桂林市中心的王城内，有一个可容纳上千人的茅草礼堂，又有王城围墙保护，地理环境得天独厚，活动十分方便，师院的"民主走廊"每天都有上千人川流不息，对桂林市产生了巨大的影响。

桂系当局害怕师院进步力量与广西大学进步力量汇合，难以控制。因而采取分而治之的策略。1946年2、3月，他们通过教育部，责令桂林师院搬迁南宁，并将桂林师范学院更名为南宁师范学院。

护校运动

搬迁南宁消息传来，激起全院师生的强烈反对，教授会、学生会纷纷举行集会、出墙报、发传单，向教育部、桂系当局发出函电进行交涉，要求教育部收回成命。

广大师生认为，桂林是学校的发祥地，这里环境优美，是办学的好地方，况且学校建设已有了基础。师生刚从平越回来，生活起居还不安定，如果又要遭受搬迁的动荡不安，这是劳民伤财。况且，国内战争不已，物价飞涨，生活困难，教授薪水已不能维持最低生活，南宁各方面条件比桂林差，师生的公费待遇比桂林低两级。这种状况，师生不能忍受。因此，极力反对搬迁。

对于更名，师生认为，这是对桂林师院光荣历史的打击，桂林师院创建以来，经过许多著名学者的艰苦经营，学校名望日增，培养了许多出类拔萃的人才，学校被誉为"民主运动的堡垒"，享誉全国。现在更名把学校降为省级，是把桂林师院的一切光荣历史都取消了。于是，全院师生集会，一致通过反对更名的决定，电请教育部收回成命，否则进行罢课、罢教，态度十分坚决强硬。这一反搬迁反更名的护校运动，持续了许多时日，但都毫无结果，教育部和桂系当局强令搬迁南宁。

当时，师院地下党组织和民盟领导研究、分析形势，认为学校与政府当局僵持下去，必然使许多进步师生惨遭迫害，而且影响学业。要保护师院这颗革命种子，必须将计就计，把革命火种带到南宁去。于是，决定做好师生思想工作，暑假组织南迁。新招的一年级新生先行迁邕上课，次年（1947年）1月，二、三、四年级同学亦全部离桂迁邕。

到南宁后不久，1947年5月中，学校即被强行更名为国立南宁师范学院，桂系当局通过邕宁参议会的活动，公开支持更名为南宁师院，造成社会舆论，并散布流言蜚语，说曾作忠、林砺儒等人反搬迁反更名是想把持桂林师院，以之作为他们的活动阵地，甚至把反搬迁反更名当成政治问题，对进步力量加以迫害。

1947年7月，国民党悍然公布《戡平共匪叛乱总动员令》，训令国民党各级组织对中共和民主同盟成员一律逮捕，格杀勿论。于是，广西国民党反动派动员大批军警特务，同时在南宁、桂林、八步等地逮捕中共和民盟成员。师院爱国民主进步人士杨荣国、张毕来（两人均是师院民盟领导人）和学生高言弘在南宁被捕入狱，师院教授会、学生自治会组织多方营救，曾作忠亲自找了李任仁、黄朴心等设法营救，并到监狱看望和慰问，最后去找黄旭初，要求放人。在多方营救和向桂系当局施加压力之下，1948年5月，师院教授会成员谢厚藩、谭丕模等人具保，他们三人才获释出狱。

反搬迁反更名的护校运动，并非单纯为护校而斗争，斗争的实质是反对国民党反动派的黑暗统治，是紧密地配合当时共产党领导下的全国民主爱国运动，是全国民主运动的组成部分。

驱黄运动

1947年1月，桂林师院搬迁南宁后，反对南迁的曾作忠院长和林砺儒教务长先后辞职，打算离开广西。2月，曾作忠接到了上海复旦大

⊙ 1948年5月20日，师院史地系48级同学庆祝杨荣国、张毕来两教授获释归来。中排坐者右起为张景宁、杨荣国、陈竺同、汪泽楷、张毕来、陈世训等老师

学的聘书，3月就离开广西到复旦大学任教，林砺儒赴厦门。一些名教授也先后离院到别地去了。1948年2月，教育部任命唐惜芬任南宁师院院长，实际接任时间是9月18日，其间有相当长一段时间学校无人主事，学院动荡不安。1949年1月，唐惜芬又辞职。教育部任命黄华表接任院长，黄华表带着桂系当局意旨，采取高压手段，横行霸道，独断专行，贪赃枉法，克扣教职工薪金，忽视职工生活福利，他上任不到3个月，就解聘教授10多人，引起师生的强烈不满。师生们为了改善生活条件和办学条件，遂掀起了一场反黄华表的"师院学潮"。

　　"师院学潮"斗争的锋芒直指院长黄华表的倒行逆施，斗争的主要内容是要求改善经济生活，反对迫害进步师生。1949年2、3月间，师院教授会、学生自治会，一连举行多次集会，向省政府和教育部控告，他们发表启事、声明，出墙报、贴标语、向新闻界发表讲话，学生自治会派代表到桂林向省府请愿，并直接与黄华表及其追随者开展面对面的斗争，控诉黄的所作所为，要求提高薪金，增加学生伙食费用，改善办学条件。在向新闻界发表谈话时，历数黄华表以拟聘教授名义每月克扣教授薪金达黄金6两9钱之多，加之当时全国通货膨胀，货币贬值，教师生计万端困难。《广西日报》1949年3月21日、22日、23日、

⊙　1949年3月21日，《广西日报》（南宁）报登的"为反对黄华表电请教部解聘教授解散本院重要启事"

28日，桂林《中央日报》1949年3月23日，对当时"师院学潮"的斗争情况，都作了报道。黄华表把责任推给教育部。通过激烈的斗争，国民党政府不得不拨出一点经费，但仍不能解决学校经济生活的燃眉之急。许多师生拍卖自己的衣服、书籍和家具，但也不能解决生活问题，处境极端困难。

1949年3、4月间，黄华表及其追随者带来了一帮打手和保镖，利用国民党特务以当时师院附中借南宁一中几间教室和宿舍，同学之间出现一些生活上的不和谐问题为由，有意制造师院附中与南宁一中之间的矛盾，挑起两校学生的冲突，以转移师生斗争的大方向。师生们非常愤慨，把黄华表"轰"出校外，使其不敢在学校办公。4月25日，他的一帮打手冲进同学宿舍，殴打同学，造成"四·二五"血案。这一事件，逼得黄旭初和教育厅厅长黄朴心不得不到南宁来了解情况，面对黄华表的种种罪行，不得不答应撤掉他的院长职务。

（刘朝文　执笔　郑国辉　审校）

文献来源

［1］广西师范大学校史修订组. 广西师范大学史（1932—2002）［M］. 桂林：广西师范大学出版社，2012.

［2］桂林市政协文史资料委员会. 桂林文史资料第36辑：国立桂林师范学院实录［C］. 桂林：漓江出版社，1997.

再次并入广西大学
保留师范学院建制

◎ 导读 ◎

1950年3月，国立南宁师范学院并入广西大学，初保留师范学院建制，后调整为文教学院。1953年全国高等学校院系调整，广西大学被撤销，由文教学院、理学院留下的部分教师和全体师范专修科学生组建广西师范学院，学校的历史根脉得以延续。

再次并入广西大学

1950年2月，中央人民政府任命我国著名教育家、历史学家和社会活动家杨东莼为广西大学校长。

同年3月，广西省人民政府根据地方知名人士的要求和国立南宁师院发展的历史状况，向中央教育部提出，将国立南宁师院并入广西大学，获得教育部的批准。3月2日，广西省人民政府主席张云逸、桂林市军事管制委员会文教部部长刘宏以及杨东莼校长到校视事，并对学校工作作了重要指示。同月，国立南宁师院国文、史地、英语、数学、理化、博物等系师生员工358人，从南宁迁到桂林市将军桥广西大学校址，并入广西大学，成立了广西大学师范学院，陈一百任院长。这是继1936年广西省立师范专科学校并入广西大学后，再次并入广西大学。

陈一百（1909—1993），别号百一，广西北流民乐镇萝村人。著名教育理论家和实践家。1946年9月至1949年6月应聘到广州中山大学师范学院任教授、院长等职。1949年7月，陈一百到南宁师院接替黄华表当院长。时值解放前夕，南宁师院进步学生纷纷起来同反动派作斗争，遭到反动军警的镇压。陈一百不顾个人安危，多次出面营救被捕学生，从而得到广大师生的拥护和爱戴。

⊙ 陈一百

成立文教学院

国立南宁师院并入广西大学之后，暂时保留师范学院的建制，仍由陈一百任院长。学生按其专业分配到相应各系上课，行政建制则待人事安排停当和机构调整之后，正式宣布撤销。1950年8月14日，广西大学根据中央教育部于6月1日至9日在北京召开的第一次全国高等教育会议精神，并经中南军政委员会教育部批准，决定自1950年下半年起，校内院系作出调整，将原文学院中文、外文、教育三个系与原师范学院国文、英语、教育三系分别合并为中国语言文学系、外国语言文学系、教育系，并与原师范学院历史地理系组合成文教学院，曾作忠任院长，陈一百任副院长，下设中文、外语、教育、史地4个系，原物理、化学、数学3个系并入理学院，原博物系改称生物系，学校任命冯振为中文系主任，钟期伟为外语系主任，徐儒为教育系主任，陈竺同为史地系主任。

1950年下半年，广西大学根据政务院《关于实施高等学校课程改革的决定》文件精神，进行了如下教学改革：

1.精简课程。到1951年上学期，将72门不合需要或重复的课程，合并为42门。

2.实行课代表制。每门课程设课代表1人，密切教与学的联系，以促进教学质量的提高。

3.有重点建立教研组，加强对教学的研究和教学经验的交流。规定教研组应在系主任的领导下，讨论教材纲要，拟定教学日历，决定课堂讲授、课堂讨论、实验、实习、考试及测验内容，做到互相促进，互相提高，以推进教学改革的发展。

4.建立院务、系务会议制，贯彻民主集中制的领导方法。规定其任务是：研究、讨论全院及各系的重大问题，作出决定，分别由院长、系主任负责执行。

5.贯彻理论与实践相结合的方针，根据专业的需要，组织各系学生走出校门，到社会上开展调查研究，提高学生理论联系实际和解决实际问题的能力。

6.实行毕业统一分配，教育学生服从祖国需要，到祖国最需要的地方工作。

这些改革的进行，极大地推动了社会主义教育新体系的建立和发展，取得可喜的成绩。

1951年3月，广西私立西江学院5个系本科生190多人，也奉命迁到桂林并入广西大学相应各系。

1952年秋，广西大学文教学院、理学院的中文、历史、数学、物理、化学5个系，分别增设一、二年制师范专修科，当年共招生513人。

撤销广西大学　延续师范根脉

1953年，教育部在全国进行高等学校院系调整，广西大学被撤销，其所有的院系被统一调整。

广西大学撤销后，全校教职工、学生及图书资料、仪器设备等校产分别调往国内其他院校。其中文教学院各系大部分并入中山大学、华南师范学院；法商学院各系并入中南政法学院、中南财经学院；理学院大部分系并入武汉大学、华中师范学院、中山大学；工学院各系并入华中工学院、华南工学院、中南土木建筑学院、中南矿冶学院、

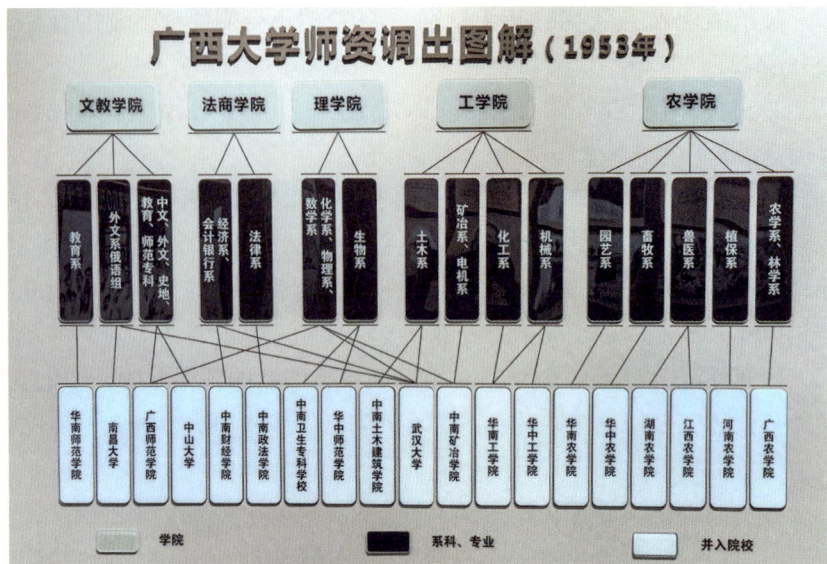

⊙ 广西大学师资调出图解（1953年）

武汉水利学院；农学院大部分系并入江西农学院、华南农学院；农学院留下的农学系和林学系组建成广西农学院；1953年10月17日，文教学院、理学院的中文、外文、史地、数学、物理、化学、教育等系部分教师共56人，师范专科学生273人组建成广西师范学院。其中有教授、副教授：林焕平、冯振、彭泽陶、易熙吾、李文钊、李耿、唐资生、梅斌林、安琪生、贺祥麟、刘鹤年、邱从乙、申恩燊、黄现璠、白世纯、陈伟芳、何承聪、林绳庆、袁煜、麦南农、董继昌、唐肇华、郑显通、李耀藻、罗锦泰、陆永福、徐儒、杨柏楦、肖厚德，讲师沙少海、林志仪、陆和、严沛、赵文祷、任达生、潘伯津、王贞茂、莫敦庸、蒙达坦。

　　广西大学撤销了，师资阵容盛极一时的广西高等学府不存在了，一批很有学养的学者、教授、专家走了，几十年艰苦经营创建和积累的学校产业、图书资料、仪器设备等学校基础设施，被分散调走了，让广西高等教育形成一种长期"滞后"的现象。广西大学的撤销对广西教育的影响，1994年出版的《广西通志·教育志》概述中写道：1953年开始的高等学校的调整、合并，"影响了广西中、高级人才的培养"，"使广西高等教育元气大伤"。时至今日，广西教育界的老前辈，

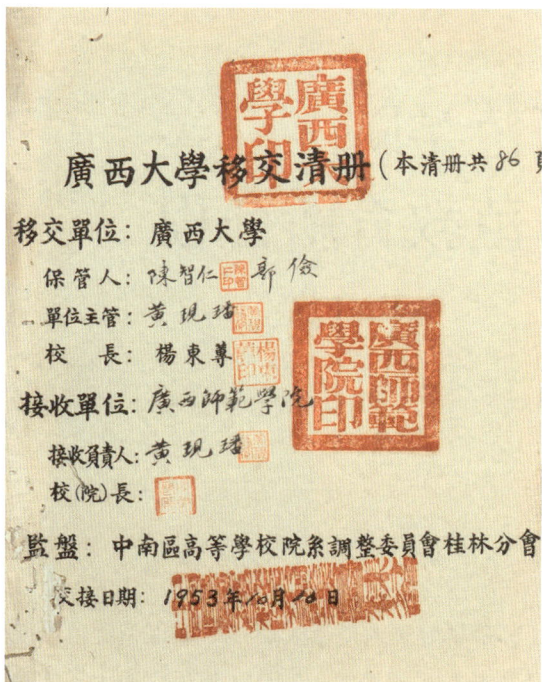

⊙ 1953年院系调整时广西大学与广西师范学院进行资料交接的资料移交清册

对此仍感慨系之。所幸以原广西大学文教学院、理学院的部分教师及师范专修科全体学生为基础，在广西大学原址（桂林市将军桥）组建了广西师范学院，使学校的师范根脉得以延续。

（刘朝文　执笔　郑国辉　审校）

文献来源

［1］广西师范大学校史修订组.广西师范大学史（1932-2002）［M］.桂林：广西师范大学出版社，2012.

［2］广西壮族自治区地方志编纂委员会.广西通志.教育志［M］.南宁：广西人民出版社，1994：443.

［3］广西大学校史编写组.广西大学校史［M］.南宁：广西大学学报编辑部，1988.

组建广西师范学院
开启广西师范教育新征程

◎ 导读 ◎

1950年2月，国立南宁师范学院并入广西大学，暂时保留师范学院建制。1953年，根据全国高等学校院系调整统一安排，以原广西大学文教学院、理学院的部分教师及师范专修科全体学生为基础组建广西师范学院，接管原广西大学留下的房地产、图书资料以及仪器设备，开启了广西高等师范教育新征程。

高等学校院系大调整

为改变旧中国高等教育重文轻理，专业残缺不全，学校布局不合理的状况，使高等教育适应国家建设需要，有计划地培养大批建设人才，中华人民共和国成立后，学习苏联教育经验，在全国范围内，开始着手对高等教育结构进行大调整。1951年制定调整方案，1952年秋开始实施，1953年底基本完成。

高等学校院系大调整方针是以培养工业建设人才和师资为重点，发展专门学院，整顿和加强综合性大学。调整后，综合大学主要设文理两类系科，其他分设工、农林、医药、财经、政法、师范、外语、艺术、体育等专门学院。总体而言，院系调整加强了对工程、师范和农林等方面的专业人才的培养，使专门学院尤其是工科类专门学院有了较大的发展，为我国培养了一大批推进经济建设所急需的专门人才，对新中国的工业化建设有巨大的推动作用，改变了旧中国工程技术教育过于薄弱的状况。

筹建广西师范学院

1950年2月，国立南宁师范学院并入广西大学，暂时保留师范学院建制，下半年与文学院组成文教学院，设中文、外语、教育、史地4个系，原有的理化、数学、博物等系并入理学院，并将博物系改为生物系。在高等院系大调整背景下，1953年8月，根据中央关于高等学校院系调整的批示和计划，广西大学被撤销。广西大学校长、我校前身广西省立师范专科学校首任校长杨东莼奉命调到武汉，任华中师范学院（今华中师范大学）第一任院长。中南行政委员会教育局原来计划是在广西再次筹建广西师专，杨东莼根据广西实际，积极向各方面反映情况，建议广西大学撤销后成立广西师范学院，人员和规模都不要做太大的调整，得到了中南行政委员会教育局的认可。

1953年7月25日，根据统一部署，中南区院系调整委员会桂林分会成立，处理广西大学及广西师范专科学校、华中工学院、中南土建学院等有关高校的调整事宜，杨东莼为主委，冯邦瑞为副主委，黄羽、石兆棠、陈亮为委员。以原广西大学文教学院、理学院的部分教师及师

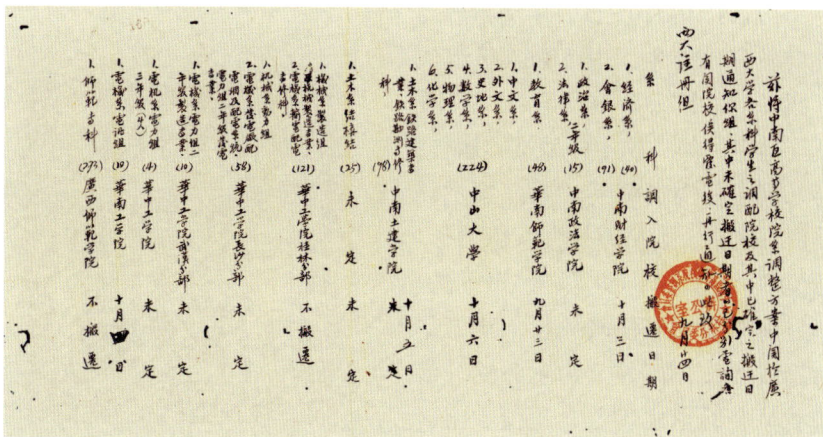

⊙ 原广西大学各系科院系调整搬迁分配方案

⊙ 广西师院将军桥校址一角（原广西大学校址，1954 年）

范专修科全体学生为基础组建广西师范专科学校，并接管原广西大学留下的房地产、图书资料以及仪器设备，校址在原广西大学将军桥校址。

在筹建广西师范学院的过程中，开始是以"广西师范专科学校"的名义进行筹备工作，1953 年 8 月 3 日，"广西师范专科学校筹备委员会"以师筹办字第 1 号文启用印章。1953 年 10 月 13 日，中南行政委员会教育局来文指示："经中央批准，'广西师范专科学校筹备委员会'改为'广西师范学院筹备委员会'，并颁发新印章。"

1953 年 10 月 15 日，中南行政委员会教育局指令，由下列人员组成广西师范学院筹备委员会：主任委员李迪生，第一副主任委员梁唐晋，第二副主任委员黄羽，第三副主任委员石兆棠，委员万仲文、唐肇华、林焕平、陈伟芳、何承聪、董继昌、郑显通。黄羽兼任教务长，唐肇华为副教务长，万仲文为总务长。筹备委员会的正式建立，正值中南区院系调整之后，广西师范学院自此

⊙ 广西师范学院筹备委员会方印

转为培养中学师资的师范学院。当时，全院教师只有56人，其中数学、物理、化学三个专业仅有教师15人，学生273人，各方面的工作任务都很繁重，人力、物力、财力都碰到许多困难。但是，学院师生克服思想上和行动上的困难，筹建工作稳步推进，1953年11月14日，奉中央教育部（53）高师行柳字第199号通知，学校校名定为"广西师范学院"，标志着广西师范学院正式成立。

理顺学院隶属管理关系

1954年1月11日，中南行政委员会文化教育委员会财政管理局（53）文财发字第19949号文通知，广西师范学院自1954年起由广西省教育厅领导，这是学院管理隶属关系的一大变化。1954年1月25日，广西省委任命：梁唐晋为广西师范学院代理院长；黄羽、石兆棠为广西师范学院代理副院长。1954年9月20日，奉中央教育部9月20日电，广西师范学院自10月1日起，由广西省人民政府接管，今后有关经费及其他请示报告应与省府联系办理。1954年10月27日，接中央高等教育部等7个单位的联合通知，学院委托由广西省人民政府管理。至此，广西师范学院的管理隶属关系得到了确定。

学院积极加强行政机构建设，理顺学院内部管理关系。1953年学院建立的行政组织机构有：院长室、教务长室、总务长室。下设人事科、文书科、教学科研科、教务行政科、财务科、事务科、校医院。教学单位有中文、历史、数学、物理、化学5个专修科。中文系系主任冯振、历史系系主任陈伟芳、数学系系主任何承聪、物理系系主任董继昌、化学系系主任郑显通。同时加强印章管理，1954年3月16日，由桂林市人民政府公安局函知，广西师范学院定制圆形钢印"广西师范学院"，并于3月18日起启用。至此，"广西师范学院筹备委员会"完成了它的历史任务。学院非常注重基础建设工作，1954年1月7日，广西师范学院成立修建委员会，石兆棠任主任，开始在精简节约的原则下开展学院的基本建设工作。

教学工作有序推进

学院成立后，马上将教学工作和师生思想政治工作提上了议程。

1954年1月17日，召开第一次院务扩大会议，梁唐晋作了本学期以来的教务、行政工作报告。学院决定在系科之下，各专业建立教研室或教研组，指定配备各教研室（组）负责人。此外，直属学校的教学组织还有公共政治理论教研组（含中国革命史、哲学、政治经济学、马列主义基础）、教育学教研组和公共体育教研组。这样的教学组织机构，符合当时学校的培养目标、师资条件和设备条件，其专业建制基本适应学校教学任务的要求。

1954年1月19日，学院召开辅导员会议，研究辅导员的工作范围、领导关系、放假前应完成的工作和会议制度等问题，大家进一步明确了高等师范教育的办学方针和任务，克服了因院系调整而引起的某些不安和疑虑，建立健全了教学工作的各项规章制度。

1954年1月20日，学院召开座谈会，交流编写教育、心理两科教学大纲的经验和体会，教学工作得到了稳步推进。当时，学院领导根据政务院1953年11月26日《关于改进高等师范教育的指示》和中央教育部召开高等师范教育会议的精神，组织师生员工认真学习。通过学习，提高了干部教师对高等师范教育的办学方针和任务的认识。师生员工认识到国家进入计划经济建设时期，教育事业的基本任务是要大力培养建设人才和逐步提高人民的文化水平。学院组建一年多时间，各项工作走上正常的发展轨道。1954年7月10日，广西师范学院中文、历史、数学、物理和化学5个专修科246名应届毕业生顺利完成两年的学习任务。7月20日，举行首届毕业典礼。1954年秋，学院开始招收四年制本科专业学生。

（杨凯　执笔　谢婷婷　审校）

文献来源

［1］广西师范大学校史修订组.广西师范大学史［M］.桂林：广西师范大学出版社，2002.

［2］广西师范大学校史修订组.广西师范大学史（1932—2002）［M］.桂林：广西师范大学出版社，2012.

［3］王枬，黄伟林.校长纪事：广西师范大学历任校长故事集［M］.桂林：广西师范大学出版社，2012.

［4］旷永青，李殷青.广西师范大学纪事（1932-2017）［M］.桂林：广西师范大学出版社，2017.

［5］王枬，黄伟林.师大故事［M］.桂林：广西师范大学出版社，2019.

两次迁入桂林王城办学
文脉赓续薪火相传

◎ 导读 ◎

1945年11月，国立桂林师范学院从贵州平越回到桂林后首次迁入桂林王城，积极开展民主运动，被誉为"西南民主堡垒"。1954年再次迁入王城，学校吸收王城深厚历史文化底蕴，为王城历史文化命脉的延续注入了新的活力和内涵。

现今广西师范大学有三个校区，其中最著名的就是王城校区。明代，靖江王府坐落于此。民国时期，这里曾是广西省政府所在地。如今，这里成为全国5A级景区。广西师范大学与桂林王城的结缘，要从民国谈起。

首次入驻王城

1941年，广西师范大学前身国立桂林师范学院成立于桂林东灵街一带，后来迁到六合路，在院长曾作忠的带领下，师生们齐心建校，修建了较为完备的教学场所，还办起了附中。然而，好景不长，随着日军进犯湖南，1944年6月，桂林城开始了第一次紧急疏散，国立桂林师范学院也奉教育部之令迁移，先后迁至三江丹洲、贵州平越等地。

抗战胜利后，1945年11月，曾作忠率部分员工从贵州平越先回桂林筹备迁返事宜，见六合路校址荡然无存，便向省政府申请迁至王城（省政府旧址）办学。曾作忠率领师生员工迅速清理废墟，修缮教室，同时续招新生和保送生300名。11月25日，曾作忠主持召开了桂林分部一年级的开学典礼，这标志着我校前身国立桂林师院开启了在王城办学的篇章。

随后，曾作忠着手把原先疏散到贵州平越的师生迁回桂林王城。1946年1月26日，师生员工全部抵达桂林。然而，没过几个月，教育部一纸训令，命国立桂林师范学院迁往南宁。这又是为什么？原来，当时的国统区各地掀起了"争取和平、民主，反对内战独裁"的民主运动，而桂林师院也成为广西省内呼吁民主的一支重要力量，被外界称作"西南民主堡垒"。当时广西的几所高校都在桂林，国立桂林师院学生与国立广西大学、省立医学院、省立艺术专科学校、西南商业专科学校等校学生联合进行爱国民主运动。当局为了削弱桂林的民主力量，分化瓦解学生运动，便决定把民主运动最活跃的桂林师院迁往南宁，与其他高校分离。虽然师生们极力反对，但为了保存实力，国立桂林师院最终于1947年2月全部迁至南宁，校址是邕江畔原广西省政府旧址，随后被改名为国立南宁师范学院。

⊙ 1946年5月8日，国立桂林师范学院附中随院疏散师生迁回桂林王城后与曾作忠院长合影

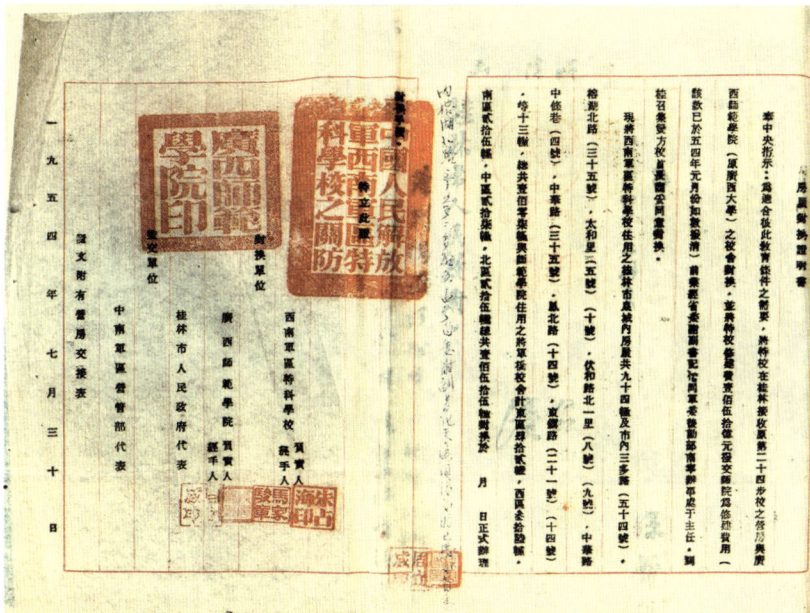

⊙ 广西师范学院与中国人民解放军西南军区特科学校房屋对换登记证明书

校址对调的难题

中华人民共和国成立以后，国立南宁师范学院于1950年2月被并入广西大学，成为其中的文教学院。当时的广西大学坐落于桂林市郊将军桥一带，于是，师院又从南宁迁回了桂林。1953年，全国高校院系调整，广西大学奉命撤销，以原广西大学文教学院、理学院的部分教师及师范专修科全体学生为基础组建了广西师范大学前身广西师范学院。然而，广西师院刚在将军桥校址办学不满一年，1953年11月，中央军委就决定将广西师院校舍与坐落于王城的中国人民解放军西南军区特科学校（实为越南陆军军校）校舍对调，这给广西师院出了一个很大的难题。

当时负责筹建师院的代理院长梁唐晋考虑到校址对调会影响师院的办学和发展，于11月25日向中南高等教育管理局、中南教育局、中央教育部递交报告，认为不换校址为宜。但中央出于大局考虑，认为将军桥校区更便于保密和管理，是部队训练、驯马，以及各种武器实弹射击的理想场所，是负责培养中、高级军队指挥官的中国人民解放军西南军区特科学校所亟需的军事训练基地，因而仍决定将两校校址互换。

⊙ 学校1954年迁入人文底蕴深厚的王城校园

再次入驻王城

于是，梁唐晋根据上级的指示，于1954年元旦后与其他筹委会成员，以及广大师生一起开始了对调迁校的准备工作。他亲自负责王城的基建、维修工作，并多次到王城检查工程建设情况，到6月中旬，高质量地完成了基建和维修工作。同年8月，广西师院从将军桥校区全部搬进王城校区。这就是学校第二次与王城结缘。

1956年，因桂林其他高校搬迁至南宁办学，师院也考虑搬迁南宁，并派出人员到南宁准备建校。教育部副部长柳湜带队来校视察，他认为，桂林是一座历史文化名城，不应该没有大学，大学不一定都集中在南宁。他说："桂林山水甲天下，王城这里校园很美嘛，广西师范学院在王城办学有天时地利人和的优势，就不要搬到南宁去了。"由此，广西师范学院在王城扎下了根。王城也成了广西师院发展的福地。

1983年，广西师范学院正式更名为广西师范大学并举行挂牌仪式。从此，"广西师范大学"校名牌匾便挂在王城正门上，直至今日。此外，王城于1996年被国务院定为全国重点文物保护单位，2006年评为国家4A级旅游景区，2012年11月6日，全国旅游景区质量评定委员会评定独秀峰·王城景区为国家5A级旅游景区。

历史上，学校在王城办学的院系和专业有：历史系，从1954年至

⊙ 20世纪50年代广西师范学院校门

今一直在王城办学；政治系，从1960年到1997年在王城办学；数学系，从1954年到1985年在王城办学；教育系，从1981年成立，1983年第一届招生，到2000年在王城办学；化学系，从1954年到1981年在王城办学；物理系，从1954到1997年在王城办学；艺术系，从1996年到2002年在王城办学，到2002年撤销艺术系，分别成立美术系和音乐系，美术系和音乐系一直到2011年和2010年才搬离王城到雁山校区。

另外，中文系1954年到1957年在王城办学，1957年到1976年在叠彩山、猫儿山校区办过学，1976年才搬至育才校区；外语系，20世纪50年代曾经在王城办学，1958年到1976年在猫儿山、叠彩校区办学，1976年搬至育才校区。

至今，广西师范大学在王城办学的时间长达70多个年头。王城深厚的历史文化底蕴为广西师范大学的发展提供了肥沃的土壤，同时，广西师范大学也为王城历史文化命脉的延续注入了新的活力和内涵。

（谢婷婷 执笔 黄伟林 审校）

文献来源

［1］贺祖斌. 大学心语［M］. 北京：北京大学出版社，2022.

成立党委会
党的领导地位加强

◎ 导读 ◎

1957年3月6日，上级批准中共广西师范学院委员会成立。这是学院发展史上的一件大事，标志着学院领导体制的重大变化，党在学院的领导地位得到加强，为学院各项事业的发展奠定了坚实基础。

学院党支部的发展

1955年3月，石兆棠副院长调任省教育厅厅长。5月，上级派原华南师范学院副院长王延青来广西师范学院任第二副院长。9月上级正式委任原代理院长梁唐晋为院长，学校的领导班子得到了加强。但是，党在学校的领导比较薄弱。1953年学校与华中工学院桂林分部（校址设在广西师院内）合起来建立一个支部，当时仅有党员10多人。1953年10月15日，两校开学后分别成立支部，广西师范学院由岳健任支部书记，当时全院共有党员19人（教师党员4人，占教工总人数的5.8%；行政党员11人，占行政总人数的11.3%；工友党员2人，占工人总人数的1.9%；学生党员2人，占学生总人数的0.29%）。1955年上级增派一些党员到校工作，同时在优秀教师和学生中发展了一批党员，全校共有党员61人，其中教师党员9人，占教师总人数的7.6%；行政人员中党员25人，占行政人员总人数的23%；学生党员27人，占学生总人数的3.9%。由于党员人数的增加，党对学校的领导逐渐加强。

为了适应形势发展的需要，经桂林市委批准，于1955年3月正式成立了中国共产党广西师范学院总支委员会，由院长梁唐晋兼党总支书记，翁志英为党总支副书记。在党总支下按系（科）机关和学生党员人数，分片建立党支部或党小组，全院共建5个党支部。1956年9月党总支委员会改选，刘庆仙任党总支书记，苏炳康任党总支副书记兼保卫委员，岳健、李俊秀任组织委员，王拓任宣传委员，黄仲乃任统战委员，杨相相任青年委员，王延青为总支委员，党的组织得到了发展。

1956年4月15日，中国共产党广西师范学院总支委员会吸收数学系主任何承聪教授入党。从此，学院开始在高级知识分子中发展党员。何承聪教授的入党在学院起到了积极的榜样示范作用，随之在教师和学生中也发展了一批党员。

承前启后的历史时刻

为了适应形势发展的需要，学院党总支向中共桂林市委请示，提出在学院建立党委会的申请。经桂林市委的批准，1957年2月9日下午，中国共产党广西师范学院总支委员会召开全体党员大会，166名党员出席会议，大会就成立党委会问题进行了民主讨论，最后同意成立党委，并选举产生第一届党委会，梁唐晋当选为党委书记，刘庆仙、王延青、黄羽、王拓为委员。

1957年3月6日，上级批准中共广西师范学院委员会成立，由院长梁唐晋兼任党委书记，刘庆仙、王延青、黄羽、王拓为委员。当时有党员204人。党委下设办公室、组织部、宣传部，并分别在各系（科）、机关和学生中建立基层组织，当时全院共有党支部9个，党员166人，占全院师生员工总人数的10.8%，党的组织建设得到进一步加强。

中共广西师范学院委员会的建立，是学院发展史上的一件大事，它标志着学院领导体制的重大变化。从此，学院由原来的院长负责制改为党委领导下的院长负责制；由原来学院党总支对学校行政的监督保证关系，改变为党委对学校工作的领导与监督关系。学院在党委的领导下，各项工作得到进一步发展。

学院党的领导地位加强

改善党的领导，最主要的是加强思想政治工作。1958年1月21日，学院党委作出《关于加强党的领导和改进党员思想作风的几项措施》的决定，明确指出："加强党的领导，党委适当扩大，并建立常委制，以加强党的集体领导。在党委的集体领导下，健全党委委员的个人分工负责制，定期讨论有关全院性的重大方针政策和工作问题，以统筹兼顾，加强党对各项工作的领导。""取消系科的'政治秘书'制度，建立专职党支部书记或总支部书记制度。"

1958年1月25日至26日，中国共产党广西师范学院第二次党员大会召开。当时，学院有正式党员128人，预备党员76人，共204人，其中有165人出席大会。大会主要任务是总结党委会成立以来的工作成绩和经验教训，布置和推动整改，并在全院普遍开展社会主义思想教育工作，团结全校党员和师生员工，为实现党在学校的各项工作任务而奋斗。在大会上，党委书记杨江作了《团结全党，掀起整改高潮，深入开展社会主义思想教育，为争取整风运动全胜而奋斗》的报告。大会选举产生了第二届党委委员，杨江任党委书记，张云莹任副书记，王延青、刘庆仙、陈克、诸葛鑫、文禧、苏永贻、何承聪为党委委员。这次大会的召开，大大加强了党在学校的领导地位。

1958年8月，毛主席视察天津大学时指出："高等学校应抓住三个东西，一是党委领导，二是群众路线，三是把教育与生产劳动结合起来。"9月，中共中央、国务院发布《关于教育工作的指示》，提出"党的教育工作方针是教育为无产阶级政治服务，教育与生产劳动相结合。为了实现这个方针，教育工作必须由党来领导"。这就进一步明确了党在高等院校的领导地位。

第二次党员大会后，学院一切工作都是按照这个指导思想和方针来进行的。1958年9月，院党委制订了《实行党委领导下的院务委员会负责制领导体制的试行方案》。方案提出，在领导关系上，党委贯彻"大权独揽，小权分散，党委决定，各方去办，办也有权，不离原则，工作检查，党委有责"的精神，加强对教学、科学研究、劳动生产、行政管理全面工作的领导。为了发挥集体负责的精神，关于教学、科研、劳动生产、行政管理等重大问题必须在院务委员会进行认真研究再作出决定，并贯彻执行。系一级实行党总支（支部）领导下的系务委员会负责制。

（王董 执笔 谢婷婷 审校）

文献来源

[1] 广西师范大学校史修订组.广西师范大学史（1932—2002）[M].桂林：广西师范大学出版社，2012.

[2] 旷永青，李殷青.广西师范大学纪事（1932—2017）[M].桂林：广西师范大学出版社，2017.

[3] 中共中央文献研究室.毛泽东文集.第7卷[M].北京：人民出版社出版，2000.

开启成人高等教育
办学规模位居前列

◎ 导读 ◎

学校的成人教育始于1957年，是全国较早、广西最早开展成人高等教育的高等学校。经过60多年的发展，办学规模位居广西高校前列，成人教育办学层次、形式都有了新的飞跃，为国家成人教育事业发展做出了重要贡献。

开办函授教育

函授教育是高等教育的重要组成部分。1957年学校在教务处设函授科，1958年创办函授教育，开始招收函授学员，当时是全国举办高等函授教育较早的普通高校之一。到1965年，函授教育开设中文、数学、物理、化学4个专业，先后有7290名学员参加学习，2667人取得毕业资格。"文化大革命"中，函授教育中断。

党的十一届三中全会后，教育部出台系列政策法规，扶持成人高等教育。为满足改革发展需要，为广西经济社会发展培养急需的高素质人才，1979年学校恢复函授教育招生，1984年经国家教委批准，开办夜大学。

1984年8月25日，学校在王城校区大礼堂举行"首届函授学员毕业典礼"，

920名学员获得大专毕业文凭，133名被评为优秀学员。此次函授学员毕业典礼对推动我校成人教育快速发展有着重要意义，学校从1991年起在函授本科毕业生中择优授予学士学位，1993年开始增设非师范类函授专业，1994年开办第二学历教育（以夜大学形式组织教学）。

成人教育办学实力不断增强

为适应成人教育快速发展新形势，学校推进成人教育（继续教育）机构改革。1985年函授科从教务处分离，成立独立的学校函授部；1991年6月，经自治区教育委员会批准，在函授部的基础上成立广西师范大学成人教育学院；1999年成立继续教育学院，成人教育学院和继续教育学院实行两块牌子一套班子的管理模式；2008年继续教育学院更名为职业与继续教育学院；2017年，成人教育学院/职业与继续教育学院更名为继续教育学院。

学校学历教育按照"适应需求、规范管理、提高质量、办出特色"的总体思路，充分利用学校的学科优势与办学条件，以提升办学质量为核心，以规范管理服务为保障，以构建终身教育体系和为学习型社

⊙ 1984年8月25日，举行首届函授学员毕业典礼

会做贡献为目的，积极拓展校企合作、校校合作、自学考试专本衔接等多种办学新模式，形成了多层次、多规格、多形式、宽口径、开放性的办学格局。

学校1996年被教育部评为"全国成人高等教育评估优秀学校"，2006年成立成人教育研究所，2010年获得成人教育学硕士学位授权点，2011年获批为"全国高等学校继续教育示范基地"，2011年开始进行自学考试专本衔接办学，2011年开始承办"广西优秀村党组织书记大专学历教育班"（自治区党委组织部委托），2016年获批为"广西专业技术人员继续教育基地"，2022年获批设立为第十一批"国家级专业技术人员继续教育基地"。1998年以来，学校先后获批为"全国高等教育自学考试广西壮族自治区高等教育自学考试委员会直属考点""全国计算机等级考试广西师范大学考点""全国英语等级考试广西师范大学考点""中国书画等级考试桂林考点""全国成人高等学校招生统一考试广西师范大学考区"。

经过60多年发展，学校成人教育（继续教育）办学规模跃居广西高校前列。2021年成高招生29142人，自考专本衔接学生备案3228人，再创历史新高。学校已形成了多层次成人学历教育、多样化非学历继续教育、多元化国际教育合作、现代化远程教育、专业化成人教育研究"五位一体"的办学格局。

社会效益和经济效益不断提升

学校以服务国家和地方经济建设和社会发展为导向，依托学校高素质的师资队伍和优质的教育资源，主动适应国家和地区发展战略，大力发展非学历继续教育，致力于打造高层次培训课程品牌，完善继续教育培训平台。面向社会开展高质量、高水平、高层次的教育培训，较好地满足了各领域、各地区、各行业骨干人才的学习需求。目前已初步形成以中小学教师能力提升为目标的教师教育培训平台，以政府、企事业单位基层干部素质提升为目标的干部培训平台和以企业、行业员工职业技能提升为目标的职业培训平台。

社会效益不断扩大。60多年来学校培养成高学生和学员近15万人，其中大部分的函授毕业生已成为广西中小学教育的骨干力量，有相当数量的函授毕业生担任学校领导或教研组负责人，部分毕业生（学员）

⊙ 2011年，学校被确定为"高校继续教育示范基地"，时任教育部副部长鲁昕授牌

担任各级党政部门和企事业单位领导职务，有些毕业生（学员）获得全国劳动模范、优秀教师、特级教师、自治区先进工作者、优秀党员等荣誉称号，他们在各自岗位业绩突出，贡献显著，为学校成人教育赢得诸多荣誉。

办学经济效益稳步提升。学校继续教育办学总毛收入从2019年开始突破1亿元，其中2021年总毛收入为12362万元，比2020年增长13.42%；纯收入3482万元，比2020年增长12.09%。

成人教育科研成果显著。学校依托"成人教育研究所"，在中国–东盟继续教育合作、弱势群体与教育救济、社区教育、农村成人教育、老年教育、高等学历继续教育教学改革、农村基层干部教育培训等领域开展科学研究，为学校继续教育高质量发展提供了丰富的理论指导和强劲的精神动力。成人教育研究所成立以来，先后获国家、省部厅级课题立项31项，发表学术论文70多篇，出版著作10部，获全国成人教育优秀科研成果奖、广西区级教学成果奖和广西社会科学成果奖等多项。

（谢俊峰　执笔　李家元　审校）

文献来源

［1］广西师范大学校史修订组.广西师范大学史［M］.桂林：广西师范大学出版社，2002.

设立叠彩校区
办学空间不断拓展

◎ 导读 ◎

1957年8月，位于桂林叠彩山南麓的中国语文专修学校全部房地产被拨给广西师范学院，学院开始形成王城、叠彩两校区办学模式，办学空间得到了进一步拓展。

随着学校办学规模的扩大，学校王城校区空间日益局促。1957年8月12日，广西省委和中央高等教育部同意将教育部在桂林叠彩山南麓所办的中国语文专修学校全部房地产拨给广西师范学院。1957年9月9日，广西师范学院中文系迁进原中国语言专修学校旧址办学。

王城校区办学紧张

广西师范学院迁入王城时，学校的建筑和设备都十分简陋，占地面积和房舍都十分有限。成立之初，学院设有中文、历史、数学、物理、化学等5个专修科，同时还设立公共政治理论教研组、教育学教研组、公共体育教研组等。1954年开始，在原有5个专科的基础上，增设相应的四年制本科，学院开始本专科同时招生，在校本专科学生共836人，教职工273人，其中专任教师109人。此外，1957年，学院开办函授教育，从专科函授逐渐发展到本科函授，学生人数越来越多，到了1957年，在校学生2199人，比上一年增加455人；教职工593人，比上一年增加138人。同时，学院暑期开始招收中文函授生。师生人数的增加使得教学、生活区域越来越紧张。

申请新校区

在这种情况下，学院积极向上级申请新的办学场所。叠彩山距离王城较近，且叠彩山南麓正好有中央高等教育部办的一所学校。

中国语文专修学校是由中共中央联络部、中央人民政府高等教育部直接领导的一所学校，于1953年9月在桂林市叠彩路成立，1954年元月，由中华人民共和国高等教育部通知更为该名，调原中共广西大学支部书记陈亮任副校长。学校的任务是帮助越南学生在一年内掌握中国语文的基础知识，提高中文阅读和会话的能力，然后按越南政府的计划，转入中国高等学校或中等专业学校学习，学生由越南选派入学。学校所需经费全由中国高等教育部拨给。1953年，在校学生257人。1954年6月，接收第二期学生100人。同年9月又接收学生114人，其中越南学生100人，朝鲜学生14人。1955年秋季，继续接收越南学生133人，教员增至39人。至1956年，在校学生354人。原中国语专

⊙ 1957年，原中国语文专修学校校址拨归学院使用，成为广西师院叠彩校区，中文系和外语系在此办学

111

占地面积39283平方米，房屋建筑面积为19099平方米。

　　1957年8月12日，广西省委和中央高等教育部同意将高等教育部在桂林叠彩山南麓所办的中国语文专修学校全部房地产拨给广西师范学院。1957年9月奉中华人民共和国高教部指示撤销中国语文专修学校建制。1957年9月，广西师范学院中文系迁进原中国语文专修学校旧址办学。就这样，广西师范学院除了王城校区外，增加了叠彩校区。

撤出叠彩校区

　　1972年，学院在因"文革"影响停止招生6年后，开始招收工农兵学员。恢复招生后，校舍问题又开始紧张起来。时任院长崔毅多次向自治区党委分管文教工作的副书记乔晓光提出解决校舍问题的诉求。

　　1975年8月，在三里店办学的越南学校（占地550多亩）全部迁回越南，桂林市也计划要三里店这块地。为了学院长远发展，双方经过一番协商，越南学校校区旧址给学院办学，学院同意把叠彩区芙蓉路附近校区让给桂林市。

　　桂林是一座旅游城市，叠彩山风景秀丽，桂林市计划开发叠彩景区，因而希望学院尽快从叠彩校区撤出。崔毅院长提出两步搬的想法，

⊙ 广西师范学院中文系教学大楼（叠彩山校址）　　　⊙ 广西师范学院外语系教学大楼（叠彩山校址）

1932
—
2022

112　　　　　　　　　　　　　90周年90件大事

办公室、学生宿舍、教学楼可以尽快搬出。但是教职工宿舍没办法这么快搬，因为教师宿舍严重不足。

1976年5月，为了规划叠彩山风景区增设的停车场，学院在叠彩山下的大部分校舍被划拨归桂林市。1976年，广西师范学院搬出叠彩山教学区中文、外语两系所用的大部分校舍，迁往三里店分部办学。学院仅保留教职工的房舍，约占原有面积的四分之一。

（杨凯　执笔　谢婷婷　审校）

文献来源

[1]广西师范大学校史修订组.广西师范大学史[M].桂林：广西师范大学出版社，2002.

[2]广西师范大学校史修订组.广西师范大学史（1932—2002）[M].桂林：广西师范大学出版社，2012.

[3]王枬，黄伟林.校长纪事：广西师范大学历任校长故事集[M].桂林：广西师范大学出版社，2012.

[4]旷永青，李般青.广西师范大学纪事（1932-2017）[M].桂林：广西师范大学出版社，2017.

[5]桂林市志（下）第四节 援外学校：中国语文专修学校　百科：https://baike.baidu.com/item/%E4%B8%AD%E5%9B%BD%E8%AF%AD%E6%96%87%E4%B8%93%E4%BF%AE%E5%AD%A6%E6%A0%A1/23598353?fr=aladdin

召开首届师生代表大会
建言献策共促发展

◎ 导读 ◎

1958年11月24日，广西师范学院首届师生员工代表大会召开，大会讨论通过了关于实行党委领导下的院务委员会负责制试行方案，选举产生了院务委员会。1982年11月，学校召开第一届教职工代表大会。与会代表齐聚一堂，发扬民主，建言献策，共促学校改革发展。

首届师生员工代表大会

1958年11月12日下午，学院召开院务委员会（扩大）会议，讨论通过"关于召开广西师院第一届第一次全体师生员工代表大会的工作计划"及"代表选举办法"。

1958年11月24日上午，首届师生员工代表大会正式开幕。副院长王延青致开幕辞，院长张云莹作1958—1959学年工作报告，党委委员陈克作关于实行党委领导下的院务委员会负责制的说明报告。大会秘书长为刘庆仙，副秘书长为文禧。当时全院师生员工共计2733人，其中教学人员313人，行政人员137人，学生2197人，勤工86人。经院务委员会研究，选举产生出席大会正式代表204人，其中女性23人，少数民族47人，此外列席代表70多人。11月24日下午、晚上进行大会发言并大会总结。大会提出了"在党的领导下，以共产主义思想为统帅，下好'教学改革、科学研究、大办工厂、上山下乡、大办学校'这五盘棋的任务"。大会讨论通过1958—1959学年的工作计划；讨论通过了关于实行党委领导下的院务委员会负责制试行方案；选举产生院务委员会。

广西师范学院首届师生员工代表大会在党的领导下，坚持党的教育方针，发挥了全院师生员工的革命干劲，在勤工俭学、劳动锻炼、教学改革、科学研究等方面做出了很大成绩，并积极地为实现"苦战三年，把广西师院建设成共产主义学院"而奋斗。为加速发展、提前和超额完成繁重而光荣的任务，必须加强党的领导、充分发挥群众的积极性，学院开始实行党委领导下的院务委员负责制，院务委员会作为学院的最高行政领导机构，由全院师生员工代表大会民主选举产生，并对全院师生员工代表大会负责。

发扬民主 共促学校改革发展

1958年11月25日，广西师范学院第一届院务委员会全体委员举行

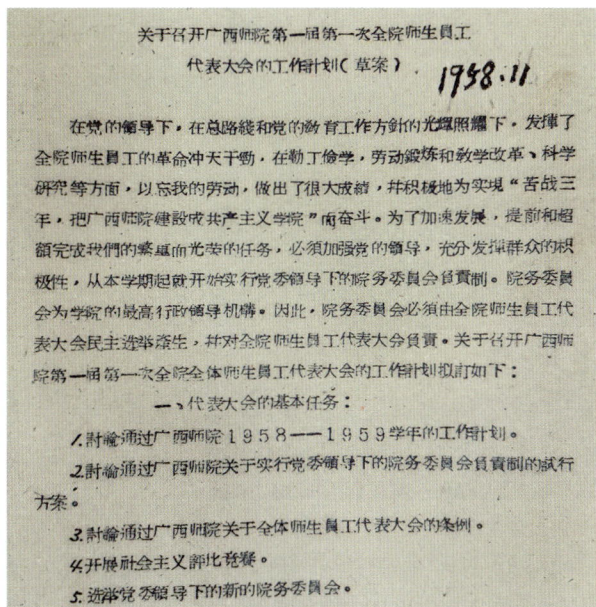

⊙ 1958年11月24日，广西师范学院首届师生员工代表大会的工作计划草案

第一次会议。会议选举产生院务委员会常务委员会，讨论通过下一年元旦举办"教育与生产相结合"展览会的计划。

党的领导在学院各项工作中的加强，不仅体现在按照民主集中制的原则建立健全党委的领导核心，坚决贯彻党中央的路线、方针、政策，而且体现在党的组织的壮大和发展上。学院共产党员人数比1958年以前增长了1.5倍，其中教师党员增长了2.5倍，每年都留下一批党员毕业生充实教师队伍和干部队伍，遴选了10名党员教师担任系副主任，各系有了党、团专职干部，每个年级都配备了党员担任政治辅导员，从而大大加强了党的政治工作，强化了对学生的思想引领作用。

党的各级领导干部，政治热情高，工作责任心强，工作作风踏实，密切联系群众。在党委成员和总支书记中，有的直接担任政治课或专业课的教学工作，有的是后勤管理或生产劳动的指挥员和战斗员。在各级领导的带动下，不少政治工作人员和年轻的党员教师都搬到学生宿舍中去住，与学生同吃同住、同活动，把思想工作做到家。政治课教师也经常深入了解学生思想情况，联系实际，改进政治课教学。由

⊙ 1982年11月，学校召开第一届教职工代表大会，会议讨论了学校发展规划，提出了"团结、勤奋、求实、创新"的校风，强调加强社会主义精神文明建设

于党的领导加强，政治思想工作做得较好，师生员工热情焕发，斗志昂扬，敢想敢干，涌现出一大批积极分子。中文系教授王永华、历史系副主任陈克、外语系讲师张金长、历史系讲师周鸿临、附中教师黄其猷被评为自治区先进教育工作者，出席了1960年4月在南宁市召开的自治区文教卫生和新闻出版战线群英会。

在学校建设规模方面，也有较大发展。1958年增设外语系（俄语、英语专业），刘鹤年副教授为系主任。学校举办中文、数学、物理、化学4个专业的函授教育。各系停办专科，全院6个系全部办四年制本科。1958年12月周待旦任副院长兼总务长。1959年增设生物系、地理系（1964年停办）。陈伯康教授担任生物系主任，莫大同副教授担任地理系主任。1960年增设政治系，吴元庆副教授担任系主任。1960年在校学生人数近3000人。

改革开放后，学校继续发挥教职工主人翁意识，充分团结教职工，凝聚各方力量，听取各方意见，促进学校发展。1982年11月，学校召开第一届教职工代表大会，会议讨论了学校发展规划，提出了"团结、勤奋、求实、创新"的校风，强调加强社会主义精神文明建设。此后每年召开教职工代表大会，教职工参与学校管理的热情越来越高，学校各项事业得到了更好的发展。

（王董　执笔　谢婷婷　审校）

文献来源

[1] 广西师范大学校史修订组. 广西师范大学史（1932—2002）[M]. 桂林：广西师范大学出版社，2012.

胡耀邦视察学校
寄予重托催人奋进

◎ 导读 ◎

1959年1月2日，时任中共中央委员、共青团中央第一书记的胡耀邦同志来到学院视察指导工作，面向全体师生做报告，寄予重托，鼓舞了学院师生为社会主义现代化事业而不懈奋斗的斗志。

　　1959年1月2日，当广西师范学院的师生们还沉浸在欢度元旦的喜悦之中时，时任中共中央委员、共青团中央第一书记的胡耀邦同志来到学院视察并指导工作，与师生代表进行了座谈，并给全体学生和年轻老师作了报告。

座谈交流和蔼可亲

　　当天下午1时许，胡耀邦同志在团中央有关领导、共青团广西区委领导、桂林市委领导等的陪同下来到位于桂林王城的广西师范学院。稍作休息后，在学校办公大楼小会议室（现在王城校区承运殿）举行了师生座谈会，听取了张云莹院长对学校情况的汇报。

作为长期从事青年工作的党的高级干部、共青团的第一书记，胡耀邦同志传达了中央的最新指示，畅谈了教育工作、青年工作，阐述了与之相关的知识分子问题。座谈会上，胡耀邦同志十分关心青少年的成长，不断地询问学生代表在学校吃得怎么样、住得怎么样、学习条件如何、对党和国家还有哪些要求等等，学生们也都一一做了回答。此外，胡耀邦同志还十分关心教师队伍建设，就教学改革、教材建设、党建等向教师代表提出了许多问题，并且问得很细致、很具体，与会的教师代表分别做了回答和介绍。胡耀邦同志也对老师和学生所关心的问题作了具体的介绍和说明。座谈会结束之余，他还鼓励在场的学生要刻苦学习，早日成才，为国家的发展贡献自己的力量。其和蔼可亲、平易近人的形象给与会人员留下了深刻的印象。

专题报告激情飞扬

　　下午3时整，在院长张云莹的陪同下胡耀邦同志出办公大楼北门沿台阶而下，经办公大楼北侧大草坪中间的大石板路，由正门入大礼

⊙ 1959年1月2日，胡耀邦在张云莹院长陪同下步入会场

堂（现在王城校区国学堂）。当胡耀邦同志在陪同人员的簇拥下进入礼堂的中间通道时，全场师生起立，热烈鼓掌。胡耀邦同志则挥手向师生致意。主席台上只设主持人席和报告人席，其他领导和陪同人员均坐在大礼堂第一排，与师生一起听胡耀邦同志给全体学生和青年教师作题为《一定要做科学技术革命的急先锋》的报告。当时，中央委员到学校作报告是史无前例的大事，师生们特别兴奋和激动。

报告会一开始，胡耀邦同志用一段风趣幽默的话把报告会的气氛活跃了起来。他说："今天是元月2日，还是新年啊！过去过年总要讲几句好话，什么恭喜发财啦，吉星高照啦，我今天不恭喜大家发财，而是希望大家要当科学技术的尖兵，不但你们，全国青年都要负担起这个责任。"胡耀邦同志微笑着问台下听报告的同学："有没有信心？"礼堂中顿时爆发出整齐而坚定的声音——"有"。胡耀邦同志特别高兴。胡耀邦同志的报告内容丰富，涉及面广，从国际形势讲到国内形势，重点讲要搞好我国的社会主义建设，要培养各方面的建设人才，发挥人才的巨大力量。他说："帝国主义千方百计地要封锁我们、扼杀我们，但是我们不怕，封锁、扼杀都不会难倒我们。我们头脑要清醒，要承认我们还很落后，特别是经济落后，我们要赶上他们，超过他们。"这时，他停了停，端起茶杯，喝了一口茶，吸了一口烟，微笑着问台下听报告的同学"有没有信心"，当礼堂发出了"有"的响亮声音时，胡耀邦同志特别高兴。他说："毛主席曾对青年们说：'世界是你们的，也是我们的，但是归根结底是你们的，你们是早上八九点钟的太阳，希望寄托在你们身上！'"会场顿时响起了雷鸣般的掌声，经久不息。

演讲艺术精妙高超

胡耀邦同志在报告中经常提出一连串的问题，比如讲加快社会主义建设步伐时，他问："我们新建成的武汉长江大桥用了多少钢？花了多少钱？"台下沉默，鸦雀无声，没人回答，胡耀邦自己作出了回答。他又笑着问："不要讲那么远，说近一点，你们天天登独秀峰，独秀峰的台阶有多少级？"台下师生交头接耳议论，依然无人回答。胡耀邦同志笑着高声、缓慢地说："306级！对不对？有没有历史系地理系的老师？"大家满堂喝彩，报以热烈的鼓掌。胡耀邦同志接着又说："独秀峰有306级阶梯，每级30厘米高，一分钟就跑上去，你有这样的本事吗？"台下的师生异口同声地答道："没有。"紧接着，他抓住时机，向师生们深入阐释了做事不能急功近利的思想，话音刚落，礼堂中又爆发雷鸣般的掌声。

胡耀邦同志在报告中讲到要当科学技术尖兵时，说到要坚决贯彻新制定的党的教育方针，要开展教育革命，进行教育改革，他说：有的人认为教育方针提出要培养德智体全面发展的"劳动者"，就是要学生毕业后去当工人、农民，这样理解是不对的。我们的社会主义建设要培养千千万万的工程师、科学家、专家、教授，他们也是普通劳动者，不要把劳动者和专家对立起来，我们未来的劳动者都应当是有文化、有知识、有专业技术的，师范学院的学生应该是有理论知识、有专业水平、有实践经验的，你们也是普通劳动者，我们贯彻教育方针要强调全面发展、又红又专，所以我一开始就希望你们要当科学技术的尖兵。

胡耀邦同志既结合具体时代背景讲得深入浅出，让人受益匪浅，又风趣幽默，让人眼前一亮，会场时常响起热烈的掌声和笑声。在报告的最后，胡耀邦同志表达了对青年人的殷切希望，希望师生特别是年轻的朋友要有崇高的理想、坚定的信念，相信我们社会主义事业一定能取得成功，全世界的无产阶级革命事业一定会取得成功，青年朋友要对中国革命、对世界革命作出更大贡献。他的讲话，充分展示了一个革命家的风采，也体现了他一贯说真话、讲求实际、雷厉风行、直爽干练的作风。许多当年听过报告的同学回想起此事，仍记忆犹新。

登独秀峰赞叹不已

报告会结束时已经下午5点多钟，此时正处桂林的冬天，北风呼啸，寒风凛冽。胡耀邦同志意气风发、兴致勃勃地准备登独秀峰。陪同人员考虑到天色渐晚，建议他取消登山计划，他却坚持上山。他脚步坚定，精神焕发，一步一步地走完了306级台阶，登上了独秀峰的山顶。胡耀邦不断地赞美桂林山水的迷人景色：桂林不是仙境，胜似仙境啊！

从独秀峰下来，独秀峰周边依然围满了在此等候的师生。胡耀邦

⊙ 1957年从独秀峰上俯览学院一角，可看见前面像玉带般蜿蜒而行的漓江

身穿大衣，头戴"老板帽"，站在山脚台阶高处挥着手说："同学们，有人说愿做桂林人，不愿做神仙，我今天做了一次神仙般的桂林人了。愿你们永远做神仙那样的桂林人！"话音刚落，同学们又是热烈鼓掌、欢呼！

胡耀邦同志视察结束后，欢送的各级领导和师生们依依不舍地挥着手，目送着车队缓慢驶离美丽的王城校园。

（杜子壮 执笔 谢婷婷 审校）

文献来源

［1］张景扬，史义军，王铱.胡耀邦年谱长编1915—1989（上）［M］.香港：世界科学教育出版社，2005.

［2］王枬，黄伟林.校长纪事：广西师范大学历任校长故事集［M］.桂林：广西师范大学出版社，2012.

［3］王枬，李殷青.图映岁月：广西师范大学建设发展历史图片集［M］.桂林：广西师范大学出版社，2012.

［4］广西壮族自治区地方志编纂委员会.广西通志教育志［M］.南宁：广西人民出版社，1995.

［5］王枬，黄伟林.师大故事［M］.桂林：广西师范大学出版社，2019.

设立猫儿山分部
学校办学规模逐渐扩大

◎ 导读 ◎

经过一定时期的发展，学院师生人数越来越多，增设的院系也越来越多，
王城、叠彩校区已不能满足学校办学需求。1959年，学校开始谋划新校区
的建设，并于1960年开始在猫儿山建设新校区，学校办学规模逐渐扩大。

随着教育事业的迅速发展，学校办学规模逐年扩大，王城地盘狭小，早已不
能适应学校建设发展的需要。

1958年学院创办外语系，由于校舍紧缺，不得不向桂林市借用一幢楼房，
供外语系办学使用。至1960年，由于增设了外语系、生物系、地理系（1964年
停办）、政治系，学生规模越来越大，因校区受限，已经不能招收更多学生。

另觅新校址

为了更好拓展办学空间，学院打算另觅新校址。在寻找新校址过程中，学院
领导也是费尽了心思。1959年3月23日，广西师范学院向桂林市委提交关于广
西师范学院建校问题的报告，建议建设新校区，并提出了桂林市的良丰、甲山、

穿山、猫儿山、马鞍山、二塘等几个备选校址。1959年4月15日，广西师范学院再次向上级提交新建校址用地报告，并提出了四个候选新校址：猫儿山地区、马鞍山地区、穿山地区、良丰雁山地区。1959年5月4日，广西师范学院向上级报告学院基建问题，说明选择猫儿山地区为新校址的缘由，并提出了建设总体规划和建设计划。

猫儿山，地处桂林市东郊城乡接合部，东面背靠尧山，南面临屏风山和七星岩，西面濒临漓江，对望叠彩胜景，北面距大河镇约2公里，是一片开阔宽广的平坦地带。猫儿山平地拔起，坐西向东，恰似一只伏卧在草坪上的大猫，是以得名，距市中心约3公里，田园风光如画，是办学的好地方。

当时，"教育大革命"的群众运动仍在持续发展，但整体形势开始进入全面"调整、巩固、充实、提高"的阶段。学校根据"教育大革命"的形势，认为长期约束或困扰学院发展的主要问题是"王城地盘狭小，房舍紧缺，毫无扩展余地，出路何在？只有在猫儿山定点建立分校才是解决学校发展的基本条件"（院长张云莹语）。

1960年2月15日，广西师范学院给桂林市计委的公函中有"……区党委指示学院另觅校址，重新建校，经区党委伍晋南书记实地勘察，校址定在猫儿山，校舍建筑用地规划约千余亩……"。同时，学校请求

⊙ 自治区党委书记伍晋南在猫儿山建校工地检查工作，指示学校基建规划

90周年90件大事

广西壮族自治区人民政府给桂林市人民政府发出指示文件，同意学院在桂林市东郊猫儿山建立分校。

1960年3月24日，中共桂林基本建设委员会在抄送学校《关于同意师院扩建用地给市房地局的通知》（建设委规字20号）中称"关于师院扩建地址经我会研究决定在对河猫儿山南兴建，第一期工程用地8.8公顷……"，经过一番努力，桂林市同意拨给学院土地200公顷（第一期工程用地8.8公顷）。

猫儿山办学

1960年5月29日，广西师范学院成立分校建校委员会，由桂林市委书记陈亮和院长张云莹任主任，建校地点确定在猫儿山。按当时的规划，学校投入了巨大的人力、物力、财力创建猫儿山分校，并明确向全体师生员工和社会宣告，待猫儿山校舍全部建成后，学院将全部搬离王城，在猫儿山新址办学。

1960年12月起，数学系、外语系、生物系先后搬至猫儿山新校舍办学。不久，中文系也搬至猫儿山分校办学，全校约1/3的师生员工在猫儿山分校从事教学活动，分校基础设施的建设形势喜人。至1969年，广西师范学院在猫儿山校区的建设已有一定规模，校园用地1373亩（含农场240多亩），已建成4栋教学楼，2栋学生宿舍，还有学生食堂、后勤用房、体育场和生物园等基础设施。同时，分校经常举行各项学生活动和学术活动，大家学习生活热情高涨。

然而，猫儿山建校工作正在顺利进行的时候，"文化大革命"开始了，不仅新校建设中断，而且整个学校处于长期瘫痪状态。

猫儿山转让国家机电部

1970年7月，学院猫儿山校舍在极左路线的影响下，被调拨给从北京迁来的国家一机部电器科学研究所使用，使学院校舍又处在极端困难的境地。为适应开办在职中学师资培训班和1972年恢复招生的需要，学校多次反映困难和请求上级帮助。自治区人民政府于1971年3月同意将桂林市东郊尧山脚下原来的越南阮文追少年学校拨给学院使用，学院随即将生物系和各系师训班搬到尧山分校办学。1972年9月

⊙ 1960年，广西师院在猫儿山建分校，数学、外语、生物系先后搬迁至猫儿山校区办学。不久，中文系也搬至猫儿山分校

27日，广西师范学院革委会主任王远明主持召开党的核心小组会，副主任宋义汇报了向自治区请示归还猫儿山分校、提前拨基建费等问题的情况。1978年9月11日，宋义带领常明宇、陈鼎方、庄之机等前往北京，到国家一机部和七机部联系猫儿山和尧山校舍有关问题。

1978年10月8日，广西师范学院给自治区政府、自治区办公厅、自治区文卫办函中称"经与一机部有关局研究并报部同意，因为归还猫儿山校址全部校舍确有困难，同意拨给我校建校经费200万元及基建三栋，列入次年计划，一次拨清"，自治区根据学院要求补给了建校经费。

（杨凯　执笔　谢婷婷　审校）

文献来源

[1]广西师范大学校史修订组.广西师范大学史[M].桂林：广西师范大学出版社，2002.

[2]广西师范大学校史修订组.广西师范大学史（1932—2002）[M].桂林：广西师范大学出版社，2012.

[3]旷永青，李殷青.广西师范大学纪事（1932—2017）[M].桂林：广西师范大学出版社，2017.

　　　　　　　　　90周年90件大事

建立院务会议制度
健全行政管理体系

◎ 导读 ◎

1958年以来，学院开始进行组织机构改革，1961年建立院务会议制度，形成党委领导下的院务委员会负责制，有效推进了学院行政工作制度改革进程，提高了学院日常行政工作效率。

自建院初期，学院就逐步建立各级行政管理机构及组织领导机构，包括院长办公室、教务处、总务处，并在处级单位下设置人事科、教学科研科、教务行政科、财务科、事务科及校医院等部门负责具体行政事务，形成与当时办学目标、师资条件相符合的日常行政组织架构。

借鉴苏联教育经验，健全各级组织机构

1953至1957年间，我国高等院校普遍学习苏联教育经验，开展教育教学活动，一个重点是加强党对高等教育的领导，逐步健全各级组织领导机构。在党、团、工会中设置专职干部，有效增强了党群组织的战斗力、凝聚力、执行力。

另一个重点则是进一步健全行政机构设置，根据教育教学目标，在处级机构下增设干部科、学生科、教材科、教育实习科、函授教育科、保管科、膳食科、档案科、科学研究科及院刊编辑室，使学院各级行政职能机构进一步完善，并通过设定专门的行政职能机构负责专门事务，进一步提高日常行政工作的科学性、专业性、高效性。

改革学院领导体制

1957年3月，学院成立中共广西师范学院委员会，在党委会下设置办公室、组织部、宣传部等部门，学院领导制度更加完善。由院长负责制转变为党委领导下的院长负责制，党对学院的领导作用进一步加强。

1957年6月8日，中共中央发出《关于组织力量准备反击右派分子进攻的指示》，全国开始进行反右派斗争，但由于反右派斗争扩大化，使我国在对待知识分子的问题上背离周恩来总理关于"知识分子已经是工人阶级的一部分"的论断，影响了学院的发展。1958年1月21日，学院党委颁布《关于加强党的领导和改进党员思想作风的几项措施》文件，提出加强党的领导及建立常委制，以健全党委集中领导制度以及党委委员的个人分工制度，由党委常委会定期讨论学院重大事务，有效推进了学院领导体制改革。

精简行政机构

随着各级组织机构的健全，切实提升学院行政办公效率成为改善学院治理结构的重要举措。学院于1958年3月5日开始进行组织机构改革，按照作用功能相近的组织机构合并方法，将总务处的事务、保管两科合并为事务保管科，而总务处的基建小组则是被直接撤销，同时撤销的还有教务处的函授科、教育实习科及科学研究科，以及学院办公室的档案收发组。经过本次行政机构精简改革，行政机构的重复化被消除，裁并具备相同功能的行政机构，使行政机构人员配备更加专业，高素质人才储备更加充足，行政机构运行效率更高，提升了学院

90 周年 90 件大事

的行政办公效率。

建立学院行政会议制度

　　1961年8月5日，为进一步提升学院日常行政工作效率，规范学院行政管理行为，构建学院以科学治理为基础的日常议事决策制度，广西师范学院决定建立学院行政会议制度，即党委领导下的院长负责制。由学院院长在院务委员会期间通过行政会议讨论学院日常行政工作，行政会议每周举行一次，参与人员主要为学院院长、副院长、教务长、人事处长、总务处长、教务处办公室主任、生产劳动办公室主任及院长室主任，同时根据讨论具体事项需要，邀请系或者部门的负责人参加，使学院的日常行政事务得以通过专题行政会议的形式讨论。

　　学院院长张云莹于1961年9月15日主持召开第一次行政会议，具体讨论农业生产及师生员工的生活问题，制定了行之有效的具体措施，有效提升了学院日常行政工作的效率。

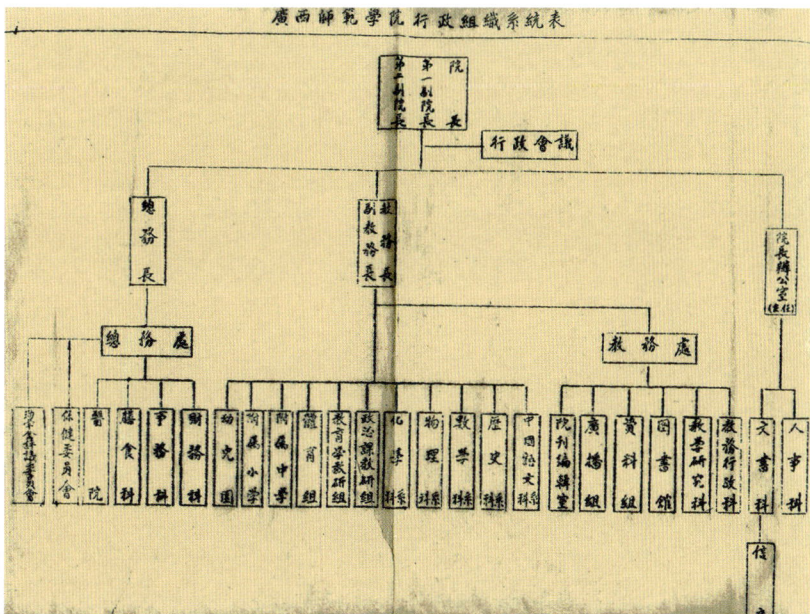

⊙ 广西师范学院行政组织系统表

建立党委领导下的院务委员会负责制

    1961年教育部颁布《教育部直属高等学校暂行工作条例(草案)》(即"高教六十条"),学院依据"高教六十条"文件精神,对学院组织领导机制进行了相应调整,改变过去党委领导下的党务委员会负责制,转而实行党委领导下以院长为首的院务委员会负责制,使行政权力相对集中到学院党委一级,实现了党对学院权力的集中统一领导。院务委员会通过举行定期会议的形式,讨论学院重大问题,实现学院重大事务上的科学民主决策,完善日常行政工作规章制度,推进学院行政工作制度改革。

(李健 执笔 谢婷婷 审校)

文献来源:

[1]广西师范大学校史修订组.广西师范大学史[M].桂林:广西师范大学出版社,2002.

[2]广西师范大学校史修订组.广西师范大学史(1932—2002)[M].桂林:广西师范大学出版社,2012.

[3]黄荫荣,李冠英.广西师范大学史稿(1932—1992)[M].桂林:广西师范大学出版社,1992.

郭沫若到访寄语
师生深受鼓舞展新颜

◎ 导读 ◎

广西师范学院重新组建10周年之际，1963年3月，时任全国人大常务委员会副委员长、中国科学院院长的郭沫若先生到访广西师范学院，留下书法题词，使学院师生备受鼓舞。

郭沫若先生不仅集文学家、历史学家、古文字学家、翻译家、思想家和社会活动家于一身，同时还是我国书法史上的一位杰出人物，成就了独树一帜的"郭体"，他的书法作品已陆续结集出版。然而，郭沫若先生在1963年给广西师范学院（今广西师范大学）的书法题词一直鲜为人知，未被收入《郭沫若书法集》。

欣然造访广西师院

郭沫若先生这幅题词可谓其1963年桂林之行的一幅乘兴之作，亦是郭沫若先生与广西师范学院结下深厚情谊的一个明证。

1963年3月，时任全国人大常务委员会副委员长、中国科学院院长的郭沫若先生在广西南宁市参加广西历史学会成立大会后，来到"山水甲天下"的桂林市，与一同参会的翦伯赞和张传玺下榻榕湖饭店贵宾楼。20世纪三四十年代，郭沫若先生曾在桂林与茅盾、夏衍、田汉、欧阳予倩等文坛巨匠并肩战斗，办报出书，绘画演剧，推动桂林成为举世闻名的抗战文化城。20多年后，他重游旧地，再度走访桂林的山山水水，感慨万千，兴致盎然地为桂林的芦笛岩、七星岩、月牙楼、漓江、榕树楼、灵渠等景点逐一赋诗并挥洒墨韵，留下了墨宝，现有其为榕树楼、灵渠所书的两幅作品收录于《郭沫若于立群墨迹》中。

郭沫若先生此番桂林之行真是诗兴大发、游兴不减。3月27日，他乘兴来到广西师范学院，游览了校园内的明代靖江王城和独秀峰，得到全校师生的热烈欢迎，师生们不仅在校门外夹道迎接，还纷纷来到独秀峰月牙池畔争睹郭沫若先生之风采。后来，郭沫若先生游览七星公园时偶遇广西师院生物系的一群学生，亲切地与他们合影留念。

桂林之行的乘兴佳作

当时恰逢广西师范学院建校十周年，在学校的盛情邀请下，郭沫若先生于3月28日特地写下了一幅书法题词。翌日早晨，广西师院邀请翦伯赞先生作报告，学院历史系教师钟文典乘车去榕湖饭店接翦伯

⊙ 1963年3月27日，郭沫若参观广西师院，受到学生们的热烈欢迎

赞和张传玺。当时，桂林市委书记黄云、副书记陈亮也在场，黄云对钟文典说："你来得正好，郭老给你们学校的题词已经写好，一并带回去吧。"于是，钟文典把郭沫若先生的题词带回了师院。

郭沫若先生的这幅题词使用五尺白色宣纸书写，经裁剪后，长147.5厘米，宽82.5厘米。其后经过装裱，珍藏于学校档案馆。

郭沫若先生的题词正文为：

经师易遇人师难，做到人师要红专。如何红？人人最好学雷锋。如何专？实事求是加三敢。

十年树木百年人，速度今朝须改进。如何改？一天等于二十载。如何进？不断革命阶段性。

人类前途无限好，鼓荡东风风力饱。如何好？学习革命有师表。如何饱？永教西风被压倒。

落款为：

广西师范学院建校十周年，索题，书此，以为纪念，愿共勉之。一九六三年三月廿八日，郭沫若。

⊙ 1963年郭沫若先生游览七星公园时与广西师院生物系学生合影

题词充分表达了郭沫若先生对广西师范学院师生的殷切希望。尤其是开篇一句"经师易遇人师难"，不仅纯熟圆融地化用晋人袁宏《后汉纪》中"经师易遇，人师难遭"的古语，而且明确提出，希望师生们加倍努力，不满足于做学术精专的"经师"，而要力争成为德才兼备的"人师"。如何成为"人师"，郭沫若点明了途径：在思想品德方面，要学习雷锋精神以提高个人修养；在钻研业务方面，要秉持敢想、敢说、敢做的"三敢"精神，加强研究学习的独创性。其中值得注意的是，郭沫若先生写下"学雷锋"是在3月5日毛泽东主席发出"向雷锋同志学习"号召20余天后，这充分展现出他的敏锐，紧扣时代精神。

郭沫若先生的这幅题词笔力矫健，挥洒自如，尽显其爽劲洒脱的行草书风。后来，郭沫若题词落款中的"广西师范学院"字样被学校制成校名牌匾，于1965年至1983年间悬挂于广西师范学院正门，光彩照人，赢得了师生们和市民们的交口称赞。

⊙ 1963年3月28日，郭沫若为广西师院题词

（谢婷婷　执笔　黄伟林　审校）

[1]谢婷婷.一幅鲜为人知的郭沫若题词[N].广西日报，2013-09-18(11).

设立尧山分校
恢复招生拓展办学空间

◎ 导读 ◎

1972年恢复招生后，学校设立尧山分校，有效缓解了办学空间困难的问题。学校在尧山分校积极开展师资培训工作，为广西培养了大批教师，推动了广西教育事业的发展。

学校因"文化大革命"，不仅中断了猫儿山新校建设，而且整个学校处于长期瘫痪状态。1970年7月，学院猫儿山校舍被调拨给从北京迁来的国家一机部电器科学研究所使用，学院校舍又处在极端困难的境地。

为适应开办在职中学师资培训班和1972年恢复招生的需要，学校多次反映困难和请求上级帮助。1972年3月4日，自治区革委会政治工作组复文（革政字〔1972〕15号）：自治区党委常委办公会议研究，同意暂借尧山学校（原越南阮文追少年军校）给学院使用，设立尧山分校。

尧山师资短训班

1953年学院成立的时候，广西省教师进修学院挂靠学院，两块牌子，一套人

⊙ 尧山分校旧址

马。1955年1月28日，广西省政府通知撤销广西省教师进修学院，改为教师短训班，归广西师范学院统一管理。1955年3月7日，梁唐晋院长向广西省教师进修学院教职员工传达关于撤销广西省教师进修学院，改为教师短训班，归广西师范学院统一管理的决定。

学院发挥师范教育优势，积极开展教师进修培训。由于王城校区狭窄，猫儿山分部也被转让，为了扩大师资短训班规模，学院考虑主要将师资短训班安排在尧山校区举行。1972年4月20日—21日，广西师范学院革委会主任王远明主持召开常委扩大会。会议主要研究尧山校区的维修和哪些系搬到尧山校区办学的问题。

1972年，学校恢复招收工农兵学员入学。1972年4月，学院将生物系和各系短训班搬到尧山分校办学。1972年6月7日，学院革委会主任王远明主持召开常委会，讨论关于尧山越南学校（尧山校区）使用问题。下午，革委会副主任崔毅主持召开各系各单位负责人会议，研究尧山校区改办短训班问题。1972年8月16日—17日，学院各系负责短训班工作的教职工搬去尧山校区办公，继续开展师资培训工作。

学院举办半年制的中学师资短期训练班达13期，为广西各地，尤其是少数民族地区，共培养语文、政治、历史、外语、数学、物理、化学、生物、体育等专业教师4611人。同时，学院组织部分干部、教师分期分批深入少数民族地区和边远山区开展巡回辅导。几年中，学院先后到百色、河池、柳州、梧州、桂林等地区16个县，举办了53期教学辅导班。各地参加培训学习的有政治、语文、英语、数学、物理、化学6门课程的在职中学教师3200多人。此举被各地称为"雪中送炭"，深受欢迎。

尧山分校转让

1973年2月21日，广西师范学院革命委员会发文（师革办字〔1973〕第11号），决定将新办的体育系设在尧山校区。体育系成立临时党支部，暂由师训班党总支统一领导。体育系从2月21日起在尧山校区办公。公共体育课教研组仍在王城办公。

1974年4月25日，学院在小会议室召开党的核心小组会，讨论尧山师生搬迁等问题。1977年1月26日，学院党委召开常委会，研究机构调整和人事变动的问题，决定设立三里店、尧山分部领导小组和办

⊙ 广西师院物理系第五期师训班师生合影（1975年1月）

公室等。1月31日，学院决定成立尧山分部领导小组及办公室，具体负责组织在尧山分部的师训部和生物系的政治、行政管理、后勤供应等方面的工作，但学院发展困境依旧很突出。

1978年4月，全国教育工作会议召开。7月，广西普通高校教育工作会议召开。8月，学校党委召开了扩大会议，认真传达学习会议精神，提出了提高教育质量的10项措施，其中之一就是逐步把学院三个办学点（王城、尧山、三里店）改为两个办学点（王城、三里店），创造条件加速三里店分部的建设。

为了摆脱困境，集中办学，经自治区批准，1978年12月18日，学院与国家第七机械工业部签订协议，将尧山分校的全部校舍按原造价70%作价转让给七机部航天工业学校使用，全部地权和产权归国家七机部所有，所得此款项用于三里店分校的建设，原在尧山校区办学的单位搬到三里店分部。

（杨凯　执笔　谢婷婷　审校）

文献来源

[1] 广西师范大学校史修订组. 广西师范大学史 [M]. 桂林：广西师范大学出版社，2002.

[2] 广西师范大学校史修订组. 广西师范大学史（1932—2002）[M]. 桂林：广西师范大学出版社，2012.

[3] 旷永青，李殷青. 广西师范大学纪事（1932—2017）[M]. 桂林：广西师范大学出版社，2017.

招收工农兵学员
试行"开门办学"

◎ 导读 ◎

1972年学校开始招收工农兵学员，根据上级安排，学院开始试行"开门办学"，组织师生分期分批在地、县、乡、厂矿、中学，举办教育试点班、培训班、学习班，开启了学校历史上一段特殊时期的办学历程。

1966年6月1日，北京大学聂元梓等人的大字报被中央广播电台转载后，学院也于6月5日接到区党委的通知，要求停止文化课相关教学活动，全体师生开始进行"文化大革命"，从此学院教育教学活动难以有序进行。1966年至1971年6月期间学校被迫停止招生，人才培养工作受到极大的影响。

招收工农兵学员

1972年秋季，学院恢复招生工作，按照"自愿报名、群众推荐、领导批准、学校复审"的招生原则，同时依据国家相关政策及经济社会发展需要，按照"学制要缩短，教育要革命"的精神，开始招收四届两年半制或三年制的工农兵学员，结束了停招的历史。1972年招收553人，1973年招收660人，1974年招收720人，1975年招收840人，1976年招收813人。同时，1972年至1978年，学院举办了十三期中学师资培训班，每期半年，开展正常的教育教学活动，继续为国家培养人才。

由于招生方式是以推荐代替考试，所招收的工农兵学员文化参差不齐，给学院原有的教学计划施行带来较大的困难。政治运动此起彼伏，影响了工农兵学员的正常学习，学院的教学质量受到了很大的影响。但工农兵学员的招收使学院打破了"文革"开始以来6年停招的窘迫局面，为后续教育教学工作的开展创造了条件。

"开门办学"

20世纪70年代，在党中央的指示下，全国教育界开始盛行"开门办学"，当时的口号是"文科把整个社会作为自己的工厂"，使教学与现实阶级斗争相结合，学文与学工、学农、学军相结合；理科要与厂社挂钩，实行教学、科研、生产三结合。"开门办学"，成了举什么旗

⊙ 1975年8月，数学系1973级工农兵学员在市郊搞社教，创办夜校给社员上政治理论课

走什么路、坚持什么方向的大问题。

1970年4月23日，自治区革委会政治工作教育小组批复，同意学院举办现代语文、农业基础两个专业共100名学员的教育革命试点班，学制一年。1970年6月29日，学院出台教育革命试点班实施方案，试点班设现代语文、农业基础两个专业，教学以学文为主，兼学别样。即学文的同时也学工、学农、学军，实行连、排、班军事编制，学制一年。

1972年10月25日，学院数学、物理、化学、中文、外语等系12名教师组成的第二期巡回辅导队前往桂北山区资源县、龙胜县两地开展教学辅导工作。辅导队与当地农村中学教师共同总结和交流教学改革的经验，研究和解决当前教学中的疑难问题，并协助建立教学辅导网。辅导采取定点、分批集中巡回辅导、送教上门等方式进行，5期共75天。

1973年12月，自治区党委任命崔毅为学院革委会主任、党的核心小组组长。在学院革委会的带领下，师生们贯彻以自学为主、理论联系实际的原则，开展专业课学习和科研工作。

1975年3月26日，数学系、物理系、化学系和外语系4个系1972级工农兵学员和部分教职工共460多人，赴龙胜县9个公社进行为期一

⊙ 在龙胜开门办学

年的开门办学。中文、历史、体育系的师生800多人奔赴灵川、阳朔、桂林市郊区等地的公社参加"社会主义教育运动"。1975年8月中旬，学院按自治区革委会规定，从桂林、梧州两地招收"社来社去班"学员120名，分农基专业、农机电器专业两个班。为了加强领导，试点班由学院与当地党委统一领导，教师同工农兵一起学习，学农、学工、学军；采取"社来社去"的办法，为当地培养师资。1976年2月，各系"73""75"级工农兵学员，在永福县实行多科综合开门办学；1976年11月至1977年1月，各系"74"级工农兵学员，在永福县继续实行多科综合开门办学。

最初，"开门办学"时间规定为文科占教学总时数的50%，理科占教学总时数的30%~40%，后从实际情况出发，有所缩减。学院广大师生克服困难，努力排除干扰，在动荡的社会环境下探索新的办学道路，为教育发展做出自己的贡献。

1973年8月党的第十次全国代表大会后，学院革委会按照上级相关工作部署，动员学院师生继续实行"开门办学"，并按照当时的形势需要，开展无产阶级专政理论教育，并开始推行多科综合开门办学，以当时的政治任务与工程任务为核心组织教学，一切以现实需要为目

⊙ 广西师范学院中文、政治、史地、生物四系首届工农兵学员毕业合影（1975年1月22日）

的，忽略专业基本知识、基本理论和基本技能的系统学习，导致学生难以接受优质的教育，人才培养质量受到影响。但是"开门办学"促使学员了解中国社会实际，促使理论与实践结合，锻炼了坚强的意志，培养了吃苦耐劳的精神，增强了社会责任感。师生们在艰难的条件下办学，相互理解、相互关心、相互帮助，建立了十分特殊的难能可贵的师生关系，并用自己的知识，努力为社会服务，使广西的高等教育命脉在"文革"中得以延续。

粉碎"四人帮"后，为尽快恢复学院正常的教学秩序，提升工农兵学员的文化水平，学院开始重视文化课教育，重申1961年以来开展"三基"教学的传统，加强工农兵学员的基础理论知识、专业基础知识以及基本技能，帮助学生逐渐提高专业能力。虽然这一工作由于受学制的制约未能取得显著成效，但在一定程度上弥补了学生的知识缺陷，为其后续发展打下了基础。学校培养的工农兵学员，后来也逐步成长为推动广西教育发展的骨干力量。

（李健　杨凯　执笔　唐凌　审校）

文献来源

［1］广西师范大学校史修订组.广西师范大学史［M］.桂林：广西师范大学出版社，2002.

［2］广西师范大学校史修订组.广西师范大学史（1932—2002）［M］.桂林：广西师范大学出版社，2012.

［3］黄荫荣，李冠英.广西师范大学史稿［M］.桂林：广西师范大学出版社，1992.

［4］王枬，黄伟林.师大故事［M］.桂林：广西师范大学出版社，2019.

设立三里店分部
形成两校区办学格局

◎ 导读 ◎

1975年，原在三里店办学的越南学校迁走。1976年8月，广西师范学院开始在三里店办学，称为三里店分部，后改名为育才校区，形成王城与育才两地办学的格局。

越南学校历史渊源

1950年初，越南的抗法战争正处在生死存亡的关键时刻，越南国家主席胡志明秘密来到北京向中国寻求帮助。

1951年7月，根据胡志明主席的要求，毛泽东主席和中国政府同意越南将一批学校迁至广西和江西，在中国帮助下办学。1957年中越双方在北京补签的《关于越南在中国设立学校的协定书》中写道：同意越南民主共和国政府在广西省南宁设立普通中学一所，在桂林设立普通中学一所。名称定为育才学校，意在培育人才。

1951年10月起，迁移工作正式启动，越南大批学校陆续迁至江西、广西南宁。在南宁市郊心圩成立越南中央学舍区，称之为南宁育才学校。同年，越南中央学舍区的普通学校迁至桂林甲山，称之为桂林育才学校。1954年，在江西的庐山育才学校迁至桂林，使桂林育才学校学生数接近5000人。1953年10月至1956年2月，越南陆军学校（对外称中国人民解放军西南军区特科学校）迁至桂林办学，在校生3000余人。

1953年，中国政府在广西师院举办以培养越南留学生为主的中国语文专修学校（原称越南留学生中国语文专修班，简称中国语专），相继有1000余名越南青年在这里完成了学业。

20世纪60年代中期，越南抗美战争爆发。越南又一批学校迁到桂林。1967至1975年，阮文追少年军校、越南南方学生教育区阮文贝学校、民族学校和武氏六学校在桂林办学，总称"九二"学校（9月2日为越南国庆日，"九二"学校即越南学校）。随着越南国内环境的改善以及国际局势的变化，越南师生最终于1975年8月全部回迁完毕。

建立三里店分部

由于学校猫儿山校区、尧山校区逐渐被转让，学校办学空间越来

⊙ 1974年9月，桂林批准广西师院在桂林市东郊三里店乌龟石以东、莫家坪以西范围内（原越南"九二"学校）建立新校区，1976年启用，称为三里店分部，现称育才校区。图为建设中的三里店分部（1981年）

越小，叠彩校区校舍（原中国语文专修学校旧址）也被划拨给桂林市，学院陷入校舍紧缺的窘迫境地，极大影响了学院正常的教育教学活动。

学院领导多次请求上级给予学院办学场地，1974年9月19日，桂林市基本建设委员会发文（市建字〔1974〕113号），同意广西师范学院在桂林市东郊三里店乌龟石以东、莫家坪以西范围内（即原越南"九二"学校及其以南一带800亩）建立分校。

1976年5月11日，根据桂林市革委会指示，原"九二"学校办公室的马昌华与广西师范学院的庄之机共同清点原"九二"学校家具和房地产，学院正式接管原越南"九二"学校校址。经过此次接收原"九二"学校校舍及部分家具，学院已经具备在三里店建设分校区开展教育教学活动的条件，学院教学、生活用地紧张的局面得到缓解。

三里店校区的建设与机构搬迁

1976年，学校开始在三里店办学，中文、外语两系也搬至三里店办学。但很长一段时间，学校的主要办公系统还在王城校区。师生习

⊙ 1981年12月，三里店分部球类馆（全景）

90周年90件大事

惯地将王城校区称为学校本部，三里店校区称为分部。当时，三里店属于偏远郊区，没有公共汽车、中小学、医院和商业网点，很多教职工不愿意搬到三里店，有人甚至说"宁愿要王城一张床，不愿要三里店一间房"。

面对这种情况，学校领导决定带头搬迁。1981年8月27日，广西师范学院召开正副院长会议，研究领导分工问题。决定由刘群、齐才广、陈伟芳主持三里店分部工作，并搬去三里店居住。覃宏裕、何兆鹤、唐肇华主持本部工作，实行统一领导分块包干的领导方法。1982年8月，学校设立了三里店分部办事机构。

同时，加快三里店分部的建设。1981年9月10日，自治区计委下拨111.5万元的基建款给学院，先后兴建生物楼、化学楼、物理楼、数学楼。

1983年3月26日，自治区主席副主席办公会议决定：广西师范学院搬到三里店（包括王城里外所有教学楼、宿舍等），所需搬迁费，由自治区教卫办会同自治区计委向国家计委申请解决。1983年4月1日学校收到自治区人民政府办公厅桂政办函〔1983〕121号文，自治区教卫

⊙ 1981年10月9日，学校三里店新建宿舍

办会同自治区计委向国家计委申请解决广西师范学院三里店校区搬迁经费，并在当年10月31日经过相关部门研究，自治区决定确立学校三里店校区搬迁后的办学原则，确定学校办学规模为7000人，其中本科生6000人，研究生、留学生、师资进修生等1000人。

1984年1月6日，学校党委书记刘群、校长李德韩召开系部党政领导会议，动员各级领导干部和教师搬迁到三里店分部居住，决定将党政办公室迁至三里店分部，建立幼儿园及中小学，通过党政办公室发挥表率作用及加强配套设施建设，学校主要办学单位陆续迁至三里店分部。

1985年8月20日，党办、校办、教务处等部分单位先后搬往三里店分部办公，之后，越来越多的单位开始搬往三里店办学，三里店分部逐渐成为学校的办学主校区。由于各种因素，王城校区依然作为学校的一个校区开展办学。1999年12月2日，学校决定三里店分部更名为广西师范大学育才校区。至此，学校形成了王城校区和育才校区两地办学的格局。

（李健　杨凯　执笔　谢婷婷　审校）

文献来源：

［1］广西师范大学校史修订组.广西师范大学史［M］.桂林：广西师范大学出版社，2002.

［2］广西师范大学校史修订组.广西师范大学史（1932—2002）［M］.桂林：广西师范大学出版社，2012.

［3］黄荫荣，李冠英.广西师范大学史稿［M］.桂林：广西师范大学出版社，1992.

［4］王枬，黄伟林.师大故事［M］.桂林：广西师范大学出版社，2019.

恢复高考首届学生报到
开启学校发展新篇章

◎ 导读 ◎

1977年，国家恢复高考，学院在中文、政治、历史、外语、数学、物理、化学、生物、体育等专业录取新生989人，学校首批"文革"后的高考生走进大学，开启了改变命运的大门，留下了学校发展历程中不寻常的记忆。

奏响"春天的故事"

1977年7月17日，邓小平任中共中央委员、中央政治局委员及常委、国务院副总理等职，亲自主管科技、教育工作。8月4日，中央邀请科学院系统和高等院校的33位专家学者在人民大会堂召开科学和教育工作座谈会；6日，根据参会者的强烈建议，邓小平做出了当年恢复高考的决定。1977年8月8日，邓小平发表了重要讲话，主张恢复"文化大革命"前实行的德、智、体全面发展，统一考试、择优录取的高校招生办法。同年10月12日，国务院正式宣布当年立即恢复高考。

原本1977年秋季要入学的工农兵学员仍然是要采取"推荐制"（自愿报名，

群众推荐，单位批准，学校复审）的，但在落实这项工作的同时，邓小平强调一定要恢复高等学校招生考试制度，废止"推荐制"，确保人才培养质量；并打算花一年的时间做准备，于1978年夏季恢复高考。但在座谈会上，大家一致认为，时不我待，应当立即恢复高考。8月13日到9月25日，教育部再次召开高等学校招生工作会议，经过反复讨论，10月12日，国务院批转教育部《关于1977年高等学校招生工作的意见》（国发〔1977〕112号）文件正式下发；10月21日全国各大媒体公布了恢复高考的消息，并透露本年度的高考将于一个月后在全国范围内进行。

《意见》对报考对象、条件、招生办法、学生待遇、毕业分配等做了详细规定，总的原则是德、智、体全面衡量，择优录取，具体办法是自愿报名、统一考试、地市初选、学校录取、省市自治区批准。其中"统一考试"是指由省市自治区拟题，县（区）统一组织考试；"地市初选"是指组织评卷，根据考试成绩提出参加政审、体检的名单，并征求所在单位群众的意见（由公社或厂矿、机关、学校的党组织负责政审，主要看本人的政治表现），按政审、考试和体检的情况提出二倍（或以上）于录取总数的初选名单；"学校录取"是指在省市自治区招生委员会的领导下，参考本人志愿，德、智、体全面衡量，择优确定录取名单，报省市自治区招生委员会批准后，由学校签发录取通知书。

另外，《意见》规定"考生年龄在20岁左右，不超过25周岁，未婚"，但又附加（强调）了"对实践经验比较丰富并钻研有成绩或确有专长的，年龄可放宽到30岁，婚否不限（要注意招收1966、1967两届高中毕业生）"的说明，确保了"历届生"的录取比例不低于70%—80%。而1977年的计划招生数，由于涉及各校的专业设置和师资力量，加上时间仓促，基本上是按上年招收工农兵学员的计划数执行的，当年录取的27.3万名新生是从578万名考生中择优遴选出来的。

梦寐以求的殿堂

1977年9月，广西根据中央的指示，先在百色地区进行高校招生考试试点，然后进行全广西统一的招生命题考试。按照择优录取的标准，全校录取1977级新生969人，1978年2月入学。

⊙ 中文系1977级毕业生合影

　　1977年学校录取专业有中文、政治、历史、外语、数学、物理、化学、生物、体育等。中文系录取122名学生；政治系最初录取100名学生，后补录20名走读生；史地系最初录取61名学生，后补录20名走读生；外语系最初录取101名学生，后补录12名走读生；数学系最初录取121名学生，后补录23名走读生；物理系最初录取103名学生，后补录6名走读生；化学系最初录取91名学生，后补录20名走读生；生物系录取83名学生；体育系最初录取102名学生，后又补录4名走读生。1977级学生中包括来自本省各地市县的农民、工人、回乡、下乡、留城知青以及民办中小学在职教师和应届高中毕业生。这一届学生由于经过统一的文化考试，文化基础知识较好。

　　这样的机会来之不易，他们异常珍惜。在大学时期，同学们在知识的海洋中如饥似渴地汲取，一走出校门就恰逢中国改革开放初始，正是紧缺人才的时期，他们如一颗颗饱满的种子撒向大地，如星星之火燃烧于改革开放时代，为中国改革开放立下了汗马功劳。

心中隽永的记忆

学院政治系录取的1977级新生约有一半的学生是下乡知青或回乡知青。尽管当时条件艰苦，但大家惜时如金，求学若渴。毕业后一批同学响应号召，奔赴最基层，担任公社要职，为社会主义建设做出了重要贡献。

2018年2月27日，政治系1977级69名校友回到了母校王城校区，举行入学40周年纪念暨《我们的大学故事》新书首发式。他们重新回到王城校园，回到了当年上课的教室，向已到耄耋之年的老师们拜谢，并穿上久违的学士服，还原青涩的颜容。由他们自己编写、广西师范大学出版社出版的《我们的大学故事》一书，便是对政治系1977级所经历的高考及大学期间故事的回忆和记录。这些故事构成了1977级大学生群体的数个侧面：思想解放，思维活跃，刻苦钻研，追求真理；兴趣广泛，热情好学，意志坚韧；乐于奉献，勇于担当，善于合作；珍视集体，乐观向上，积极创新……集中反映了1977级这一代大学生的时代特点和精神风貌。

在《我们的大学故事》的新书首发式上，校长贺祖斌称这是"师大最牛班级代表之一"！这一代人的故事，是对全校学子最好的激励。他们经历的岁月和时代给予了这代人一种文化特质，他们坚守理想与责任，这是我们当代大学生要去学习的精神，将永远激励着新一代的年轻校友不断前进，奋发向上。

（王董　执笔　谢婷婷　审校）

文献来源

[1]王枬.我们的大学故事——广西师范大学政治系七七级的述说［M］.桂林：广西师范大学出版社，2017.

[2]王枬，黄伟林.师大故事［M］.桂林：广西师范大学出版社，2019.

开启研究生教育
学校办学层次大幅提升

◎ 导读 ◎

1979年，学校首次招收研究生，积极探索研究生培养模式，提升了学校的办学层次。同时，积极开办研究生班，推动了广西研究生教育事业的改革和发展。

研究生首次招生

1978年4月22日召开全国教育工作会议，中共中央副主席、国务院副总理邓小平代表党中央国务院发表重要讲话，针对教育质量提升、学校育人规律、教育事业与国民经济发展适应、教师关怀四方面提出意见。

1978年7月，自治区召开广西普通高等教育工作会议，学院14位院系负责人参加会议。1978年8月，学院党委召开扩大会议，认真贯彻落实全国教育工作会议精神以及广西普通高等教育工作会议精神，提出10项具体要求，包括研究生招生培养及师资队伍建设相关内容。

1979年1月3日学院党委召开会议，研究讨论党委和院行政下属各部门领导干部配备、各系领导班子配备及研究生招生等问题。为健全研究生教育管理机构设置，提升研究生教育质量，1979年2月学院成立科研生产处，作为科学研究与学科发展的管理机构。1979年8月14日，广西壮族自治区人民政府确定学院为第一批录取研究生的招生单位，学院由此被确立为具备研究生招生资格的高等院校。1979年9月24日，学院举行1979级研究生开学典礼，共招收中国古代文学（1人）、现代汉语（2人）、汉语史（1人）、现代文学（1人）和基础数学（1人）等五个专业研究生6人。

1980年全国代表大会常务委员会第十三次会议通过《中华人民共和国学位条例》，1981年5月20日通过《中华人民共和国学位条例暂行实施办法》，决定开展学位授权的评定工作。1981年11月26日，经国务院批准，由国务院学位委员会下达我国首批博士和硕士学位授予单位名单，学院成为首批硕士学位授予单位之一，中国古代文学、汉语史获批成为二级学科硕士学位授权点。1982年，学院成立了学位评定委员会。

⊙ 中文系首届硕士研究生与学院领导、导师毕业合影（1982年）

1982年2月15日，学院举行1981级攻读硕士学位的研究生开学典礼，本届招收研究生共13人，分别就读于中国古代文学（4人）、文艺学（2人）、中国近现代史（4人）、世界文学（3人）。

探索研究生培养模式

20世纪80年代初期，学院积极探索薪火相传的研究生培养模式，由具有深厚学术功力及丰富教学经验的年长专家学者以"老带青"的方式培养中青年教师，不断提升中青年教师开展科学研究与教育教学的能力，以夯实学院推进研究生教育的师资基础。如中文系冯振、彭泽陶、王永华等年迈的国学研究大家在学院首次招收研究生时领衔招生，而由曹淑智、周满江、陈振寰、胡广舟、张葆全等中青年教师承担具体教学任务，既能有效提升中青年教师的科研及教学能力，又能使其在承担教学任务过程中通过教育教学实践不断拓宽研究视野。

通过研究生培养计划的调整优化，突出了研究生教育学用结合、博厚并重的要求，研究生的思想政治素质与学科专业素质同向提升，有效提高了学院研究生教育质量。

开办国家研究生班

1979年，首次开办研究生班，当年招收国家直接下达任务研究生（均为英语语言文学专业）8人。

为尽快加强某些对经济和社会发展影响较大而目前国内又比较薄弱的学科、专业以及高等学校某些公共课、基础课的师资队伍建设，1983年8月13日，教育部发布《关于一九八四年在部分高等学校试办研究生班的通知》（〔83〕教研字014号），1984年在部分高等学校试办研究生班。研究生班的报考工

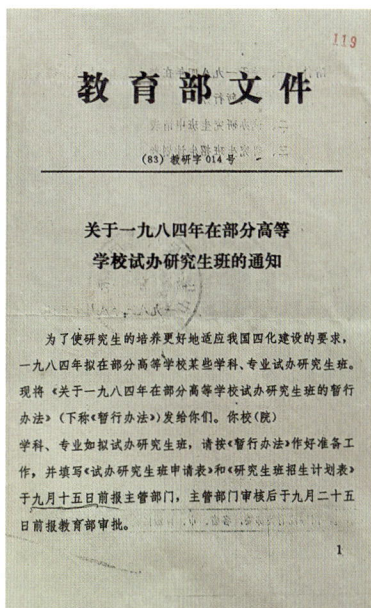

⊙ 1984年试办研究生班通知

作纳入全国硕士生报考工作统一进行。其入学考试科目及试题与同类学科、专业硕士生入学考试相同，录取标准一般应与硕士生录取标准相同。某些交叉学科、专业需招收非本学科、专业大学本科毕业生时，考试科目可作适当调整。研究生班研究生学习期间的待遇与硕士生学习期间的待遇相同。

研究生班主要是学习硕士生课程，学制二年，结业后一般即分配工作。以后在实际工作中完成学位论文者，可向原办班学校或有关单位申请学位，通过论文答辩者，可获硕士学位。少数学习成绩优秀，尤其是具有一定实践经验者，如办班学校具备指导力量，也可直接进入论文阶段，通过答辩者，可获硕士学位。

1985年，学校开办研究生班，教育部、国家计委批准学校计划招生35人，实际招生51人（含代培16人）。

开办广西地方性研究生班

为充分利用我区高等教育资源，提高各行各业在职人员素质，主动适应我区对外开放和现代化建设对高层次人才培养的需要，经批准，广西从1993年开始举办地方性计划研究生班（以下简称研究生班）。研究生班属于研究生课程班的一种办学形式，培养目标定位在硕士与学士之间的水平。

举办研究生班必须具有硕士学位授予权，或已挂靠别的硕士点招收过硕士研究生，并经过自治区教育主管部门批准。异地办学点的教学工作（包括公共课、专业基础课和专业课）由办学单位统一安排，明确办学点的职责并负责具体管理。

对于研究生班的报考要求，学校基本规定为：坚持四项基本原则，坚持改革开放，愿为社会主义现代化建设服务，品德良好，遵纪守法；身体健康，符合一般体检标准；国民教育系列大学本科毕业（少数为专科学历）。申请毕业的基本条件：完成我校相关专业研究生班培养方案规定的所有课程学习并参加考试，且成绩合格；外语和学科综合水平考试合格。参加全国在职人员以同等学力申请硕士学位外语考试和学科综合水平考试（统考、借考），成绩应达到广西教育厅划定的最低分数线。

2014年广西全区研究生班停招，经过5年的过渡期，根据自治区学位委员会办公室《关于做好2018年我区地方性计划研究生班学员毕业事宜的通知》，2019年停止研究生班毕业证办理，地方性计划研究生班正式退出了历史舞台。

实践证明，开展研究生班教育，符合研究生教育发展的内在规律，满足了广大在职人员对接受高层次教育的需求，为我区各行各业培养了一大批高层次专门人才。同时，开展研究生班教育，对促进我区整个研究生教育事业的改革和发展也起到了积极的推动作用。

截至2021年，学校拥有8个一级学科博士学位授权点（马克思主义理论、化学、中国语言文学、教育学、软件工程、体育学、世界史、物理学），1个专业博士点（教育），30个一级学科硕士学位授权点，18个硕士专业学位授权点。近年来，学校年均博士招生规模在120人以上，硕士研究生招生规模在3000人以上。2022年5月，在校硕士研究生7499人，博士研究生410人。

（李延　李健　杨凯　黄世朗　执笔　何云　审校）

文献来源

［1］广西师范大学校史修订组.广西师范大学史［M］.桂林：广西师范大学出版社，2002.

［2］广西师范大学校史修订组.广西师范大学史（1932　2002）［M］.桂林：广西师范大学出版社，2012.

［3］黄荫荣，李冠英.广西师范大学史稿［M］.桂林：广西师范大学出版社，1992.

［4］林祥任.高层次专门人才培养探索［M］.桂林：广西师范大学出版社，1992.

［5］旷永青，李殷青.广西师范大学纪事（1932—2017）［M］.桂林：广西师范大学出版社，2017.

开启留学生教育
教育开放勇立潮头

◎ **导读** ◎

1981年7月20日，学校迎来了改革开放后的首批留学生——来自美国克拉克大学的12名进修生。1982年2月，学校举行了留学生开学典礼。经过40多年的发展，学校的来华留学生教育规模和质量均得到显著提升，成为广西教育对外开放的排头兵。

留学生教育随着改革开放起步

20世纪80年代，学校留学生规模比较小，共接收留学生110人，生源地为美国、日本和澳大利亚3个国家，教学层次主要为汉语进修，教学类型以校际交流为主。开设课程为汉语课和中国文化系列讲座，以汉语课为主，汉语课设有精读、会话、听力三门，中国文化系列讲座用英语授课。

留学生教育稳步发展

20世纪90年代，学校更加注重留学生教育，努力改变单一教学模式，积极

⊙ 1982年2月，时任学校党委书记刘群出席美国留学生开学典礼

拓展教学层次和教学类型，留学生培养初具规模。

1995年，学校中文系与越南胡志明市师范大学建立了汉语言文学专业本科生联合培养项目，项目采取"3+1"的模式，3年在越南培养，1年在我校培养。1995年9月，文学院迎来第一批留学生，开启二级院系招收留学生的先河。

1996—1997年，学校分别与越南胡志明市外语信息民立大学、胡志明市师范大学和胡志明市城市与体育厅等单位签订合作协议或意向书，开始留学生学历教育。

1998年开始招收第一批古代汉语、现代汉语、体育专业的外国留学生全日制硕士研究生。

留学生教育快速发展

进入21世纪，学校留学生教育各项事业得到蓬勃发展，这一时期的来华留学生类型包括长短期语言进修生、校际交换生、本科生、硕士研究生和博士研究生，学生来源国更加多样，招生手段更加丰富，合作高校、海外友人、校友、海外汉语文化中心等多种推荐方式使得

⊙ 2018年通过来华留学
质量认证

留学生规模空前扩大。

2007年学校开始招收中国古代文学专业的全日制留学生博士研究生。2008年，学校成为来华留学中国政府奖学金生接收单位，至2021年共招收该类奖学金生609名。2009年成为孔子学院奖学金（现为国际中文教师奖学金）生接收单位，至2021年共招收该类奖学金生675名。2010年成为广西政府东盟国家奖学金生接收单位，至2021年共招收该类奖学金生356名。

2013年9月，学校入选教育部首批"来华留学示范基地"建设高校名单。当时全国共38所高校入选，其中地方院校仅16所，学校是广西唯一入选的地方高校。

2018年10月，学校顺利通过教育部委托中国教育国际交流协会作为第三方组织的来华留学质量认证，是广西首批通过认证的两所高校之一。认证结果为"良好"，有效期4年。

2000—2020年，学校的留学生招生规模不断扩大，培养了来自81个国家的各类长短期留学生近25000名；办学形式也由单一的汉语进修逐渐发展为涵盖本科、硕士、博士多层次学历教育。这些留学生分布在全校20个学院（部）进行专业学习。

留学生教育管理服务日趋完善

1997年9月3日，学校将"广西师范大学外事办公室"更名为"广西师范大学国际交流处"，下设出入境管理科，负责留学生招生录取工作。2001年5月，设立留学生管理科，统筹全校留学生招生录取、管理和学生签证等工作。2012年，取消出入境管理科，增设留学生招生办公室，负责留学生招生、宣传和录取工作。2018年，留学生管理科更名为国际学生管理科。

学校创新留学生教育管理和服务，探索出了"信息化＋人本化＋规范化"的模式，推进留学生培养工作提质增效。

2015年起，建立留学生信息管理系统——"留管宝"，与学信网、学位网、全国来华留学信息管理平台、高基报表和教育部年度统计表等信息系统无缝对接，真正实现智能化和电子化管理，是广西最早使用自主开发留学生信息管理系统的高校。此外，学校与桂林市公安局出入境管理支队联合开发"校境通"APP（桂林高校外国留学生服务平台），实现留学生背景材料审核、报到注册、日常考勤、课堂考勤、请假和签证等信息化管理和数据共享。目前，该平台已在桂林市各高校推广使用。

2016年起，推出留学生新生报到"一站式"服务，由大学生国际

⊙ 2007年6月18日，首届留学生家长会暨学生家长论坛的领导、嘉宾与留学生家长合影

交流协会和留学生联谊会的中外学生组成迎新队伍，实现接机接站、入学报到、办理手续和适应校园的互助服务，有力促进留学生的跨文化适应。学校还聘请越南、泰国、印度尼西亚和韩国等外籍员工协助做好全校留学生的招生、管理和服务工作。设立班主任制度，由专任教师担任班主任，充实和加强教育管理服务队伍，各项工作落实得更细致，体现更强的人文关怀。

学校建有完善的留学生教育管理服务规章制度，涵盖本科生、硕士生、博士生和进修生等各类留学生，涉及招生、日常管理、教学管理、学位管理等方面。学校与时俱进，积极推进中外学生教育管理趋同化工作。通过将留学生教学管理纳入研究生和本科生教务系统，提高留学生教学管理的规范性。通过组织留学生参加学校开学典礼、毕业典礼、迎新晚会和其他大型活动，促进中外学生交流融合。

留学生家长大会

2007年开始，学校每年举办留学生家长大会暨留学生毕业典礼，加强家校联系，收集家长对学校各方面的意见和建议，形成家校协力全员育人的局面，共同促进留学生的教育与培养。同时，也借此机会激发家长们宣传我校留学生教育的积极性，扩大留学生生源数量，提高学校的国际知名度和美誉度，助力学校教育对外开放事业稳步发展。

（孙中会　执笔　李冬梅　审校）

文献来源

［1］广西师范大学校史修订组.广西师范大学史（1932—2002）［M］.桂林：广西师范大学出版社，2012.

［2］王枻，李殷青.图映岁月：广西师范大学建设发展历史图片集［M］.桂林：广西师范大学出版社，2012.

更名广西师范大学
步入发展新阶段

◎ 导读 ◎

1979年元旦，教育部批准"广西师范学院"更名为"广西师范大学"。1983年9月1日，学校举行挂牌仪式，由"广西师范学院"更名为"广西师范大学"，这一校名沿用至今。更名意味着学校在办学规模、学科门类、师资队伍、教学科研水平、基础设施建设等方面有了更高的目标要求和更高的发展平台。鲜为人知的是，广西师范大学的更名挂牌经历了一些波折。

更名首获批准

1978年4月22日，全国教育工作会议在北京开幕，这一会议的召开使广西师院的很多师生特别是老教师们意识到教育的春天来了。于是，当时学校的一部分教师联名向教育部写了申请报告，要求将"广西师范学院"更名为"广西师范大学"，这一报告很快就得到了教育部的批准。

1979年1月12日的《广西日报》刊载了新华社1月9日北京电：国务院最近批准教育部关于恢复和增设普通高等学校的报告（恢复和增设169所普通高等学校）。报告中说，为了实现新时期总任务的要求，经国务院批准，教育部同意将"广西师范学院改名为广西师范大学"。

更名挂牌被搁置

获准更名为"广西师范大学"，在今天看来是大好的消息，当时却是众说纷纭，莫衷一是。关于更名一事，学校内部出现了支持和反对的不同意见。

支持的意见认为：第一，"广西师范学院"更名为"广西师范大学"，办学质量并没有削弱，学校对外界的吸引力增加了，招生情况可能会越来越好。第二，更名后，学校的声誉、影响力、办学层次可能都会获得提升，也可以获得地方政府更多的投入。第三，有人觉得"大学"比"学院"的名头响亮一些，也更方便学生未来的就业。

反对的意见则认为，"广西师范学院"这个校名从1953年起一直沿用了二十几年，在国内外已经享有一定声誉和影响力，如果更名，外界可能会对新校名不熟悉，甚至感到陌生，不能接受。出于这种担忧和顾虑，虽然教育部已同意学校更名，但在学校内部，更名挂牌一事并未在学校会议上通过，更名挂牌就被搁置起来。

⊙ 1983年9月1日，广西师范大学举行更名挂牌仪式

更名挂牌出现转机

1982年6月，李德韩调回广西师范学院担任院长。李德韩1948年7月毕业于我校前身国立南宁师范学院教育系，可以说对学校的情况非常熟悉。1964年5月至1982年5月先后担任广西师范学院、广西教育学院、广西民族学院等学院的副院长，对高等教育管理也有着非常丰富的经验。他上任后的第一件事就是着手处理学校更名事宜，他写信到教育部，重新申请学校更名。教育部很快回复：学校更名一事早就批准，无需重新申请，可以直接挂牌。学校又向自治区人民政府报告关于更名事宜。1983年5月28日，自治区人民政府决定"广西师范学院"改名为"广西师范大学"。于是，在李德韩的带领下，广西师范大学于1983年9月1日正式挂牌，这一校名一直沿用至今。

更名为广西师范大学，是日后学校发展的良好契机。相对于师范学院而言，"师范大学"意味着学校在办学规模、学科门类、师资队伍、教学科研水平、基础设施建设等方面有了更高的目标要求和更高的发展平台。李德韩作为学校领导，顶着反对声音的压力，毅然立起了"广西师范大学"这块校牌，无疑为学校发展搭建了一个更好的平台。李德韩也成了广西师范大学的首任校长。

⊙ 1983年广西师范大学三里店分部校门

更名后的广西师范大学紧跟全国高等教育改革的步伐，推进党的建设，坚持党对学校工作的领导，不断深化教育教学改革，加强教学基本建设，注重科学研究和重点学科建设，强化队伍建设，提高教师和干部的整体素质，着力进行基础建设，改善办学条件，办学水平稳步提高。

（杜子壮　执笔　谢婷婷　审校）

文献来源

［1］广西师范大学校史修订组.广西师范大学史（1932—2002）［M］.桂林：广西师范大学出版社，2012.

［2］王枬，黄伟林.校长纪事：广西师范大学历任校长故事集［M］.桂林：广西师范大学出版社，2012.

［3］王枬，李殷青.图映岁月：广西师范大学建设发展历史图片集［M］.桂林：广西师范大学出版社，2012.

［4］广西壮族自治区地方志编纂委员会.广西通志 教育志［M］.南宁：广西人民出版社，1995.

成立附属外国语学校
开创基础教育新辉煌

◎ 导读 ◎

20世纪80年代后，广西师范大学办学重心逐步转移到三里店分部（即育才校区）。当时三里店周边尚未开发，各方面条件和环境都远不如地处市中心的校本部，居住分部的教职工子弟读书求学的问题日渐突出。1984年初，为解决子弟就近入学需求，缓解分部教职工工作和生活的后顾之忧，加快分部新校区的建设和发展，广西师范大学第二附属学校应运而生。

第一个十年：从创办到桂林市知名

1984年8月，广西师范大学第二附属学校（简称"二附"）正式建立，并于8月31日举行了简朴的开学典礼。建校伊始，"二附"是一所不为外人所知的"校中校""微型校"，包含初中部和小学部，小学部和初中部分别只有1个班，校舍简陋、师资不足，生源参差不齐。"二附"只有5名正式教职工，其他人员都是从学校各单位借调或者临时代课。学生主要是学校教职工子弟和一些外单位职工的子弟。1987年小学部剥离并入桂林市育才小学，"二附"保留了初中部三个年级，一共3个班。

"二附"创办之初，提出了"三步走"的发展战略，即用三个"十年"时间，逐步成为桂林市名校、广西名校、全国名校。学校按照"全面发展打基础，培养专长育人才"的办学理念，坚持"德育为首，教学为主，体育为基础，管理是关键，质量是生命，制度是保证，改革创新是出路"的指导方针，逐步形成了鲜明的办学风格。1987年第一届初中毕业生中考成绩居桂林市中等水平，第二届居桂林市中上水平。从第三届开始，学校中考成绩一直保持着全市第一名的好成绩。至1994年初，学校初中部扩至6个班，完成了发展战略的第一个目标，初步确立了成为桂林市一所地方名校的地位，为学校下一步发展奠定了基础。

第二个十年：从桂林知名到广西一流

进入20世纪90年代后，"二附"面临新的发展机遇，确定新的办学思路和发展目标，完善学校体制显得尤为重要。"二附"在自治区教育厅和学校的指导和支持下，提出了改制为"外语实验中学"的改革思路。1994年5月，广西壮族自治区教育委员会发文同意"二附"办成外语实验中学，为国有民办体制，资产归广西师大所有。"二附"可扩大招生范围，到桂林地市、柳州地市和玉林地区招生。1994年9月1日，"二附"隆重举行了建校十周年庆典，同时正式将"广西师范大学第二附属学校"更名为"广西师范大学附属外语实验中学"，时任自治区政协副主席贺祥麟、自治区教育厅副厅长余瑾、桂林市委副书记阳德华、副市长林观华等领导莅临学校挂牌仪式。

1994年，学校党委行政考虑到附属外语实验中学未来的发展潜力，在新开辟的南院区域划拨46亩土地，作为外语实验中学的新校址。1997年7月，自治区教委发文批准同意"二附"开始招收第一届高中生，同时再次明确外语实验中学为"国有民办"体制，其公有性质不变，

⊙ 1985年师大二附
学生活动

90周年90件大事

财产属国家所有，收费等有关问题可按民办学校管理。此后几年，"二附"多渠道筹措资金，开展校园建设。至2001年8月，"二附"大规模的基建项目基本完成，开始步入良性发展的轨道。2001年9月，"广西师范大学附属外语实验中学"再次更名为"广西师范大学附属外国语学校"。2005年2月，学校被自治区教育厅授予"自治区示范性普通高中""自治区特色学校"称号，成为全区名校之一。

第三个十年：从广西一流到跻身全国名校

2004年，北京外国语大学正式在附属外国语学校设立西南地区唯一的单独提前招生考试；2006年，"二附"顺利通过全国合格外国语学校评估；2007年，"二附"获批建立广西唯一一所"汉语国际推广中小学基地"，一系列成绩的取得标志着附属外国语学校办学质量进一步提升。为满足广大人民群众对优质教育的需要，2006年，"二附"与桂林市长盛房地产开发有限公司签订《办学协议》，共同建设铁山分校区。2011年8月至2013年7月，附属外国语学校高中部、初中部、国际部陆续搬迁至铁山校区办学，办学规模达到77个教学班，4000多名学生，500多名教职工。在铁山校区办学期间，"二附"的中、高考成绩继续

⊙ 1994年9月，附属外国语实验中学挂牌

169

保持桂林市、广西的领先地位，成为了清华大学"新百年领军计划"招生资质学校、北京大学"中学校长实名推荐制"资质学校等，并在2014年9月获得"全国教育系统先进集体"荣誉称号。广西师范大学附属外国语学校着眼于新世纪经济社会和教育发展的需要，着眼于全面推进素质教育的需要，在教育改革与实践中不断丰富和发展学校的办学思想、理念、特色，赢得了社会各界人士的广泛赞誉，实现了第三步战略目标，跻身全国名校。

第四个十年：从保品牌到高质量发展

2020年，广西师范大学基于"保学校、保品牌"的原则，决定将附属外国语学校从铁山校区搬回育才校区过渡办学，过渡校区租借原外国语学院的办学场地办学。"二附"通过加强党的领导，发挥教师党支部的战斗堡垒和党员先锋模范作用，不断增强改革创新的凝聚力，克服教室小、生源少等困难，坚持高质量办学。同时，"二附"以优化学校课程体系建设为抓手，全面落实基础教育综合改革要求，坚持立德树人，积极推进课堂革命，多方协同，擦亮品牌，让附属外国语学校在新时代焕发出勃勃生机。

⊙ 2020年8月，附属外国语学校设立育才过渡校区

（邓宇　执笔　王忠英　审校）

自学考试从传统自考到网络助学 学校继续教育创新发展

◎ **导读** ◎

从1984年开考并招生至2021年12月，学校主考的各专业及开展的各类助学班共培养学生58000余名，其中本科生17500余人，专科生近40500人，学校成为广西继续教育的一支重要力量。

自学考试顺利起步

学校是全区最早开展自学考试的高校之一。1984年，学校经自治区自学考试委员会（以下简称"自治区自考委"）遴选批准，担任全区汉语言文学专业及党政干部基础（后改为行政管理）专科专业高等教育自学考试的主考学校。1986年12月，学校主考专业首批高等教育自学考试专科毕业生892人，其中汉语言文学专业432人，党政干部基础专业460人。1990年9月29日，学校高等教育自学考试办公室成立，隶属函授部。1992年12月，学校首批高等教育自学考试汉语言文学本科9人顺利毕业。

自学考试稳步发展

1993年至2010年，学校遵循"规范办学、严格管理、宽进严出、质量保证"的办学原则，自考事业踏实稳健地迈上了新台阶。

为充分发挥学校教学资源的优势，调动广大教师的积极性，促进学校自考事业的发展，1993年，学校开始举办全日制形式的高等教育自学考试助学班。首个招生专业为学前教育专科。1994年开始，学校扩大自考助学班招生规模，办学专业逐年增加。助学班人数较多的专科专业有初等教育、学前教育、汉语言文学、法学、英语、计算机及应用、计算机会计、工商企业管理、电子商务、公关文秘等；本科专业有汉语言文学、会计、英语等。1993—2016年间，学校共招收本、专科自考助学班学生近5万人。2016年，学校全面停止招收全日制形式高等教育自学考试助学班学生。

1999年，自治区自考委在学校设立自治区高等教育自学考试直属考点。直属考点的设置，是自治区自考委对学校开展高等教育自学考试工作取得成绩的认可，极大地方便了学校高等教育自学考试助学班学员的考务和考籍管理工作，进一步促进了学校自学考试助学班的发展。2004年12月16日，自治区自考办批复，同意学校参加高等教育自学考试与其他教育形式考试试行沟通，试点专业共37个，其中专科专业22个，本科专业15个。

自学考试步入新时期

2010年9月30日，学校获自治区自考委批复同意开展高等教育自学考试与高职高专教育衔接试点工作，为广西高职高专在校生提供继续教育和取得自考本科学历的机会。2010年至2022年上半年，学校共与南宁地区教育学院（现崇左幼儿师范高等专科学校）、桂林师范高等专科学校、桂林旅游学院、贺州学院、广西现代职业技术学院、广西工业职业技术学院、柳州城市职业学院、广西演艺职业学院、广西城市职业大学、广西安全工程职业技术学院等10所院校开展自考专本衔接试点，与广西外国语学院开展自考本本衔接试点。学校开展衔接试点专业有法学（原法律）、思想政治教育、艺术教育（原音乐教育）、学前教育、小学教育、汉语言文学、英语、日语、数学教育、计算机科学与技术（原计算机及应用）、网络工程（原计算机网络）、应用化学、市场营销、会计学（原会计）、行政管理（原行政管理学）、旅游管理、视觉传达设计（原艺术设计）、教育管理等19个专业。截至2022年4月，学校共上报广西招生考试院备案的高等教育自学考试专本衔接考生28102人，本本衔接288人。

2022年，继续与学校合作并招收自考专本衔接新生的专本衔接试点院校有桂林师范高等专科学校、桂林旅游学院、广西现代职业技术学院、广西工业职业技术学院、柳州城市职业学院、广西演艺职业学院、广西城市职业大学、广西安全工程职业技术学院等8所院校。

2019年8月22日，自治区自考委规范了全区高等教育自学考试专业设置。至此，学校主考专业有学前教育、汉语言文学、旅游管理、教育管理等四个本科专业和学前教育、小学教育、汉语言文学等三个专科专业。

2019年11月18日，学校获自治区自考办批复同意开展高等教育自学考试网络助学班试点工作。网络助学即"互联网+自考助学"模式，通过线上教学与线下教学相结合的形式，广大自考学生通过电脑、手机进行指定课程的教学及测试，极大地方便了学生的学习。

自学考试网络助学班试点专业有学前教育、汉语言文学、英语、市场营销、会计学、行政管理、旅游管理、艺术教育、教育管理等9个自考网络助学本科专业。2020年9月28日获批复同意新增小学教育本科专业。2020—2022年上半年，共招收自考网络助学学生2086名。

学校蓬勃发展的自学考试事业，助推了广西继续教育的发展，为广西经济建设和社会发展培养了一批急需的专业人才，为广西的改革开放、现代化建设做出了重要贡献。

⊙ 2009年，学校召开成高、自考、培训发展研讨会

（李敏　执笔　王盛杰　审校）

成立计算分析测试中心
科技助力"产学研"结硕果

◎ **导读** ◎

1985年9月，学校被正式确定为世界银行贷款发展全国地方大学项目的60个院校之一，获得世行贷款180万美元、国内配套经费504万元人民币，筹建计算机分析测试中心（简称CTC），1987年3月23日正式成立，1988年12月中心大楼竣工交付使用，面积$10157m^2$，拥有电子计算机、电子、物理、化学、生物等学科的精密仪器300余台套，是当时广西规模最大、仪器先进齐全、技术高度密集的多学科综合性计算分析测试中心和广西区教委下属理科实验中心的主体。

在上级领导和兄弟单位的关怀和支持下，经过计测中心全体教职工的团结奋斗，学校的计测中心从无到有，从小到大。截至1998年，计测中心职工人数共计58人，其中教授2人、副高职称18人、中级职称22人，拥有4个研究室、2个研究所和计算机教学部、理化分析实验室、产品中试基地等，成为"产学研"基地，承担人才培养、科学研究、社会服务等任务，为振兴广西经济做贡献。环境与资源学院就是在学校计算分析测试中心与理科实验中心的基础上组建的。

服务教学成效突出

研究生教学方面，承担化学系、生物系等理科系16门研究生的课程，以及文科硕士研究生、在职研究生的计算机公共课教学及上机任务。本科生教学方

⊙ 2001年学校成立资源与环境学系并举行挂牌仪式

面，完成了全校学生公共计算机课程上机实验任务，指导校内本科生撰写毕业论文及开展实验工作，指导桂林工学院本科生实习和校外人员进修，为学校公共计算机教学的顺利进行和教学水平的提高提供了必要的保证。

科学研究硕果累累

计算分析测试中心狠抓科技开发工作，努力将科研成果转化为生产力，积极研制、生产新产品。通过承担美国西太平洋癌症基金会项目、省部级以上项目研究，获省部级科技进步一等奖1项、二等奖2项、三等奖2项，厅局级奖6项，成功开发了银杏黄酮、罗汉果甜甙、葛根素、甜茶甙等产品，远销日本、欧洲、美国等地，销售收入达4000多万元，利税1600万元，在产学研一体化方面处于国内前沿。

学术交流促发展

计测中心重视学术交流工作，先后邀请了诺贝尔化学奖得主法国斯特拉斯堡大学杰马里·莱恩博士，中国科学院梁敬魁院士、董占球研究员、王驹博士，日本熊本大学广濑勉教授、美国伊利诺伊州立大学美籍华人华云生教授等到计测中心讲学、做学术报告。中心成员也多次应邀在广西区内做学术报告。

下设机构科研成果纷呈

新材料新技术研究所下设功能材料与传感器、天然有机和酶工程等研究室，拥有薛万川、刘明登、邓希敏等一批学术带头人，重点研究敏感材料和广西特有资源开发利用，承担国家自然科学基金、区科委、区教委项目多项。发表学术论文100余篇，获广西科技进步二等奖、广西高校科技进步三等奖各1项；研发的银杏黄酮、SnO_2可燃性气敏元件等成功转化为生产力，创造了较好的经济效益。

计算机应用研究所下设人工智能、多媒体技术、计算机通信与网络等研究室，先后承担国家自然科学基金、国家攀登计划项目子课题、广西科研项目多项，为桂林市人民医院进口的喉科诊断频闪仪配上数据与图像处理、多媒体平台等，提高其智能化水平，取得明显效益。

理化分析实验室于1992年经广西进出口商品检验局考核认定，成为检测进出口商品理化项目分析认可实验室，为工厂、科研、学校等部门分析测试样品上万次，为新产品开发、打击伪劣产品提供了可靠

⊙ 2002年11月全国植物资源的研究与开发学术研讨会

⊙ 1987年诺贝尔化学奖得主法国斯特拉斯堡大学杰马里·莱恩博士（前右四）应邀来校

的依据。该实验室还承担学校硕士研究生"现代仪器分析""波谱分析""生物电镜技术"等课程，为学校理科各系本科生、研究生毕业论文提供大量的实验数据。

计算机教学部是学校计算机普及教育的专业机构，当时配有micro VAX 15套、终端30台，图形工作站1套，太极2230型2套、终端24台，长城、浪潮及其它兼容机（286/386）65台，负责计算机公共课教学、教师培训、学生上机。1994年开始招收软件方向研究生。

桂林思特新技术公司成立于1993年5月，设有天然植物制品厂、激光照排中心。产品畅销国内，远销日本、美国、德国等国，成立当年产值达123万元，利润23.4万元。1994年实现产值784万元、利润162万元，分别增长537.40%、592.3%。激光照排中心拥有北大方正、报版系统、电子扫描系统、大屏幕报版粗版系统、精密激光照排系统、大型单色胶印机、轻印刷设备等设备，可完成排版印刷一条龙服务。

1999年5月20日，学校组建5个新的二级学院，把计算机分析测试中心的主体一分为二：计算机分析测试中心的计算机应用技术研究所、计算机教学部并入数学与计算机科学学院；分析测试中心并入化学与生命科学学院。

（宿程远　执笔　蒙冕武　审校）

广西师范大学出版社成立
学校文化产业蓬勃发展

—

◎ **导读** ◎

1980年，国家教委（现教育部）发文鼓励有条件的高校建立自己的出版社。1984年，国家教委、文化部（现文化和旅游部）向中宣部提交报告，提出每个部门和地方首先审批一家大学出版社的构想并获审批通过。经过林焕平、王炜炘、党玉敏等创社元老的多方奔走筹备，在各级领导的指导和关怀下，1986年广西师范大学出版社（以下简称"出版社"）应运而生，成为了广西首家大学出版社，也是目前广西唯一一家大学出版社。

筚路蓝缕，从无到有（1986—1998）

1986年11月18日，出版社在桂林成立，真正是白手起家——启动经费是从学校各系借来的27万元，人手是从学校各系、中学教师、应届毕业生里网罗来的，业务经验从书本里学，向兄弟单位学，从具体的出版实践中学。可以说，出版社最初的发展，全靠学校的支持和自身的努力。

成立之初，出版社就有了"市场化"的意识，通过以读者需求为导向，采取差异化发展战略，精准研发教育图书新品，在起步阶段就取得了良好的业绩。1987年，出版社从学校借来27万元，通过精心经营，仅一年就取得了盈利。1991年，出版社年销售码洋突破5000万元，依靠自有资金在中华路36号建成新办

178　　　　　　　　　　　　　　　90 周年 90 件大事

公楼。这一时期，出版社与中央电视台联合主办"管理哲学""高中语文·重点·难点·解析与训练"等电视讲座，是最早与央视开展合作的出版社之一；同时与民营书商合作建设全国教辅销售网络，是最早与民营教辅销售商展开全面合作的出版社之一。

这一时期，出版社在图书出版方面成果丰硕，推出了"各科重点难点解析与训练"、《中学英语课文英汉对照译注》等图书，在教辅出版中声名鹊起，成为"教辅新六家"之一，位列国内教育教辅图书出版前十，被国家教委评为"教材管理先进单位""先进高校出版社"，塑造了出版社最初的品牌影响力。也是在这一时期，出版社收获了首个国家级出版大奖和首个"五个一工程"奖："抗日战争史丛书"获第二届国家图书奖提名奖，《真理，您告诉我——青年理论学习百题》获中宣部精神文明建设第六届"五个一工程"入选作品奖。成绩在百家大学出版社中名列前茅。

裂变发展，三线并进（1999—2008）

2000年7月，成立于1993年6月1日的广西师范大学杂志社作为出版社的二级法人单位由出版社直接管理，进一步完善了学校的文化产业布局。

也是在这一年，出版社开始"内涵发展、自我裂变"进程，在北京成立北京贝贝特出版顾问有限公司，标志着出版社迈出跨地域发展的重要一步。2003年，主要负责华南区域教辅市场的广州贝贝特文化传播有限公司和负责华东区域教辅市场的南京贝贝特出版顾问有限公司先后成立。11月，主要负责策划广西地方文化读物的广西贝贝特文化发展有限公司在南宁正式挂牌。2004年初，出版社在上海成立了上海贝贝特

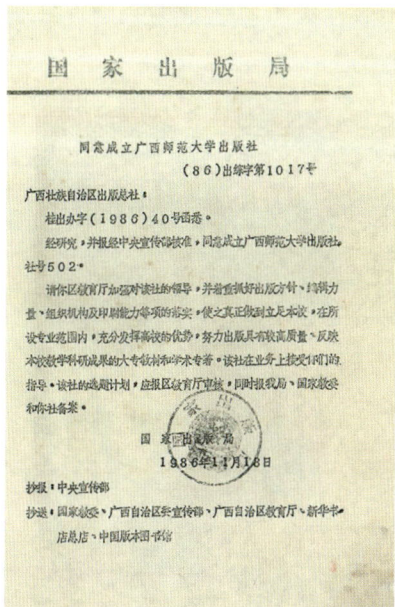
⊙ 1986年11月18日，广西师范大学出版社获批成立

179

文化传播有限公司，负责人文社科类图书的策划。至此，出版社"花开五朵"的发展格局基本形成，构建了以桂林为总部、辐射主要一线城市的格局，从小到大，从单一的教育类出版社发展成为跨地域、跨领域的知名出版机构。

面向全国市场，出版社采取多地域发展战略，广泛汇聚优质文化资源，形成以教育出版为中心延伸拓展，以珍稀文献、学术人文为两翼的三线并进出版格局，成为业界赞誉的"社科新三家"之一，为出版社集团化发展打下了基础。

其间，出版社持续深化改革，被列入全国首批大学出版社体制改革试点单位，《姹紫嫣红〈牡丹亭〉：四百年青春之梦》获评2005年度"中国最美的书"，《徽州文书（第一辑）》（10册）获第一届中华优秀出版物奖图书奖，在首届中国出版政府奖中斩获先进出版单位奖、优秀出版人物奖、装帧设计奖、印刷复制奖提名奖四项大奖。

海外拓延，布局全球（2009—2016）

2009年6月，出版社历时三年的改制取得重大成果，组建成立广西师范大学出版社集团（以下简称"出版社集团"），成为我国首家地

⊙ 2009年6月28日，"广西师范大学出版社集团有限责任公司"成立暨揭牌仪式

方大学出版集团和广西首家出版集团，由大渐强，从单体的出版社发展成为多样化、综合型的出版集团。

值得一提的是，在这个过程中，广西师范大学杂志社在完成转企改制的基础上成立"广西师范大学报刊传媒集团"，随后又变更为"广西期刊传媒集团有限公司"，成为全国首家高校期刊集团。

在集团化的基础上，出版社集团以品牌化建设为驱动，开启了国际化发展之路。

2014—2016年，出版社集团陆续收购了澳大利亚视觉出版集团（Images公司）、英国ACC出版集团，并于2016年10月，在第68届法兰克福书展上正式发布了国际传播品牌"艺术之桥"，初步完成了国际化出版发行完整产业链布局，为中国出版"走出去""提供了一个鲜活的范本"。同年11月，出版社集团开始布局欧洲，在克罗地亚首都萨格勒布成立全资公司——桂林魔法象文化传播有限公司克罗地亚公司。

其间，出版社集团入选2009—2010年度国家文化出口重点企业；35种图书分获第七届全国书籍设计艺术展览评选最佳作品、优秀作品、入选作品奖，获奖总数居全国出版社之首；在全国百家优秀书籍设计出版单位排名中居首位；《美国哈佛大学哈佛燕京图书馆藏中文善本汇刊》入选国家文化出口重点项目；《站在两个世界的边缘》入选2013年"中国好书"，这也是出版社首次获此奖项。

行稳致远，循环发展（2017年至今）

近年来，出版社集团加快了国际化发展步伐，由专趋优，从初具雏形的跨国出版机构朝着世界知名的文化强企挺进。2019年12月，曾在2017年1月改由学校直管的广西期刊传媒集团又改由出版社集团管理，进一步完善了出版社集团的产业布局。出版社以融延型发展为路径，转型升级，自觉对接融入国际出版发行，推进产教融合，探索"出版＋文化＋科技"新业态新模式，构建国内国际双循环相促进的新发展格局，掀开了崭新的发展篇章。

2018年以来，出版社集团携手亚洲智库有限公司、日本株式会社、澳门文化公所等机构，陆续成立马来西亚分社、东京事业部、中国澳门分社，进一步完善了国际化发展框架。

据中国图书海外传播影响力数据显示，出版社集团连续10年进入全国出版社年度百强名单，年度排名最高位居第7位，10年来入选全球30家以上图书馆收藏的中文图书品种总数量居全国出版社第12位，成为10年入选总数量仅次于北京大学出版社和清华大学出版社的高校出版机构。其间，出版社集团《虫子书》获"世界最美的书"银奖，这是出版社首次获此项荣誉；《中国老教材封面图录》(全五卷)获中国出版政府奖印刷复制奖，实现了广西印制企业在印刷复制奖上零的突破，《日本所藏稀见明人诗文总集汇刊》(第一辑)(41册)和《清代新疆满文档案汉译汇编》(1–10册)获中国出版政府奖图书奖提名奖，图书奖获奖总数居广西8家出版社首位，为出版社集团高质量发展、学校文化产业效能提升、广西出版走向全国做出了突出贡献；出版社集团也第四次入选国家文化出口重点企业，旗下的澳门分社合作项目入选国家文化出口重点项目，在讲好中国故事、推进中华文化国际传播方面取得的成绩再获肯定。

在30多年的发展中，出版社始终以丰富人民群众的精神文化生活为己任，在做好图书期刊出版的同时，与地区发展、国家发展相结合，深入探索文化服务模式，助力脱贫攻坚、乡村振兴、书香社会、文化强国建设，取得了显著成效。一方面，大力发展阅读推广事业，陆续策划推出了"阅读一小时""加油！书店""书店燃灯计划"等中国全民阅读推广活动的代表性品牌，持续掀起全民阅读热潮；在"全民阅读、书香社会"提升为国家战略的时代背景下，在建设"大学人文实验室"

⊙ 广西师范大学出版社集团有限公司总部大楼

　　　　　　　　　　　　　　　90周年90件大事

理念下，以"独秀书房＋观文馆"双品牌驱动，推出了精准服务高校师生群体的特色实体书店品牌"独秀书房"。从2016年在玉林师范学院创建第一家"独秀书房"至2022年4月，已在国内外12所高校建成"独秀书房"地面店近20家，图书品种10万余种，图书总码洋逾千万元，辐射国内外12所高校和城市社区数百万人。

另一方面，自觉扛起文化国企的责任担当，陆续成立"女童班""独秀班"，资助近500名学子完成学业，并向东兰、融水、融安等地，以及贵州、西藏、新疆、四川等省区的乡村、社区及学校捐赠了价值近4000万元的图书和物资，以切实行动扶持民族、边疆地区的文化建设。2018年，出版社集团成立了文化发展基金会，公益事业迈向品牌化、专业化运营阶段。

30多年间，出版社从地处西南小城的一家单体大学出版社成长为领先建成具有较成熟完整的国际出版发行产业链的跨国机构，现拥有分别位于桂林、北京、上海、南宁、深圳、澳门等地以及新加坡、澳大利亚、英国、美国等国家的30多家企业和机构，业务范围涉及图书期刊出版发行、电子音像出版、数字出版和知识服务，文化产品设计、印制、会展、艺术品、物业等，形成了跨地域、跨领域发展的格局，是中国出版"走出去"的代表性出版社和最能代表中国文化生产力水平的品牌出版社之一。

展望新征程，出版社集团将继续勇担"举旗帜、聚民心、育新人、兴文化、展形象"的使命任务，在学校党委和集团党委的领导下，坚定信心，笃定前行，向富有人文情怀和创新精神、具有世界影响力和美誉度的国际文化机构的发展愿景迈进，为出版社集团高质量发展、学校高水平大学建设、壮美广西建设和文化强国建设贡献新的更大力量！

（秦念　执笔　陈子锋　审校）

文献来源

［1］广西师范大学出版社.思考出版：人心即市场的彼岸：广西师范大学出版20年经营案例［M］.桂林：广西师范大学出版社，2006（3）.

［2］党玉敏.独秀书香——广西师范大学出版社建设十周年纪念［M］.桂林：广西师范大学出版社，1996：42-43.

［3］陈香.30年发展所凭者何？解密"广西师大社模式"［N］.中华读书报，2016-11-23（6）.

［4］刘艳.关于独秀书房：一位大学校长与书店的相遇［N］.中华读书报，2020-6-30.

邵逸夫、田家炳捐赠大楼
慈善工程惠泽学子

◎ 导读 ◎

1992年11月22日，由邵逸夫先生捐献300万元港币、自治区人民政府配套投资210万元人民币建设的电教楼破土动工。1998年6月21日，由田家炳先生捐献600万元港币、自治区人民政府配套投资500万元人民币建设的田家炳教育书院举行奠基仪式。这2项慈善工程在学校落地开花，惠泽万千学子，备受学校师生尊崇。

邵逸夫慷慨捐赠

邵逸夫先生是香港电视广播有限公司（TVB）荣誉主席，邵氏兄弟电影公司的创办人之一，电影制作人、娱乐业大亨、慈善家。

从1985年起，邵逸夫先生通过邵逸夫基金与教育部合作，采取捐款与项目单位资金配套的方式，在内地31个省（自治区、直辖市）和新疆生产建设兵团的大中小学、职业技术学校及师范学校等兴建各类教学设施，包括教学楼、图书馆、科技楼、体育馆、艺术楼、学术交流中心、研究中心等，有效地促进了内地基础教育和高等教育的发展，尤其为内地义务教育普及和均衡发展做出积极贡献。根据广西壮族自治区教育厅统计，自1990年广西大学第一座"逸夫楼"落成以来，邵逸夫先生先后在广西14个市209所大中小学建设了校园项目，建筑面积超过40万平方米，项目总投资近3.6亿元，其中邵逸夫捐赠资金为1.03亿港元，包括教学楼、图书馆、实验楼、综合楼等。此外，每当广西一些地区遭受自然灾害时，邵逸夫先生都及时向灾区慷慨捐赠，用于灾区中校舍的重建工作，至今共捐赠救灾款5575万港元。

⊙ 邵逸夫先生

逸夫电教楼建成

　　学校逸夫电教楼是邵逸夫先生赠款兴建的一座现代化的电化教育楼。大楼于1992年11月22日破土动工，1994年8月竣工并投入使用。大楼总投资近518万元人民币，其中邵逸夫先生捐献300万元港币，自治区人民政府配套投资210万元人民币。逸夫电教楼建筑面积为3000平方米，由能容纳300人的学术报告厅、演播室和电化教学楼三部分组成，由于设计新颖，布局合理，美观实用，1995年该楼曾获邵逸夫先生第五批赠款工程项目二等奖。

与田家炳先生结缘

　　田家炳先生是香港企业家、慈善家，田家炳基金会创办人。自20世纪80年代开始捐助教育事业以来，田家炳先生在全国范围内累计捐助了93所大学、166所中学、41所小学、19所专业学校及幼儿园、约1800间乡村学校图书室。以"田家炳"命名的学校或学院遍及全国34个省级行政区，他因此被誉为"中国百校之父"。田家炳先生于2010年获香港特区政府颁授的大紫荆勋章，并入选香港亚洲电视组织评选的"感动香港十大人物"。
　　1997年秋，学校时任党委书记黄介山经四川师范大学时任校长王均能引荐，应邀到田家炳先生的家乡广东梅州市大埔县参加其捐建的多项工程的竣工或奠基仪式。活动期间，黄介山当面向田家炳先生提

⊙ 逸夫电教楼全貌

出捐助广西师大的口头申请，田家炳先生当即答应。黄介山回校后，根据田家炳基金会章程的要求，报请教育厅和自治区人民政府正式出函提出捐助申请，并承诺落实配套经费。

在田家炳先生允诺捐赠600万港元兴建广西师范大学田家炳教育书院大楼后不久，亚洲金融危机爆发，香港经济遭到突如其来的冲击，田家炳先生也遭受重大经济损失，以致一时难以支付对10余所学校的捐助资金。为了按期如数兑现捐助承诺，他毅然卖掉自己居住多年的别墅，去租住一处只有120多平方米的房子。他说"答应了的事，一定不能变，讲诚信是立人之本"。

1998年，田家炳先生给学校的捐款600万港元（按当时汇率超过600万人民币）按时如数拨付，自治区人民政府又配套500万元人民币，总投资超过1100万元，资助学校兴建田家炳教育书院大楼。田家炳先生也曾三次莅临学校实地查看大楼建设情况，并与教师座谈，为学生做报告。

田家炳教育书院大楼建成

1998年6月21日，田家炳先生第一次来学校参加教育书院大楼的

⊙ 田家炳先生

奠基仪式。奠基仪式热烈而隆重，时任自治区人民政府副主席吴恒和教育厅、桂林市领导出席欢迎大会。时任桂林市市长蔡永伦致辞，桂林市人大常委会主任雷熹平宣布授予田家炳先生桂林市荣誉市民称号，并颁发证书。此后，田家炳先生曾三次审阅学校田家炳教育书院大楼的设计方案，并给学校寄来20余条由他亲自书写的改进意见。

2000年，高8层、建筑面积11000平方米、"凸"字形的教育书院建成。这个集教学、科研和管理于一体的书院分区明确，功能齐全，是当时学校最气派、最现代的建筑。

2000年5月19日，田家炳先生再次来到学校，在自治区人大常委会时任副主任李振潜、甘幼玶等领导的陪同下参加大楼落成典礼。当他来到崭新的"田家炳教育书院"大楼前，只见大楼两旁高高地悬挂着一副长联，上联是"炳星照临琼楼耸拔共交辉桂海凭添物华田氏功高德重"，下联为"师长专力弟子勤勉同创黉宫再建勋业杏坛鼓劲弦繁"。他对大楼的设计、建筑和使用情况都感到满意，兴之所至，欣然命笔，题了一首诗："懿欤书院，矗立漓江，黉宇高耸，富丽堂皇。独秀峰下，贤哲满堂，莘莘学子，书声琅琅。敦品励学，毋怠毋荒，建国大业，应共鼎扛。"这首诗感情真挚，不仅反映了他对教育书院大楼的赞美，也反映了他对学子们的殷切期望。

187

⊙ 2003年11月6日，学校师生热烈欢迎田家炳先生回校

　　作为田家炳教育书院（教育科学学院）名誉院长，2003年11月6日，田家炳先生一行第三次莅临学校，受到了广大师生的热烈欢迎。他参观了田家炳教育书院的荣誉院长室、教学实验中心、心理学实验室、虚拟演播室等教学实验场所，并和老师、同学们进行亲切交谈。田家炳先生表示，他对书院的各方面建设都感到十分满意，从中也感受到师生们辛勤工作、刻苦学习的干劲和冲劲；他希望今后大家能够继续努力，把田家炳教育书院建设得更加完善，把广西的教育事业建设得更加兴旺发达！

（钟婉莹　陈鹏　执笔　刘朝文　审校）

文献来源

［1］雷倩倩，蒋晓梅，徐冰郛.逸夫为广西捐赠超过1亿港元 广西师生感恩追忆［EB/OL］.http://news.gxnews.com.cn/staticpages/20140108/newgx52cc8636-9396649.shtml

［2］黄介山.与田家炳先生的交往［M］// 王枬，黄伟林.校长纪事：广西师范大学历任校长故事集.桂林：广西师范大学出版社，2012.

［3］黄介山.令我崇敬和感动的田家炳先生［EB/OL］. https://www.ddgx.cn/show/20306.html

学校实验幼儿园成立
学前教育硕果累累

◎ 导读 ◎

1994年6月，广西师范大学实验幼儿园正式成立，2021年在育才校区设幼儿园北园，学前教育结出累累硕果，学校形成大中小幼一体化办学格局。

广西师范大学实验幼儿园办园历史悠久，文化底蕴深厚，是自治区示范性幼儿园。现有南园、北园两处园所，18个班，577名幼儿，90名教职工。其中特级教师一名，中小学高级教师职称3人，中小学一级教师职称18人，高级保育员3人，中级保育员25人。园所综合功能设施配套完备，注重生态环境与人文融合，处处体现"自然与科学和谐""历史传统与现代人文交汇"的鲜明特色。

实验幼儿园发展历程

广西师范大学实验幼儿园前身为广西师范学院幼儿园。1982年9月，在广西师范学院三里店分部（现育才校区）开办临时性的幼儿园。1987年11月，经检查验收，幼儿园被定为桂林市示范性托儿所，并获颁合格证。1988年10月，广西师范大学幼儿园（王城本部）从中华路（城墙外）搬至王城内，由学校总务处管理。1994年4月，由学校教育系接管。

1994年6月1日，育才校区幼儿园新园园舍落成，幼儿园更名为"广西师范大学实验幼儿园"。2001年6月，学校正式下文王城、育才幼儿园分开管理，育才校区幼儿园命名为"广西师范大学实验幼儿园"，王城本部幼儿园命名为"广西师范大学王城幼儿园"。2005年1月，"王城幼儿园"并入"实验幼儿园"，组建成为新的实验幼儿园。

改善优化育人环境

幼儿园注重环境育人，近年来多次对园舍进行改造优化，升级完善设备设施，创造温馨、有爱、安全、舒适的环境，不仅集儿童化、教育化、美化、绿化于一体，也融入了对幼儿的发展与学习经验的关注。

2014年暑假，实验幼儿园进行园舍改造，地面铺胶，墙面彩绘。北楼加层，建成约250平方米的幼儿多功能活动室。2015年暑期，建成约180平方米的幼儿阴雨天活动室。

2017年6月，实验幼儿园与广西师范大学出版社集团合作建设"魔法象童书馆"。2018年实体童书馆举行开馆仪式。2020年建成儿童STEAM实验室。

北园落成并投入使用

随着二孩、三孩政策的开放，广西师大教职工子弟人数越来越多。为了解决教职工的后顾之忧，2021年，学校决定将育才校区第十二教学楼改建装修为幼儿园。2021年暑期，实验幼儿园（北园）完成改建工

⊙ 幼儿园

⊙ 魔法象童书馆

程，10月15日实验幼儿园（北园）举行落成暨开园揭幕仪式，幼儿园北园园区正式启用，较好地满足了教职工子弟入园需求，幼儿园的发展进入了新阶段。

实验幼儿园的发展与贡献

充分发挥优势硕果累累。多年来，幼儿园依托广西师范大学教育学部直接管理的优势，秉承"以文化养成气质，以活动塑造儿童"的理念，以科研为向导、促进幼儿身心和谐发展为中心，努力提高办园水平，先后成为桂林市教育科研示范学校、桂林市教育科研先进集体、广西幼儿园园长培训考察学习基地、广西幼儿师范学校学习基地、广西师范大学教育科研实习基地。1998年被自治区教育厅确认为"广西壮族自治区示范性幼儿园"，2015年顺利通过"广西壮族自治区示范性幼儿园"复查评估工作。2003年被自治区授予"巾帼文明示范岗"称号。2006年9月被自治区教育厅授予"广西壮族自治区幼儿教育先进幼儿园"荣誉称号。2008年12月被桂林市教育局授予"桂林市幼儿教育先进幼儿园"荣誉称号。2009年4月，被自治区教育厅授予"广西壮族自治区卫生优秀学校"称号。

示范引领加强国内外交流学习。幼儿园充分发挥自治区示范园的示范引领作用，做好帮扶、辐射、培训等工作。多次配合学校及教育学部的"国培、区培"活动，接待国家级培训项目园长班、保教主任班、骨干教师班，完成国家级、自治区级的幼教培训项目。先后近百次接待国内外、区内外幼教同行参观、考察、研讨等，并积极开展"结对帮扶"进行送教下乡、帮扶指导等工作。2018年11月协助承办"第一届独秀学前教育国际论坛"，2019年10月，接待第二届桂台幼儿教育发展高峰论坛的专家、教师参观实验幼儿园。

高素质教师团队科研成果显著。实验幼儿园注重幼儿保教工作，深化课程改革，取得了显著的科研成果，培养了一批教学研究型的骨干教师，形成高素质教师团队。多次在自治区、桂林市、七星区等幼儿园教师基本功大赛中荣获一、二等奖。先后有2人被广西壮族自治区人民政府授予"特级教师"称号；2012年11月，一人荣获"宋庆龄幼儿教育奖"。2016年9月，一人荣获"宋庆龄幼儿教育奖"提名奖。

⊙ 北园开园揭幕仪式

2019年9月，一人获"自治区优秀教育工作者"。多年来实验幼儿园积极开展课题研究，已有20多项自治区、桂林市课题立项并顺利结题；近千篇教育教学论文、课例、教学故事等在全国、自治区、桂林市等评比中获奖，并有近百篇论文发表。

2021年5月，广西师范大学实验幼儿园成果《幼儿园"1+N"图画书多领域融合教学模式与实践》获2021年桂林市基础教育教学成果一等奖；《幼儿园安全教育"三体四保五防"创新模式》获2021年桂林市基础教育教学成果二等奖。2021年12月，《幼儿园"1+N"图画书融合教学模式的构建与实践》获自治区基础教育成果一等奖。

（陈军　执笔　卢宇飞　审校）

校办产业快速发展
助力学校改善办学条件

◎ **导读** ◎

"七五"时期以来，学校把兴办和发展校办产业作为学校教育改革的重要内容和措施，校办产业快速发展，有效助力学校办学条件持续改善。

学校校办产业已有较长的发展历史，20世纪50年代在学校党委的号召下，广西师范学院掀起了勤工俭学、大办工厂的热潮，到1958年10月底已开办工厂27个，1959年成功制造了广西第一台电子计算机。学校依托学科优势和政策大力推动校办产业发展，改善了办学条件，有效弥补财政性教育经费投入不足的情况。

"七五"时期初起步

"七五"初期，即1986年，学校仅有无线电厂、化工厂、印刷厂三个小厂，资产总计不足百万元，在编职工不足百人。"七五"时期，以电子、化学、生物专业为依托，依靠计算分析测试中心的检测优势，创建了智力开发器材厂、兽药厂、桂林思特新技术公司等。1988年初，学校成立经济管理委员会，将无线电厂、化工厂、智力开发器材厂等划归校经管会直接管理。校办工厂研制生产彩色电视差转机、太阳能电视转播机、调频发射机、音频考试系统、无线广播系统等电子系列产品，以及兽药系列、农药系列、生物系列产品。1986年11月，学校出版社获批成立。为适应出版事业发展的需要，出版社随后先后创办了大学书店、南宁印刷厂、临桂印刷厂。1990年4月，紫园饭店竣工并投入使用，充分发挥地处桂林王城名胜古迹风景区的优势，为留学生、国内外专家学者和来桂旅游的客人提供服务。

"八五"时期打基础

为合理配置资源，促进产业优势互补，提高校办产业的市场竞争力，学校不断调整校办产业结构。1991年将生产电子类产品的无线电厂、电子仪器厂、智力开发器材厂合并组建电子设备总厂。同年，学校成立科技开发服务公司，统一管理校办工厂。"八五"期间，校办企业研制开发和生产WGL系列微机控制光跟踪拉力试验机、多媒体集控演播系统、银杏黄酮、罗汉果甜甙等高新技术产品。产品远销区内外，其中银杏黄酮、罗汉果甜甙等生物制品还出口美国、日本等国。1996年，学校电子设备总厂通过自治区教委的验收，成为广西以及我国西

⊙ 1960年2月，张云莹院长参观教学仪器厂同学制作的电焊机

⊙ 1978年，院无线电厂电视差转机在阳朔高山上试验

南部地区最大的教学仪器生产基地之一。"八五"期末，即1995年底，全校校办产业总资产为7165.5万元（其中固定资产为1019.7万元）、净资产为2601.6万元，分别是1990年的6.6倍和4倍。

"九五"时期加快发展

1995年下半年，学校制定了"稳步发展文化产业、重点发展科技产业、积极发展旅游服务业"的校办产业发展战略，确定了全校产业至2000年产值超2亿元、利润超2千万元的经济目标。"九五"时期，学校校办产业系统共投入资金6000多万元，在桂林市高新技术开发区和临桂县城购地87亩，添置生产科研设备2000多万元，兴建生产用房和业务办公大楼32000平方米，电子设备总厂、化工厂、斯达药业有限公司相继搬迁到桂林市高新技术开发区，出版社临桂印刷厂从一个小印刷厂升级成为拥有近4000万元固定资产的现代化印刷企业。1999—2000年，王城景点管理处、王城旅游发展有限责任公司相继成立，大力发展以旅游为中心的商业和服务业。到"九五"期末，全校产业总资产达21857.5万元（其中固定资产为7866.5万元），是1990年的20倍、1995年的3倍；净资产10453.2万元，是1990年的16倍、1995年的4倍；全校产业经营收入累计达76610.1万元，分别是"七五"时期的36.5倍、"八五"时期的3.6倍；利润收入累计达17661.8万元，分别是"七五"

⊙ 1991年，高效复合稀土精肥（增产素）开发应用鉴定会（化工厂）

195

⊙ 1996年12月广西高校校办产业现场会在我校召开

时期的26.8倍、"八五"时期的4倍；上交学校利润累计达6560.1万元，分别是"七五"时期的38.7倍、"八五"时期的4.6倍。

进入新世纪开新局

进入新世纪，校办企业发展较快。2001年底，学校具有独立法人

⊙ 2001年12月26日，广西师范大学兽药厂（广西斯达药业有限公司，原化工厂）厂房设备

资格的校办产业已达12家，资产总计已达32251.2万元，职工总计已达809人，涵盖文化产业、科技产业和旅游服务产业三大块，校办产业以销售收入、实现利润、上交学校三项指标在全国高校校办产业经济效益排名中名列第34位。期间学校不间断地对校办企业进行整顿改革，共注销、解散、吊销各级企业15户（其中注销5户，吊销营业执照10户），并相继探索嵌入了财务外派、内外部审计等监督性制度安排，主动迈出了扭转校办企业过度市场化、粗放式发展局面的改革步伐。经过整顿改革，校办企业形成了涉及出版、印刷、电子、化工、兽药、农药、生物制品、旅游服务等行业的具有相当规模的校办产业体系。截止至2017年底，校办产业资产总计已达139498.73万元。

2018年起，为贯彻落实国务院、自治区人民政府关于高等学校所属企业体制改革的精神要求，2019年学校制定了《广西师范大学所属企业体制改革实施方案》，对学校49户所属企业全面清理产权和责任关系，清理注销15户僵尸企业、空壳企业，保留34家企业纳入代为履行资产经营公司职能的出版社集团有限公司统一管理，并完成3户保留企业的全民所有制企业改制。企业体制改革后有效发挥校属企防火墙功能，实现校办企业瘦体强身，建立健全现代企业制度，推动校属企业规范有序发展，促进学校回归办学主业，提升办学质量，实现内涵发展。截止至2021年底，校办产业资产总计已达190692.71万元。

（姚劼宁 执笔 杨荣辉 审校）

获批国家文科基地
文科教育教学跨越发展

◎ **导读** ◎

1995年，学校中文系获批成为国家首批文科基础学科人才培养和科学研究基地，学校文科教育教学实现跨越发展。文科基地在2001年接受教育部评估时被评为优秀等级，是教育部直属重点大学之外唯一获得优秀等级的地方大学。

"文科基地"是国家基础学科人才培养基地的组成部分之一，全称为"国家文科基础学科人才培养和科学研究基地"。第一批文科基地的批准建立是在1995年，学校作为第一批申报者一举拿下了"文科基地"的建设名额，中国语言文学学科点榜上有名。

全力申报，成功获批

1994年6月，国家教育委员会发出《关于申报国家文科基础学科人才培养和科学研究基地本科学科点的通知》。文中指出，中国语言文学、历史学、哲学等文科基础学科是高等教育的基础，担负着为社会主义物质文明和精神文明建设培养人才的任务。对于弘扬中华民族优秀文化传统，提高整个中华民族素质，建立社会主义市场经济体制，建设有中国特色的社会主义，起着非常重要的作用，国家教委决定在全国高校范围内依据"扶强保重、合理分布"的原则，分期分批建设 40 多个"基地"，培养少而精的高水平文科基础学科教学和科学研究人才。

在国家教委下发的"文科基地"建设的文件通知中，涉及了 5 个申报条件，其中主要包括"应是中国语言文学、历史学、哲学的一级学科点"和"有一个（包括一个）博士点或五个以上硕士点"等。广西师范大学中文系是学校历史最悠久、实力最雄厚的学科之一，当时已有 5 个硕士点，并且在广西区内设有中文系的广西大学、广西师范大学、广西民族学院、广西师范学院四个院校中，广西师范大学是唯一一个符合申报条件的院校。

时任校长张葆全在南宁开会时得悉了这一消息即向教育厅申报。根据入围条件，自治区教育厅也同意推荐我校历史悠久、实力比较雄厚的中文系。中文系时任系主任苏关鑫教授刚刚从越南访问回国便即刻组织了 10 余名教授，研读文件，填报申请。在经历了 10 余天的反复斟酌之后，申请表一式 30 份上报了学校，经学校交由自治区教委批准后，再转送国家教委。

申请材料上报后，学校并未对此事降低关注。当时全国有 38 所高校的 72 个学科点提交了申请。很多申报高校都是具有较强科研实力、较高知名度的高校，很多还是设有博士点的高校，强者如云。学校中文学科虽然历史悠久，但广西师范大学作为一所地方性高校在竞争中并不占优势。文科基地评估小组开评在即，评估时间又大约只有一周。当时，博士点还相当少，国家级的"文科基地"自然成了各高校趋之若鹜的竞争目标。机会极为难得，在强手如林的形势下，作为一所省属重点师范院校，学校面临着巨大的挑战。为此，时任党委书记黄介山赶赴北京向教育部有关部门汇报，力争获得上级领导的支持。

到北京后，顺利地见到了高教司周远清司长（后任教育部副部长）。黄介山简要地介绍了学校概况和中文系的优势，然后着重强调广西地处边疆，经济本来就不够发达，又先后是援越抗法、援越抗美和自卫反击战的前线，国家投入的重点建设项目很少，至今还没有一所国家重点大学。所以特别希望这次评选"国家文科基地"，能够给予适当的政策倾斜。周远清司长听完汇报郑重表示："你希望适当考虑区域布局有一定道理，但评选主要看条件。"

随后，周远清司长带黄介山来到文科处办公室，引见了处长刘凤泰。刘处长随即叫上一位副处长和一位调研员，找了一间会议室，一起听取汇报。刘凤泰不久升任高等教育司副司长，他先后多次来到学校，在国家文科基地建设、本科院校教学评估等方面给予诸多指导和帮助。

刘处长当时曾坦言："你们希望合理布局，政策倾斜，但评审专家们却未必都这么想，可能只看申报条件。"黄介山由此想到，广西师大是省属院校，又地处偏远，而评委大多来自部属高校，对我们的了解相对较少，向他们介绍学校中文系的情况，争取他们的理解与支持，已迫在眉睫。于是，他又马不停蹄，奔赴天津、南京、上海等地，先后拜访了南开大学、南京大学、南京师大、复旦大学等校的中文专业有关专家，向他们介绍情况，提出学校的诉求。一路上，这些专家所在的学校都给予了热情接待和具体帮助。

1995年1月16日，国家教委下发文件公布了国家文科基础学科人才培养和科学研究基地学科点（教高〔1995〕2号文），学校中国语言文学学科点榜上有名，成为第一批入选的49个学科点中的一个，与北京大学、中国人民大学、复旦大学等知名高校同时入选。这与广西师大长久以来对中文学科的建设、上级领导和兄弟院校的支持及学校领导的积极争取都是分不开的。1995年11月4日，学校举行了国家文科基地中国语言文学学科点挂牌仪式。

积极建设，成果显著

"文科基地"的获批在桂林乃至广西引起了不小的轰动，《桂林日报》《桂林广播电视报》《广西日报》《广西教育报》都专门刊登了消息与文章。"文科基地"正式在广西师范大学设立了，但随之而来便是经费的筹集与基地的建设等问题。学校希望能乘机兴建一栋集教学、科研和办公于一体的大楼，于是由黄介山和时任财务处长段平禄带着请求自治区政府拨款500万元筹建文科基地楼的申请报告，赴南宁向时任自治

⊙ 1995年11月4日，学校国家文科基地举行挂牌仪式，国家教委副主任柳斌、自治区副主席李振潜为学科点揭牌

区党委书记赵富林汇报。

赵书记听了汇报很高兴，认为这是一件喜事。后来他将我校的申请报告批转自治区人民政府，指示："广西师大国家文科基地来之不易，自治区政府应予以支持。"此后，分管财政的常务副主席袁正中做了具体安排，经费如数落实。拨专款建大楼，这在全国文科基地中是独一无二的。经过多方配合，4330平方米的国家文科基地大楼于1997年8月正式竣工。在同批申报成功的高校中，我校是唯一一个为基地建设专门筹建大楼的。在全国文科基地大会上，刘凤泰处长还专门对广西师大进行表彰，赞扬广西与广西师大对"文科基地"建设的重视与支持。

1995年秋季，学校首届国家文科基地班顺利招生，每年招收30名。从国家建设文科基地的目的来看，就是为了"培养少而精的高水平文科基础学科教学和科学研究人才"。为办好基地班，学校在学科建设、科学研究、学术交流、教学改革、基础设施等方面做了积极的探索。如在人才培养方面，形成了素质教育与创新教育结合的教学模式，以"培养高素质、宽口径、厚基础、重创新、强能力的复合型人才"为目标，采用"学分制"与弹性学制。与此相配合，学校还专门成立了"广西师范大学国家文科基地领导小组"，实施师资队伍优化工程，并以学科为基础组建教研室，形成了一支学历结构、年龄结构、学缘结构合理的教师队伍。

2001年10月到2002年1月，教育部组织专家组对全国32所大学设置的51个文科基地基础学科点（包括中文、哲学、历史）进行终期评

⊙ 1995年11月4日，举行国家文科基地挂牌仪式，时任校长张葆全致辞

⊙ 1997年竣工的文科基地楼

估验收。2001年11月13—15日专家组到达学校进行实地考察评估。在评估中，教育部专家组一致认为：广西师范大学文科基地政策到位、管理到位、思路清晰、措施得力，各方面都有长足的进步，形成了少数民族地区高师文科基地明显的办学特色和优势，生源质量和教学质量不断提高，体现了高师文科基地的综合效应。在此次终期评估中，中文系文科基地荣获"优秀"等级，成为教育部直属重点大学之外唯一荣获优秀等级的地方大学。

经历了20余年的建设与打磨，广西师范大学文科基地建设紧扣地域特征，确立科研重点，重视壮族文化发展史、桂林抗战文化城、方言研究等特色研究，对广西地域文学的发展起到了不可或缺的作用。

（丁慧 执笔 谢婷婷 审校）

文献来源

[1] 任真，启谈. 塑造21世纪的文科人才——广西师大国家文科基地侧记 [J]. 南方文坛，1997 (3).

[2] 潘耀良，易锦言. 往事今说——广西师范大学离退休教师回忆录 [M]. 桂林：广西师范大学出版社，2012.

[3] 王枬，黄伟林. 校长纪事：广西师范大学历任校长故事集 [M]. 桂林：广西师范大学出版社，2012.

[4] 广西师范大学校史修订组. 广西师范大学史 [M]. 桂林：广西师范大学出版社，2002.

接入互联网
助推信息化建设

◎ 导读 ◎

1995年3月，学校教育信息化建设全面启动，有力支撑了人才培养、教育教学、科学研究和师生校园生活等各个领域，为学校发展发挥了重要保障作用。

校园网络是学校信息化的重要基础设施，是全面建设高水平大学必不可少的支撑条件。校园网络经历了从无到有，从小到大，从单一到多元，从建设到应用的过程，大致分四个阶段。

校园网初创阶段

为加快教育现代化步伐，为教学、科研和行政管理工作构筑一个基于计算机网络通信的平台，1995年3月9日，学校启动校园网工程（简称"三〇九"工程），成立校园网工程建设领导小组，并组建网络专家组工程办公室，具体负责校园计算机网络的建设和管理。4月底，学校校园计算机网络建设项目得到自治区教委批准。5月中旬，经过国内专家组论证，获得通过。此后，学校校园计算机网络一期建设项目付诸实施。6月，校园网拨号连接中国教育科研网（CERNET）华南地区网络中心；12月，学校域名 gxnu.edu.cn 和 16个 C 类 IP 地址获中国教育科研网（CERNET）国家网络中心批准并开始在国际互联网上使用。

1996年3月，"三〇九"工程列入广西壮族自治区人民政府《广西壮族自治区"211"工程建设纲要》重要建设项目；5月，学校网络中心被中国教育科研网批准为 CERNET 华南地区桂林主节点，负责桂林、柳州、河池、贺州地市网络的规划、管理、组织、连接工作；7月，学校至华南理工大学跨省网络通信长途专用线路—64K DDN 线开通，提高了网络传输速度，学校校园网进入一个新的发展阶段。

校园网建设阶段

1996年10月，CERNET 国家网络中心授予学校全国百所接入单位之一（编号：0084），它标志着我校加入到"CERNET 示范工程"行列。

随着校园网建设的不断完善，业务量不断增加，学校于1997年5

⊙ 2001年4月18日城域网竣工典礼

90 周年 90 件大事

月成立网络中心，负责校园网络的规划、建设和管理。学校校园网分别于2000年、2006年启动校园网络第二期(309B)、2007年第三期(309C)工程，雁山校区校园网络系统全面进入建设期。经过15年的建设，校园网已初具规模。校园网实现了王城、育才、雁山三校区光纤互连，覆盖全部教学楼、办公楼、实验楼、学生宿舍楼及教工宿舍，校内敷设光缆长度超过80千米，信息点总数4万余个。校园网主干万兆传输，千兆到楼，百兆到桌面，千兆接入CERNET桂林主节点，桂林主节点以2×155Mbps接入CERNET华南地区网络中心。

校园网发展阶段

2012年初上网认证用户达20000多，校园网出口合同总带宽为450M，无法满足校园网内用户不断增长的使用需求。为了引导用户合理使用有限的校园网出口带宽资源，给学生提供更好的服务，2012—2014年分批引进三大运营商进入学生宿舍开展数字校园合作，同时增加校园网出口带宽至4.7 Gbps，保证了网络的正常运行，给学生更多的网络选择和更多的网络资源。

随着无线网技术的逐渐成熟与手机、平板电脑等无线终端的迅速普及，校园无线网建设已成为高校教育信息化发展的必然趋势。2014年学校启动校园无线网建设，通过争取学校经费预算和中央财政专项等方式投入经费建设，截止到2019年完成雁山、王城学生宿舍无线网络全覆盖，育才学生宿舍无线网络完成约70%；三校区办公、实验楼和公共区域完成约50%；教学区完成约10%，并实现了全校有线网和无线网的用户统一身份认证和统一运维管理。

校园网升级阶段

从2020年开始，网络信息中心紧紧围绕如何打造信息化与智慧校园建设"升级版"展开工作。在校园网建设方面，对标对表《高等学校数字校园建设规范(试行)》和《广西高校智慧校园建设指南(试行)》的指标，加快推进校园网、无线网建设，2020年完成育才、雁山和王城三校区之间核心设备切换工作，实现三校区之间10G互连。2021年新建一条育才到雁山机房专用网络传输裸光纤，解决因原两校区只有1条传输裸光纤而出现的断网及传输容量、速度问题。同时以光网络、WiFi6和5G等新一代无线网络技术为基础，分批次建设雁山田径游泳馆、综合体育馆、理科组团1及五期学生公寓等多个场所、楼栋的新一代高可靠性、高质量无线网络基础设施，满足日益增长的移动终端网络访问需求。

网络信息中心积极争取外部资金参与学校的新基建工作，2020年以来争取到移动桂林分公司900万元和电信桂林分公司720万在雁山和育才建设5G网络，大大提升网络速度和质量。另外，根据教育部及中国教育科研网的安排，学校完成IPv6规模部署，IPv6活跃用户数为32032人，地址数约占区内各高校总数40%，这两项指标排名全区高校第一。

目前校园网有中国教育科研计算机网、中国电信、中国联通、中国移动4路国际互联网出口，网络出口冗余性好、选择性强，可根据用户访问目的地址多出口动态选择路由。IPv4 / IPv6带宽为7.7Gbps / 1.5Gbps，运营商合作分流总带宽达到40Gbps，校园网支持IPv4/IPv6双栈接入，支持多业务融合的先进网络传输系统，同时还建立了一套完整的网络安全保障体系和网络运维体系。

学校作为中国教育科研网CERNET华南地区桂林主节点，完成教育部"CERNET高速地区网和重点学科信息服务体系建设项目""中国教育和科研计算机网主干网和重点学科信息服务体系升级扩容工程""面向教育领域的IPv6示范网络"等项目，并在历年工作中屡获嘉奖，如"中国教育与科研计算机网CERNET二十年建设突出贡献"，2016、2018、2020年度运行工作优秀主节点等，为广西北部高校CERNET网络运行的通畅及安全提供重要保障。我校还承担了广西北部地区高考招生系统技术支持及网络运行支撑，为广西教育、科技、社会事业的发展做出了积极的贡献。

校园网络的应用

校园网是校园信息化建设的高速公路，承载着校园内各项业务的运行，是支撑数字化校园、智慧校园的基础设施。学校为进一步加强信息化建设和提高信息化服务水平，于2016年9月成立网络信息中心。网络信息中心拓展了校园网规划、建设和管理中心的职能，紧跟新时代信息化发展步伐，从管理层面、技术层面、应用层面和服务层面为学校教学、科研、管理、服务提供良好、稳定的基础网络平台、信息共享与集成平台，并积极探索、实践新的管理服务方式。

2010年10月学校启动了数字化校园建设工作，历时7年，"数字校园"完成公共数据交换平台、统一身份认证管理平台和服务管理系统等后台支撑系统平台，正式上线办公OA系统、研究生管理系统、科研管理系统等。2018年学校信息化建设向"智能化"转变，从与师生员工工作、学习、生活关系最紧密的领域和事项做起。2018年完成学校网站群平台建设，学校官网及二级单位网站全部实现移动化，提升了学校100多个网站的安全性和访问便捷性。2019年完成数据库支撑平台、超融合计算平台、WebVPN平台建设，为学校信息化建设提供强有力的软硬件基础支持。2020年完成统一身份认证、数据共享、统一门户三大平台建设，截止到2021年已集成28个主要业务系统，日均登陆认证人次达到4000人次，基本实现了学校主要业务系统的统一身

⊙ 2021年与华为技术有限公司签订战略合作协议

份认证及数据初步交换共享。2020年完成新办公OA系统建设，实现收发文、通知公告、校内请示报告等12个办公流程应用。2020年完成企业微信号注册，并在企业微信平台上搭建集成办公OA系统、"一网通办"平台、财务系统等移动办公业务，按照信息化平台／系统的PC端和手机端同步建设的思路不断完善"掌上师大"建设，目前企业微信已拓展到20项服务功能，3.3万用户，日均使用达6000人次，有效提升学校信息化综合服务水平和移动办公能力；2021年启动"一网通办"平台建设，党务、教学、学工、人事、科研、行政和后勤等400项涉及师生审批与服务的业务实现线上办理。

在校园一卡通方面，2015年启动校园一卡通项目，由中国银行桂林分行投资，经过一期、二期建设共完成学生公寓管理系统建设项目、学生公寓进出管理系统建设项目、迎新管理系统、智慧餐盘系统等11个子项目。2020年通过争取银联广西分公司和中国银行桂林分行约300万元资金支持，启动新一卡通升级改造和启用云闪付项目，实现了云闪付扫码支付、在线充值、查询校园卡余额、校园虚拟卡扫码支付等功能。

（陈艳　执笔　倪水雄　校对）

文献来源

［1］广西师范大学校史修订组.广西师范大学史（1932—2002）［M］.桂林：广西师范大学出版社，2012.

实施21世纪园丁工程
甄育园丁耀八桂

◎ **导读** ◎

1998年，以学校教育科学学院（现教育学部）作为技术支撑单位，广西"21世纪园丁工程"正式实施，对我国基础教育、教师教育产生重要影响，为全国提供了广西样本和广西经验。

为提高教师队伍的整体素质，加快中小学教育教学改革的进程，全面提高基础教育质量，1998年底，广西召开全区师资工作会议，决定在全区实施"21世纪园丁工程"。

广西"21世纪园丁工程"启动

党的十五大指出："培养同现代化要求相适应的数以亿计高素质的劳动者和数以千万计的专门人才，发挥我国巨大人力资源优势，关系21世纪社会主义事业的全局。"1998年底，广西召开全区师资工作会议，决定在全区实施"21世纪园丁工程"（以下简称"工程"）。1999年1月，自治区教育厅发出当年1号文件启动工程，计划用5年时间，分别培养100名自治区级（A类）、1000名地市级（B

广西壮族自治区教育厅

桂教[1999]1号

关于实施中小学教师队伍建设
"21世纪园丁工程"的通知

各地（市）、县（区）教育局（教委）、区直有关厅局，柳铁教委，
各高等院校、师范院校：
　　为了贯彻国家教育部《面向21世纪教育振兴行动计划》精神，建
设一支面向21世纪的中小学骨干教师队伍，全面提高基础教育质量，
自治区教育厅决定，从1999年至2003年，实施中小学教师队伍建设
"21世纪园丁工程"，计划用五年时间，在区、地市、县三级分别重
点培养出一批学科教学带头人和教学骨干，建立起我区中小学骨干教
师群体和梯队。现将有关事项通知如下：
　　一、加强对工程的组织领导。自治区成立"21世纪园丁工程"领
导小组，并确定广西师范大学教育科学学院为工程技术支撑单位。对
"工程"进行统一规划、领导和具体实施。各地市、县要成立相应的
领导机构、确定工程技术支撑单位。自治区领导小组成员如下：
　　　　组　长：潘　晔（区教育厅副厅长）
　　　　副组长：江佑霖（广西师大副校长）
　　　　成　员：孙德钊（区教育厅厅长助理）
　　　　　　　　胡东红（区教育厅厅长助理）
　　　　　　　　刘　力（区教育厅厅长助理）
　　　　　　　　张兆飞（区教育厅师范处长）
　　　　　　　　门传真（区教育厅人事处长）
　　　　　　　　王　楠（广西师大教育科学学院院长）
　　领导小组下设办公室，办公地点设在区教育厅师范教育处，办公
室主任：张兆飞（兼）。
　　广西师范大学教育科学学院工程办公室主任：王　楠（兼）。
　　二、落实工程经费。自治区教育厅每年安排专项经费用于自治区

⊙　关于实施中小学教师队
伍建设"21世纪园丁工程"
的通知

类）、1万名县级（C类）中小学骨干教师。

　　为此，广西成立了以时任自治区教育厅副厅长潘晔为组长的广西
"21世纪园丁工程"领导小组，先后由学校时任副校长江佑霖、钟瑞添
担任副组长主管"园丁工程"，领导小组下设办公室，由时任广西教育
厅师范处处长张兆飞兼办公室主任。以学校教育科学学院（现教育学
部）作为"工程"技术支撑单位，实施广西"21世纪园丁工程"。

　　经过严谨细致的遴选工作，从全区各地、市上报的322名推荐对
象中，遴选出103名自治区级培养对象，并以学校为基础，从全区挑
选了20名多学科、宽领域、高层次，又具有现代教育思想和理念的教
师作为"园丁工程"的导师。

"21世纪园丁工程"分两期实施

　　"工程"自1998年起实施至2008年，10年间分两期实施。第一期

⊙ 广西"21世纪园丁工程"自治区级骨干教师培训开学典礼

"工程"的实施分三阶段进行：第一阶段从1999年4月至2000年12月，以教育教学理论、教育技术和学科新知识学习为主；第二阶段从2001年1月至2002年2月，以教育教学理论运用、学科教学理论学习和学科教学研究与实验为主；第三阶段从2002年2月至2003年10月，采取导师指导和基地研修相结合的方式，以学员独特教学风格和理论的总结与提高为主。经过实践与探索，依托技术支撑单位广西师大教育科学学院，广西建立起了一个ABC三级金字塔形培训框架，采用集中培训、基地研修、巡回讲学、学科组活动、参加国培、境外考察等相结合的方式，在实践中探索出导师制、课题中心制、网络互动制、学历教育制、访学研修制等骨干教师培训"五制"新模式。

截至2004年，第一批"园丁工程"成果丰硕，产生全国模范教师5人；全国"五一"劳动奖章2人；全国优秀教师9人；获广西"有突出贡献的科技人员"2人；获广西"十大杰出青年"称号3人；全国人大代表1人，特级教师52名。出版了系列教材5本、系列课例3本、学科研究系列丛书5本；学员专著6本；教师个案研究2本，学员论文集2本。广西"工程"A类学员公开发表科研论文600多篇。园丁工程办设立科研基金约40万元人民币，103名"园丁工程"学员的研究课题得到立项，公开发表了与课题相关的科研论文200多篇。

第二期"工程"又分两批进行。组建高水平导师团队，除了从各二级学院选聘熟悉基础教育的教育教学专家外，还聘请了部分一期"园丁工程"A类优秀学员作为指导教师，形成了一个既有较高理论水平，又有丰富实践经验，有学术服务意识，具备学术攻关和技术开发能力的充满活力的导师团队。"二期工程"以提高教师队伍专业化水平为目标，以"新理念、新课程、新技术"为主要内容，坚持结合、创新、集成、均衡原则，按照"面向全员、突出骨干、倾斜农村"的工作思路开展新一轮中小学教师培训，为进一步创新中小学教师培训的模式、方法和手段积累丰富的实践素材。

"二期工程"第一批自治区级骨干教师培训于2005年1月至2006年6月在广西师范大学开展，我校所承担的小学科学、初中物理、初中信息技术，以及高中语文、数学、英语、政治、物理、化学、历史、生物、信息技术、研究性学习共13个学科，共683人的培训工程，在导师与学员的共同努力下，从集中通识培训、学科专业培训、基地实践研修到校本研修的系统培训工程的每一阶段都取得了良好的培训效果。培训期间，共上公开课或示范课千余节；制作多媒体课件近千件，开展校本教研活动800余次；完成和发表教育教学论文900余篇；开展各类课题研究的项目达487项，完成教学设计1366节，教育教学论文1027篇，公开课或录像课2049节，开展学术报告和讲座1710次，参与课题研究659项。达到了工程实施既定目标和要求，得到了教育厅的充分肯定。

"二期园丁工程"第二批于2007年12月8日启动，共承担了高中语文、高中数学、高中英语、高中文科综合、高（初）中理科综合5个学科共296人的培训工作，秉承"以人为本、院系为主、张扬个性、共同成长"的理念。2008年8月，广西"21世纪园丁工程"第二期第二批自治区级骨干教师培训圆满结题，此次培训共组织校本教研活动525次，开展公开课357节，课题研究268项，撰写论文355篇，制作多媒体课件或个人网页503件。

"21世纪园丁工程"的积极影响

该项目对我国基础教育、教师教育产生有力影响，为全国提供了

⊙ 广西"21世纪园丁工程"第二期第二批自治区级骨干教师培训开学典礼

广西样本和广西经验。在全国率先实施骨干教师培训，整合了广西的优质资源，搭建了教师成长的平台，带动了广西基础教育的发展。作为广西中小学教师继续教育的一项重点工程，在不断的探索和进取中，已经在社会各界形成了一种品牌效应，受到了《人民日报》《广西教育报》《光明日报》等诸多媒体的关注，被誉为"广西中小学骨干教师的种子工程，中小学教师全员培训的火把工程，基础教育全面推进素质教育的奠基工程，建设学习型社会的先导工程"（这是项目结题时专家们的评价）。2001年2月28日下午，时任教育部部长陈至立视察了设在广西师范大学的"广西中小学教师远程教育中心"和"广西21世纪园丁工程"，对"广西中小学教师继续教育工程"的启动和"广西21世纪园丁工程"的实施及其取得的巨大成功给予充分肯定。

（马玮岐 执笔 李颖 审校）

荣获"全国先进基层党组织"
党建引领学校高质量发展

◎ 导读 ◎

2001年7月1日，中共中央举行庆祝中国共产党成立80周年大会，学校党委在大会上受到表彰，荣获"全国先进基层党组织"称号，时任校党委书记黄介山作为代表赴京出席了庆祝大会，并与江泽民、胡锦涛等中央领导人合影。这是广西高校首次获此殊荣。荣誉的获得，既是党中央和自治区党委对我校党建工作的充分肯定，更是对进一步建好建强学校党组织的巨大鼓舞。

奋楫笃行获殊荣

为继承和发扬党的优良传统，表彰先进，弘扬正气，激励广大基层党组织和共产党员、党务工作者在完成"十五"计划，全面推进建设有中国特色社会主义的伟大事业中奋发进取、建功立业，在纪念建党80周年之际，中央组织部组织开展全国先进基层党组织、优秀共产党员和优秀党务工作者评选，对在工作中取得优异成绩的500个基层党组织、50名优秀共产党员、200名党务工作者予以表彰，分别授予"全国先进基层党组织""全国优秀共产党员"和"全国优秀党务工作者"荣誉称号。

党的十五大召开以来，学校党委十分重视加强和改进党的建设工作，解放思想、开拓创新、继往开来，取得了一系列显著成效。

一是党委领导下的校长负责制落实有力。学校党委注意管全局、抓大事，认真执行民主集中制的决策原则，营造和谐的合作氛围，使党政班子成为团结奋进的领导集体，明显增强了党组织的战斗力和教职工的凝聚力，受到群众的普遍肯定和上级的多次表扬。校党委还努力加强干部队伍建设，大力培养、提拔德才兼备的年轻干部，为他们创造锻炼和成长的机会。二十世纪九十年代至二十一世纪初，学校为广西各条战线培养了大量优秀的年轻干部。

二是学校的凝聚力和党组织的战斗力得到进一步加强。学校党委重视和改进党建工作，抓好基层党组织的建设和党员队伍建设，狠抓入党启发教育、入党积极分子培训、共青团"推优"等工作，高质量推进党员发展和培养工作。1997年至2001年，培训入党积极分子10763人，943名学生和96名教师入党，8000多名青年学生向党组织递交入党申请书。

三是理论学习成效得到进一步提升。学校党委深化"两课"教学改革，坚持"进教材、进课堂、进头脑"的要求，以学生"愿读、愿听、会用"为目标，开展富有特色的理论学习活动，青年学生的理论学习取得显著成效。编撰的《真理，您告诉我——青年理论学习百题》《从

⊙ 2001年7月1日，学校党委荣获"全国先进基层党组织"称号

政明镜——与干部谈修养》青年理论读本分别获中宣部"五个一"工程奖和广西第六次社会科学研究优秀成果三等奖。

四是社会实践育人实效得到进一步深化。学校党委注重学生理论学习与实践相结合,学生开展的"千人百村万户""扶贫帮困""科教扫盲三下乡"等大型社会实践活动成效斐然,1998年至2000年连续三次荣获中宣部、教育部、团中央授予的"全国社会实践活动先进单位"称号和"全国社会实践优秀组织奖"。

根据中央组织部工作部署和广西壮族自治区党委组织部桂组通字〔2001〕28号文件精神,我校及时梳理总结党建工作成效,积极参加全国先进基层党组织的申报,通过各党总支、直属支部组织党员充分酝酿和民主推荐,经公示无异议后向广西高校工委推荐我校党委参加全国先进基层党组织评选。2001年7月1日,中共中央在人民大会堂隆重举行庆祝中国共产党成立八十周年大会,时任学校党委书记黄介山出席会议,学校党委在大会上受到表彰,荣获"全国先进基层党组织"称号。

赓续奋斗书华章

"全国先进基层党组织"荣誉的获得,既是党中央和自治区党委对

⊙ "全国先进基层党组织"证书

我校党建工作的充分肯定，更是对进一步建好建强学校党组织的巨大鼓舞。

获得表彰二十多年来，特别是学校第十一次党代会以来，学校党委坚持以党的政治建设为统领，高举中国特色社会主义伟大旗帜，以党的十八大、十九大精神为指引，认真学习宣传贯彻落实习近平新时代中国特色社会主义思想，认真贯彻落实新时代党的建设总要求和新时代党的组织路线，把抓好党建工作作为办学治校的基本功，坚持稳中求进总基调，坚守立德树人初心使命，深入推进基层党组织标准化规范化建设，坚持党管干部、党管人才原则，坚定不移推动全面从严治党向纵深发展，不断加强统一战线建设，深化工会、共青团、离退休工作改革，坚决守牢安全稳定红线、底线，党对学校的全面领导更加坚强有力，各级党组织成为落实立德树人根本任务的红色引擎和战斗堡垒，党建引领改革发展实现提质增效，高质量内涵式发展成果不断涌现，师生幸福感、获得感更强更实，幸福美好师大正朝着实现全体师生期待的方向不断迈进。

近十年来，学校党委先后创建培育出1个全国百个研究生样板党支部、1个全国高校"双带头人"教师党支部书记工作室、3个全国高校党建工作样板支部、2个首批新时代广西高校党建工作标杆院系、4个首批新时代广西高校党建工作样板支部；涌现出全国模范教师、全国优秀教师、全国教育系统先进工作者、"中国好人"、全国百名研究生党员标兵、全国岗位学雷锋标兵、全国高校黄大年式教师团队、自治区优秀共产党员等先进个人和集体；获全国文明校园、全国"五四"红旗团委、全国百个最佳志愿服务团队等荣誉称号；马克思主义学院入围全国重点马院，教育学部被评为全国教育系统先进集体。2018年以来，我校在区管高校党委书记落实党建主体责任述职评议考核工作中均获得"好"的等次，连续两年综合评价位列第一名。

今后，学校党委将以实施党的建设"八大工程"、构建"123456"党建工作示范体系、健全党建保障"五大机制"为抓手，进一步加强党的全面领导，深化落实党要管党、全面从严治党，不断严密党的组织体系，着力建设德才兼备的高素质干部队伍，不断提高党的执政能力和领导水平，以高质量党建引领学校各项事业高质量发展，为凝心聚力建设国内一流大学和新时代幸福美好师大提供坚强保证。

（黄秋菊 执笔 吴骞 审校）

陈至立视察学校
嘱托学校扎根广西办好教育

◎ 导读 ◎

2001年2月28日，国家教育部部长陈至立到学校视察，详细了解中文系被教育部批准为国家文科基地后的发展情况以及"广西21世纪园丁工程"实施情况，听取学校工作汇报，考察王城校区。陈至立视察学校，带来了对学校改革发展的关心和厚爱，极大提高了学校扎根广西办好教育的信心和动力。

2001年2月28日下午，国家教育部部长陈至立到校视察。时任自治区副主席吴恒，教育厅副厅长车芳仁，桂林市委书记姜兴和，桂林市委常委、秘书长刘刚，副市长汤杰，国家教育部办公厅主任郑树山、政策研究与法制建设司司长陈小娅、财务司司长杨周复、民族教育司司长夏铸等领导共同参加了视察。时任学校党政领导黄介山、蓝常周、段平禄、梁宏、钟瑞添，各院系各部处室负责人，部分教授、博士代表也参加了此次活动。

要到广西师范大学看看

陈至立部长在北海参加相关政务活动后，本要从北海直飞北京。但飞机还要经停长沙。陈部长说，与其到长沙停，不如到桂林去，还可以看看这里的学校，看看这里秀丽的祖国河山。到达广西师范大学后，陈至立部长高兴地说，今天，我们一下飞机就到了广西师范大学，我非常高兴能够到广西师范大学，我是第一次来广西，也是第一次来桂林。陈至立部长对学校的深厚感情，让所有人为之感动。参观了学校育才校区后，她说："广西师范大学的环境也非常美，干干净净。到这里，我们心旷神怡。""广西师范大学形成了一种求实、奋进、进取、奋斗的风气，你们有进取意识。"她说，广西有了这么一所那么好的师范大学，广西的教育在新的世纪必定能创造出更美好的前程。

考察国家文科基地

1995年1月16日，国家教委批准设立广西师范大学文科基地·中国语言文学学科点。国家文科基地获批之后，学校高度重视基地建设，将之作为传承中华优秀传统文化，开展文科科学研究及优秀人才培养的重要基地。

陈至立部长来到中文系，与师生亲切交谈，嘘寒问暖，详细了解

⊙ 2001年2月28日，时任教育部部长陈至立视察学校

中文系被教育部批准为国家文科基地后的发展情况。当陈至立部长知道中文系的首任系主任是陈望道教授时，陈部长高兴并惊讶地说："陈望道教授原来还是这里的系主任啊！他是我们的老师和校长呢！"（陈望道教授曾任复旦大学校长，陈部长毕业于复旦大学）

陈至立部长说，中文系有这么好的老师，中文系的发展还是很有希望的。陈部长还高兴地观看了中文系成为国家文科基地后进行教学改革、运用多媒体辅助教学的专题片，对各方面取得的成绩不时点头表示满意。

充分肯定"广西21世纪园丁工程"

在逸夫电教楼，陈部长考察了学校远程教育中心和运用多媒体教学情况，听取了时任教育科学学院陈时见院长以"广西21世纪园丁工程"为主要内容的"走进基础教育"专题汇报，还饶有兴趣地亲自操作电脑了解关于"广西21世纪园丁工程"的情况。

她说，广西的"两基"虽然取得了巨大的成就，但还是处于攻坚阶段，需要巩固，需要大量的师资。过去你们为广西输送了大量教师

⊙ 2001年2月28日，时任教育部部长陈至立（中）、自治区副主席吴恒（右二）参观中文系成果展览室

90周年90件大事

人才，但今后任务还很重。我觉得在这个时期，你们有了很多得力治本的措施，学校对今后的发展也下了决心。另外，你们实施园丁工程，取得了巨大的成功，这些都是非常好的。

可以说，陈至立部长对"广西中小学教师继续教育工程"的启动和"广西21世纪园丁工程"的实施给予了充分肯定，增强了学校扎根广西办好教育的信心。

陈部长一行在育才校区听取了学校党委书记兼校长黄介山所做的关于校史校貌、办学规模、师资队伍建设、教学改革、科研工作、学生思想政治工作、基础教育培训、校办产业、基础设施建设等方面取得的成绩，学校"十五"期间奋斗目标、办学规模以及学校存在的困难和要求等工作汇报。当看到黄介山书记介绍学校王城校区的照片时，已到下午6:30，她强烈要求去王城校区看看，离开王城校区已是晚上7点多。

她说，广西师范大学与桂林这一山清水秀旅游名城的名气相符合，是她看到的好的师范大学之一，学校环境这么优美，学校的管理、学科建设这么好，师生这么朝气蓬勃是她预想不到的，学校在过去的发展中，取得了巨大的成功，这些都是非常好的。

"不容易，你们做得很好"

当陈至立部长了解到学校出版社1999年销售码洋名列全国高校第四位，与清华大学出版社齐名，2000年销售码洋又达2.3亿元，并有一大批图书获奖时，满意地点头，连说："不容易，你们做得很好！"最后，她高兴地说，这次来到桂林，广西师范大学给她留下了极其深刻的印象。

陈部长勉励学校借"西部大开发"的契机，把学校建设得更好，取得新的更大的成绩，为广西的教育事业培养出更多优秀人才。陈部长还回答了学校关于解决批准博士点授予单位和新建图书馆经费支持等问题，并向全体师生致以敬意与慰问。随后，陈部长会见了桂林市其他高校的领导，了解各高校的发展情况，并分别与各高校领导及我校部分老师合影留念。

2007年2月19日，已是国务委员的陈至立，再次来到学校视察，恰逢中国传统春节，当时在校的副校长钟瑞添、白晓军、贺祖斌等陪同考察。她说，2001年2月来校时，由于时间关系，天色已晚，没有仔细看清王城校区，这次算是重访故地。同时，她还带来了对学校改革发展的关心和厚爱，极大提高了学校扎根广西办好教育的信心和动力。

⊙ 2007年2月19日，时任国务委员陈至立（前排中）视察我校王城校区

（杨凯　陈鹏　执笔　韦冬　审校）

文献来源

[1] 国家教育部陈至立部长视察我校 [N]. 广西师范大学报，2001-2-28.

成立独立学院漓江学院
适应多形式发展

◎ 导读 ◎

2001年5月23日，广西师范大学与浙江台州华侨物资公司签署办学协议，联合举办"广西师范大学漓江学院"（国有民办二级学院），从此开启了漓江学院的办学历程。2001年8月2日，广西师范大学漓江学院正式成立。历经筹建阶段、初创阶段、规范阶段、转型阶段，学院建设发展取得较好成效。2021年5月31日，经教育部批准转设为桂林学院。

筹建阶段（2001年3—7月）

20世纪九十年代末，为拉动内需和解决社会就业压力，在第三次全国教育工作会议之后，我国高等学校开始扩招。高等教育规模的急剧扩充基本是在原有普通高等教育系统内进行，来不及增设公办高校，而新兴的民办院校没有被委以扩招的任务，相反，由于公办高等教育系统的扩招，民办院校在发展空间上受到一定的影响。在此背景下，为了适应我国高等教育快速发展的需求，一些省市开始尝试利用普通高校的教育教学资源吸引社会资金办学，开展了举办国有民办二级学院的大胆探索。

广西师范大学敏锐地把握住高等教育这一发展新动态，积极加入了探索的行列，并于2001年3月起草了拟报自治区教育厅的《关于成立我校独秀学院的请示》，后经多方论证，最终将拟筹建的国有民办二级学院定名为"广西师范大学漓江学院"。5月22日，正式成立了由黄介山任组长，王杰、阳国亮、段平禄任副组长，相关部门负责人为成员的筹建工作领导小组。5月23日，广西师范大学与浙江省台州市华侨物资公司签订了《联合组建广西师范大学漓江学院的协议书》，随后分别拟定《关于成立广西师范大学漓江学院的论证报告》《广西师范大学漓江学院董事会章程》《广西师范大学漓江学院章程》以及广西师范大学董事会（筹）成员名单，并于6月15日正式向自治区教育厅报送了《关于成立我校漓江学院的请示》(师政报〔2001〕97号)。

初创阶段（2001年7月—2003年4月）

2001年7月31日，自治区教育厅印发《关于同意建立广西师范大学漓江学院的批复》(桂教函〔2001〕248号)，同意广西师范大学在不增加人员编制、不定建制级别的前提下，建立"广西师范大学漓江学院"，由广西师范大学统一管理，按民办机制办学；同时对漓江学院的管理体制与运行机制、办学层次、收费标准、资产管理、办学条件等方面做出了明确规定。

2001年8月2日，广西师范大学漓江学院正式成立。为实现当年成立、当年招生的工作目标，漓江学院迅速组建董事会、领导班子和工作机构。黄介山兼任董事长，董事会聘任王杰为院长，郭道明为顾问，刘绩元为常务副院长。根据市场需求和自身条件，学院以广西师范大学原有普通本科专业为依托，通过当年的高考招生录取途径开始招生。2001年9月，学院录取汉语言文学、法学、英语（商务英语）、计算机科学与技术、电子信息工程等5个专业首批本科新生401人，实际报到入学394人。

规范阶段（2003年4月—2012年10月）

2003年4月，《教育部关于印发〈关于规范并加强普通高校以新的机制和模式试办独立学院管理的若干意见〉的通知》(教发〔2003〕8号)，

90 周年 90 件大事

⊙ 2003年10月7日，广西师范大学与中国联合生物技术有限公司签署联合申办漓江学院协议书

将此类国有民办二级学院称为"独立学院"，并明确提出了独立学院规范发展的"七个独立"要求，即"独立学院应具有独立的校园和基本办学设施，实施相对独立的教学组织和管理，独立进行招生，独立颁发学历证书，独立进行财务核算，应具有独立法人资格，能独立承担民事责任"。为贯彻落实教育部通知精神，漓江学院实行规范整改，当年暂停招生。同年10月7日，广西师范大学与中国联合生物技术有限公司签订《联合申办"广西师范大学漓江学院"协议书》，成立独立学院筹备组。筹备组严格按照《教育部关于对各地批准试办的独立学院进行检查清理和重新批报工作的通知》（教发函〔2003〕247号）要求，积极开展重新报批工作。2004年2月，教育部印发《关于对广西壮族自治区普通高等学校举办的独立学院予以确认的通知》（教发函〔2004〕6号），漓江学院获得独立学院办学资格。当年9月，学院租借原中国人民解放军桂林陆军学院部分校舍实施办学。

2006年9月27日，漓江学院独立校园在桂林市雁山区开工建设；次年10月6日，学院整体搬迁至新落成的独立校园。

⊙ 2006年9月27日，广西师范大学漓江学院举行雁山校区开工奠基典礼

自2004年9月至2012年9月，广西师范大学先后派出时任副校长王杰、易忠、贺祖斌、蔡昌卓等兼任学院董事会副董事长、院长，丁静、查丹明、梁启谈等兼任董事。其间，学院办学初见成效，先后荣获广西教育系统先进集体并记集体二等功（2009年）、全国先进独立学院（2010年）、广西高等学校先进基层党组织（2011年）、广西高等学校大学生思想政治教育工作先进单位（2012年）、学士学位授权单位（2012年）等荣誉和资格。

转型阶段（2012年10月—2021年5月）

2012年，因各种原因，中国联合生物技术有限公司退出合作办学。2012年10月28日，广西师范大学与广西益勤商贸有限公司签订《合作办学协议书》，漓江学院探索步入了贯彻《教育部 国家发展改革委 财政部关于引导部分地方普通本科高校向应用型转变的指导意见》（教发〔2015〕7号）的"转型发展"新阶段。

在转型阶段，广西师范大学先后派出丁静、苏桂发等兼任学院董事会董事长，蔡昌卓、李英利等兼任副董事长。学院办学成效进一步

90周年90件大事

得到社会广泛认可，先后成功承办了第三届桂台高等教育高峰论坛暨广西师范大学漓江学院办学15周年成果展（2016年）、广西第三届"千里杯"校园（大学组）足球联赛（2017年）、中国独立学院协作会2017年年会暨全国独立学院第十二次峰会、第十八届广西高校教育教学信息化大赛总决赛（2019年）等重要会议与赛事，先后荣获广西卫生优秀学校（2013年）、广西高等学校安全文明校园（2014年）、广西民办教育先进单位（2015年）、全国民办高等教育创新创业教育示范学校文化建设奖（2016年）、广西优秀民办高等学校（2016年）、全国大中专学生志愿者暑期"三下乡"社会实践活动优秀单位（2018年）、广西民办教育突出贡献奖（2019年）、全国无偿献血促进奖单位奖（2020年）等一系列荣誉和奖项，先后5次（2015年、2018年、2019年、2020年、2021年）被评为"广西普通高校毕业生就业创业工作突出单位"。

2021年3月4日，按照教育部办公厅《关于加快推进独立学院转设工作的实施方案》（教发厅〔2020〕2号）的要求，经过与数十家公司洽谈，最终经过转设的相关法律程序，广西师范大学与广西益勤商贸有限公司、桂林新城投资开发集团有限公司三方签订广西师范大学漓江学院转设协议，桂林新城投资开发集团有限公司取代广西益勤商贸有限公司，成为学院新的合作举办方。5月31日，教育部致函广西壮族自治区人民政府（教发函〔2021〕77号），同意广西师范大学漓江学院转设为独立设置的桂林学院。

截至转设为桂林学院前，漓江学院占地面积830多亩、校舍建筑面积近20万平方米，拥有全日制在校学生12600多人、教职工近500人。开设普通本科专业达到52个，涵盖经、法、教、文、理、工、管、艺等8个学科门类和18个专业类，面向全国22个省（市、自治区）招生。

（王忠　蒋毅　执笔　杨树喆　审校）

文献来源

[1]周世中.广西师范大学漓江学院史（2001—2016）[M].桂林：广西师范大学出版社，2016年.

四次参加教育部本科教育教学评估
有效促进教育教学内涵式发展

◎ 导读 ◎

自教育部1985年开始建立健全本科教育教学评估制度以来，广西师范大学共参加了三次教育部本科教育教学评估，并即将迎来2022年普通高等学校本科教育教学审核评估。通过参加评估，学校以评促建、以评促改、以评促管、以评促强，有效促进教育教学内涵式发展，不断提升人才培养质量。

2001年本科教学工作随机性水平评估

2001年6月教育部办公厅下发通知，对全国25所普通高等学校进行本科教学工作随机性水平评估，其中选定山东师大、上海师大、福建师大、广西师大等四所高校为师范院校的评估对象。这次评估是学校自建校以来，首次接受国家教育部对学校本科教学工作的全面检查，同时也是促进我校自身发展的一次难得的机遇。因此，学校党委、行政高度重视，决定把迎接教育部专家组的检查评估作为2001年学校的中心工作。

2001年12月23日至28日，教育部委托时任华东师范大学党委副书记、副校长马钦荣教授为组长、首都师范大学副校长刘新成教授为副组长的教育部评估专家组一行15人，对学校开展了实地考察和评估。专家组在为期四天的实地考察、评估过程中，听取了时任学校党委书记兼校长黄介山教授所做的自评工作报告；审阅了自评报告和有关材料；考察了学校现代教育技术中心、图书馆、部分院系图书资料室、实验室、教室、网络中心、体育场馆等教学设施；随机听课41门次，调阅了近三年本科生的毕业论文46篇，以及部分实验报告和考试试卷；组织了284名学生的基本技能测试；发放学生调查问卷127份，走访了部分职能部门和院系；召开了校领导、老教师、中青年教师、院系主要领导、学生等9个座谈会；察看了学生宿舍和食堂；查阅了部分专业的教学计划、教学大纲、教材及学校管理文件档案；进行了个别访谈和专题调研。专家组进校前，还调阅评审了10个专业40篇毕业论文及8门课程的455份试卷。在此基础上，评估专家组形成了评估考察意见，认为广西师范大学一贯坚持社会主义办学方向，认真贯彻党的教育方针，为边远少数民族地区教育和经济建设与社会发展，做出了积极贡献。与此同时，专家组对学校今后的发展也提出了具有建设性的意见和建议。

评估结束后，学校在吸收专家组建议和意见的基础上，形成并着重抓好整改方案的落实工作，使学校各方面工作都得到了较大提高：学校进一步坚定了办学定位和办学思路，教学的中心地位得到进一步确立；学校的办学条件、教学基础设施得到较大改善；学校本科教学质量监控体系得到进一步完善；学校校风、教风、学风建设得到进一步加强；学校的教学改革向纵深发展；学校校园环境更加优美。我校

⊙ 广西师范大学本科教学工作随机性水平评估汇报会专家领导合影

与其他三所师范院校即山东师大、上海师大、福建师大一样，都被定为良好等级。

2008年本科教学工作水平评估

2008年，教育部对北京师范大学在内的87所普通高校进行了本科教学工作水平评估，广西师范大学是被评高校之一。

2008年4月6日至11日，教育部委托以时任陕西师范大学校长房喻教授为组长、华南师范大学党委书记杨文轩教授为副组长的教育部评估专家组一行14人，到校进行实地考察。进校考察期间，专家组认真审阅了学校的自评报告、支撑材料和原始档案；听取了时任校长梁宏教授关于本科教学工作情况的总体汇报；考察校内教学设施，参观了本科教学成就展、"人文强桂"工程展，考察了药用资源化学与药物分子工程教育部重点实验室、计算机教学公共平台、公共体育设施等教学生活场所设施；走访12个职能部门和17个学院；考察、走访校外实习实训基地广西师范大学出版社、广西植物研究所和阳朔中学；随机调阅了21个专业的1852份试卷，以及719篇毕业论文（设计）；随机

⊙ 2008年广西师范大学本科教学工作水平评估汇报会

听课43门次，调阅了6份教师课堂教学质量材料和21份学生教育实习总结；对随机抽取的学生进行了英语、教学技能、计算机操作技能和学生实验技能等4项学生基本技能测试；召开了学校领导、离退休校领导及老专家、教学管理人员、部处管理干部、中青年骨干教师、学生、学生就业及用人单位等8个座谈会。

在进行实地考察的基础上，专家组对学校的本科教学工作状况进行了认真研究和充分讨论，形成了对学校的本科教学工作的考察意见，认为：学校办学指导思想明确，教学中心地位牢固；注重师资队伍建设和管理，努力提高教师教学水平；教学投入逐年增加，办学条件不断改善；重视专业建设，教学改革成绩突出；教学管理队伍作风优良，教学质量保障体系运行有效；学校教风学风优，育人氛围好，社会声誉高。75年来，学校矢志不渝地全方位服务于广西基础教育，并为其改革、发展和创新做出了不可替代的重要贡献，形成了"秉承弘文励教优良传统，探索民族地区教育发展之路，支撑引领八桂基础教育改革发展"的鲜明办学特色。在充分肯定学校本科教学工作成绩的同时，专家组对学校本科教学工作提出宝贵意见和建议。

教育部于2009年初发布《教育部关于公布北京师范大学等87所普通高等学校本科教学工作水平评估结论的通知》(教高函〔2009〕3号)，公布评估结果，广西师范大学本科教学水平评估结论为优秀。

2016年本科教学工作审核评估

审核评估是在我国高等教育发展新形势下，教育部总结已有评估经验，借鉴国外先进评估思想，提出的新型评估模式。审核评估倡导"对国家负责，为学校服务"和"以学校为主体，以学生发展为本位"的理念；重点考察"五个度"的质量评估标准，被国际国内广泛认可。学校于2016年参加了第一轮本科教学工作审核评估。

2016年11月21日至24日，教育部高等教育教学评估中心委托以陕西师范大学原校长房喻教授为组长的评估专家组一行12人，在审核广西师范大学《自评报告》《本科教学质量年度报告》和《教学基本状态数据分析报告》及相应案头材料的基础上，通过查阅材料、深度访谈、现场考察、听课看课等形式，对学校的本科教学工作进行了全面的进校考察。专家组对学校的本科教学以及整个人才培养工作给予了充分肯定，一致认为学校办学定位明确，本科教育主体地位稳固，形成了独具特色的女性教育与研究品牌及独具风格的办学特色，学校本科教学达到了自身设定的目标。

专家组进校实地考察期间，集中考察了学校办学成就展、职业技术师范学院机械实训室、国家重点实验室、兴华科技素养教育创新实践基地等，评估专家组成员按照"全面考察、独立判断"的工作方式，在3天半的考察过程中，共走访职能部门59次，走访学院（部）及有关教学单位25次，走访包括出版社、体育场馆、学生宿舍、学生食堂等在内的校内其他单位14次，走访校外实训基地及用人单位5个，深度访谈校领导、职能部门负责人、学院领导和其他人员60人次，举行座谈会11场，110余人参加；另外，专家组听课看课37门次，调阅试卷3471份，调阅了29个专业共计1827份毕业论文或毕业设计。在综合各方面情况的基础上，专家组一致认为，学校经过84年的建设发展，已成为一所教师教育特色鲜明、文理学科协调发展、国际交流合作广泛的综合性大学。学校确定的"建设国内先进、国际知名、教师教育特色鲜明的教学研究型地方综合性大学"的目标定位，反映了学校在新的发展阶段的新目标、新要求、新内涵，体现了历史传承和与时俱进

⊙ 2016年广西师范大学本科教学工作审核评估专家意见反馈会

发展的统一，在全校范围内初步形成了共识。

评估结束后，学校迅速行动，按照教育部评估专家组对学校的反馈意见，部署了本科教学审核评估整改提升工作，印发了《广西师范大学教育部本科教学工作审核评估整改方案》，确定了整改指导思想、整改思路以及整改工作进度安排和总体要求，全面推进评估整改工作。根据整改方案，在一年的时间内，学校严格按照时间节点，实施130项整改举措，全面统筹抓好并落实65项整改任务，确保整改措施得力、整改责任到位、整改效果显著，强化内涵建设，全面提升人才培养质量。

2016年的教育部本科教学工作审核评估是对学校本科人才培养工作的一次全面"体检"，是学校找问题、补短板、强特色、助发展的重要契机，是学校事业发展的新起点、新动力，对我校深化教育教学改革、提高教学质量和整体办学水平有重要指导意义和推动作用。

2022年普通高等学校本科教育教学工作审核评估

根据教育部《普通高等学校本科教育教学审核评估实施方案（2021—2025年）》精神，学校作为自治区新一轮本科教育教学审核评估部省协同试点高校，将于2022年12月接受教育部普通高等学校本科

⊙ 2022年3月广西师范大学本科教育教学审核评估工作布置会

教育教学审核评估。

为扎实推进学校新一轮审核评估自评自建工作，学校制订《广西师范大学本科教育教学审核评估工作方案》，明确审核评估工作的指导思想、工作职责、工作阶段性安排等内容。成立了评估评建工作领导小组，下设评估工作办公室、专项工作组，各教学单位也相应建立审核评估评建工作小组。学校评估工作领导小组采用双组长制，由校党委书记邓军、校长贺祖斌共同担任。

学校将整个评建工作分为"宣传动员""自查自建""自评整改""接受评估""评估整改"等阶段。宣传动员阶段重点组织学习教育部审核评估文件，统一思想认识；自查自建阶段重点组织梳理日常教学和管理工作的各个环节，查找问题，分析原因，持续改进；自评整改阶段组织做好持续改进工作，同时做好线上评估和入校评估准备工作。接受评估和总结整改阶段将对照审核评估报告（含问题清单）及专家现场考察提出的意见建议，全面排查学校本科教育教学薄弱环节及存在问题，提出针对性解决措施，全面落实整改任务。

整个评估评建过程，学校将以"平常心、正常态"迎接评估，以"学习心、开放态"对待评估，强调"以评促建、以评促改、以评促管、以评促强"，使学校评估工作融入日常人才培养过程，融入质量保障体系与质量文化建设，全面提升学校办学质量和育人水平。

（张文超　黄坚　执笔　黄令　审校）

重回雁山办学
发展空间空前扩大

◎ 导读 ◎

2003年，学校开始了新校区的选址工作，同年底获自治区教育厅批准。2005年12月8日，学校隆重举行了雁山校区动工奠基仪式。2007年10月8日，雁山校区正式启用，首批1400多名2007级新生入住。经过十多年的建设，学校雁山校区各项功能逐渐完善，2019年2月24日，学校行政主体迁至雁山，雁山校区成为学校主校区。

广西师范大学历史悠久，校址几经调整，多次搬迁，到20世纪末同时在王城和育才两个校区办学，占地1080亩。随着全国高等教育大众化的推进，学校按照广西高等教育"十五"发展规划的要求不断扩招，原有的办学空间和教学设施已处于饱和状态，尤其是校园面积的局限，在学校快速发展的当下也就显得"捉襟见肘"。经过充分考察研究，学校决定以外延扩展方式，异地建设新校区。

慎重选址

2003年，学校党委和行政开始新校区的选址工作。由时任分管后勤工作的副校长蓝常周率队先后考察了十余宗地块，经学校领导班子研究，初选了临桂、雁山和灵川等三个地块作为候选地址。同年7月学校组织中层以上主要领导干部重点考察了临桂和雁山两处，2003年7月8日，学校在桂林市兴安县召开中层以上领导干部参加的改革发展研讨会，通过讨论和表决，选择了雁山地块。然后经学校教代会代表以无记名投票方式，确认了雁山地块作为新建校址。

之所以在雁山、临桂中选择雁山，是因为考虑到临桂选址区域水源少，溶洞多，建筑困难，生活不便。而相比之下，雁山选址区域虽地势偏低，离市区较远，但是它靠近师大创办的发源地雁山园，而且有桂阳公路经过，环境优美，交通方便，人、车流量大。更难得的是有一条相思江流过，水源充足。大家都说"有水就有灵气，这对学校是非常好的"。加之桂林市已做出规划，要在雁山建造大学园区，学校在此建立新校区也是大势所趋。巧合的是，新校址就在学校前身——创办于1932年的广西师专旧址（今雁山园）附近，可谓是重回雁山办学。

新校区奠基

新校区选址确定后，学校努力争取到了将雁山新校区建设项目列为桂林市和自治区的重大建设项目。2003年12月29日，自治区教育厅同意广西师范大学2010年发展规模40800人，在桂林雁山选址征用土

⊙ 2005年12月8日，学校隆重举行雁山校区开工奠基仪式

90周年90件大事

地5500亩（366.7公顷）作为新校区建设和发展用地（实际征地3115亩）。2004年10月完成了雁山校区建设可行性研究报告，同时抓紧征地申报和其他工作。2005年9月完成了雁山新校区的总体规划设计和修建性详规，并获得桂林市建设规划主管审核通过，11月完成了第一期1024亩土地征收用地的丈量补偿。12月8日学校隆重举行了雁山校区开工奠基仪式。时任自治区党委副书记李纪恒携相关领导从南宁专程赶来参加了奠基仪式。从此，雁山校区的建设拉开了序幕。

雁山校区一期工程

雁山校区一期工程批复总投资142000万元，主要包括美术组团综合楼、一期学生公寓组团、第一学生食堂、文科行政楼、田径游泳馆、球类馆、综合体育馆等工程，总建筑面估约227000m²。工程于2005年投入建设，至2007年10月基本完成一期学生公寓组团、第一学生食堂、文科行政楼等工程。2007年10月8日，雁山校区正式启用，首批1400多名2007级新生入住雁山校区。

雁山校区一期工程历经几次规划调整，分批次投入建设，2009年—2010年，学校先后完成了二期学生宿舍C区（博士楼）、二期学生宿舍A区1#–5#楼、风雨操场（公共体育馆）等工程，三期学生宿舍2010年7月开工建设，2012年9月完工。体育、音乐组团工程于2009

⊙ 2007年10月8日，雁山校区开始启用

年启动建设，2010年10月完成音乐综合楼工程，2011年6月完成体育综合楼工程，2011年11月完成标准体育场工程。此后，一期工程仅剩的田径游泳馆、综合体育馆因各种原因停工长达数年，学校与施工方多次就工程复工进行谈判，在学校两届党委、行政领导班子的坚强领导下，两个场馆建设工程于2018年底全面复工。2020年10月，田径游泳馆建成启用，2021年9月，综合体育馆交付使用。至此，雁山校区一期工程基本完成。

雁山校区二期工程

雁山校区二期工程批复总投资236000万元，总建筑面积760800m²。主要建设图书馆、理科教学楼、教师技能培训中心（后更名为教师教育实验实训中心）、理科实验中心、学生活动中心（后更名为大学生创新创业中心）、研究生院楼（后更名为现代产业学院楼）、学生公寓楼、第二学生食堂等工程。二期工程于2011年9月获得立项批复，2012年投入建设。

雁山校区图书馆是雁山校区最高的建筑物，也是雁山校区的标志性建筑，总投资约21000万元，建筑面积55000m²。2012年9月，图书馆土建工程正式开工，至2018年9月完成主体及全部附属工程。2018年10月12日，雁山校区图书馆盛大开馆。

随着学校办学规模不断扩大，主要办学地点也逐渐搬迁至雁山校区，对学生宿舍、食堂的需求量也越来越大。雁山校区二期工程的第一批项目就是学生宿舍和食堂工程。2012年8月，第二学生食堂投入建设，于2013年12月完工。四期学生宿舍2012年4月开工，至2015年1月完工。第五区学生宿舍2018年投入建设，至今已完成1#-6#楼、11#-16#楼的建设，剩余7#-10#楼、17#-20#楼计划2023年完成。理科教学楼分两批建设，理科教学楼组团2工程（厚藩楼）于2014年8月开工，2015年8月完工，理科教学楼组团1工程2019年3月开工，2020年10完工。理科实验中心分为濒危动植物保护重点实验室和环境与资源学院、生命科学学院实验楼两项工程，先后于2012年9月和2015年10月完成。

此外，大学生创新创业中心，总投资9494万元，建筑面积约18000m²，计划2022年9月完成主体工程；教师教育实验实训中心，总投资22241万元，建筑面积37325m²，计划2022年10月开工建设。

行政中心主体迁往雁山

经过十多年的建设，学校雁山校区各项功能逐渐完善，2019年2月24日，学校举行雁山校区行政中心启用仪式。各机关职能部门迁至雁山校区上班。

校党委书记邓军宣布新行政中心正式启用。校长贺祖斌在启用仪式上致辞，简要回顾了学校从雁山园创校以来的校区变迁沿革，也回顾了学校从首任校长杨东莼提出"建设广西之柱石"的愿景，到如今以建设国内高水平大学为目标的跨越式发展历程。他要求全体机关干部要以新行政中心启用为契机，强化服务意识和责任担当，提升管理和服务水平，更好地为学校"双一流"建设和实现内涵式发展贡献力量。学校行政中心正式搬迁雁山校区后，雁山校区成为了学校主校区。

⊙ 2019年2月24日，学校举行雁山校区行政中心启用仪式

（谢晶晶　执笔　陈欢欣　审校）

文献来源

[1] 王枬，黄伟林．师大故事［M］．桂林：广西师范大学出版社，2019.

实施"人文强桂"
推动广西哲学社会科学繁荣发展

◎ **导读** ◎

"人文强桂"建设工程为打造繁荣发展广西哲学社会科学的核心地带，发挥广西师范大学文科优势创造了良好的条件。2005年，学校成为广西壮族自治区人民政府"人文强桂"建设工程的主体依托单位。学校的哲学社会科学以"人文强桂"建设工程为机遇，以"建设人文环境、发展人文科学、支撑自主创新、引领社会文明"为战略总目标，通过有效的"推动"与"引领"，使学校哲学社会科学研究总体水平有较大提高，为人文社会科学博士点、博士一级授权学科、博士后科研流动站、国家社会科学基金重大招标项目等学科高地（峰）的获得奠定坚实基础。

建设缘起

"人文强桂"建设工程是自治区党委、人民政府为认真贯彻中共中央2004年3月颁布的《关于进一步繁荣发展哲学社会科学的意见》精神，充分发挥高等院校人文社会科学在广西经济建设和社会发展中的作用，推进广西高校人文社会科学繁荣发展而实施的一项重大工程。广西师范大学由于哲学社会科学研究基础较好而被确定为"人文强桂"建设工程的主体依托单位。

2005年3月，广西师范大学向自治区教育厅递交《关于请求批准实施"繁荣哲学社会科学人文强桂建设工程"的请示》，并于2005年4月27日获时任自治区副主席吴恒批示："依托广西师范大学，通过'人文强桂建设工程'的形式支持哲学社会科学的发展是十分必要的……2005—2007年，每年从自治区专项科技经费中安排200万元予以专项支持，并按项目管理要求，严格资金的使用，确保高水平的成果的产生。"

自治区党委、人民政府高度重视"人文强桂"建设工程的组织实施工作。自治区领导多次与学校领导、社科专家座谈沟通，商讨"人文强桂建设工程"的实施方案，并就建设经费的来源、建设的总体目标做出重要批示，充分体现了自治区党委、人民政府对学校的信任，以及对学校在繁荣发展广

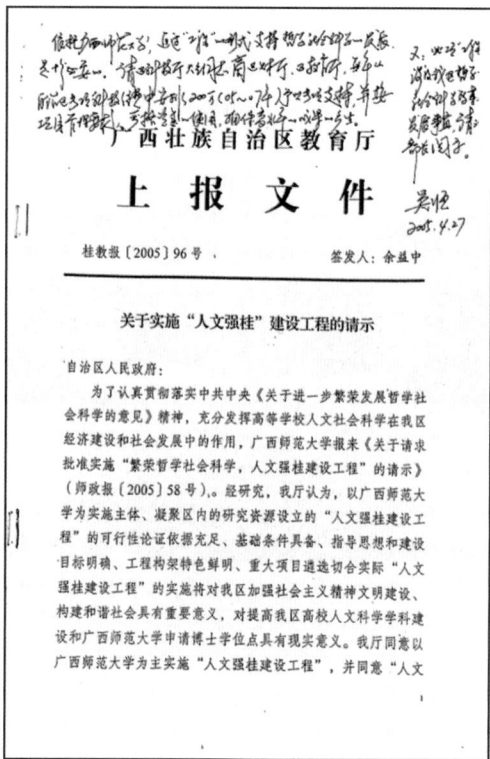

⊙ 自治区党委、人民政府启动"人文强桂"建设工程的批示

西哲学社会科学中承担的历史责任寄予的期望。吴恒副主席在2005年5月27日批示中给出"人文强桂建设工程"总体目标建议："建设若干在全国高校中的哲学、社会科学领域有重大影响的课题、项目、成果；提升广西师范大学关于人文社会科学的研究水平与环境；培养一批在国内同行中有较大影响的学者、学术带头人；辅助师大哲学社会科学博士点的建设与发展。"

从2005年至2007年，自治区党委、人民政府资助广西师范大学科研经费1200万元，用于哲学社会科学研究项目、研究基地建设，使学校通过建设产生一些在全国高校有影响的研究项目、研究成果，产生一批在全国有一定影响的社会科学工作者，整体提升广西的哲学社会科学研究水平和研究环境，推动以博士点建设为主要目标的学科建设。

⊙ 2005年4月8日，时任自治区副主席吴恒在学校育才校区办公楼三楼会议室主持召开会议，商议启动"人文强桂"建设工程

项目实施

作为"人文强桂"建设工程的主体单位，广西师范大学在启动伊始即认真落实"人文强桂"建设工程各项工作，努力推进各项工作进程。

2005年12月21日，学校成立"广西师范大学人文哲学社会科学建设办公室"（师政人事〔2005〕71号）。该办公室负责规划、组织和协调学校人文哲学社会科学研究工作的职能部门，挂靠科研处；设办公室主任1名，享受正处级待遇，兼任科研处副处长。这是广西高校首个专门负责人文社会科学管理的专门机构。

2006年5月22日，学校成立"广西师范大学人文哲学社会科学领导小组"（师政人事〔2006〕39号），校党委书记、校长共同担任组长、党委副书记、副校长担任副组长，学校主要职能部门的主要负责人、文科各学院院长、重点研究基地负责人作为主要成员。领导小组负责学校人文哲学社会科学事业的规划、组织和协调工作，进一步推动"人文强桂"建设工程工作开展。领导小组的成立，建立健全了"人文强桂"建设工程的领导与管理机构。

学校围绕广西经济社会发展的重点、热点、难点问题，实施"重点研究基地建设工程""重大项目研究工程""人文社会科学博士点与博士后科研流动站建设""广西人文社会科学文献资源共享平台建设"4大工程。"重点研究基地建设工程"是在学校建设"八桂文化与文学研究中心""审美人类学研究中心""中国·东盟历史与现实问题研究中心""广西马克思主义思想政治教育研究中心""多元文化与教育发展研究中心"5个广西哲学社会科学重点研究基地，使这些基地具有信息资料中心、学术交流中心、科学研究中心、人才培养中心、研究成果传播中心的作用，争取在10年内，使基地的研究条件、科研水平和服务社会能力在国内居先进或领先地位。"重大项目研究工程"是由学校具体负责组织区内外力量，提出涉及广西发展全局性、前瞻性、战略性的重大项目，开展联合攻关，积极为各级党委、政府决策提供科学依据、理论支持和智力服务，力争取得一批具有重大学术价值、应用价值和社会影响的标志性成果。通过项目的实施，培养造就一批用马克思主义武装起来、扎根广西、立足中国、面向世界、学贯中西的思想家和理论家，造就一批理论功底扎实、勇于开拓创新的学科带头人，造就一批年富力强、政治和业务素质良好、锐意进取的青年理论骨干。

广西文科中心落户广西师范大学

2009年11月，自治区党委、人民政府在"人文强桂"建设工程的基础上，建设省级人文社会科学实验平台——广西人文社会科学发展研究中心（简称"广西文科中心"）。自治区党委、人民政府从2009—2011年分三年，按每年1000万元，总共3000万元，之后自治区教育厅持续进行投入，到2022年共计投入5700万元专项科研经费用于广西文科中心建设。广西文科中心延续"人文强桂"的价值追求，将总体建设目标定位为"高地（科学研究）+基地（服务社会）"，即将广西文科中心建设成为"高校人文社会科学研究新高地"和"人文社会科学服务地方经济社会发展示范基地"。广西文科中心围绕以凝炼特色研究方向、打造特色研究团队、产出标志性研究成果为核心目标推动的"科学研究工程"；以把科研论文写在祖国大地上、写在人民心中为导向，以组建社会服务研究团队、设立社会服务行动工程项目为抓手推进的"社会服务行动工程"；以培养和引进学科领军人物为抓手推进的"高端人才队伍建设工程"；以购置大量珍稀及特色图书资料推进的"基础条件建设工程"这四大工程进行建设。同时充分发挥中心的辐射作用，带动全区兄弟高校哲学社会科学的共同发展，在推动学校乃至全区高校人文社会科学发展创新、形成开放合作与共享平台等方面发挥着重要作用。

建设成效

学校精心研制建设经费使用计划，认真协调相关学科与人才资源，扎实推进各项项目的实施和落地，不断提高人文社会科学研究条件，对学校人文社会科学的繁荣发展起到重要的推动作用，取得显著成效。

人文学科建设方面实现历史性突破：获得了马克思主义理论、中国语言文学、教育学3个人文社科类一级学科博士学位授权点以及教育博士专业学位授权点。2007年"马克思主义理论"经人事部、全国博士后管委会审核、批准设立博士后科研流动站，这也是国家在广西设立的第一个人文社会科学博士后科研流动站。中国古代文学、文艺学、中国近现代史、马克思主义理论与思想政治教育等4个人文社会科学类学科获批为广西重点学科。

产生一批人文社会科学领军人才：谭培文、钟瑞添、胡大雷、张明非、沈家庄、黄瑞雄6位成为广西高校首批文科博士生导师；孙杰远教授成功入选"长江学者"特聘教授，成为广西首位人文社会科学"长江学者"；贺祖斌、汤志华分别入选国家"万人计划"哲学社会科学领军人才、全国文化名家暨"四个一批"理论人才；马克思主义理论学科带头人和古代文学学科的带头人相继成为享受国务院政府特殊津贴的专家；教育学学科带头人孙杰远教授、文艺学学科带头人覃德清教授、专门史的学科带头人黄松教授分别入选教育部新世纪优秀人才支持计划；审美人类学基地负责人张利群教授成为自治区优秀专家；"基础教育课程与教学研究及其人才培养创新团队"入选广西高校第一批创新团队，带头人成为"八桂学者"；3位人文学科类专家分别入选

"广西高校百名中青年学科带头人资助计划人选"。

社会科学研究能力与水平显著提高：2012年，以胡大雷教授为首席专家申报的"桂学研究"项目获国家社科基金重大项目立项，成为广西第一个人文社会科学类国家重大招标项目，使桂学研究从区域文化行为上升为国家文化行动。2011年以来，学校连续10年跻身全国百强，位列广西首位；学校先后实现国家社科基金重大招标项目、教育部哲学社会科学重大课题攻关项目、国家哲学社会科学成果文库以及国家社会科学艺术基金、冷门"绝学"、国别史专项研究立项、中华学术外译项目、后期资助项目等零的突破。谭培文教授的学术专著《马克思主义利益理论》获第四届高校社会科学优秀成果二等奖（当年一等奖空缺）；自"人文强桂"建设工程以来，学校共获6项高等学校科学研究优秀成果奖（人文社会科学），其中3项二等奖、3项三等奖；获6项全国教育科学研究优秀成果评奖，其中2项二等奖、4项三等奖。

人文社科研究基地与平台建设蓬勃发展：自治区级的"广西马克思主义理论研究与建设工程广西师范大学基地"在学校挂牌成立；依托人文强桂建设工程重点建设的马克思主义理论、思想政治教育两个学科，学校被确定为第一批教育部高校辅导员培训与研修基地；在自治区教育厅组织的"十一五"重点人文社会科学研究基地的遴选中，学校获得5个人文社会科学类研究基地；在广西高校人文社会科学重点研究基地（2019—2023年）的遴选中，学校获得5个A类重点研究基地、1个B类重点研究基地。

广西人文社科文献资源的数字共享取得重大突破。通过人文社科重要文献资源购置整合、共享平台建设、自建数据库、资源推广利用等阶段建设，最终实现广西人文社科文献资源的数字共享。经过资源购置整合，学校现已拥有《永乐大典》《四库未收书辑刊》《清代孤本方志选》《北京图书馆藏珍本年谱丛刊》等大批重要社科纸本文献，购入47个重要人文社科数据库，每年试用的人文社科数据库达50—80个，奠定了平台建设的基础。学校图书馆自主研制广西人文社科文献资源共享平台网页，并与超星集团有限公司合作，建成广西社会科学文献资源保障体系与共享网络平台，实现广西人文社会科学数据库的一站式跨库检索和文献传递。为有效实现馆内资源的共享和利用，图书馆自建馆藏民国广西图书、馆藏广西旧地方志、广西民族民俗资料库等9个特色数据库，成为学校国家社科基金项目立项的有力支撑和广西文科中心研究团队的有力助手。

高端新型智库建设初见成效。学校聚焦国家急需和广西发展急需，着力打造一批新型专业智库。越南研究院先后获批为教育部国别和区域研究中心、国家民委"一带一路"国别和区域研究中心；广西文科中心先后获批为广西特色新型智库联盟重点智库、广西首批高端智库建设试点单位；广西民族教育发展研究中心获批为广西首批高端智库建设培育单位。

建设影响

2007年，教育部社会科学司将学校"实施人文强桂建设工程，打造广西高校人文社会科学繁荣发展的核心地带"经验介绍材料收入《立足创新，提高质量——2006年高校哲学社会科学科研工作会议材料选编》一书中。

2008年初，为充分展示学校在办学历程中人文社会科学的发展历史、发展水平、影响力，学校在育才校区图书馆建成"人文强桂展"。"人文强桂展"充分展示学校薪火相传、坚持人文社会科学发展的历史

⊙ 时任全国哲学社会科学规划办副主任李文清对"人文强桂"建设工程给予高度评价

传统，注重在继承传统基础上创新的人文社会科学发展之"本"；坚持发展人文社会科学，努力做到人无我有、人有我优、人优我精的人文社会科学发展之"魂"；坚持面向广西、扎根广西、立足广西、为广西服务的人文社会科学发展之"根"。2020年，学校启动"新人文强桂展"建设工作，从展厅规模、展呈内容以及展呈设计上进行全面升级，更充分地展示了学校人文社会科学发展取得的新成效。

广西文科中心在2012年11月自治区教育厅组织的评估验收中获评为优秀，为广西同类平台中唯一获评为优秀的研究中心。广西文科中心的建设模式和建设成效获得了全国很多高校及人文社会科学研究院所的高度认可，被赞誉为"广西师范大学文科现象"。

在"人文强桂"的共同追求下，学校教师走出校园，走向田野，突出问题导向，注重人文关怀，奠定了学校在人文社会科学研究领域的优势和特色。学校以广西特色人文资源为研究对象，在学科建设与科学研究上彰显区域特色，取得了一大批具有地方特色的原创性研究成果，有力地支持了"文化广西"的建设，在新的历史时期呈现出新的活力，铸就了广西"人文强桂"的台柱。

（刘莹　执笔　钟学思　审校）

博士点获得突破和发展
学位点实现提质增量

◎ 导读 ◎

2003年，学校获批成为博士培养单位；2006年，学校获得马克思主义基本
原理、思想政治教育、中国古代文学3个二级学科博士学位授权点，实现
了广西文科博士点零的突破；2011年新增马克思主义理论、化学2个一级
学科博士学位授权点；2018年获得中国语言文学、教育学、体育学、软件
工程4个一级学科博士学位授权点；2021年获得世界史、物理学2个一级
学科博士学位授权点，1个教育博士专业学位授权点。

首获博士学位授权　人才培养层次提升

学校秉承"弘文励教"的办学传统，坚持"厚基础、强能力、高素质"的教
育理念，坚持以教学为中心，以学科建设为龙头，以人才队伍建设为依托，以办
学条件改善为基础，以服务基础教育为使命，大力发展研究生教育，不断提升学
校的总体办学水平，人才培养成绩斐然。

经过一代代人接续奋斗，学校研究生教育得到快速发展。2003年，在全国
第九次学位授权审核中，学校首次获批为博士培养单位。2006年，学校获得马
克思主义基本原理、思想政治教育、中国古代文学3个二级学科博士学位授权点，
实现了广西文科博士点零的突破。至此，学校形成了教育层次完备、学科门类较

为齐全、师范与非师范性专业协同发展的人才培养体系。

依托博士点建设平台，充分发挥平台资源优势，在长期办学中，学校形成了自己的学科特色，以学风踏实、团结协作，科研、教学成果显著而在全国享有良好声誉。2007年，获批设立马克思主义理论博士后科研流动站，实现了学校博士后科研流动站零的突破，成为广西首个人文社会科学学科博士后科研流动站。

⊙ 2003年，学校成为新增博士单位

⊙ 2007年获批设立广西首个哲学社会科学博士后科研流动站

首获一级学科博士点 办学自主权扩大

　　2011年1月，国务院学位委员会《关于下达2010年审核增列的博士和硕士学位授权一级学科名单的通知》中，学校新增马克思主义理论、化学2个一级学科博士学位授权点。学校首次获得一级学科博士学位授权点，学科建设自主性增强，可自主设置多个二级学科博士学位授权点。

⊙ 马克思主义理论一级学科博士点申报成功总结会

⊙ 化学一级学科博士点申报成功总结会

2007年，获准设立马克思主义理论博士后科研流动站，2012年获批设立中国语言文学、化学博士后科研流动站。至此，学校拥有3个学科博士后科研流动站，为学校承担较高水平科研项目和提升科研实力提供坚实的条件保障。

高度重视学位授权审核 保质增量提层次

学校高度重视学位授权审核工作，及早谋划，统筹协调。自2016年11月开始，学校科学推进、统筹协调，组织相关学科召开会议，对标对表，查找申报博士点的差距和不足，鼓励符合条件的学科做好申报准备工作，多次组织专家团队对申报材料进行评审，积极凝练学科特色、发掘学科优势，认真准备申报材料，严格检查把关，经校学位评定委员会通过，学校共报送11个博士学位授权点，其中8个博士学位授权点通过了教育部学位中心组织的专家评审并获得自治区学位委员会通过。

2018年3月，《国务院学位委员会关于下达2017年审核增列的博士、硕士学位授予单位及其学位授权点名单的通知》中，学校获得中国语言文学、教育学、体育学、软件工程4个一级学科博士学位授权点。

首获博士专业学位授权点 办学层次持续提升

自2018年12月始，学校启动2020年学位授权审核相关工作。全校统筹规划，积极组织拟申报学位授权点，坚持对标对表，实行"三轮"淘汰制，即第一轮校外专家评审、第二轮校外专家进校学科答辩评审、第三轮学校学位评定委员会评审等多项筹备工作，"高标准、严要求"做好学位授权审核工作。经学位评定委员会通过，学校共报出13个博士学位授权点，其中11个博士学位授权点通过了外审专家评审并获得自治区学位委员会通过。

2021年10月，《国务院学位委员会关于下达2020年审核增列的博士、硕士学位授权点名单的通知》中，学校世界史、物理学获批一级学科博士学位授权点，教育博士获批博士专业学位授权点。至此，学校首次获得博士专业学位授权点，也是广西首个教育博士专业学位授权点。

学校自1996年获得全国首批教育硕士专业学位授权点以来，坚持立足广西、面向西南、联结东盟区位特色优势，以多民族聚居、跨境互动、文化共生拓展中国教育理论为特色，以"中国 – 东盟""一带一路"等国家战略为学科发展使命，致力于培养专精民族地区教育教学和教育管理的高端人才，引领区域教育特色，最终获批教育博士专业学位授权点。

近年来，学校一直致力于推动形成特色明显、优势突出、门类齐全、结构合理的综合性学位点布局，为建设国内一流、国际知名、教师教育特色鲜明的国内高水平大学的目标奠定坚实基础。目前，学校研究生教育拥有学术型博士硕士、专业型博士硕士层次，形成了多门类、多层次、多渠道的高层次人才培养体系。

（朱会华 执笔 何云 审校）

文献来源

［1］中国学位与研究生教育信息网 . 国务院学位委员会下达 2011 年新增博士、硕士一级学科授权点名单［EB/OL］.http://www.cdgdc.edu.cn/xwyyjsjyxx/zxkb/jrjz/dfxx/272666.shtml，2011−03−15.

［2］国务院学位委员会办公室、教育部学位管理与研究生教育司负责人就下达 2017 年审核增列的博士、硕士学位授权点名单答记者问［EB/OL］.http://www.moe.gov.cn/jyb_xwfb/s271/201803/t20180326_331235.html，2018−03−27.

成立基金会校友会
搭建共赢发展平台

◎ 导读 ◎

广西师范大学教育发展基金会成立于2006年11月，是广西首个由高校成立的教育发展基金会。广西师范大学校友总会成立于2005年12月，是校友自愿组织的联谊性、学术性和非营利性的群众组织。2019年11月27日，自治区民政厅正式批准成立广西师范大学校友会。基金会、校友会的成立，搭建了共赢发展平台。

高校基金会是联结大学与社会的重要桥梁，沟通了大学与社会之间资源的流动，已经成为面向社会筹资，补充教育经费的重要平台。此外，随着我国高等教育事业的改革与发展，校友已成为高校建设和发展的重要资源，建设和开发校友资源已成为高校工作的重要组成部分。

成立学校基金会

广西师范大学教育发展基金会成立于2006年11月，是在广西壮族自治区民政厅登记注册的具有独立法人资格的非公募基金会，也是广西首个成立的教育基金会。2011年首次获得公益性捐赠税前扣除资格。2017年12月申请认定为慈善组织，同年获评为全国高校教育基金工作先进单位。2020年成为中国高等教育学会教育基金工作研究分会理事单位。2013年、2020年，两次被自治区民政厅评为"5A级社会组织。"

服务学校　支持建设

基金会充分发挥平台优势，积极为学校筹款和募集资源，支持学校改善基础设施，推动学科发展，促进师生成长，助力人才培养。2012年，受学校委托回购广西师范大学漓江学院、创办卓然小学（广西师范大学附属小学），2021年创办学校校园文化创意产品中心、至善讲堂馆，为学校综合改革发展和"双一流"大学创建做出了积极贡献。

服务师生　助力成长

教师是高校长足发展的核心资源，人才培养是高校的使命，基金会通过设立诚华青年教师奖、明德教师奖、青年教师科研激励基金、"感恩有你"教师激励项目等，支持教师提高教学科研水平及各项发展成长。受助教师累计290余人，不少青年教师以此为阶梯不断发展，获得职称晋升和省部级以上奖励与资助。

围绕学生成长成才和学校"三全育人"，基金会坚持物质资助和能力提升相结合，设立了20多项奖助学金。截至2021年12月，已奖励资助6000多人次；联合学校职能部门打造了大学生领导力、至善讲

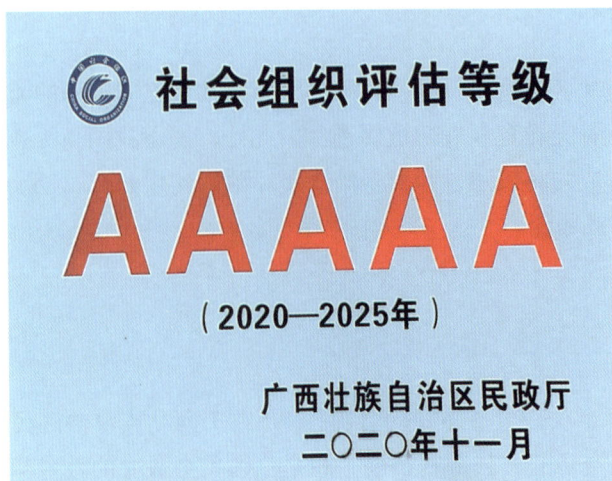

社会组织评估等级

AAAAA

（2020—2025年）

广西壮族自治区民政厅
二〇二〇年十一月

⊙ 教育发展基金会第二次获评为5A级社会组织

坛、金凤计划、学霸归来、志强之星、鲲鹏飞翔计划等资助育人品牌。实践成果获得自治区教学成果特等奖一项，校级教学成果特等奖两项，成为参与学校人才培养创新发展的新生力量。

服务社会　彰显情怀

基金会用15年的深耕，打造了13个大类80多个公益项目，以专业兴教，以情怀至善，照亮了无数人梦想前行的路，传扬了社会美德公益大爱。基金会充分发挥学校教育资源和人文学科优势，在服务基础教育、妇女儿童发展及中华优秀传统文化传承发展等社会公益领域起到了引领的作用。打造了小黑板计划、感恩有你、智慧 e 阳红、希望教师、宝贝悦读计划、文化自信共建等品牌项目。同时，设立精准扶贫、乡村振兴等专项基金，面对大灾大难积极伸出援手，得到社会的一致好评，成为学校良好形象的对外展示窗口。

基金会致力于推动教育事业改革与发展，以彰显教育情怀为倡导，以学校发展需求和捐赠者意愿为着力点，以品牌特色项目为载体，积极打造"政府 – 产业 – 学校 – 公众 – 校友"五位一体融合发展的平台，团结各方力量，健全社会支持长效机制，助力学校增强自我发展能力，促进社会慈善事业的改革创新和持续发展，助推学校"双一流"建设。

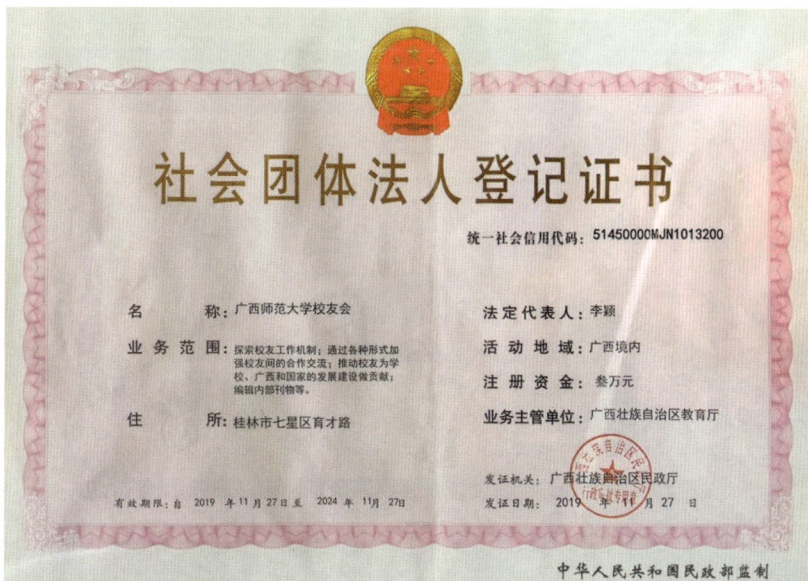

⊙ 社会团体法人登记证书

15年来，捐赠收入累计超过8000万元，公益支出超过5000万元，受益人数近3万人——这一组沉甸甸的数字，记录了广西师范大学教育发展基金会在公益道路上的自觉行动，曾获中央电视台、《光明日报》《广西日报》等近百家媒体的宣传报道，所参与的公益项目多次获得教育部、团中央等省部级的表彰。

成立校友会

2005年12月，成立"广西师范大学校友总会"，这是校友自愿组织的联谊性、学术性和非营利性的群众组织，下设校友总会秘书处（挂靠校长办公室）。2015年成为独立内设机构，从校长办公室分离。2019年11月27日，广西壮族自治区民政厅下发了同意"关于广西师范大学校友会成立登记的申请"的批复，并颁发了"广西师范大学校友会"社会团体法人登记证书，批准我校校友会正式成立。

2019年10月19日，学校在雁山校区隆重召开校友会成立大会暨第一届会员代表大会。自治区教育厅对外合作与交流处处长罗耀光，校党委书记邓军，校党委副书记、校长贺祖斌，校党委副书记旷永青、赵铁，校党委常委、副校长苏桂发、林春逸，校党委常委、校纪委书记莫坷，校党委常委、总会计师李英利，宣传部部长黄轩庄、统战部

⊙ 校友会成立大会暨第一届会员代表大会现场

90周年90件大事

部长黄海波及学校各职能部门、各学院（部）负责人、校内会员代表和来自全国各地的校友代表265人参加了大会。

经大会选举，校党委书记邓军任名誉会长，校长贺祖斌任会长，校总会计师李英利任常务副会长，校党委副书记旷永青、副校长苏桂发、校友企业家韦经航任副会长，时任学校校友工作办公室主任李颖任秘书长。

搭建校友平台

自学校校友会正式成立以来，校友工作加强顶层设计，出台了《广西师范大学关于加强校友工作的意见》。校领导带队赴区内14个地市，区外北京、上海、广东等主要省市走访联络校友80余次。大力推进区内外校友组织建设，目前在区内14个地级市、2所高校、1家国企分别成立了校友组织；在南宁、柳州、桂林分别成立了企业家校友联谊会；在区外北京、上海、粤港澳大湾区、海南、江西、浙江、湖北、湖南、江苏、山东、福建、云南、贵州、东北三省、陕甘青宁、河南、安徽、山西、四川、重庆、深圳、东莞等近30个省市也成立了校友组织，还成立了北京校友会法学院分会、北京校友会研究生分会、MBA广东校友会分会、MBA江苏校友会、法学院皖苏校友会等行业及学院分会。在广东、海南、江西、湖北，南宁、桂林、柳州、梧州、贺州、崇左、北海、防城港等地挂牌独秀之家20余个。海南校友会在当地民政厅成功注册，其他省市校友会正推进在当地民政部门备案注册。

校友是学校培养的人才，是学校精神的传承者；校友又是学校的品牌，是学校社会声誉的创造者。校友会成立是学校校友工作史上具有里程碑意义的大事，也是学校建设发展中的一件大事，对于校友工作合法化、规范化和常态化将起到积极的推动作用。同时，标志着我校校友会建设迈入了新的历史时期和发展阶段，将有力推进各地校友组织建设和校友工作的开展，推动形成"同心同向同行 共建共享共赢"的校友文化及事业共同体，也必将进一步推进学校的产教融合和校地合作等工作。

（麦上锋　执笔　何小明　审校）

设立海外孔子学院
拓展合作交流渠道

◎ **导读** ◎

2006年至今，广西师范大学分别与泰国宋卡王子大学、印度尼西亚玛琅国立大学、越南河内大学共建了三所海外孔子学院。孔子学院在促进学校与合作国文化教育、学术研究、考试培训、文化传播等领域交流合作发挥了关键作用，为中国语言文化传播作出了重要的贡献。

随着中国经济的发展和国际交往的日益广泛，世界各国对中文学习的需求急剧增长。从2004年开始，我国在借鉴英国的文化委员会、德国的歌德学院、法国的法语联盟、西班牙的塞万提斯学院等机构推广本民族语言经验的基础上，探索在海外设立以教授中文和传播中国文化为宗旨的非营利性公益机构，取名为"孔子学院"。2004年中国在韩国建立了全球第一家孔子学院。学校积极抓住时机，向国家汉语国际推广领导小组办公室申办孔子学院。截至2022年，学校在海外共参与设立了三所孔子学院和一个孔子课堂。

与泰国宋卡王子大学合作共建孔子学院

2006 年 12 月 29 日，学校与泰国宋卡王子大学共建的孔子学院挂牌成立。这是广西在国外建立的第一所孔子学院。该孔子学院位于泰国南部的宋卡府合艾市，共设立宋卡王子大学孔院本部、宋卡王子大学附属中学、客家会馆、宋卡五中、沙墩碧曼中学、洛坤孔子课堂、沙叨中学、宋卡四中、洛坤本泽马拉楚提中学、北大年德才学校等教学点。孔子学院面向社会提供中文培训，开设各层次非学历中文培训班，支持宋卡王子大学文学院中文专业

⊙ 2009 年泰国宋卡王子大学孔子学院获国家汉办颁发的"先进孔子学院"称号

和公共中文的学历教学；举办中文教师培训班，定期召开中小学中文教师研讨会和大专院校中文教师研讨会；举行 HSK、YCT 等各种中文考试和考前培训；举办"春节文化日""中国文化体验营"等语言文化活动；组织泰国大中学生、本土汉语教师、教育官员以及中小学校长来华研修学习，体验中国文化。孔子学院已逐渐成长为泰南公认的国际中文教育与文化推广领衔机构。

2009 年该孔子学院荣获孔子学院总部 / 国家汉办颁发的"2009 年先进孔子学院奖"。2019 年 1 月 3 日，孔子学院获批下设洛坤第一示范学校孔子课堂。这是学校在海外建设的第一个孔子课堂。孔子学院与孔子课堂在当地开设了形式多样的中国语言文化与教育活动，有效促进了泰国南部的中文教学发展，为中国语言文化在泰国的传播作出了积极贡献。与此同时，孔子学院积极推动学校与泰国高校的教育交流

与合作，促成与泰国宋卡王子大学文学院合作开展"3+1"项目、学生海外实习项目，为促进学校在泰国的国际教育交流与合作发展做出了积极贡献。

与印度尼西亚玛琅国立大学合作共建孔子学院

2011年3月14日，学校与印度尼西亚玛琅国立大学共建的孔子学院挂牌成立。该孔子学院位于印尼东爪哇省玛琅市，现共设立玛琅国立大学、穆海默迪亚大学、普拉维查亚大学、玛中大学、三宝垄国立大学、泗水崇高基督教学校等6个教学点。孔子学院以培养印尼中文本科专业人才和中文师资为主要任务，支持玛琅国立大学建设中文专业；开设中文、书法、剪纸、太极、中国结、手工艺品等课程；举办中文教师培训班，定期召开中小学中文教师研讨会和大专院校中文教师研讨会；举办中印尼友谊合唱比赛、"中文乐园"中国文化技能比赛、印尼大学生中国文化体验营、中文日活动等语言文化活动；组织印尼大中学生、本土汉语教师、教育官员以及中小学校长来华研修学习，体验中国文化；在当地中文报纸《千岛日报》开设"汉风语韵"专栏，向

⊙ 2011年3月14日，印度尼西亚玛琅国立大学孔子学院揭牌庆典

印尼民众推介中国文化和中文知识；编制出版了15期中印尼文孔院刊物《茉莉》，宣传孔子学院与中国文化，影响力辐射整个东爪哇省。

2019年，我校文学院／新闻与传播学院2011级对外汉语本科专业的何新香同学在外派印尼玛琅国立大学孔子学院工作期间，因志愿者教师工作突出获评为年度孔子学院先进个人，被授予"孔子学院奖章"。与此同时，孔子学院为中印尼两国高校牵线搭桥，积极推进双方国际教育交流合作，在学生互派、教师交流、国际学分研修等方面取得实效，为促进学校在印尼的国际教育交流与合作发展做出了积极贡献。

与越南河内大学合作共建孔子学院

2014年12月27日，学校与越南河内大学共建的孔子学院揭牌成立，经过中越双方8年多的共同努力，孔子学院终于落地。这是目前越南唯一的一所孔子学院。时任中共中央政治局常委、全国政协主席俞正声，时任越南祖国阵线中央委员会主席阮善仁，原中国外交部副部长刘振民，原越南教育培训部副部长裴文歌，时任学校校长梁宏，时任河内

⊙ 2013年10月13日，中国李克强总理与越南阮晋勇总理见证越南河内大学孔子学院框架协议的签署（孔子学院总部许琳主任与河内大学阮庭论校长签署协议）

大学校长阮庭论，中国中联部，中国驻越南大使馆，越南外交部和越南教育培训部相关官员出席揭牌仪式。该孔子学院自成立以来一直致力于服务越南中文教育，狠抓中文教学质量和汉语水平考试推广，举办各级各类汉语培训班以及中国文化体验课程；举办中文教师培训班；举办国际中文教育研讨会；组织越南大（中）学生来华研修学习，体验中国文化；举行 HSK、HSKK 等中文考试和考前培训，2020年汉语水平考试考生近万人，在全球 156 个国家（地区）1201 个考点中排名第 5，荣获教育部中外语言交流合作中心颁发的 2020—2021 年度"汉语考试优秀考点"荣誉称号；举办中越节庆文化交流、中国文化体验营、中学生中华才艺大赛、大学生汉越口译大赛、大学生中文歌曲大赛等语言文化活动。2021年，由孔子学院选送的阮氏河银同学在第二十届"汉语桥"世界大学生中文比赛中荣获一等奖、亚洲冠军赛第二名、全球十强。

与此同时，孔子学院为中越两国高校及科研机构牵线搭桥，积极推进双方国际教育交流合作，推动广西师范大学越南研究院与越南社会科学翰林院共同开展越南问题、中国问题研究；推动广西师范大学马克思主义学院与越南社会科学翰林院研究生院开展联合培养硕士、博士及科研合作，合办中越社会主义发展研究基地；协同广西师范大学出版社集团走出去，推动"独秀书房"在越南河内大学孔子学院落地。

经过 7 年多的努力发展，孔子学院有效地推动了越南中文教学多层次、全方位的发展，已经成为越南权威的国际中文教育推广机构，在推广中国语言文化中促进了中越两国在教育、文化等领域的交流与合作，为增进中越两国人民之间的了解和友谊发挥了重要的桥梁纽带作用。

（吕芳　执笔　李冬梅　审校）

获批教育部重点实验室
争做西南生态建设排头兵

◎ 导读 ◎

2014年7月，广西师范大学珍稀濒危动植物生态与环境保护实验室获批教育部重点实验室。八年来，实验室在开展濒危动植物生态及环境保护等领域的人才培养、科学研究和队伍建设方面取得了积极的成效，为西南生态环境和社会可持续发展提供先进的科技支撑和重要的人才培养平台。

"珍稀濒危动植物生态与环境保护教育部重点实验室"前身为2005年成立的珍稀濒危动植物生态与环境保护实验室，是在整合野生动植物生态学实验室、生命过程与环境分析科学实验室、天然产物研究与开发实验室等3个广西高校重点实验室基础上进行建设的，依托于生态学和环境科学与工程2个广西重点学科；生态与环境保护1个优势特色学科。实验室于2008年10月批准立项建设省部共建教育部重点实验室［《教育部关于2008年度省部共建教育部重点实验室立项建设的通知》(教技函〔2008〕153号)］，并于2014年7月通过教育部组织专家验收正式成为教育部重点实验室。目前，实验室拥有3个自治区重点实验室，即广西珍稀濒危动物生态学重点实验室、广西漓江流域景观资源保育与可持续利用重点实验室、广西环境工程与保护评价重点实验室(与桂林理工大学合建)，成立了可持续发展创新研究院，拥有1个生物多样性博物馆。

实验室总体定位

　　实验室地处桂林，立足广西，辐射东盟，所处区域是国家生态安全和生态文明建设战略布局中的关键节点。实验室面向生态文明建设、生态安全和可持续发展等国家战略需求，聚焦我国西南地区珍稀濒危动植物生态、生物多样性与环境保护相关的科学问题及关键技术开展基础和应用基础研究，为西南生态环境和社会可持续发展提供科技支撑和人才培养平台。主要研究方向包括：濒危动物生态适应与保护；濒危植物生态与保护；栖息地评价与恢复。

实验室基本概况

　　实验室现有固定人员70人，其中正高职称33名，博士生导师13名，硕士生导师51名。研究人员中，有国家"万人计划"哲学社会科学领军人才1人，国务院特贴专家3人，全国先进工作者1人，广西"八桂学者"1人，广西"特聘专家"1人，广西"优秀专家"1人，广西"新

⊙ 教育部重点实验室

世纪十百千人才工程"第二层次人选5人，广西杰出青年科学基金获得者1人，广西高校百人计划1人。40岁以下青年研究骨干（29名）占研究队伍人员（70名）比例为41.43%。形成了学术带头人—科研骨干—青年博士的人才梯队，在实验室建设中发挥了重要的作用。

实验室面积达9100平方米，拥有总价值4481万元的专业仪器设备，包括高通量多功能光学检测系统、智能拉曼光谱仪、全自动微生物鉴定系统、连续流动分析仪、全自动凯氏定氮仪、原子吸收光谱仪、3D智能数码显微系统、便携式光合－荧光全自动测量系统、总有机碳分析仪、激光散射粒径分析仪、液相色谱－原子荧光联用形态分析仪等大型仪器设备，具备承担广西乃至国家重大科技攻关任务的条件。

实验室主要建设成效

实验室先后承担了国家重点研发项目、国家科技支撑项目、国家社科基金重点项目、国家自然科学基金项目等国家级项目。同时，还承担了中央引导地方科技发展专项、广西创新驱动发展专项（科技重大专项）、广西自然科学基金重点项目、广西杰出青年基金项目、广西高校引进海外高层次人才"百人计划"项目等国家部委、省级纵向项目。此外，实验室还承担来自国家生态环境部、国家林业和草原局、广西各级事业单位等资助的横向项目，通过开展动植物多样性调查、外来入侵物种鉴定、生态规划和环境评价等工作，充分发挥了服务地方的作用。实验室围绕濒危动物生态适应与保护、濒危植物生态与保护和栖息地评价与恢复三个研究方向取得系列原创性成果。先后获广西科学技术奖（科技进步奖）一等奖1项，二等奖2项，三等奖1项；广西科学技术奖（技术发明奖）一等奖1项，三等奖1项；广西科学技术奖（自然科学）二等奖1项，三等奖3项；广西社会科学优秀成果奖一等奖1项，二等奖1项。实验室成员还获得广西创新争先奖、广西青年科技奖、广西最美科技工作者等荣誉称号。

20世纪70年代，实验室率先开展白头叶猴、鳄蜥等珍稀濒危动物的生态学研究，首次系统提示了白头叶猴、黑叶猴、熊猴等石山灵长类采用能量最大化、多中心觅食、以竹叶为主要食物等生存适应策略，是国内外开展这些研究最早、最全面、最系统的实验室；实验室建立了国内外首个白头叶猴、鳄蜥野外监测体系，全球首次成功实施了人工繁育黑叶猴、鳄蜥野外放归。实验室馆藏动物标本50余万号，涵盖西南地区近90%的动物类群，是研究西南地区动物多样性的重要科研平台，尤其是国际蚁科昆虫系统学研究的重要基地。实验室还建立了覆盖11个国家级自然保护区的红外相机野外监测体系和数据管理系统，开展兽类和鸟类种群的长期监测。

实验室系统揭示了我国金花茶组不同种的遗传多样性和种群遗传结构；构建了金花茶的人工繁育体系，首创桉树林下种植金花茶模式，为广西桉树林的改造及提质增效、助力乡村振兴可持续发展提供了典范。首次系统建立了广西湿地植被的分类系统，构建了湿地生态恢复与重建模式，为全面开展广西湿地生态学研究奠定了基础。实验室与广西植物研究所共同建成了全球首个喀斯特季节性雨林监测研究平台及喀斯特植物的特色标本库；首次提出了喀斯特天坑是中国西南部区域退化山地中乡土植物区系的"避难所"。

实验室创新性地提出了漓江流域檵木林自然恢复评价预测体系，为喀斯特地区植被生态保护和修复提供了新思路；突破了锰污染土壤修复技术瓶颈，构建漓江流域栖息地和水环境修复模式和评价体系，设计开发新能源船舶，为保护漓江水环境提供技术支撑。开展水源保护条例立法研究，梳理生态资源可持续利用模式，服务桂林市国家可持续发展议程创新示范区建设和乡村振兴。

实验室充分挖掘"科研育人"潜力，密切结合广西经济建设和生态环境保护的重大需求，坚持"以科研促科普"理念，搭建学术、科研、科普一体化交流平台。生物多样性博物馆获批全国科普教育基地、广西科普教育基地和广西生态环境科普基地。实验室成员作为中国野生动物保护协会、广西动物学会、广西生态学会等省部级学（协）会的科普专家，在图书展、科技馆、高校及中小学开展科普活动。实验室开展的白头叶猴、黑叶猴、鳄蜥、海菜花等珍稀濒危动植物研究与保护工作受到中央电视台等国内主流媒体关注，合作拍摄多部科普专题片，有力地提升了实验室的社会美誉度和影响力。

2021年10月，实验室接受教育部重点实验室专家组的现场考察，专家组对实验室在人才培养、科学研究、队伍建设等方面给予了高度评价。2022年7月教育部正式批复，重点实验室通过教育部专家的评估，获得"良好"等级。

（周岐海 执笔 武正军 审校）

荣获"全国古籍重点保护单位"
古籍保护扎实有效

◎ 导读 ◎

2009年，广西师范大学图书馆入选"全国古籍重点保护单位"。入选以来，图书馆扎实开展了一系列古籍保护工作，在改善古籍保护环境，挖掘馆藏资源，探索古籍服务新模式，创新古籍文化推广路径等方面取得积极成效，形成规范而科学有效的古籍保护机制，使得古籍资源持续不断为学校教学科研及文化建设服务，成为传播中华文化的坚实阵地。

广西师范大学图书馆始建于1932年建校之初，是广西历史最长、藏书最丰富的高校图书馆之一。图书馆藏有大量古籍文献，于2009年入选"全国古籍重点保护单位"，也是广西唯一入选"全国古籍重点保护单位"的高校图书馆。

抓住古籍保护机遇

我校图书馆拥有丰富而特色鲜明的古籍资源，富藏古籍线装书12万余册，其中善本700余种8000余册，是广西壮族自治区古籍藏量最多的三所图书馆之一。其中特色藏本有康有为万木草堂藏书、广西地方文献、地方志、民国出版物、大型古籍丛书等。康有为万木草堂藏书2万余册，书中多有"万木草堂""南海康氏万木草堂藏""南海康氏万木草堂珍藏""南海康有为更生珍藏"等藏章；广西地方特色文献有王鹏运《半塘定稿》、况周颐《薇省词钞》、陈宏谋《五种遗规》等诸多清代桂林历史名人文献；地方志含全国各地方志500余种，共8000余册；民国出版物4万余册，以及《四库全书》《丛书集成》《万有文库》等一大批文物学术价值兼具的大型古籍丛书，共同构成了图书馆丰富而特色鲜明的古籍资源体系。

2007年国家古籍保护中心成立，"中华古籍保护计划"正式启动实施。图书馆以此为契机，于2009年成立古籍特藏部，组建专门的古籍工作团队，建立健全古籍工作制度，参照国家标准建设古籍书库，规范开展古籍保护工作，古籍管理日趋规范化、科学化和专业化。2009年被文化部确定为"全国古籍重点保护单位"，2009年被广西壮族自治区文化厅确定为"广西壮族自治区古籍重点保护单位"。

⊙ 2009年图书馆获得"全国古籍重点保护单位"

不断改善古籍保护环境

图书馆对标对表古籍保护政策法规，稳步推进古籍整理和保护，形成规范而科学有效的古籍保护机制，古籍保护工作初见成效。

学校制定了古籍保护方案，稳步推进古籍保护。首先，按照国家标准建设古籍书库，在育才校区图书馆内建设古籍书库400余平方米，其中善本库200平方米；古籍阅览室100余平方米，阅览位40个。逐步改善古籍保护环境，在库内配置温湿度控制设备、气体灭火系统、监控系统等硬件设施，添置樟木书柜、灵香草、樟木夹书板等防虫物品，配备单反相机、拍摄架、扫描仪等古籍书影扫描设备。其次，自2019年起，在雁山校区图书馆内建设古籍馆，新建标准化古籍书库750余平方米，其中善本库210平方米，库内配有樟木书柜、温湿度控制设备、红外报警系统、气体灭火系统、监控系统、杀虫灭菌设备等先进的古籍保护设施；另有古籍阅览室360平方米，阅览位40个。雁山校区古籍馆将以全新的面貌更好地开展古籍保护工作。

持续开展古籍修复工作

图书馆自2007年起开展古籍修复工作，先后在育才、雁山校区建设古籍修复室260余平方米，购置先进、专业的古籍修复设备，配有古籍压平机、古籍修复木墙、古籍文献除尘修复工作台等专业古籍修复设备，持续完善古籍修复中心建设。开展馆藏古籍破损情况调研、建立完善的修复档案、规范古籍修复流程，有计划、重点突出地开展古籍修复工作，成果显著。共完成《文选越裁》等破损严重的珍贵古籍、《灵山县志》《广西兵要地理》《宁夏府志》《湘山志》等珍稀地方文献、广西民间文书《桂林白石潭村彭素大王祠神簿》、民国文献《岁寒曲》《广西年鉴》的修复工作，并建立了较为完善的图文档案，使原本破损严重的古籍焕发新生。2011年图书馆被确定为广西壮族自治区级古籍修复中心。

圆满完成古籍普查登记

为全面理清馆藏古籍存藏情况，图书馆落实文化部《全国古籍普查工作方案》精神，积极推进馆藏古籍普查工作。自2011年起，逐册清点馆藏古籍，核查并记录古籍版本信息、拍摄古籍书影。迄今共完成线装古籍（含民国时期文献）普查数据一万余条，拍摄古籍书影一万余帧，为馆藏古籍建立了详细目录，高质量完成了古籍普查工作任务，2015年自治区古籍保护中心授予图书馆"广西古籍保护工作先进单位"荣誉称号。

深度整理和挖掘馆藏资源

为更好地开展古籍深度整理，图书馆加强古籍工作队伍建设。配备了7名古籍整理和古籍修复专业人员；与广西壮族自治区图书馆、桂林图书馆等兄弟图书馆加强合作和联系，每年定期选派古籍修复人员参加古籍修复技能的培训，安排古籍工作人员外出考察和学习，不断提升古籍保护人员的专业素养和业务水平，形成了完善的古籍保护工作体系，专业化开展古籍工作。同时，为更好地传承学校优秀的文化遗产，保护和利用好馆藏的珍贵文献古籍，挖掘馆藏古籍文献的深层价值，图书馆加强对馆藏资源的整理和发掘，先后有10种馆藏古籍入选第二批、第三批、第六批《国家珍贵古籍名录》，98种古籍入选《广西珍贵古籍名录》，充分彰显学校所藏古籍的文献价值、历史价值和文化价值。

积极探索古籍服务新模式

2013年起，古籍工作人员开始担任兼职学科馆员，拜访专家教授、了解读者需求，提供学科定题服务、古籍文献代查代检服务等；并加

⊙ 入选《国家珍贵古籍名录》的十种馆藏珍贵古籍

入相关学科科研团队，为相关课题提供深层次的科研服务。2014年以来，先后有文学院、职业师范学院等本科专业课程的师生到古籍书库进行现场教学。2019年以来，古籍工作人员探索出模块化教学新模式，将古籍教学内容凝练成多个模块，先后为文学院、历史文化与旅游学院多门本科生、研究生课程提供模块化教学，参与师生达500余人次。在嵌入课程服务中，图书馆形成了较为完整的古籍教学方案，并以文献保护与研究为专业方向之一，于2021年成功申报并获得了图书情报专业硕士点，有效地推动地方古籍保护工作。

创新古籍文化路径推广

为了"让书写在古籍里的文字活起来"，图书馆充分发挥古籍特色，创新开展古籍文化推广。2016年以来，每年开展古籍文化展览、古籍修复体验等活动，形成"我与古籍零距离"系列活动；2020年将古籍文化与新媒体推广相结合，开展一系列的古籍文化线上推广活动，拓宽古籍文化的传播渠道；2021年利用馆藏红色文献，举办馆藏师大红色文献特展以及"传递赤色校魂，弘扬匠心精神"古籍文化体验活动，有效推广了红色文化和古籍知识。近年来，先后有1000余人次参与古籍文化推广活动，相关活动被桂林电视台、中国教育报等主流媒体报道，活动案例先后获得中国图书馆学会高等学校图书馆分会"高校图书馆发展论坛"应用案例征集一、二等奖。

高校图书馆古籍的保护和利用工作是一项需要长期不断探索的工作，广西师范大学图书馆古籍工作在"中华古籍保护计划"推动下开展，探索出古籍资源建设、古籍数字化、古籍阅读推广、古籍嵌入教学等工作模式，取得了积极的成效与经验。图书馆将以获得"全国古籍重点保护单位"为契机，深入开展古籍文化保护与推广工作，进一步拓展古籍利用的深度和广度，为深入、广泛传播好中华文化作出更大贡献。

（杨颖　执笔　白云　刘翠秀　审校）

越南学校纪念馆开馆
中越友好世代相传

◎ **导读** ◎

20世纪50—70年代，因受战争影响，越南一批学校迁到我校曾经的5个校区办学。为纪念这段见证中越友谊的珍贵历史，2010年5月，越南学校纪念馆在广西师范大学育才校区建成开馆，记录并展览了越南留学生在桂林学习生活点滴。自建成开馆以来，纪念馆吸引着不计其数慕名而来的中外嘉宾，成为了中越交流的友好平台和中越学子学习交流的重要纽带。

历史背景

20世纪50—70年代，越南人民正经历艰苦的卫国抗法、抗美战争，应胡志明主席的要求，毛泽东主席和中国政府同意越南将一批学校迁至广西、江西等地，在中国帮助下办学，办学所需经费全部由中国负责。我校的五个校区曾经是越南桂林育才学校、庐山－桂林育才学校、越南陆军学校、阮文追少年军校、阮文贝学校、民族学校、武氏六学校，以及由中国政府主办、专门培养越南留学生的中国语文专修学校的办学旧址。据不完全统计，这"7+1"所学校先后有14000余名越南学生从这里学成回国，在越南建国与卫国大业中成长为越南党政军和各条战线的骨干。其中，不少学生成为国家领导和省部级干部、知名教授、科学家、艺术家和企业家等。

决定建馆

对于越南校友来说，在广西师范大学这片凝聚着中越人民友谊的热土上，依然有着他们熟悉的校园、可敬的老师和知心的朋友。在众多越南校友的倡议下，2003年7月，学校在育才校区设立了越南学校纪念碑。多年以来，越南学校的校友与我校往来频繁、联络不断。为适应中越交流需要、铭记这段珍贵历史，2009年上半年，学校校长办公会决定筹建"越南学校纪念馆"，并选择育才校区原越南阮文贝学校的一栋教学楼作为馆址。2009年9月，随着土木工程队进入展馆施工现场，文字、图片等资料的编辑工作也正式启动。越南学校纪念馆的建设得到越南校友们的大力支持，纪念馆陆续收到陈抗战、武卯、陈建国、裴光荣、武高潘、陈文慈、阮幸福、武光中、杨明德、阮士隐、黄永江、阮氏雪、杜河北、黎明慧、阮鸣凤、陈忠海等百余名校友收集到的或自己捐赠的图片、实物等资料。为使纪念馆的内容尽可能全

⊙ 2009年9月30日，时任越南政府副总理阮生雄访问广西师范大学，参加纪念馆工程启动仪式，为纪念馆题词，参观了在建中的纪念馆

面和丰富，筹备组人员还前往自治区档案馆、桂林市档案馆等查找大量历史资料。

开馆仪式

　　2010年5月14日，在中越建交60周年之际，精心筹备近三年的广西师范大学"越南学校纪念馆"在育才校区隆重开馆。桂林越南阮文追学校校友、时任越南副总理阮善仁及夫人、时任越南驻华大使阮文诗及夫人，以及越南外交部、教育培训部、国家银行等党政军重要官员23位，越南校友代表18人；中国教育部党组成员、部长助理吴德刚，教育部国际合作与交流司副司长生建学，国家留学基金委副秘书长李建民，自治区教育厅副厅长白志繁，自治区外办副主任顾航，桂林市委常委、常务副市长黄俊华，区内外兄弟院校领导、专家等莅临我校，共同出席开馆仪式暨中越教育合作论坛，时任我校领导王枬、陈洪江、王源平、唐仁郭、钟瑞添、白晓军、蔡昌卓以及500余名师生共同见证。仪式由时任副校长蔡昌卓主持。

⊙　2010年5月14日，越南学校纪念馆举行开馆仪式。时任越南政府副总理、阮文追学校校友阮善仁在纪念馆开馆仪式上致辞。中国教育部、广西壮族自治区人民政府、桂林市人民政府有关领导，广西师范大学部分中越学生代表参加了开馆仪式

越南副总理阮善仁在致辞中提到："越南学校的成立是中越友谊历史上的重要事件……我们越南的留学生遍布世界各地，但是世界上只有中国广西桂林有一所越南学校纪念馆。越南学校纪念馆是中国和越南的共同财富，感谢广西师范大学老师们对越南留学生的教育和培养。越南和中国一衣带水，是友好邻邦，两国共一个太阳，共一个月亮，共一条江河，共一片海洋，睦邻友好，朋友同聚，千年幸福！"

仪式上，时任校党委书记王枬分别与越南副总理阮善仁、越南教育培训部副部长阮氏义、越南学校校友代表互赠纪念品。中越领导及嘉宾在越南学校纪念馆广场上种植了纪念树，立下了"中越人民友谊之树常青！"纪念碑，见证中越友谊。

中越两国领导及嘉宾参观了越南学校纪念馆，对纪念馆展示的珍贵照片和实物赞叹不已，对我校建立越南学校纪念馆表示感谢，并与在我校就读的越南留学生座谈交流，鼓励越南留学生勤奋学习、广泛交流、永争第一，报效祖国。

5月14日晚，"中越友谊源远流长"文艺晚会在育才校区田家炳教育书院报告厅隆重上演。时任越南外交部副部长胡春山受越南副总理阮善仁的委托致辞。他表示，越南不会忘记中国给予越南的帮助，不会忘记广西师范大学在越南人才培养方面的帮助，他对我校表示衷心的感谢，并祝愿中越友好交流不断发展，中越人民友谊长存。

⊙ 2010年5月14日起，越南纪念馆正式开放，阮善仁校友等嘉宾成为第一批参观者

⊙ 2021年7月23日，广西师范大学校党委常委、副校长苏桂发（左九）陪同老挝驻华大使坎葆·恩塔万（左十二）、越南驻华大使范星梅（右十二）来访团参观越南学校纪念馆

中越两国友谊世代相传

中越两国山水相连，两邦友好世代相传。越南纪念馆开馆以来，前来参观的中越各类团体络绎不绝，社会各界代表团慕名而来不计其数，在社会上产生了广泛的影响。

截至2021年，纪念馆累计接待了中外嘉宾约5万人次，向全社会展现了中越之间那段厚重的历史及亲人般的友谊。同时，鉴于我校与越南在文化教育上友好往来和密切合作的历史渊源，范明政、阮晋勇、阮生雄等多位越南国家领导人先后来校访问，曾在桂林学习过的校友也多次故地重游，常返校参观，这段过往也吸引了更多越南留学生，越南学校纪念馆已经成为中越交流的友好平台，也是中越学子学习交流的重要纽带和见证。可以说，广西师范大学已成为越南国家领导人和人民广泛关注、与越南高校及教育科研机构合作交流密切深入和接收培养越南留学生数量众多的中国高校之一。

（李晓玲　执笔　李冬梅　审校）

刘延东视察学校
指明催人奋进的发展目标

◎ 导读 ◎

在学校建校80周年前夕，2012年9月13日，时任中共中央政治局委员、国务委员刘延东到校视察，对学校教育、科学、文化事业发展等进行调研指导。视察期间，刘延东对于10月份广西师范大学将迎来80周年校庆表示热烈祝贺，并赞扬学校为我国的师范教育，为广西的经济社会发展，特别是为少数民族地区发展作出了巨大贡献，激励学校要建设有特色、高水平的一流大学，为学校的发展指明了前进的目标，激发了全校师生共同奋进的磅礴力量。

2012年9月，时任中共中央政治局委员、国务委员刘延东来到广西调研，看望基层教师、科技人员和文化工作者，对近年来广西科技教育文化事业取得的成绩给予了充分肯定。在调研时刘延东指出，推进现代化建设，人才是关键，教育是基础，并强调要全面实施科教兴国和人才强国战略，切实把教育科技摆在优先发展的位置，努力培养更多优秀人才，持续增强区域创新能力，支撑民族地区跨越发展、科学发展。9月13日，在我校即将迎来80周年校庆之际，刘延东来到广西师范大学，慰问师生，就推动教育、科学、文化事业发展等进行考察调研。

聚焦素质教育，鼓励以研促教

在时任科技部党组书记王志刚，国务院副秘书长江小涓，教育部副部长鲁听，自治区党委书记、自治区人大常委会主任郭声琨，自治区政府主席马飚，时任校领导王枬、梁宏、王源平、唐仁郭、钟瑞添、白晓军、李传起、张师超、覃卫国、丁静、刘健斌的陪同下，刘延东先后视察了学校的教育部基础教育课程研究中心兴华科学探究馆、教育部药用资源化学与药物分子工程重点实验室和学校教师教育成果展，并来到学生中间，看望慰问同学们，勉励大家努力学习。

"兴华科学探究馆"是由物理科学学院（现为物理科学与技术学院）的罗星凯教授和我校其他专家经过多年潜心研究建立、学校师生共同参与建设的科学研究馆，是将基础教育研究、师范教育课程、教学改革和服务基础教育工作相结合形成的特色成果，为学生提供了探究性学习的开放性实践活动基地。刘延东观摩了科学探究馆内数百件设计新颖的实验教具，观看馆内实施科学素质教育所进行的科学探究实验，并作出"素质教育就是要研究方式方法、通过生活中的用品，来向大家介绍科学原理，这个非常好"的肯定鞭策。

刘延东参观了教育部药用资源化学与药物分子工程重点实验室，并与正在做科研实验的化学化工学院（现为化学与药学学院）赵书林教授及其研究生们一一握手，详细询问科研项目的内容和实际应用情况，听取相关负责人介绍实验室开展有关科研工作的情况，仔细了解我校

⊙ 刘延东等领导同志在教育部广西师范大学基础教育课程研究中心了解实施科学探究教育情况

在引领和服务壮乡基础教育改革，推进素质教育，服务地方经济社会发展，与企业、地方开展协同创新等情况，并与我校有关科研人员亲切交谈，对他们的研究给予了充分肯定，同时也勉励老师们继续做好相关研究，鼓励学生们要好好学习，祝愿其取得更好成绩。

注重教师教育，寄语青年学子

刘延东十分关心教师教育的发展，来到我校图书馆参观了学校教师教育成果展，了解学校在教师教育领域的改革创新和取得的成就。教师教育一直是我校的特色传统，建校80年来，已经为广西和全国培养了20多万名教师和其他专业人才，广西70%以上的高中特级教师、80%以上的示范性高中校长，60%以上的各地级市教育局局长都是广西师范大学的毕业生……一系列标志着我校教师教育成就的数据吸引着刘延东的关注。

在参观教师教育成果展后，刘延东发表了讲话。她希望学校能发挥自身特色，培养出更多的高素质教师，并强调学校要加强在教师教育、人才培养规律方面的研究，创新人才培养模式；同时要立足广西、面向全国，更好地为经济社会发展服务。刘延东对在场的师生们说："党中央、国务院非常重视教育工作，中国要实现现代化，要实现中华

⊙ 刘延东等领导同志考察教育部药用资源化学与药物分子工程重点实验室建设情况

民族的伟大复兴，教育是基础，人才是关键。教师是整个教育的主体，教育大计，教师为本，没有好的教师就没有好的教育。"此外，她还寄语青年学子们要肩负起光荣使命，希望大家珍惜机遇，努力学习，掌握本领，继承和发扬广西师范大学的优良传统，努力成长为一名优秀的人民教师。同时也勉励全校的师生员工要继续努力，希望广西师范大学能够培育出更多的优秀教师，培养出一批教育家，为国家教育事业的发展、为国家的现代化建设和民族的伟大复兴培养更多的优秀人才，把学校建成有特色、高水平的一流大学！

刘延东对于10月份广西师范大学将迎来80周年校庆表示热烈祝贺。并赞扬学校为我国的师范教育，为广西的经济社会发展，特别是为少数民族地区发展作出了巨大贡献，同时也对广西师范大学出版社的发展成就给予了高度肯定，她希望学校和出版社要更好地传承和创新文化，更好地引领社会风尚，为广西以及国家的科学研究与经济社会的发展作出应有的贡献。

凝聚思想共识，激发奋进力量

刘延东视察我校，不仅对学校建校80周年办学取得的成绩给予了充分的肯定，对我校教师和青年学子给予了深切鼓舞，同时也为学校

⊙ 刘延东在学校育才图书馆前发表讲话，鼓励我校教师，寄语青年学子

90周年90件大事

的发展提出了更高的要求，对宣传我校教师教育发展，树立学校在社会上的全新形象提供了良好契机。我校通过召开校党委理论学习中心组专题会议，学生座谈会等各种形式热议并学习贯彻刘延东视察我校的讲话精神，交流心得体会，使全校师生再次倍感振奋与鼓舞，立志要将中央领导的殷切希望转化为学习成长的动力，为国家的发展和民族的伟大复兴作出应有的贡献。刘延东在我校的讲话精神同时也为我校注重内涵式发展，凝练教育特色，实现国家级重点学科、国家重点实验室、教育部人文社科研究基地等

⊙ 刘延东发来祝贺学校80周年校庆贺信

高端平台突破的发展目标指明了方向。我校以此为契机，不断凝聚力量，科学谋划，扎实工作，立足广西，面向全国，培养更多的优秀人才，为国家的教育事业和经济社会发展作出更大的贡献。

（赵剑光　卢春华　执笔　张婷婷　审校）

文献来源

［1］王枬，黄伟林.师大故事［M］.桂林：广西师范大学出版社，2019.

［2］王枬，唐仁郭.广西师范大学简史［M］.桂林：广西师范大学出版社，2014

［3］刘延东在广西调研时强调加快发展教育科技事业为民族地区振兴提供有力支撑［N］.人民日报，2012-09-15（第02版：要闻）

入选基础能力建设工程项目
助力学校发展腾飞

◎ 导读 ◎

2011年，学校紧紧抓住国家加快发展中西部高等教育的有利时机，成功入选中西部高校基础能力建设工程（一期），获得中央及地方配套专项建设资金，主要用于校园基础设施建设，为加快实现建设国内一流、国际知名、教师教育特色鲜明的国内高水平大学的目标夯实了基础。

抓住中西部高等教育振兴计划机遇

党中央、国务院高度重视中西部地区经济社会发展，深入实施一系列相关区域经济社会发展规划，为加快发展中西部高等教育提供了难得的历史机遇。中西部高等教育是我国高等教育的重要组成部分，普通高校数和在校生数接近全国三分之二，承担着为国家特别是中西部地区经济社会发展提供人才支持和智力支撑的重要使命。改革开放以来，特别是进入新世纪以来，中西部高等教育规模快速发展，为我国实现高等教育大众化作出了重要贡献；经费投入大幅增长，办学条件日益改善，教育教学改革逐步深化，办学水平稳步提高。

但是，中西部地区教育发展仍然滞后。2011年，国家作出振兴中西部高等

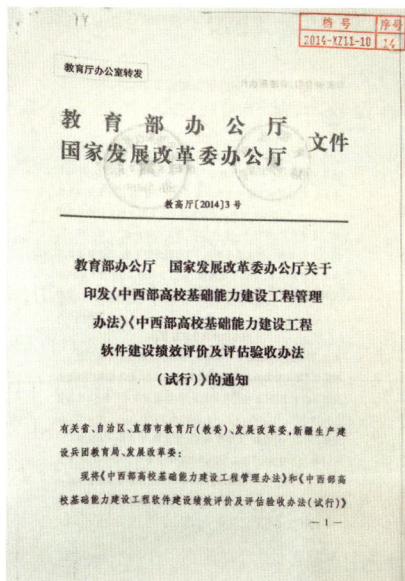

⊙ 入选教育部"中西部高校基础能力建设工程"一期高校名单

教育的重要决策部署，是深入实施西部大开发、振兴东北地区等老工业基地和中部崛起战略、促进区域协调发展的迫切需要，是促进边疆和民族地区经济社会跨越式发展和长治久安的必然要求，是提升中西部高等教育整体水平、全面提高高等教育质量、加快推进高等教育强国建设的重大举措。为此，2014年推出了中西部高校基础能力建设工程。

中西部高校基础能力建设工程是由国家发展和改革委员会、教育部组织实施，重点支持建设中西部23个省、自治区、直辖市以及新疆生产建设兵团的百所地方高校发展建设。是中西部高等教育振兴计划的重要组成部分，目的是振兴中西部高等教育，促进高等教育协调发展，切实提升中西部高校办学能力，提高人才培养质量，使中西部一批本科高校实力得到较大提升。自2012年开始，由国家发展和改革委员会、教育部重点扶持一批有特色、高水平的地方高校加快发展。"十二五"期间，国家发改委安排中央预算内专项投资，对每所纳入"工程"建设的高校给予补助投资，主要用于基础设施建设。

经过学校的不懈努力，学校于2011年入选中西部高校基础能力建设工程（一期），实施期限为2012—2015年。

开展中西部高校基础能力建设工程（一期）建设

自2011年入选国家"中西部高校基础能力建设工程"（一期）以来，学校共获得中央及地方配套专项建设资金10000万元。同时，获自治区专项建设资金3000万元。

一是实施雁山校区图书馆建设项目。雁山校区图书馆项目总建筑面积5.5万平方米，总投资2.1亿元。该项目于2012年9月开工，2018年10月12日正式启用。是当年西南地区单体最大的图书馆。雁山校区图书馆建设完成后，提供足够的公共活动交流空间及其人文意境，不但让我校图书馆的育人资源得以成倍"扩容"，更促进了服务方式和功能的大变革，而且有利于整合三地办学的图书文献资源，极大地改善学校办学条件，给学生以美的享受和轻松的愉悦感，使图书馆成为知识创新的摇篮和人才培养的基地。在雁山校区图书馆项目建设中，共获自治区专项建设资金3000万。

二是实施雁山校区理工科实验教学中心建设项目。雁山校区理工科实验教学中心总建筑面积为9.4万平方米，总投资2.3亿元。主要包括化学化工学院（现为化学与药学学院）科研实验楼、生命科学学院实验楼、环境与资源学院实验楼、省部共建教育部重点实验室、珍稀濒危动植物重点实验室等。根据学校办学布局的调整，分批开工建设。珍稀濒危动植物重点实验室2011年2月开工建设，2012年9月完工并交付使用。生科环资实验楼已完工交付使用，可满足多个学院正常教学科研工作的开展。项目的资金筹措渠道包括银行贷款、学校自筹和政府专项资金支持。其中，中西部高校基础能力建设工程专项资金10000万元，主要用于实验楼的实验教学建设投资。

建设完成的理工科实验教学中心为本科教学及科研项目提供了有力保障，确保生命科学学院、环境与资源学院本科生的实验教学顺利开展。同时作为科研平台的基础，为学校开展各级各类科研项目提供支撑，尤其是2014年7月，珍稀濒危动植物生态与环境保护实验室教育部重点实验室顺利通过验收。

建设成效

自2011年入选国家"中西部高校基础能力建设工程"（一期）以来，

学校抓住机遇，科学谋划，锐意进取，以项目资金支持带动教学改革和科研创新，取得了一系列重大突破。仅2015年，学校实现了省部共建高校目标，"国家杰出青年基金"获得者、"长江学者"实现了零的突破，"化学"学科成为广西唯一深度进入ESI全球前1%的学科，省部共建药用资源化学与药物分子工程国家重点实验室建设方案通过论证。"一期工程"建设期间，学校在全国大学综合排名中进步48位，位居全国大学143位，在中国高校声誉指数排名中荣居广西高校之首。目前，学校已发展成为一所教师教育特色鲜明、国际交流合作广泛的综合性省属重点大学，这为加快实现建设国内一流、国际知名、教师教育特色鲜明的国内高水平大学的目标夯实了基础。

（王志勇　执笔　伍尚海　审校）

举办系列周年校庆
易秩传承谱写新篇

◎ 导读 ◎

经过90年的发展，学校积淀了深厚的文化底蕴。一代代广西师大人自强不息、艰苦创业、开拓进取，学校各项事业蓬勃发展。学校先后隆重举办了建校10周年、60周年、70周年、80周年校庆，目前正在筹办90周年校庆。周年校庆的举办，宣传了学校办学历史和成就，增强了师生的自豪感和使命感，增进了校友对母校的认同感和归属感，扩大了学校的知名度和美誉度，成为凝练师大文化、传承师大精神、彰显师大情怀、提高师大声誉的极好平台。

广西师范学院建院10周年校庆

1963年是全国高等院系调整10周年，也是广西师范学院建院10周年。这10年，是学院发展史上的黄金时期。为了总结经验，检阅成绩，激励全体师生员工，1963年初，学院成立了"广西师范学院10年校庆筹备委员会"。校庆筹备委员会决定做好四件事，一是组织力量，做好调查研究，认真总结10年来的办学经验。二是编印一本《校庆10周年纪念册》，出版一本《教学经验选集》和两本《科学论文集》。三是举行科学报告会，举办教学、科研、生产劳动成果展览。四是召开隆重的庆祝大会。

这一年，多名领导、著名学者和教授到学校指导调研。1963年3月29日，时任北京大学副校长、教授、全国著名历史学家翦伯赞应邀来学院作学术报告。时任全国人民代表大会常务委员会副委员长、中国科学院院长郭沫若为学院建校10周年纪念题词。6月20日，时任中国科学院副院长竺可桢、裴丽生陪同古巴科学院全国委员会主席安东尼奥·努沓斯希门尼斯博士率领的三人小组到学院参观。8月21日至9月21日北京大学教授、全国著名语言学家王力应邀到学院讲学。11月5日，全国人大代表、著名翻译家李霁野到学院视察。11月8日，时任教育部副部长林砺儒到学院视察，对如何进一步办好学校作了指示。

经过10个月的努力，院党委、院务委员会及各系各单位，撰写了各种文章近100篇。院党委书记杨江撰写了《十年历程》，全面系统地总结10年来办学的成就和经验。院长张云莹等院领导为《建校十周年纪念册》撰写了文章或题词，《教学经验集》发表了郑显通、陈伟芳、董继昌、何承聪教授等撰写的19篇文章。各系各单位还撰写了约300篇科学研究论文。

1963年11月13日晚，学校举行盛大的校庆文娱晚会、电影招待会。14日上午，隆重举行庆祝大会。时任广西壮族自治区党委监察委员会书记伍晋南、宣传部副部长罗立斌，桂林市委书记黄云、副书记陈亮，桂林行署专员吴腾芳和有关兄弟院校的党政领导出席了大会。伍晋南书记代表自治区党委在大会上讲话，桂林市委副书记陈亮、广西民族学院院长袁似瑶、校友代表融安中学教导主任都源忠先后致词和发言。庆祝大会上还举行了团体操表演。15日举行科学报告会、球类比赛、航空模型表演以及游园晚会。十年校庆活动，这是新中国成立后，重新组建广西师范学院以来举办的重要校庆庆典活动，盛况空前，意义非凡，极大促进了学院各项事业发展。

广西师范大学建校60周年和70周年校庆

学校于1983年、1988年举行过校庆活动，但规模都不大。到了1992年、2002年，广西师范大学迎来建校60周年和70周年，学校高度重视，提前部署、专项筹备校庆工作。60周年校庆之际，学校为此拍摄了《红烛》校史纪录片，在《光明日报》《广西日报》《桂林日报》刊登了校庆广告。到了建校70周年之际，学校党委、行政部门把校庆70周年活动列入年度三大重点工作之一，对校庆庆祝活动作了周密安排。

校庆60周年庆典活动于1992年10月12日至16日举行。10月12日上午9时，庆典大会在育才校区体育场举行，共1万多名海内外校友参加。时任广西壮族自治区副主席龙川，国家教委成人教育司司长崔毅，广西壮族自治区政府副秘书长覃卓凡，广西壮族自治区高校工委副书记、广西壮族自治区教委副主任李树民，桂林市市长袁凤兰，以及各地、市驻桂部队和各兄弟院校党政领导20多人，还有已年过八旬的老院长梁唐晋，美国休斯顿大学代表、美中友好协会副会长赖特教授等出席庆典大会。龙川副主席向大会致辞，时任校长王炜炘教授发表讲话。

校庆70周年庆典大会于2002年10月19日在育才校区体育场举行。时任自治区党委书记、人大常委会主任曹伯纯，自治区党委副书记马庆生、陆兵，教育部原副部长周远清等领导，来自海外12个国家和地区的46所友好学校、科研机构的74位代表，以及近60所区内外兄弟院校的代表和各地校友代表与数万名师生共同参加庆典活动。教育部原副部长周远清代表教育部宣读贺词；时任自治区四家班子领导曹伯纯、马庆生、陆兵、甘幼玶、张文学、吴恒、梁超然以及袁正中、侯德彭、贺祥麟等领导出席了大会，曹伯纯作了讲话。时任自治区主席李兆焯，自治区政协主席陈辉光，自治区党委副书记马庆生、陆兵，自治区副主席袁凤兰等为校庆题词或发来贺电。时任校党委副书记、校长梁宏作了讲话。部分地市县党委、人民政府，海外共74所大学、科研机构均发来贺电贺信。大会组织严密，气氛隆重、热烈、喜庆、盛况空前，

⊙ 广西师范大学60周年校庆庆祝大会现场

⊙ 广西师范大学70周年校庆庆典现场

充分展示了学校的精神风貌，受到了校友和社会各界的称赞。

历次校庆工作均得到了社会各界尤其是校友和爱心企业的关注，社会各界以捐款捐物等不同方式奉献爱心。60周年校庆期间，学校共收到捐赠款计216129.8元人民币、1280美元。70周年校庆期间，学校共收到的校外捐赠（包括实物折款）总额达1600多万元人民币（校内捐赠达1800多万元人民币）、1220美元。

隆重庆祝广西师范大学建校80周年

80周年校庆是进入新世纪后，学校举行的一次规模宏大、隆重热烈的校庆。在校庆之际，学校召开80周年校庆筹备工作会。会议提出，要把80周年校庆办成高层次的学术交流会，高规格的教育研讨会，高水平的办学成果展示会，高效率的校地校企合作洽谈会，情融母校的校友团圆会，办成凝心聚智、彰显风范、推进发展的盛会。80周年校庆重点突出校史、校友、校貌三位一体，坚持热烈、节俭、传承、创新的原则，突出"文化校庆"和"绿色校庆"的理念。

80周年校庆期间，学校陆续举办了高层次的学术报告会、高水平的合作研讨会和名师名校长高峰论坛、百场校友报告会、办学成就展、捐赠揭幕仪式和大型文艺演出等文化活动，出版了数本重要的周年校庆重要著作、刊物。汇聚了来自美国、英国、韩国、越南、泰国、印尼等国家的大学校长以及众多国内外知名人士参与。80周年校庆共获得3052.73万元的捐赠。

2012年12月2日，桂林雁山脚下，相思江畔，学校隆重举行建校80周年庆典大会。时任全国人大常委会委员长吴邦国，中共中央政治局委员、国务委员刘延东，全国人大常委会副委员长、民革中央主席周铁农，越南副总理阮善仁等分别为我校80周年校庆题词或发来贺信。时任自治区党委书记、自治区人大常委会主任郭声琨出席大会并发表讲话。时任自治区主席马飚发来贺信。教育部、国内外著名院校和社会各界人士也纷纷发来贺电贺信，表达了对学校80年办学成就的肯定与赞扬，并对学校的未来发展送上美好的祝福。著名教育家、中国高等教育学科创始人潘懋元，"体操王子"李宁，以及自治区高级人民法院、自治区人民检察院、北京师范大学、东北师范大学、南京大学、厦门大学、新西兰东方理工学院、越南阮文贝学校校友联络处、越南育才学校校友代表团等近百个单位和个人为学校八十华诞题词或发来贺信、贺电。时任自治区党委、政府领导，国务院和教育部重要部门负责人，教育厅和自治区党政部门负责人、桂林市及其他各市、县党政领导及教育局局长，桂林市各部委办局的负责人，对外经济贸易大学、华中师范大学等区外30多所高校的领导，广西大学、广西民族大学等区内40多所兄弟院校的领导，来自国外20多所大学的校长或校长

⊙ 2012年12月2日上午，我校隆重举行建校80周年庆典大会

90周年90件大事

⊙ 十一届全国人大常委会委员长吴邦国同志为我校建校80周年题词

代表以及海内外校友等出席大会，时任校党委副书记、校长梁宏教授作了讲话。全体在任校领导和历任校领导代表，各学院各单位负责人，师生代表一万多人参加大会。

庆典大会上，举行了大型文艺演出《风华独秀》，向海内外宾客和广大校友展现了师大学子朝气蓬勃、昂扬向上的青春风采，奏响了"尊师重道、敬业乐群"的壮丽赞歌，谱写了广西师大人奋发图强、团结拼搏的时代篇章。

此外，2012年11月30日，12月2日和3日晚分别在王城、育才校区、雁山校区精彩上演"爱在师大"校庆综合文艺汇演，师生校友齐聚一堂，同贺母校八十华诞。晚会由"独秀华章""爱在师大""青春万岁""共创辉煌"四个篇章组成，以经典校园歌舞为主，集武术、情景乐诗舞、朗诵、时装秀等艺术形式为一体，重温了学校八十年风雨历程，再现了学校萌芽、发展、传承的优秀文化底蕴，体现了师大人"尊师重道，敬业乐群"的校训精神，同时也展现师大人的热情、创新、奋斗的新面貌。

筹备广西师范大学90周年校庆

2022年10月学校将迎来90周年校庆，为做好90周年校庆筹备工作，校党委书记邓军强调，要充分认识90周年校庆的重大意义，切实增强做好90周年校庆筹备工作的责任感和自觉性。更要站在深入学习贯彻习近平新时代中国特色社会主义思想和习近平总书记关于教育的重要论述的高度，站在坚决贯彻落实党中央、教育部、自治区党委决策部署的高度，充分认识通过校庆筹备工作，切实加快学校"双一流"建设，实现学校内涵式发展、高质量发展、跨越式发展和建设国内一流、国际知名、教师教育特色鲜明的国内高水平大学的重要意义，按照学校的统一安排，全力做好各项筹备工作。

2021年4月29日，学校召开90周年校庆筹备工作推进会。校党委副书记、校长贺祖斌要求与会人员要认真学习习近平总书记在清华大学建校110周年前夕考察时的重要讲话精神以及给厦门大学建校100周年的重要贺信内容，积极贯彻新发展理念。学校要抢抓机遇，主动作为，在建设国内高水平大学新征程中推进校庆工作。要积极谋划，精密部署，以90周年校庆为契机绘就学校改革发展新篇章。

2021年10月16日，学校举行90周年校庆倒计时一周年启动仪式，三校区正式启用校庆倒计时牌。《广西师范大学90周年校庆公告（第一号）》及90周年校庆主题、形象标识同时发布，向社会各界和广大校友发出正式邀约。

在学校90周年校庆倒计时一周年之际，爱心企业、单位捐资助学共1261万元人民币。通过校庆，广泛地团结了校友和社会各界，加强了学校与校友之间、校友相互之间、学校与社会之间的联系，为学校今后的发展开拓了更大的空间。

可以说，周年校庆活动的成功举办，唤起了全体师大人的精神共鸣，受到了师生校友和社会各界的广泛赞誉，不断激励师生员工更好地推动学校未来事业继续发展，谱写广西师大发展新篇章。

（张乾一　杨凯　执笔　韦冬　审校）

文献来源

[1]广西师范大学校史修订组.广西师范大学史（1932—2002）[M].桂林：广西师范大学出版社，2012.

确立章程校歌校训校徽
提升大学制度和文化影响

◎ 导读 ◎

学校自2005年以来，开展现代大学章程的起草工作，2007年4月确立学校章程，2014年、2022年进行了两次修订。2002年5月，由集体创作填词，由广西艺术学院王晓宁老师作曲，校歌《育才之歌》确立。2006年确立"尊师重道，敬业乐群"校训。2008年，确立学校最新的校徽标识。章程、校歌、校训、校徽的确定，极大提升了大学文化底蕴，对激励全校师生弘扬传统，传承大学精神，具有重要的作用。

大学章程之于大学，如同宪法之于国家。大学章程是建立现代大学制度的奠基之作，制定章程是学校推进依法治校工作必由之路。文化符号是一所高校、企业、地域、民族或国家独特文化的抽象体现，是文化内涵的重要载体和形式。最能反映一所高校传统和特色的是校歌、校训和校徽，对激励全校师生弘扬传统，增强荣誉感、责任感，继续奋发向上，具有特别重要的意义。

确立现代章程

2006年，教育部倡导高校要将章程制定"作为学校加强现代制度建设，推进依法治校的重要抓手"，学校着手开展现代大学章程的起草工作。2007年4月，七届三次教代会上通过《广西师范大学章程》；6月5日，学校党委审定，后报自治区教育厅审核备案；9月4日，自治区教育厅以桂教政法〔2007〕8号文同意备案；9月10日，学校将《广西师范大学章程》予以公布。该章程成为新中国成立后学校的第一部章程，学校也是全区最早制定并完成现代大学章程审核备案的高校。

2014年，根据教育部要求和自治区教育厅的统一部署，学校作为广西15所章程试点院校之一，全面启动学校章程的修订工作。经广征民意、充分论证、认真修改，修订后的《广西师范大学章程》于2014年12月31日，由自治区教育厅以《广西壮族自治区教育厅高等学校章程核准书第2号》(桂教章核〔2014〕2号) 予以核准。学校修改后的章程是《高等学校章程制定暂行办法》实施以来，广西首批通过核准的两个高校章程之一。学校开启了内部治理体系和治理能力现代化建设的新篇章。

学校2015版章程印发实施以来，新修订的《中国共产党章程》《宪法》《高等教育法》等重要法律和规章相继实施；党的十九大、全国教育大会、新时代全国高等学校本科教育工作会议及国家其他有关高等教育的相关会议和自治区相关工作会议等重要会议相继召开。为适应新形势、新任务、新要求，在学校章程中充分体现与贯彻落实以上法律法规、相关会议和政策文件精神，自治区教育厅下发《自治区教育厅办公室转发教育部办公厅关于启动新一轮高等学校章程修订工作的通知》(桂教办〔2021〕838号)文件，统一部署高校章程修订工作。2021年12月，学校正式启动学校章程修订工作。此次章程修订，共组织了近10次专题论证，向近10类群体征求了意见，共修订约200处，于2022年7月6日全委会表决通过，2022年7月10日报自治区教育厅核准。

修订后的《广西师范大学章程》内容包括序言和正文两部分。正文分九章八十二条，即："总则""举办者与学校""学生""教职员工""治

⊙ 章程

理结构""财务与资产""学校与社会""校训、学校标识、校庆日""附则"。内容基本涵盖《高等教育法》和《高等学校章程制定暂行办法》中规定的高校章程应包括的内容，结合了学校的情况，彰显了学校大学精神和文化，是师大人奋进的总宣言。

校歌诞生　惊艳全国

校歌是学校的重要文化标识，是学校办学理念和人文精神的形象化和艺术化的表现。2000年，学校开展校歌歌词征集活动，广大师生、校友出于对学校的热爱，纷纷踊跃参与、积极投稿。与此同时，为迎接广西师范大学建校70周年，学校在2001年专门成立了"校歌"创作班子，由时任党委副书记阳国亮牵头，组织10余位专家、学者，经历

⊙《育才之歌》简谱和歌词

多次讨论后确立了共同的创作思路：要求校歌必须具备"独特性、师范性、地方性、永久性"的特点，同时，歌词简洁、易记，曲子激昂向上、悦耳动听。创作组多次在王城校区大会议室举行集体讨论会，以原有创作和广泛征集的歌词为基础，进行深度加工创作。2002年5月31日最终形成了集体创作的作品——《育才之歌》，并邀请广西艺术学院王晓宁老师为校歌谱曲。

《育才之歌》曲调气势磅礴，催人奋进；歌词简洁有力、朗朗上口，内涵丰富、寓意深刻，充分体现了学校特殊的历史发展脉络与文化精神的独特气韵，又与桂林如画的山水自然环境遥相呼应。其中"独秀""桃李""灵魂工程"等意象，点明了学校鲜明的办学特色。主歌第一段"独秀苍苍，岁月茫茫"跨越时空的描写和"聚山水灵气、树华夏栋梁"的凝练表述，高度概况了学校走过的光辉历程；第二段以"漓水悠悠，书声琅琅"的独特感受来呼应学子们在漓江母亲河孕育下，勤学苦读、厚积薄发。副歌以蓬勃、昂扬、大气的情怀表达了学子对毕业后献身祖国教育事业的远大理想和热切期盼。

在漫漫求知路上，《育才之歌》的动人旋律一直激励着全校师生在落实立德树人根本任务中不断前进。2016年6月14日，精心制作的《育才之歌》MV在学校官方微信公众号发布，同时在腾讯视频、优酷视频、土豆视频等多家视频网站上线，点击量超10万人次，深受广大师生、校友和社会各界人士好评。2017年12月31日，中国教育电视台、中国电视艺术家协会行业电视委员会联合评选第二届全国高校十佳校歌，《育才之歌》从近千所高校中脱颖而出，获得"十佳校歌"的荣誉称号，成为西部高校中唯一的获奖作品。

校训的确立

校训是一所学校文化精神的核心内容。2003年，为进一步凝练学校历史文化积淀，集中展现校风、教风、学风和办学理念、治校精神，学校启动了校训的征集工作。征稿启事一经发出便得到师生和校友的积极响应，踊跃投稿，提出他们心中能够诠释学校精神内涵的校训文字，如有人提出，学校一直传承的"团结、勤奋、求实、创新"的校风可以担当校训。而有人则认为，校训应出自大家、名流之手，民间征集很难统一意见。"校训大讨论"一直来到了2006年，学校迎来教育部本科教学水平评估，这是对学校教学质量、社会声誉与竞争力的集中检验，学校领导十分重视，各项准备工作都在积极推进，校训的确立工作又再次提上重要日程。时任校党委宣传部部长蒙伟凡和副部长阮忠元提出建议：可以从校史中的老校训里挖掘。经过搜集校史资料和文献、采访相关人员，征集老领导、老专家意见，最后确定了"尊师重道、敬业乐群"的校训，经过有关专家、学者反复讨论，为八字校训赋予了新的解释，校训彰显了广西师范大学在长期历史和文化的积淀下形成的良好校风，指明了教育体制改革发展背景下学校作为师范类高校的职责与使命，树立了全校师生在求知求学的道路上的行为规范与道德标准。这一解读得到了学校一批资深老教授、老干部和师生的认同和支持，最终在校长办公会议中通过。时任副校长贺祖斌在2007年的中层干部大会上正式宣布：重新启用"广西师专时期的校训"。

2017年10月12日，是建校85周年校庆日，学校在雁山校区图书馆前举行了校训石落成仪式。由校友捐赠的校训石长9.2米，宽0.7米，高2.8米，立于校训广场的中心。校训石正面镌刻的是"尊师重道、敬业乐群"八个大字，背面则镌刻着校训精神的意义与诠释。

"尊师重道"出自《后汉书·孔僖传》"臣闻明王圣主，莫不尊师贵道"；"敬业乐群"出自《学记》"一年视离经辨志，三年视敬业乐群"。

⊙ 雁山校区图书馆前的校训石

"尊师"，尊重教育、尊重老师、尊重知识、尊重人才，要求我们形成尊重知识、尊重人才的风气，养成尊师的品德。

"重道"，追求真理、崇尚科学、坚持正义、善德立身，要求我们树立科学精神，以实事求是的态度治教治学，不断创新，追求真善美。

"敬业"，热爱专业、笃学求精、勤勉创新、献身事业，要求我们专致学业、忠于职守，有为社会发展而奉献的价值追求和勤恳作风。

"乐群"，和谐共处、诚信宽容、团队合作、厚生益众，要求我们善于合作、同舟共济，携手共建和谐校园。

校徽的确立

校徽是学校的重要标志之一，其主要的目的是辨识身份、留存纪念，通过图案、文字来介绍学校的性质和学科，同时在佩戴校徽的时候也给佩戴者在无形中增加了纪律的约束，规范学生的行为，提高学校的知名度。2002年，在70周年校庆之际，学校开始对原有的校徽进行设计和完善，校徽最终确定由中英文校名，王城正门和独秀峰等元素组成。中文校名和英文校名位于圆形外环左右两边，构成半圆形。

⊙ 校徽

外环右上方是校名大写英文"GUANGXI NORMAL UNIVERSITY"。中间以王城校园内的独秀峰为背景，王城正门为前景，整个校徽以黄色、红色和绿色搭配，层次鲜明，立体感强。校徽外环为红色，校名和王城校门为黄色，独秀峰背景为绿色，校徽整体依托王城色系，予人庄重、典雅之感。

2006年12月26日，为统一校名和校标的中文字体，适应大学发展要求，学校校长办公会同意用伍纯道教授手写体校名替换现校标中印刷体校名，并要求今后使用校标必须规范，字体、图案等务必统一。为集中统一展示学校形象，更好地诠释学校办学理念和文化精神，学校进行视觉形象识别系统设计，经过两年征集和不断修改完善，2008年，学校美术学院何平静教授团队的设计最终入选。

新的校徽是套圆形徽标，中间是由独秀峰和王城校区正门组成。图案上方套内圆环，下方有"1932"字样，指学校建校时间；外环左上方采用学校艺术系首任系主任、书法家伍纯道教授行楷题写的校名"广西师范大学"作为标准字。外环右上方是校名大写英文"GUANGXI NORMAL UNIVERSITY"。整个图案由规整对称的几何图形组成，显得极为严谨与规范，体现学校管理科学、治学严谨；整个标志以紫色（C30 M100）为专用色，即标准色标，寓意学校紫气满园、事业辉煌；主体结构左右对称，与王城校区建筑风格一致，体现学校历史悠久、文化深厚；中间的独秀峰高耸挺拔，层次分明，轮廓清晰，犹如熊熊的火焰在跳跃，将校园映衬得格外艳丽，寓意学校的事业蒸蒸日上，充满活力；独秀峰与正门组成的图案，像一把燃烧的火炬，象征学校薪火相传，追求卓越；整座山峰在天空的衬托下，形成高远而博大的空间美，象征学校海纳百川、和谐并包；秀丽的凉亭独傲峰顶，令巍峨挺拔的独秀峰充满了生机，寓意师大人艰苦奋斗、勇攀高峰；内圆环紧套正门和独秀峰，犹如一轮红日照耀学校，象征着学校全体师生员工齐心协力，共创辉煌；学校的正门敞开，寓意放眼未来，开拓进取。

（丁慧　谭智奇　王志勇　执笔　孟旭琼　窦武　审校）

文献来源

［1］潘耀良，易锦言.往事今说——广西师范大学离退休教师回忆录［M］.桂林：广西师范大学出版社,2012.

［2］王枬，黄伟林.校长纪事——广西师范大学历任校长故事集［M］.桂林：广西师范大学出版社,2012.

［3］王枬，黄伟林.师大故事［M］.桂林：广西师范大学出版社,2019.

获批国家级实验教学示范中心
全面构建实验示范体系

◎ 导读 ◎

学校"物理学实验教学中心""化学实验教学中心""教师教育实验教学中心",分别于2013年6月、2015年1月和2016年1月获教育部批准为国家级实验教学示范中心,构建了学校以实验教学中心为基础的实验教学管理体系。

紧抓机遇,精心策划图发展

2005年5月,为贯彻落实教育部《2003—2007年教育振兴行动计划》和教育部第二次普通高等学校本科教学工作会议精神,推动高等学校加强学生实践能力和创新能力培养,加快实验教学改革和实验室建设,促进优质资源整合和共享,提升办学水平和教育质量,教育部下发《教育部关于开展高等学校实验教学示范中心建设和评审工作的通知》(教高〔2005〕8号),决定在高等学校实验教学中心建设的基础上,建立国家级实验教学示范中心,构建学科类型齐全、区域和学校分布合理的实验教学示范体系。

学校及时把握机遇，结合专业特色和经济社会发展对人才创新能力的需求，组织专家论证，从2005年起对部分专业特色鲜明、实验教学成果突出的校级实验教学中心逐一进行整合、提升，加大支持力度，优先落实人员保障和软硬件基础，构建了布局合理、目标明确、高水平、开放式的实验教学管理体系。

稳步提升，凝神聚力求突破

"物理学实验教学中心"。广西师范大学物理实验室始建于1942年。2005年初，物理与电子工程学院将物理学相关实验室进行合并，成立了校级物理学实验教学中心，实验室面积达到4597平方米，仪器设备6000余台套。2006年8月，物理学实验教学中心获批为自治区级实验教学示范中心。2009年1月，再次升级为国家级实验教学示范中心建设单位。2013年1月，接受国家级实验教学示范中心现场验收并通过。2013年6月25日，教育部下发《关于批准北京大学化学基础实验教学中心等500个实验教学中心为"国家级实验教学示范中心"的通知》（教高司函〔2013〕72号），广西师范大学物理学实验教学中心正式获批为国家级实验教学示范中心。

"化学实验教学中心"。广西师范大学化学实验室始建于1941年，是学校最早创建的实验室之一。经过80年的建设和发展，形成了完整健全的化学实验教学体系。2000年，学校对原属于化学化工系、生物学系和环境科学系等三个系的教学资源进行整合，成立了全校性公共化学实验教学平台——化学实验教学中心，拥有实验室面积9400平方米，仪器设备7130余台套。2006年8月，化学实验教学中心获批为自治区级实验教学示范中心。2015年1月8日，教育部下发《教育部办公厅关于批准北京工业大学电子信息与电工技术实验教学中心等80个国家级实验教学示范中心的通知》（教高厅函〔2015〕2号），广西师范大学化学实验教学中心正式获批为国家级实验教学示范中心。

"教师教育实验教学中心"。1999年，学校整合教育资源，将原教育系、电化教育中心、教育科学研究所合并成立教育科学学院。在此基础上，2000年，成立教育科学学院教育科学实验室。2006年，为了

⊙ 物理学实验教学中心

⊙ 化学实验教学中心

进一步优化实验教学资源的配置、共享与开放，提高资源的利用率和实验室运行效率，学校将原教育技术中心公共课"现代教育技术"的资源整合到教育科学学院，同时联合全校教育学、心理学、教育技术学、学科教学论的力量，将中小学骨干教师国家级培训基地、广西

⊙ 教师教育实验教学中心

示范性教师教育基地等多种力量纳入学校整体发展的规划当中，成立广西师范大学教育科学与技术实验中心，拥有实验室面积3860平方米，仪器设备2500余台套。2008年6月，教育科学与技术实验中心获批为自治区级实验教学示范中心。2010年，学校进一步将各种教师教育实验教学资源进行整合，成立广西师范大学教师教育实验教学中心。2016年1月26日，教育部下发《教育部办公厅关于批准清华大学自动化实验教学中心等100个国家级实验教学示范中心的通知》(教高厅函〔2016〕7号)，广西师范大学教师教育实验教学中心正式获批为国家级实验教学示范中心。

彰显特色，育人示范有成效

物理学实验教学中心坚持"以人为本、分类建设、多元参与、循环促进"的建设方针，重视先进教育理念科学引导实验教学建设的方向，完成了"三层一辅助"的分层式实验教学体系构建。中心承担物理科学与技术学院、电子工程学院、化学与药学学院、生命科学学院、环境与资源学院、计算机科学与信息工程学院、数学与统计学院、职业技术师范学院等8个学院18个专业的本科实验教学课程。近三年来开设实验课程25门，实验教学项目140个，服务在校学生1.4万人次，其中全日制本科生9千人次，硕士研究生5千人次。依托中心实验平台获得立项资助的国家级和自治区级大学生创新创业训练计划项目46项，获得省级以上各类大学生物理类竞赛奖励60余项。

化学实验教学中心构建了"一体化、三平台、三层次"的实验教学新体系，形成了"基础—综合—研究"三层次推进式教学进程和开放式实验教学模式。中心承担化学与药学学院、物理科学与技术学院、生命科学学院、环境与资源学院等4个学院9个专业的本科实验教学课程，近年来开设实验课程21门，实验教学项目277个，服务在校学生5千余人次，其中全日制本科生4千余人次，硕士研究生7百余人次，博士研究生1百余人次。依托中心实验平台获得立项资助的国家级和自治区级大学生创新创业训练计划项目63项，获得省级以上各类大学生化学类竞赛奖励76项。

教师教育实验教学中心秉承"专业为准、学养为基、探究为核、联动提升"的实验教学理念，构建了"学生为本、能力为重、多元促动、合作开放"式的教师教育实验教学体系。中心承担化学与药学学院、物理科学与技术学院、生命科学学院、环境与资源学院等13个学院19个专业的本科实验教学课程，近年来开设实验课程88门，实验教学项目581个，服务在校学生14万余人次，其中全日制本科生12万余人次，硕士研究生2万余人次，博士研究生1千余人次。依托中心实验平台获得立项资助的国家级和自治区级大学生创新创业训练计划项目36项，获得省级以上各类大学生学科类竞赛奖励191项。一直以来，中心把融入社会、服务地方基础教育作为自身发展的重要任务，扎根于西南民族地区，先后承担了广西21世纪园丁工程、中小学骨干教师国家级培训项目、广西基础教育名师培养工程、名校长培养工程、联合国教科文组织"广西少数民族女童职业教育"培训项目等专题培训项目数百个，直接参与培训的中小学教师、教育管理干部近万人，间接受益者达几十万人，有力地促进了地方基础教育的发展，起到了很好的示范引领作用。

（唐晓琳　执笔　蒋丽萍　审校）

成立学校附属小学
基础教育全系列发展

◎ 导读 ◎

广西师范大学坚持"秉承弘文励教传统，根植壮乡基础教育，引领教师教育改革发展"的理念，为地方基础教育建设发展作出了卓越贡献，成立附属小学是学校服务地方基础教育的典型标志之一。

众望所归　应运而生

长期以来，广西师范大学的附属实验幼儿园和两所附属中学以先进的育人理念和一流的教学质量在社会上享有极高声誉。为了完善师范教育教学实训体系，服务桂林基础教育，同时为教职工子女提供基础教育全链条服务，2012年，学校决定以广西师范大学教育发展基金会下属益勤商贸有限公司名义投资兴办一所附属小学。

2012年6月，广西师范大学校长办公会通过了建立附属小学（桂林市七星区卓然小学）（以下简称"卓然小学"）的决议。7月，启动学校的筹建工作。同年9月开始对外招收一至三年级学生。

当时，附属外国语学校已经启用铁山园新校区，除当时初三学生继续在老校区完成学业外，其余全部搬到了铁山园校区。因此，卓然小学就在位于育才校区南苑教职工家属区内的原附属外国语学校校园办学。以当时的科学楼（现更名为

"卓然楼")为界，逸夫楼交由卓然小学使用，其他继续为附属外国语学校使用，宿舍和食堂也是分开使用。

卓然小学以"民办公助"的形式进行办学，属民办性质，采用"双线管理"的模式，在业务上接受桂林市七星区教育局的管理，同时行政上接受广西师范大学的管理，对全校的教育教学等各项工作进行监督和指导。

立德树人　形成特色

卓然小学依托广西师范大学的品牌优势，与华东师范大学教育学部"生命•实践"教育学研究院、广西师范大学教育学部共同开展"新基础教育"实践研究，推动学校向现代型学校整体转型发展。在"新基础教育"研究过程中，卓然小学逐渐实现学校的整体性转型变革，内容包括培养目标、课堂教学、班级建设、教师发展、学校管理等方面。在办学实践中，扎根华夏优秀传统文化，秉承文化育人的理念，挖掘中国文化、本土文化的育人价值，提出了"中国风、国际范"的办学思想。传承中华优秀传统文化，深入挖掘中国古代山水文化的育人价值，以"教山水道，育卓然人"为育人目标，开展山水教育，立

⊙ 卓然小学

德树人，致力于培养品性卓然、学识卓然和能力卓然，生活独立、思想独立和人格独立的卓然学生，形成了"卓然独立天地间"的核心价值观，及自然、融和、共生的山水教育特色。

在课程设置方面，将国家课程与校本课程有机融和，促进学生的综合素养提升。多元校本课程主要有："我与世界"主题融和课程、国学课程、24节气课程、双语课程、研学实践课程等。这些课程对培养学生的中国根基、国际视野，提升学生核心素养起到了重要作用。同时，卓然小学每学期定期开展丰富多彩的主题实践活动，主要有：班级活动、四季活动、节庆活动、学生成长节律活动。在"新基础"教育研究实践中，"春之艺、夏之旅、秋之运、冬之语"四季系列活动彰显特色，打破了学科界限、校内外界限，从学科走向生活，从知识走向能力，提升了学生的综合能力，体现了丰富的育人价值。

其中，"行走的课堂"——"夏之旅"主题研学实践最具特色。它以三阶六维为课程的总体框架，结合不同学段学生年龄特点进行长程设计。深入挖掘研学实践中的育人资源，聚焦"立德、增智、强体、育美、促劳"育人核心使命，研发了"三阶六维"式的研学课程体系，促进学生"五育"融合发展。

除了国家课程、校本课程外，学校还为学生提供了丰富多样的课后服务，学生自主选择参与科学、棋类、球类、茶艺、烘焙、手工、舞蹈、器乐、戏剧表演等40多种活动课程。

⊙ 卓然小学祭孔仪式

成果丰硕　引领未来

目前，卓然小学已建设拥有一至六年级共46个教学班级，在校学生1956人，全校教职员工198人，其中专任教师112人，后勤员工86人，成为桂林市规模最大的民办小学。

卓然小学办学影响力不断扩大，目前是广西唯一一所"新基础教育"研究共同体的学校，也是国家教育行政学院培训基地、"中国基础教育学校教育改革创新联盟"常务理事单位、桂林市家庭教育示范基地、桂林市中华优秀传统文化教育示范基地、广西师范大学基础教育研究基地、桂林市高等专科学校"国培"和"区培"项目基地、广西师范大学附属外国语学校的优质生源基地。先后获得"桂林市三八红旗集体""桂林市巾帼建功先进集体""希望中国青少年英语教育戏剧研究院示范基地""全国生命教育课题研究实验学校""桂林市中小学书法教育示范校""桂林市文明校园""桂林市绿色学校""桂林市健康促进校""广西卫生学校"等荣誉称号。在桂林市七星区民办学校评估中，多次获得"优秀"称号。

卓然小学在多年的办学实践中，致力于理顺"时代、学校、教师、理论与实践"四个关系，不断激发内生动力，逐渐形成了学校的新文化、新制度和新的发展方向，从而提升了学校的发展内涵，形成了鲜明的办学特色。

华东师范大学教育学终身教授、"新基础教育"研究与"生命·实践"教育学派创建者叶澜主张在教育中要"把丢失的自然找回来"，即在教育中要遵循自然规律，依"教育之所是"，达"自然而然之境"。在实践研究中，卓然小学对"教育之所是"进行深刻解读，将中华优秀传统文化中的儒道文化、桂林的"山水文化"和广西师大的"独秀文化"进行有机融和，自然而然地构建了"卓然独立天地间"的核心价值观，探索了具有自然、融和与共生性的"山水教育之道"，弥漫渗透于学校的管理机制创生、课堂教学改革、班级活动开展、师生评价体系建立等教育教学行为中，形成了独特的卓然山水文化特色。未来，卓然小学将在基础教育领域不断开拓，卓然人也将在基础教育领域做出新的贡献。

（李婉茹　执笔　刘奕彤　审校）

创意策划新西南剧展
打造文化育人新高地

◎ 导读 ◎

"新西南剧展"是广西师范大学发起联合区内多所高校，整合文学、音乐、舞蹈、美术、设计等多学科力量，创意、策划的文化项目。该项目向1944年抗日战争期间在桂林举行的"西南剧展"致敬，传承"西南剧展"文化精神，重排重演当年桂林文化城剧目，缅怀那段壮怀激情的岁月中中国文人的风骨。

挖掘文化深厚底蕴，传承爱国主义精髓

1944年2月到5月期间，在中国共产党的支持下，欧阳予倩、田汉等人在桂林举办了一次声震中外的戏剧展览活动——西南第一届戏剧展览会（简称"西南剧展"）。这次戏剧活动是中华文化史上的壮举，也是广西历史上规模、声势最浩大的戏剧展览活动。当时正是抗日战争进行到最艰难的时候，上千名戏剧人在桂林上演了持续近百天的文化大戏，极大地加强了中华民族的凝聚力，展示了中华民族的创造力，在每个人的心中种下了抗日救亡的种子，体现了中国戏剧人战争年代的文化担当。

而在此之前，1935年，广西师范大学前身广西省立师范专科学校就在广西

高校率先发动了话剧运动。抗日战争时期，学校升格为国立桂林师范学院，是当时中国最具影响力的高等师范学院之一。在陈望道、沈西苓、焦菊隐等学术界和戏剧界大师的接续指导下，学校话剧运动薪火相传，发扬光大。70余年后的如今，在曾经身为抗战文化城的桂林，广西师范大学继承西南剧展的精神，筹划并组织了"新西南剧展"，采用独特的教育方式，选取具有教育意义的经典文本，用"青春版"抗战历史话剧展演的方式，通过排演话剧，让学生在舞台表演中，进一步了解抗战时期桂林文化城的峥嵘岁月，缅怀抗战先贤壮怀激烈的风骨。在日复一日的排练和师生的共同努力下，将西南剧展的抗战精神延续，赋予多年前的经典剧目时代新意义和新生命。

师生通过话剧表演共同重温抗战文化的形式，在桂林市民及高校青年学生和中小学生中掀起了抗战文化剧热潮，吸引了青年一代对抗战文化和抗战历史的关注，提升了学生的视野与气魄，锤炼了学生的精神和品格，将表演内容内化为自身涵养，丰富了大学文化的精神内涵。

以"舞台＋课堂"为载体，打造高校育人新平台

2013年1月广西两会期间，时任学校党委书记王枬教授与文学院黄伟林教授讨论了重排桂林文化城话剧的想法。2013年11月，黄伟林选定著名剧作家田汉于1941年在桂林创作的话剧《秋声赋》作为重排桂林文化城话剧的核心剧目。同年12月，学校组建了新西南剧展策划与排演专项团队。2014年5月16日，新西南剧展在广西师范大学隆重开幕，时任桂林市委常委、副市长陈丽华，时任广西戏剧家协会主席常剑钧等领导专家参加了开幕仪式。当晚，广西师范大学望道话剧社成功地演出了话剧《秋声赋》。自此，作为一个文化现象的"新西南剧展"引起了广泛关注。

"新西南剧展"以抗战历史文化和抗战人文精神作为学生思政教育的内容，通过"文学课堂＋戏剧舞台"为载体的实践形式，将专业学习与审美教育、思想教育有机地结合在一起，以立体化教学的模式实现专业技能、审美能力、情怀修养的全面提升。借助音乐、舞美、表演、台词等综合手段使文学之美得到更生动、更直观、更全面的呈现，从而让学生充分感受文学艺术之美，领悟思想情怀之美。演员通过表

⊙ 望道话剧社在桂林大剧院演出《秋声赋》《花桥荣记》，校党委书记邓军莅临指导

演表达情感，充分展示作品的情感之美。同时，通过选取具有教育意义的经典文本，引导学生深入走进文学经典；通过深度阅读，感受经典文学的审美魅力和情怀之美，提升学生的审美品位、思考能力和情怀境界。在第一课堂专业教育的基础上，实现第二课堂美育效果的有效提升。

"新西南剧展"还将文学课程与思政教育纳入社团活动中，使学生在社团活动的实践中，将专业学习与课外实践有效结合，通过话剧表演的形式培养学生的舞台表演、文学评论等听说读写能力以及团队协作意识，树立正确的价值观，切实提升学生的综合素质。基于此，成立了望道话剧社，话剧社取陈望道之名，以此缅怀先辈，传承文人精神，激励师大学子致敬经典，演绎纯粹之剧。接连编排剧目《秋声赋》《旧家》《桃花扇》《花桥荣记》等，在校内外掀起了"爱国热"及"传统文化热"，学生在鲜活的历史体验中，对思政教育课程的理性认知转变为感性理解，极大地提高了学生的爱国热情和家国情怀。学生社团满足学生的课外活动需求的同时，也满足当下文化育人和思政育人的需要。

⊙《花桥荣记》演出剧照

展演现场座无虚席，推动本地文化发展

"在历史落幕的地方重新出发"，"新西南剧展"自启动以来，走出桂林，走向全国，望道话剧社受邀到各地以巡演的方式，在中国人民解放军驻桂某部、南宁锦宴剧场、北京师范大学、上海交通大学、广西大学、桂海碑林、桂林艺术馆、桂林大剧院等高校、中学、工厂、农村、部队、景区、社区演出50余场，近万名观众观看演出，产生了社会轰动效应，在媒体上掀起了一股"新西南剧展"热。《光明日报》《中国青年报》《中国艺术报》《看天下》《广西日报》《当代广西》、广西电视台、桂林电视台等传统媒体，以及新华网、中新网、中国社会科学网等新媒体都刊登了许多关于新西南剧展的新闻报道。《光明日报》撰文称："与以往的话剧演出活动不同的是，'新西南剧展'不是演一两台戏，而是要打造一个可持续发展的、有系统性的文化品牌。"

2014年至2019年，"新西南剧展"多次参加全国和广西校园戏剧节，获得包括第八届全国高校校园文化建设优秀成果二等奖，优秀导演奖、优秀剧目奖、优秀组织奖在内的各类奖项44项。2021年，在由教育部

⊙《以新西南剧展为核心的美育改革》获全国第六届大学生艺术展演活动高校美育改革创新优秀案例一等奖

主办的全国第六届大学生艺术展演活动高校美育改革创新案例评选中，"新西南剧展"团队报送的《以新西南剧展为核心的美育改革》案例是广西唯一获得一等奖的优秀案例。

　　广西师范大学校长贺祖斌表示："'新西南剧展'得到社会各界的广泛认可，再次证明了文化的无穷力量"。广西戏剧家协会主席常剑钧认为，"在戏剧美被严重忽略的今天，广西师范大学师生们的努力尤其可贵，将为新时期的广西戏剧留下浓墨重彩的一笔"。国务院参事、中国话剧艺术研究会会长蔺永钧教授称"新西南剧展"是"小舞台，大作品；小舞台，大成果；小舞台，大意义！""将会载入中国话剧史。"

（李逊　执笔　韦敏　审校）

成为省部共建高校
步入改革发展新"快车道"

◎ 导读 ◎

"省部共建"是教育部加强与地方政府合作，强化对地方高校支持，为地方高校发展创造良好外部环境和广阔空间而实施的重大战略，对地方高等学校建设发展具有重要意义。2015年7月，广西师范大学顺利跨入省部共建高校行列，成为学校办学历史上的重要里程碑。

谋定后动抓申报

2004年，为配合更好服务国家"西部大开发"和"中部崛起"等重大战略，推动我国高等教育的合理布局和协调发展，教育部决定并实施在中西部无教育部直属高校的省和自治区包括新疆生产建设兵团各共建一所地方所属大学的政策。

2008年，学校启动省部共建申报工作，全面开展科学调研论证，并于2009年12月完成了省部共建论证报告。2010年1月，学校向自治区教育厅上报了《广西师范大学关于请求广西壮族自治区人民政府与教育部共建广西师范大学的报告》(师政报〔2010〕7号)，提出了"努力将广西师范大学建设成为西部一流、国内知名、国外有一定影响、以教师教育为特色的教学研究型地方综合性大学，争取进入"211工程"建设高校行列"的省部共建目标，全面分析了学校进入省部共建行列的"三个需要"："一是适应中国－东盟双边合作的战略需要；二是广西高等教育实现发展新跨越的迫切需要；三是广西经济社会加快发展的现实需要"。从"国家和自治区的政策支持为共建广西师范大学提供了有力的保障；广西师范大学的优秀传统和综合实力为实施省部共建奠定了坚实的基础；实施省部共建的同类高校提供了成功的经验借鉴"三个方面全面论证了省部共建广西师范大学的可行性。

2008—2012年间，学校多次向自治区党委、政府主要领导同志，以及教育部高教司、教师工作司和自治区教育厅等专题汇报学校申报共建工作，积极争取支持，得到了时任自治区党委书记郭声琨、自治区主席马飚、副主席李康等领导同志的大力支持。

锲而不舍开新局

2012年11月，教育部、国家发改委、财政部联合印发《关于深化教师教育改革的意见》，提出共建一批师范大学和职业技术师范院校，我校申报省部共建工作迎来重大利好政策。2013年12月，自治区人民政府向教育部报送《广西壮族自治区人民政府关于商请共建广西师范大学的函》(桂政函〔2013〕237号)，时任自治区主席陈武亲自致信时任教育部部长袁贵仁，推动广西师范大学省部共建工作。2014年5月19日，时任自治区教育厅厅长秦斌、学校党委书记王枬、校长梁宏、副校长钟瑞添等一行向时任自治区党委书记彭清华汇报省部共建工作。6月，彭清华致信教育部部长袁贵仁表示大力支持并将全力推进省部共建广西师范大学工作。12月，王枬、梁宏等一行人向教育部高等教育司汇报省部共建相关工作。2015年1月，自治区"两会"期间，王枬、梁宏等再次将关于推进省部共建的报告呈交时任自治区主席陈武，恳请进一步推进共建工作，陈武、李康等自治区领导批示要求在全国"两会"期间落实共建事宜。6月，教育部和自治区人民政府就共建广西师范大学的意见完成会签。

正式入列"省部共建"高校

　　历经7年的努力，学校省部共建终得圆梦。2015年7月9日，自治区政府和教育部联合印发《广西壮族自治区人民政府 教育部关于共建广西师范大学的意见》(桂政发〔2015〕41号)，意见指出"广西壮族自治区人民政府和教育部决定共建广西师范大学"。自治区人民政府从六个方面重点支持学校建设发展，包括：1. 支持学校优先发展；2. 支持学校深入开展综合改革；3. 积极支持学校教师教育发展；4. 积极支持学校人才队伍、学科学位点与科研平台基地建设；5. 积极支持学校开展中外合作办学和面向东盟高校开展交流合作；6. 积极支持学校基本建设。教育部从六个方面对学校改革发展给予指导和支持，包括：1. 指导学校深化综合改革；2. 指导学校加强教学科研、学科建设等；3. 支持学校开展教师教育改革创新；4. 支持学校高层次人才和管理团

000061

广西壮族自治区人民政府
教　育　部　文件

桂政发〔2015〕41号

广西壮族自治区人民政府　教育部
关于共建广西师范大学的意见

各市人民政府，自治区人民政府各组成部门、各直属机构，教育部有关司局，广西师范大学：

　　为实现党的十八大提出的"办好人民满意的教育"的重大战略目标，认真落实《国家中长期教育改革和发展规划纲要（2010—2020年）》和《教育部　国家发展改革委　财政部关于深化教师教育改革的意见》（教师〔2012〕13号），推进教育事业特别是教师教育优先发展，广西壮族自治区人民政府（以下简称广西自治区）和教育部决定共建广西师范大学。现就有关事项提出如下意见：

—1—

⊙ 2015年7月9日，学校成为广西壮族自治区人民政府和教育部共建大学

　　　　　　　　　　　　　　90周年90件大事

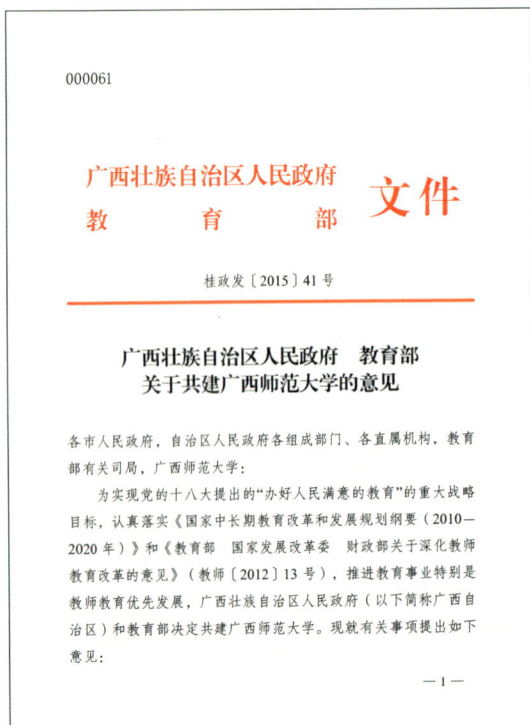

队建设；5.支持学校开展国际交流合作；6.支持学校与教育部直属高校开展学习交流与合作。

　　广西师范大学正式跨入省部共建高校行列，这是教育部、自治区党委、政府和自治区教育厅等各级领导的关心关怀和大力支持的结果，是全体师大人多年来厉兵秣马齐努力、精诚团结共奋斗的结果。省部共建为学校发展创造一个更为广阔的天地，学校步入发展新的"快车道"。这是广西师范大学自新中国成立后获得的第一个高层次发展平台，是学校发展过程中的重要里程碑。

重点支持开新篇

　　共建意见签订后，教育部、自治区人民政府大力支持学校建设发展，在平台建设、经费支持、办学指导等方面给予学校重点支持，有力推动学校改革发展。在平台建设方面，教育部和自治区在一流大学建设、一流学科建设、高水平教学科研平台、计划项目审批等方面给予我校重点倾斜支持。学校列入自治区重点支持建设国内一流大学的3所高校之一，成功进入教育部"对口支援西部地区高等学校计划"，学校一级学科博士授权点数量由共建前的2个上升至8个，广西一流学科6个，建设数量列全区第二位，高端研究平台、高水平教学科研项目持续增加。在经费支持方面，自治区从2016年起参照教育部直属同类高校水平，按12000元/年·生标准补足学校师范生生均拨款，为学校建设发展提供了有力资金保障。在办学指导和支持方面，学校多次受邀参加原仅面向教育部直属院校开展的规划编制、综合改革等工作会议和培训学习，在综合改革、人才队伍建设、教师教育发展、学科建设和国际交流合作等方面得到教育部和自治区的重点支持，有力推动了学校深化综合改革和"双一流"建设。

　　　　　　　　　　　　　　（张乾一　周勇　执笔　伍尚海　审校）

获批省部共建国家重点实验室
科研平台实现重大突破

◎ **导读** ◎

国家重点实验室是国家组织高水平基础研究和应用研究、聚集培养优秀科技人才的重要基地。科技部通过创新机制、省部共建的方式建设一批省部共建国家重点实验室，以加强中央和地方的资源集成，加大创新驱动区域经济社会发展的力度。2016年3月，广西师范大学"药用资源化学与药物分子工程重点实验室"正式获批成为广西首个省部共建国家重点实验室，有力引领了产业升级，增强了区域创新动力，代表了广西特色优势和顶尖的科技水平。

建设背景和筹建过程

广西与东南亚海陆接壤，陆地海洋药用资源位居全国第一。省部共建药用资源化学与药物分子工程国家重点实验室的建设，不仅能发挥广西西南边疆地区中药民族药的资源优势和独特的区位优势，还能以科技创新支撑广西中药民族药产业高质量发展，极大促进广西的经济社会发展，有力提升广西在全国的影响力。2001年，学校把握历史机遇，正式成立了"药用资源化学与药物分子工程重点实验室"，通过不断凝练科学研究方向，聚焦区域发展的重大需求，培养汇聚拔尖人才团队，创新实验室管理模式和运行机制，稳扎稳打、追求卓越，10年间完成了"三级跳"的跨越，2005年成为首批广西重点实验室，2008年获批教育部重点实验室，2010年获批为省部共建国家重点实验室培育基地，2012年被评为全国优秀省部共建国家重点实验室培育基地。

2015年，科学技术部和广西壮族自治区人民政府举行部区工作会商，将支持共建国家重点实验室列为重要议题，并在桂林召开了省部共建药用资源化学与药物分子工程国家重点实验室专题协商会议。时任科技部副部长侯建国、自治区副主席黄日波，以及科技部、自治区科技厅、桂林市科技局等相关领导先后到实验室指导建设工作。经过15年不懈的努力，2015年12月22日实验室最终顺利通过了科技部基础研究司与自治区科学技术厅在南宁共同组织召开的"省部共建药用资源化学与药物分子工程国家重点实验室"建设方案论证会，于2016年3月成功跻身省部共建国家重点实验室的行列。根据《科技部 广西壮族自治区人民政府关于批准建设省部共建药用资源化学与药物分子工程国家重点实验室的通知》（国科发基〔2016〕82号），学校"药用资源化学与药物分子工程重点实验室"正式获批建设，成为广西首个独立设置的国家重点实验室（以下简称"国重室"）。

⊙ 2011年3月25日，药用资源化学与药物分子工程省部共建国家重点实验室培育基地揭牌

⊙ 2016年3月，省部共建药用资源化学与药物分子工程国家重点实验室获批成为广西首个独立设置的国家重点实验室

国重室建设成果

国重室建设至今，已成为总面积9600平方米、仪器设备总值近1.3亿元的高水平科研平台。汇聚成一支以国家级人才为核心，以中青年教授、博士为主体，老中青年相结合的学术梯队和一支以化学、药学和生命科学为基础组建的多学科交叉、富有创新精神的研究队伍。国重室现有固定人员62人，其中博士占比88.7%，教授及研究员占比54.8%，博士生导师占比48.4%。团队中有国家"万人计划"领军人才2名，国家杰出青年科学基金获得者1名，国家"百千万人才工程"人选3名，国家有突出贡献中青年专家3名，英国皇家化学学会会士1名，享受国务院政府特殊津贴专家4名，广西院士后备培养工程人选2名，教育部新世纪"优秀人才支持计划"人选4名，广西"八桂学者"及"青年八桂学者"5名，广西优秀专家3名。

国重室获批以来，实验室在国际上率先开展了广西特色药用资源活性成分的发现、结构改造和作用机制的系统研究，提升了青蒿琥酯产品和舒血宁的质量标准；开展了基于广西特色药用资源活性成分金属抗肿瘤药物的研究，并取得了系列研究成果，为金属抗肿瘤药物研究提供了具有中国特色的新模式，先后承担省部级以上科研项目250多项，总经费共9500多万元，其中国家级项目82项，包括国家自然科学重点项目、杰出青年科学基金、仪器专项等重大项目；在国际国内刊物上发表学术论文617篇，SCI收录576篇，JCR一区134篇、二区189篇，其中，已在 *Nat. Commun.*，*Sci. Adv.*，*J. Med. Chem.*，*J. Am. Chem. Soc.*，*Angew. Chem. Int. Ed.*，*Chem. Commun.*，*Mol. Pharm.* 等影响因子3.0以上的国际著名刊物发表学术论文437篇、10.0以上18篇；获省级科技奖励7项，其中广西科学技术特别贡献奖（特等奖）1项、省级自然科学一等奖3项，获授权国家发明专利210项；实现技术转让3项；主、承办国际学术会议4次，国内学术会议5次；受邀在国际会议做报告47人次，其中大会报告2人次，邀请报告31人次。2017年，与巴基斯坦卡拉奇大学化学与生物科学国际中心建立了"国际联合实验室"，经过多年发展，国重室已形成明显的研究特色，在区域科技发展中具有不可替代的突出作用。

新增教育部协同创新中心助力国重室发展

随着高等教育发展进入"双一流时代"，为持续推动高校协同创新，服务社会主义现代化强国建设，教育部于2018年正式启动"省部共建协同创新中心工作"。2019年9月，教育部办公厅发布《关于认定2019年度省部共建协同创新中心的通知》（教技厅函〔2019〕71号），由学校牵头组建的"广西民族药协同创新中心"正式获批为省部共建协同创新中心，实现了学校在教育部级别平台上的新突破，标志着学校科技协同创新水平迈上新的台阶。

"广西民族药省部共建协同创新中心"的前身是广西"西南民族药2011协同创新中心"，依托国重室为中心管理机构，在中国科学院上海药物所、昆明植物所和中国医科院药物所等支持下于2012年成立，2013年6月经广西教育厅批准成为广西首批"区域发展"型协同创新中心。该中心由学校联合广西中医药大学和广西药用植物园等构成"资源－药化－药效"三位一体的研发主体，并作为中心技术源头，为国家中医药骨干企业如三金、天和、南药和八加一药业等提供科技创新支持，覆盖临床前药学基础、临床研究、生产工艺和质量标准的整个研发链，以及种植、加工、精制、制剂等药业的产业链。

国重室的使命和定位是以国家和广西医药发展战略重大需求为导向，针对制约中药产业发展的瓶颈问题，开展药用资源的药效物质基础与作用机制、药用资源活性先导物及其金属药物化学、药用资源药效物质转运系统与药物载体研究三个方向的基础应用研究。而协同中心则重点聚焦广西民族药产业整体创新能力较弱，新药研发体系与国际规则差距较大，广西的制药企业规模小、人才缺乏，缺少科学有效的中药质量监督综合评价体系，边疆民族地区需要科技精准扶贫等问题，为广西医药产业发展提供科技、智库和人才支撑。两者相辅相成，凝心聚力，协同助力，强力支撑广西中医药产业高质量发展，推动我国药用资源化学的创新发展以及中国－东盟医药科技文化交流合作，充分发挥高校对建设现代化经济体系的独特作用。

（华静　执笔　邓胜平　审校）

　　　　　　　　　　　　　　　90 周年 90 件大事

内涵建设促发展
学科评估创佳绩

◎ 导读 ◎

2012年、2016年、2020年，学校分别组织参加了教育部开展的全国第三轮、第四轮、第五轮学科评估，坚持以"立德树人成效"为根本标准，以"质量、成效、特色、贡献"为价值导向，把握好学科建设的总体思路，优化学科布局，促进学科交叉发展，分层分类做好学科建设总体规划和顶层设计，通过正确理性对待学科评估结果，充分做到以评促建、以评促改、促进高等教育内涵式发展。通过连续三次学科评估，学校学科参与度覆盖面不断拓展，学科评估成绩逐步提升。

以学科建设为龙头　推动办学质量提升

学科建设是高等学校建设与发展的龙头，是高等学校长期而艰巨的任务，它是以学科定位、学科队伍、科学研究、人才培养、国际合作交流等为要素的一项系统工程。学科建设状况从根本上体现学校的办学水平、办学实力、办学特色、学术地位与核心竞争力。学校坚持以学科建设为龙头的办学思路，全面带动学位点建设，有效推动了办学质量提升。

在顶层设计上，学校制定了学位授权点学科建设与研究生教育发展规划。2017年，学校出台了学校《"十三五"学科建设规划》。2022年，出台了学校《"十四五"学科建设与研究生教育专项规划》，进一步明确了学校学科建设持续高质量发展的方向，打造一批具有国际影响力和竞争力的重点学科群，确立学科建设在教育体系中的基础地位，建立比较完备的研究生培养的学科专业体系，形成以质量为核心的研究生教育的投入、建设和管理体系。

在制度建设上，学校制定并完善了《科研实绩奖励实施办法》《二级学院集体科研工作目标管理绩效考核实施方案》《关于引进高层次人才和校内拔尖人才享受优惠待遇标准的暂行办法》《柔性引进高层次人才实施办法（试行）》等一系列制度文件，适时调整科研考核与激励、人才引进政策，为学科内部资料整合和人才活性释放提供了必要的支持与保障，使学科朝向有利于学生发展、学科教学水平提高、学科质量提升等方向发展。

在人才队伍上，扩大招生和培养规模，加大学科人才培养力度。加快重点学科领域人才培养，打造职业化专业化学科队伍。健全学科专业队伍培养、考核、评价、流动、奖惩机制，职称晋升、专业技术职务聘任制度与保障机制。有效推进了学校科研工作及平台建设重大突破，相继实现了国家社科基金重大项目、国家自然科学基金杰出青年项目、重点项目、优秀青年项目零的突破，这为学校学科建设、人才培养、社会服务和学校整体办学水平的提升提供了关键的支撑。

学科评估成绩显著提升　促进学校内涵发展建设

2012年，学校首次参加了全国第三轮学科评估，共有17个一级学科参加评估，共有三个学科排名在前50%，分别是马克思主义理论、教育学和体育学。从整体上看，文科强于理科，理科强于工科。

2016年，全国第四轮学科评估在95个一级学科范围内开展（不含军事学门类等16个学科），共有513个单位的7449个学科参评，比第三轮增加76%，全国高校具有博士学位授予权的学科有94%申请参评。第四轮学科评估在指标体系、评价方法等方面进行了创新。例如，摒弃了"数帽子"的评价方法，不再仅以学术头衔评价学术水平。此外，科研成果按"产权单位"认定、不看重论文数量而是以代表性论文进行同行评价等，都有助于引导高校更加注重内涵式发展。

第四轮学科评估结果不再以排名的形式出现，首次采用"分档"方式，不公布得分、不公布名次，不强调单位间精细分数差异和名次前后。采用按百分位进行分档的方式。学校22个一级学科参评、1个二级学科参加评估，共有9个学科进入全国学科排名前50%，其中马克思主义理论进入全国学科排名前20%（B+），为广西高校最好成绩；教育学和中国语言文学进入前30%（B）；化学、软件工程、美术学进入前40%（B−）。

2020年，国家开展第五轮学科评估，本轮评估是深化落实中共中央、国务院《深化新时代教育评价改革总体方案》的重要举措。评估围绕聚焦立德树人、彰显中国特色、突出质量贡献、破除五唯顽疾等改革方向，加快推动建立中国特色教育评价体系模式。

学校严格按照全国第五轮学科评估指导思想原则要求，充分做好学科自我评估，通过建立"学校把握方向，学科办牵头抓总，职能部门通力配合，学院（部）各负其责，各学科具体落实"的工作机制，不断凝练成果特色和要点。通过对标学科评估中人才培养质量、师资队伍与资源、科学研究水平、社会服务与学科声誉等4个一级指标，12个二级指标和25个三级指标内容，找出学科建设指标的差距和短板，为学校"十四五"学科建设提供发展方向，优化资源配置，提高学科建设水平，加快学校学科建设内涵式发展步伐。通过以评促建、以评促改、以评促管、以评促发展，充分发挥学科评估对人才培养、师资队伍建设、科学研究、学科发展的导向作用，努力解决制约学科优势特色发展的瓶颈问题，推进学科高质量发展。

学校共25个一级学科参加全国第五轮学科评估工作，参评率达83.3%，参评率创历史新高。

⊙ 2020年12月15日，第五轮学科评估工作推进会

（朱会华 执笔 何云 审校）

入选创新创业示范校
双创教育硕果累累

◎ **导读** ◎

2017年7月，学校被认定为全国第二批深化创新创业教育改革示范高校，在全区乃至全国范围内发挥了良好的示范引领作用。

从无到有，顶层设计谋新篇

2015年12月29日，学校成立了创新创业教育中心，成立以校党委书记、校长为组长，分管校领导为副组长的创新创业教育工作领导小组，统筹规划和领导学校创新创业教育的各项工作。2016年9月28日，创新创业教育中心改制为创新创业学院；2017年1月7日，为推动教育国际化水平，成立中国－东盟创新创业学院。同时，学校出台系列文件，确定创新创业学院协同教务处、学工部（处）、校团委等部门，建立齐抓共管的创新创业工作联动协调机制，从学校层面对全校创新创业工作进行统筹规划，有效推进创新创业工作的开展。

从弱到强，双创师资育新机

学校紧紧围绕创新创业教育教学、科研、人才培养等领域搭建平台。教学团队至今已在校内扎实开展55期主题工作坊，并通过教学竞赛、专题培训、科研立项等形式，立项创新创业教改课题108项，送培师资1000余人次，助力学校创新创业师资培养。2020年，创新创业教研室被评为校级优秀教研室。2021年，"创新创业基础"必修课教学团队被教育部评为课程思政教学名师和团队，"创新创业课程群虚拟教研室"入选教育部第二批虚拟教研室建设试点。

从少到多，双创"金课"开新局

学校将创新创业课程纳入学分管理，以建设国家级一流本科课程为目标，构建融专创融合、科创融合、课程思政为一体的"1+X"双创课程体系。自2012年开设"创业基础"选修课后，持续开出30门创新创业类通识选修课，立项15门创新创业在线课程，现已上线8门，累计400多所高校，15万余学生选课，创新创业课程每年服务学生30000多人次学习。"创新创业基础"课程入选教育部课程思政示范课、国家一流本科课程和全国高校就业创业金课，8门创新创业课程被自治区教育厅认定为一流本科课程。此外，创新创业教育教学成果共获自治区教学成果一等奖1项、二等奖3项。《大学生创新创业基础》教材被10所高校选用，荣获广西第十六次社会科学成果三等奖，并被教育厅推荐参评首届全国教材建设奖。双创课程群形成规模，崭露头角。

从精到特，人才培养创新高

学校积极搭建创新创业实践平台，建成3000m²的大学生创业园和1500m²的创客中心，在18个二级学院（部）建立创客空间，先后入驻创业企业、团队超过120个。学校充分发挥国家级众创空间（备案）、大学生科技园（重点培育）、自治区双创示范基地、大学生创新创业典型示范基地等校内创新创业实践平台作用的资源和优势，与桂林高新湖塘总部经济园、南宁五象科技企业孵化器等21个机构合作挂牌成立"大学生创新创业基地"，培育出了国家级高新技术企业——桂林市鹏航科技服务有限公司、自治区级科技型中心企业——桂林市享售科技有限公司等一批创新创业典范。

学校通过组织创新创业大讲堂、开展各类创新创业训练营、开设精英班等形式探索创新创业人才阶梯培育新模式，培育出了一批创新创业明星。如音乐学院2015届舞蹈专业本科生俞家模开发的"舞蹈圈app"获得3000万元估值天使轮融资，成为广西高校在校生在移动互联领域获得天使投资的第一人；音乐学院2016届音乐学专业本科生帅圳兴创办广西趣弹教育科技有限公司，获得中国第四届"互联网+"大学生创新创业大赛全国金奖，实现学校该赛事国赛金奖零的突破；生命科学学院2021届环境生态工程专业本科生李春明申请国家专利42项，发表SCI论文8篇，获首届广西"青少年科技创新自治区主席奖"，并被保送至清华大学硕博连读。

从"无名"到"有声"，双创合力启新程

2017年，学校被教育部评为"全国深化创新创业教育改革示范高校"荣誉，被中国高等教育学会创新创业教育分会评为"全国深化创新创业教育改革特色典型经验高校"。2019年，学校入选教育部"全国创新创业典型经验高校（创新创业50强）"。在七届中国国际"互联网+"大学生创新创业大赛国赛中共获金奖1项、银奖8项、铜奖17项的优异成绩，成绩位居广西高校第一、全国师范大学前列。2015年大学生创业园被自治区教育厅评为"广西高校大学生创业示范基地"，2019年入选第一批国家级众创空间入库培育机构，2021年被自治区发改委评为创新创业示范基地。2021年，自治区教育厅批准学校成立广西高校创新创业教育研究中心，着力打造广西高校创新创业教育高质量发展的研究高地和特色新型智库。2022年，学校创新创业学院入选国家级

深化创新创业教育改革

示范高校

中华人民共和国教育部
二〇一七年一月

⊙ 2017年7月21日，学校获得"全国第二批深化创新创业教育改革示范高校"

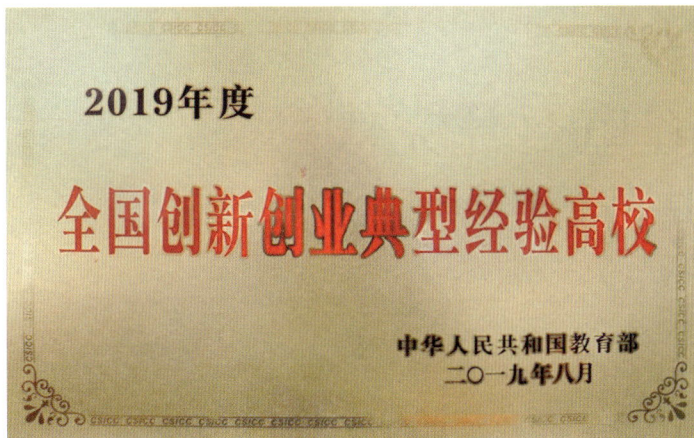

⊙ 2019年8月5日，学校获得2019年度50所全国创新创业典型经验高校称号

⊙ "趣弹音乐"项目获得第四届中国"互联网+"大学生创新创业大赛全国总决赛金奖

创新创业学院建设单位。

　　截至2021年11月，已有上百所高校通过师资培训、参观考察对学校创新创业教育经验与成果进行了学习交流，并被新华社、人民网、《中国教育报》《中国青年报》《广西日报》等多家媒体宣传报道。在"十四五"期间，学校将持续深化创新创业教育改革，进一步支持大学生创新创业，培养更多"敢闯会创"的新时代创新创业人才。

（李闰华　杨日星　执笔　蒙志明　审校）

329

隆重召开党代会
引领学校改革发展

◎ 导读 ◎

党代会是党的各级组织讨论、决定党的重大问题和选举党的领导机关的会议，是党员行使各项政治权利的重要形式，更是学校历史发展过程的重要标志。在学校建校90周年的奋斗历程中，已召开过11次党代会，每一次党代会的召开，都在学校的发展史上发挥了重要作用，留下了浓墨重彩的一笔，引领着学校改革发展的进程。

第一次党员大会

1957年2月9日，中国共产党广西师范学院第一次党员大会召开，出席166人，大会选举产生由梁唐晋、刘庆仙、王延青、黄羽、王拓组成的中共广西师范学院第一届委员会。梁唐晋任党委书记。

第二次党员大会

1958年1月25日至26日，中国共产党广西师范学院第二次党员大会召开，出席165人。会上，杨江代表党委向大会作了题为《团结全党，在反右斗争胜利的基础上掀起整改高潮，深入开展社会主义思想教育，为争取整风运动的全胜而斗争》的报告。大会选举杨江、张云莹、王延青、刘庆仙、陈克、诸葛鑫、文禧、

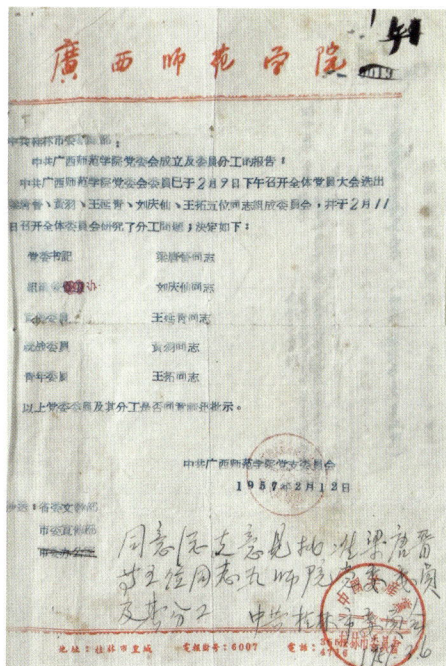

⊙ 中国共产党广西师范学院党委会成立及委员会分工报告

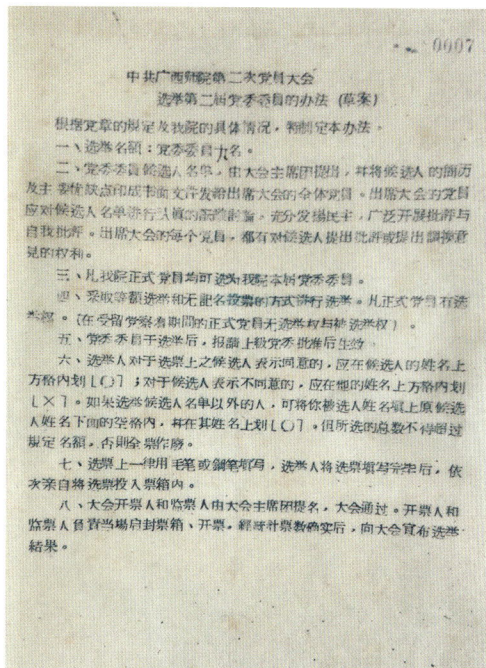

⊙ 中国共产党广西师范学院第二次党员大会选举第二届党委委员的办法（草案）

苏永贻、何承聪9人组成中共广西师范学院第二届委员会。杨江任党委书记。

第三次党员大会

1962年3月31日至4月2日，中国共产党广西师范学院第三次党员大会召开，出席404人、特邀代表30人。会上，齐才广代表党委作题为《中国共产党广西师范学院委员会向第三次党员大会的工作报告》。大会选出由王延青等17人组成的中共广西师范学院第三届委员会，张云莹、王延青、周待旦、陈克、刘庆仙、杨江、齐才广7人为党委常委。杨江任党委书记，齐才广任党委副书记。

第四次党员代表大会

1975年3月14日至16日，中国共产党广西师范学院第四次党员代表大会召开，出席党员代表171人。会上，崔毅代表中共广西师范学院革委会核心小组作工作报告。大会选出由崔毅等29人组成的中共广西师范学院第四届委员会，崔毅、宋义、梁正、李德韩、何兆鹤、覃宏裕、张国祥7人为党委常委。崔毅任党委书记，宋义、梁正任党委副书记。

第五次党员代表大会

1987年3月13日至14日，中国共产党广西师范大学第五次代表大会在学校本部礼堂召开，出席党

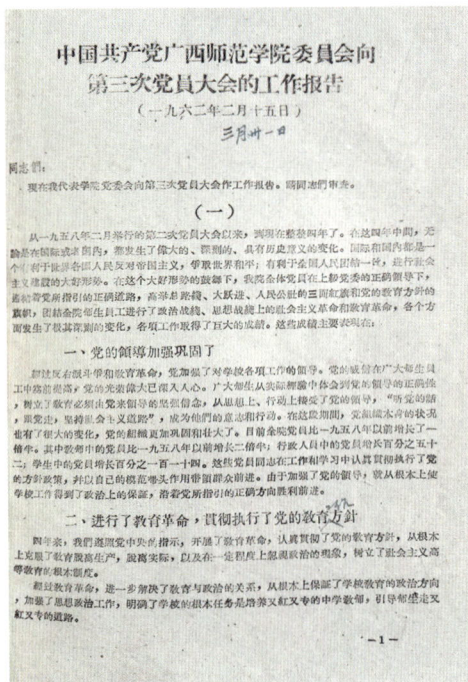

⊙ 中国共产党广西师范学院委员会向第三次党员大会的工作报告

⊙ 中国共产党广西师范学院第四次党员代表大会代表合影

90周年90件大事

⊙ 中国共产党广西师范大学第五次代表大会

员代表196名，特邀代表6名，列席代表10名。会上，陈光旨致开幕词，朱天恩代表党委作了题为《坚持四项基本原则，团结奋斗，努力开创我校教育工作新局面》的工作报告，吕立达代表纪委作了关于端正党风的工作报告。大会选出由朱天恩、陈光旨、王炜炘、陈兴道、徐长安、黄介山、廖义英、廖明斌8人组成的中共广西师范大学第五届委员会。朱天恩任党委书记，陈光旨任党委副书记。大会选举产生了由吕立达、杨景武、黄明新、黄瑞荣、戴英俊5人组成的新一届纪律检查委员会。吕立达任纪委书记，杨景武任纪委副书记。

第六次党员代表大会

1991年3月29日至30日，中国共产党广西师范大学第六次代表大会在本部礼堂召开，出席党员代表197名，特邀代表7名，列席代表19名。会上，陈光旨代表党委作了题为《加强党的领导，努力把我校办成坚强的社会主义教育阵地》的工作报告。杨景武代表纪委作了题为《坚持党的基本路线，为加强我校党风党纪和廉政建设而奋斗》的工作报告。大会选出由王炜炘、丘贵明、江淳、江士敏、张葆全、陈光旨、

⊙ 中国共产党广西师范大学第六次代表大会全体代表、来宾留影

陈兴道、徐长安、黄介山、廖明斌、戴英俊11人组成的中共广西师范大学第六届委员会。陈光旨任党委书记，黄介山、廖明斌任党委副书记。大会选举产生了由廖明斌、杨景武、卢家硕、张大晓、林京旺5人组成的新一届纪律检查委员会。廖明斌任纪委书记、杨景武任纪委副书记。

第七次党员代表大会

1997年3月26日至28日，中国共产党广西师范大学第七次代表大会在计测中心报告厅召开，出席党员代表225名，特邀代表48名，列席代表17名，自治区党委组织部、宣传部、自治区高校工委、桂林市委、桂林地委、桂林其他高校等单位的领导也出席了会议。会上，黄介山代表党委作了题为《深化改革、提高教育质量和办学效益，为培养跨世纪的"四有"新人而努力奋斗》的工作报告。肖化代表纪委作了题为《努力加强学校党风和廉政建设，为促进学校改革、发展和稳定服务》的工作报告。大会选出由黄介山、阳国亮、肖化、江佑霖、钟海青、蓝常周、段平禄、张鹏、杨景武、林凤鸣、梁宏11人组成的中共广西师范大学第七届委员会。黄介山任党委书记，阳国亮、肖化

⊙ 中国共产党广西师范大学第七次代表大会全体代表合影

⊙ 中国共产党广西师范大学第八次代表大会

任党委副书记。大会选举产生了由肖化、卜泰桂、林京旺、黄沛祥、蒋芳生5人组成的新一届纪律检查委员会。肖化任纪委书记，卜泰桂任纪委副书记。

第八次党员代表大会

2002年11月15日至16日，中国共产党广西师范大学第八次代表大会隆重召开，出席党员代表298名，特邀代表35名，列席代表7名。

会上，黄介山代表党委作了题为《抓住机遇，开拓进取，为加快学校改革和发展而努力奋斗》的工作报告。张鹏代表纪委作了题为《加强党风廉政建设，促进学校的改革发展》的工作报告。大会选举出由黄介山、梁宏、阳国亮、张鹏、蓝常周、刘健斌、钟瑞添、王杰、易忠、陈文开、林凤鸣11人组成的中共广西师范大学第八届委员会。黄介山任党委书记，梁宏、阳国亮、张鹏任党委副书记。大会选举产生了由张鹏、邱国华、林娜、韦焕雨、黄海波等5人组成的新一届纪律检查委员会，张鹏任纪委书记，邱国华任纪委副书记。

第九次党员代表大会

2007年12月7日至8日，中国共产党广西师范大学第九次代表大会在育才校区田家炳教育书院报告厅召开，出席党员代表247名。大会的主题是：高举中国特色社会主义伟大旗帜，以邓小平理论、"三个代表"重要思想和科学发展观为指导，认真学习贯彻党的十七大精神，抢抓机遇，科学发展，促进和谐，为建设以教师教育为特色的教学研究型地方综合性大学而努力奋斗。大会由唐仁郭主持，梁宏致开幕词，王枬代表党委作了题为《坚持科学发展，构建和谐校园，为建设以教师教育为特色的教学研究型地方综合性大学而努力奋斗》的工作报告，

⊙ 中国共产党广西师范大学第九次代表大会代表合影

　　　　　　　　　　　　　　90周年90件大事

王源平代表纪委作了题为《加强党风廉政建设，促进学校事业健康快速发展》的工作报告。大会选举出由王枬、王源平、孙建元、刘健斌、肖启明、易忠、钟瑞添、唐仁郭、梁宏、梁福沛、覃卫国11名委员组成的中共广西师范大学第九届委员会。王枬任党委书记，梁宏、王源平、唐仁郭任党委副书记。大会选举产生了由王让虎、王源平、韦焕雨、杨荣辉、徐坤华、梁启谈、黄海波7名委员组成的新一届纪律检查委员会。王源平任纪委书记，徐坤华任纪委副书记。

第十次党员代表大会

2012年7月5日至6日，中国共产党广西师范大学第十次代表大会在育才校区田家炳教育书院报告厅召开，出席党员正式代表214名、列席代表9名、特邀代表13名，特邀嘉宾22名。大会由唐仁郭主持，梁宏致开幕词，王枬代表党委作了题为《以党建促改革，以创新谋发展，为建设西部一流地方综合性大学而努力奋斗》的工作报告，王源平代表纪委作了题为《深入推进党风廉政建设和反腐败工作，为学校事业健康发展提供有力的保障》的工作报告。大会选举出由王枬、梁宏、王源平、唐仁郭、钟瑞添、李传起、蔡昌卓、覃卫国、丁静组成

⊙ 中国共产党广西师范大学第十次代表大会

的中共广西师范大学第十届委员会常务委员会。王枬任党委书记，梁宏、王源平、唐仁郭任党委副书记。大会选举产生了由王让虎、王源平、何茂勋、陈云翔、林国庆、林春逸、柯君行、黄海波、蒋拥军等9名委员组成的新一届纪律检查委员会。王源平任纪委书记，何茂勋任纪委副书记。

第十一次党员代表大会

2017年12月8日至9日，中国共产党广西师范大学第十一次党员代表大会在育才校区田家炳教育书院报告厅召开。大会主席团成员24人，大会应到代表249人，实到代表232人。自治区高校工委副书记覃萍，桂林市委常委、副市长、宣传部部长陈丽华出席大会开幕式并讲话。

大会的主题是：高举中国特色社会主义伟大旗帜，以党的十九大精神为指引，全面贯彻习近平新时代中国特色社会主义思想，团结带领全校党员干部、师生员工，落实立德树人根本任务，加快"双一流"建设，开启学校党的建设新的伟大工程和高水平大学建设新的伟大事业的新征程，谱写新时代广西师范大学发展新篇章。

大会由旷永青主持，贺祖斌致开幕词，邓军代表党委作了题为《加强党的全面领导，建设国内高水平大学，谱写新时代广西师范大学发

⊙ 中国共产党广西师范大学第十一次代表大会

展新篇章》的工作报告，莫坷代表纪委作了题为《强化监督执纪问责，推动全面从严治党，为建设国内高水平大学提供坚强保障》的工作报告。大会选举出由邓军、贺祖斌、旷永青、赵铁、覃卫国、苏桂发、孙杰远、莫坷、林春逸、李英利、黄轩庄组成的中共广西师范大学第十一届委员会常务委员会。邓军任党委书记，贺祖斌、旷永青、赵铁任党委副书记。大会选举产生了由韦冬、王让虎、毛立刚、陈闻、何广寿、柯君行、莫坷等7名委员组成的新一届纪律检查委员会。莫坷任纪委书记，韦冬、王让虎任纪委副书记。大会确定了未来五年乃至本世纪中叶建设国内高水平大学的目标，即到2022年建校90周年时，实现国内先进、国际知名、教师教育特色鲜明的区域高水平大学的建设目标；到本世纪中叶建校120周年左右，基本建成国内一流、国际知名、教师教育特色鲜明的国内高水平大学。会议提出了未来五年实施"四大战略"、实现"六大突破"的工作思路，即深入实施人才强校核心战略、创新驱动发展战略、优势特色发展战略、综合改革发展战略等"四大战略"，奋力实现人才培养质量、学科建设、科研创新发展、国际教育交流、管理机制和办学条件等"六大突破"，大会对促进新时代学校推进党的建设新的伟大工程和国内高水平大学建设伟大事业，具有重要意义。

学校第十一次党代会以来，学校党委在习近平新时代中国特色主义思想的指引下，全面落实新时代党的建设总要求，党对学校的全面领导更加坚强有力；坚持立德树人根本任务，宣传文化和思想政治工作主旋律更加响亮、正能量更加充沛；坚持大抓基层导向，上下贯通、执行有力的组织体系更加健全；全面落实新时代好干部标准，干部队伍建设不断加强；全面加强党对人才工作的领导，人才队伍建设成效显著；持续推动建设高质量人才培养体系，人才培养核心能力不断提高；持续发力打造一流学科，研究生教育高质量发展不断深化；持续加大科技创新力度，科学研究取得新的突破；持续推动深化学校综合改革，学校治理体系和治理能力现代化水平取得新提高；驰而不息正风肃纪，党风廉政建设和反腐败工作蹄疾步稳；安全稳定工作制度体系持续健全，安全文明和谐校园建设成效显著；全力以赴补齐民生短板，师生员工幸福感更加充实。

（吴骞　韩亚东　执笔　林国庆　审校）

成为综合改革试点高校
开启"双一流"建设新征程

◎ 导读 ◎

基于良好的发展改革基础和鲜明的教师教育特色，2014年12月，广西教育厅将学校确定为自治区首批试点的四所本科高校之一。学校深入落实自治区高等教育综合改革意见，科学制定改革方案，确立总体目标。合理安排改革进程，明晰重点任务。通过两个阶段的系统性、整体性、协同性的综合改革，破除机制障碍，创新发展模式，推进学校"双一流"建设，取得了喜人的成绩，为实现"国内一流、国际知名、教师教育特色鲜明的国内高水平大学"中长期发展目标提供强有力的支撑。

为主动适应经济发展新常态，加快高等教育转型升级，大力推进重点领域和关键环节改革创新，激发高校办学活力，2014年12月，自治区教育厅印发《关于确定广西师范大学为我区高等教育综合改革试点高校的通知》(桂教政法〔2014〕24号)，基于良好的发展改革基础和鲜明的教师教育特色，将我校确定为广西高等教育综合改革试点高校。2015年2月，自治区人民政府印发《关于深化高等教育综合改革的意见》(桂政发〔2015〕6号)。同年4月，自治区教育厅印发《关于确定我区高等教育综合改革首批试点高校的通知》(桂教政法〔2015〕3号)，再次明确了我校作为自治区首批试点的四所本科高校之一，并提出了分类指导、试点先行、示范引领的工作要求。

广西壮族自治区

教 育 厅 文 件

桂教政法〔2014〕24 号

关于确定广西师范大学为我区高等教育
综合改革试点高校的通知

广西师范大学：

为贯彻落实党的十八大和十八届三中、四中全会精神，根据自治区关于深化高等教育领域综合改革的总体部署，经研究，确定广西师范大学为我区高等教育综合改革试点高校。现将有关要求通知如下：

一、切实加强综合改革试点领导

学校要充分认识开展教育综合改革试点的重要性、紧迫性、

⊙ 自治区教育厅确定广西师范大学为我区高等教育综合改革试点高校

科学制定改革方案确立总体目标

根据自治区关于深化高等教育领域综合改革的总体部署，2016年4月，学校印发《广西师范大学深化综合改革总体方案》和《广西师范大学深化综合改革任务分工方案》，扎实推进第一阶段改革，两年之间取得了阶段性成效。

为全面贯彻党的十九大精神，深入落实自治区高等教育综合改革意见和学校第十一次党代会精神，更好地发挥综合改革对学校事业发展的牵引作用，2018年5月，学校在总结前一阶段试点工作的基础上，结合国内高水平大学建设伟大事业新征程的改革新部署、新要求、新实际，印发《广西师范大学深化综合改革总体方案（2018—2020）》，学校综合改革工作进入新阶段。

第二阶段的综合改革，依据"发展性、实效性、整体性"的原则

⊙ 2018年3月16日，学校召开综合改革工作暨"双一流"建设推进会

要求，坚持目标导向与问题导向相结合、统筹推进与重点突破相结合、协同发展与特色发展相结合、巩固成果与开拓创新相结合。以提高人才培养质量为核心，聚焦改革重点难点，破除体制机制障碍，通过三年的奋斗，使学校一流学科专业建设成效明显，若干学科与研究领域在国内外有较强的学术影响；人才培养质量居同类大学前列，特色更加鲜明；师资队伍的引进与培养成效突出，形成一支高水平的人才队伍；承担国家重大项目能力进一步增强，对接广西"两个建成"目标和国家战略的社会服务能力提升显著，出现若干具有重大影响的原创性成果；主动融入国际竞争，国际化办学水平显著提升；管理创新能力不断增强，基本建成"人文、绿色、智慧"的校园。

合理安排改革进程明晰重点任务

学校综合改革进程的两个阶段，目标明确，任务清晰，重点突出，相辅相成。

第一阶段紧紧围绕以人才培养为主体、制度保障完善与条件保障充分为两翼的"一体两翼"整体架构。在治理结构改革方面，深入实施"依法治校"，围绕部门运行机制，校院两级管理体制，学术治理架构，民主管理制度，社会参与方式等，作了积极有效的探索。在培养机制改革方面，强化顶层设计，推动学科专业集群优化发展。深化招生改革，全面提高生源质量。优化培养过程，提升学生创新创业能力。推进"互联网+"教育，提升教育信息化水平。深化国际交流合作，提升国际化办学水平。在评价体系改革方面，强化过程监控，健全有利于创新创业人才培养的教学评价体系。强化协同创新，健全有利于标志性成果产出的科研评价体系。深化人事改革，健全有利于人才活力释放的绩效评价体系。优化资源配置，健全有利于资源使用效益提高的管理评价体系。

第二阶段紧紧围绕学校第十一次党代会提出建设国内高水平大学的目标，以"双一流"建设为主线，以提高人才培养质量为核心，主要涉及八大领域。一是推进"放管服"改革，实现治理机制的新突破；二是加强学科内涵建设，全力打造一流学科体系；三是创新培养机制，全面提升人才培养质量；四是深化人事管理体制改革，全力建设一流师资队伍；五是深化科研改革，着力推动科研创新发展；六是建设新型后勤体系，倾力提升服务保障能力与质量；七是推进资源配置改革，科学提升资源使用效益；八是创新国际办学机制，积极提升教育国际化水平。八大领域聚焦改革重点难点，破除体制机制障碍，实施"四大战略"，实现"六大突破"，全力推进高水平大学建设。

扎实推进任务落实改革成效显著

综合改革工作启动以来，全校上下秉持抓改革任务就是抓学校发展的理念，遵循教育规律，坚持问题导向，思想高度重视，工作扎实推进，多次召开改革工作研讨会和项目论证会，协调和推进改革顺利落实，基本完成了各项改革任务，改革成效显著，学校综合实力持续提升，校园生态不断向好，师生员工凝聚力、向心力空前增强，取得了一系列标志性成果。

在学科建设上，化学、工程学两个学科进入 ESI 排名前1%，新增4个博士学位授权一级学科，有9个学科在全国第四轮学科评估中进入全国学科排名前50%（其中马克思主义理论是广西进入前20%的两个学科之一），6个一级学科进入广西一流学科和一流学科（培育）建设名单，名列全区第二。

在人才培养上，以立德树人为根本，全面启动实施建设高水平本科教育行动计划"十大工程"，获国家级教学成果奖3项、国家级一流专业16个、国家级一流本科课程7门，入围2项国家虚拟仿真实验教学项目，连续5次荣获全区高校毕业生就业工作突出单位，学生在亚运会、中国"互联网＋"创新创业大赛、全国啦啦操冠军赛等赛事中摘金夺银、捷报频传。

在师资队伍上，自主培养的国家"万人计划"、长江学者、国家"杰青"、广西院士后备培养工程人选、"百千万工程"国家级人才、全国文化名家暨"四个一批"理论人才、国家"优青"等高层次人才连续取得突破，现有国家级人才11人，具有博士学位专任教师比例达50.07%，上升了14个百分点。

在科研创新上，创建了目前广西唯一独立建制的省部共建国家重点实验室，2020年自然指数排名进入全球500强，名列广西高校第一。学校是广西唯一获得自然科学类广西特殊贡献奖、获得国家社科基金项目总数最多、全区国家社科基金项目立项数唯一连续10年入围全国百强的高校，现有国家级教学科研平台（基地）20个、省级以上高校新型智库机构19个。同时，学校成立可持续发展创新研究院、桂林发展研究院、西部乡村振兴研究院、党内法规研究中心、湘江战役与红色文化研究中心等研究机构，大力推进科研成果转移转化，持续强化科技支撑服务地方经济社会发展能力。

在后勤服务上，通过业务合并，职能调整不断优化组织架构，以战略目标为导向，大力推进内部"科学核岗、以岗定薪、薪随岗移，按劳分配"的薪酬制度，形成了"凝聚核心、稳定骨干、激励全体"的岗位薪酬激励机制。完成了桃园、荷园和教工餐厅环境改造升级，智慧餐厅建设，完成了会议室统一管理、有偿使用的会议室管理改革工作等。通过理顺机制，减员增效，精简机构、智慧化建设，实质性推进一系列后勤综合改革举措，实现了提质增效的阶段性目标，翻开了学校后勤社会化改革的历史新篇章。

在国际交流与合作上，主动服务国家"一带一路"倡议，学校通过了教育部来华留学质量认证，挂牌成立广西高校唯一的国务院侨务办公室华文教育基地；越南研究中心获批为教育部国别和区域研究中心和国家民委"一带一路"国别和区域研究中心；在东帝汶、泰国、印尼和吉尔吉斯斯坦建立 11 个"汉语文化中心";在泰国新增一所孔子课堂,年均国际学生规模达 1600 人,学校区域服务能力和面向东盟国家的影响力持续提升。

在民生工程上,攻坚克难、想方设法,破解历史遗留问题,完成雁山"相思江·奥林苑"商品房以及育才东院二期、三期住宅项目共约 1800 套住房交房,稳步提升教职工薪资水平,全面优化各校区学生住宿条件和用餐环境,年度十大"民生实事"成效显著,附属学校办学质量不断提升,持续发力打赢打好扶贫攻坚战,幸福师大、和谐师大建设初见成效,以师生为中心的价值取向和工作理念深入人心。

深化综合改革以来,全体师大人以超越自我、追求卓越为价值导向,聚精会神,抢抓机遇,通过系统性、整体性、协同性的改革顶层设计,破除机制障碍,创新发展模式,推进学校"双一流"建设,取得了喜人的成绩,为实现"国内一流、国际知名、教师教育特色鲜明的国内高水平大学"中长期发展目标提供强有力的支撑。

（蒲智勇　执笔　窦武　审校）

以群为乐为民而生
乐群文化源远流长

1932
—
2022

◎ **导读** ◎

2016年12月20日，《光明日报》头版以《数万学子的"小"服务"大"情怀》为题报道学校志愿服务事迹，并发表了短评《以小为小 方成其大》，全面展现了学校的乐群文化。

　　广西师范大学建校90年，曾四度调整、六次更名，八次迁址，历经沧桑，薪火不断，从广西省立师范专科学校到国立桂林师范学院，再到广西师范学院、广西师范大学，坚守"尊师重道、敬业乐群"的校训精神，在长期办学中，形成一种精神代代相传，历久弥新，并成为广西师大人的永恒品格和追求，那就是"以群为乐，为民而生"的乐群文化。

红色基因孕育了"乐群文化"

　　"杨东莼校长把我们几位思想进步的学生找到他办公室，询问了我们在学校周边农村开展活动及为老百姓服务的情况。希望我们成立一个'乐群社'多组织同学到周边农村去，多了解老百姓的疾苦和老百姓打成一片。"2008年，92岁的广西师专时期老校友、学校附属中学退休教师韦若松向"英烈师生"访谈组讲述了杨东莼校长倡导成立"乐群社"的故事。在杨校长的指导下，韦若松等思想进步学生成立了"乐群社"，经常组织同学深入学校周边农村，与老百姓交朋友，并帮助老百姓做一些力所能及的事情。

在薛暮桥等老师的指导和带领下，广西师专学生又利用寒暑假深入广西6个区38个县开展了农村经济调研，并撰写出版了《广西农村经济调查》。一时间，

⊙ 2016年12月20日，《光明日报》头版以《数万学子的"小"服务"大"情怀》为题，报道学校志愿服务事迹

广西师专成为全国研究乡村经济社会问题的一个重要中心。经过一系列深入群众、了解群众、帮助群众、与群众打成一片的活动历练，学生们逐步形成了马克思主义的群众观和革命观，这些观念也成为广西师专进步师生的人生态度和理想信仰，铸就了广西师专进步师生与群众血肉相连的"乐群情怀"。

数万学子的"小"服务"大"情怀

乐群文化，一旦形成，就深深融入广西师大人的血液，代代相传，经久不衰。进入新的时代，广西师大学子把"乐群情怀"化为一个个青年慈善公益行动，你来传承发扬中华优秀传统文化，我来振兴乡村艺术教育；你投身环境保护绿色发展，我参与少数民族非物质文化传承，把人民对幸福美好生活的追求挂在心头，践之行动，形成了"百团行动"的乐群景象："小黑板计划"关注留守儿童，"小雨滴义教社"关注艺术教育，"小小百灵鸟"关注乡村音乐教育，"小太阳暖心社"关心失独老人，"小鹰护航行动"关注孤儿健康成长，"小萤火虫"

开展安全教育，"小天平"专注普法宣传，"小螺丝钉"专门修理家电，"小小铜板"传播理财文化……其中"小黑板计划""小鹰护航行动"等公益项目，逐渐走出校园，走出广西，走向全国。10年间，吸引了全国50多所高校上万名大学生参与，公益足迹遍及广西68个县和全国大部分省（区），5万多名孩子从中获益。

社会创业赋予"乐群文化"持久动能

2009年，为了持续推进乐群行动的创新发展，学校在教育发展基金会成立了"乐群公益发展专项基金"，每年举办"乐群杯"大学生公益创业实践大赛，成为全国最早开展社会创新创业教育的高校之一。通过专项基金，为青年大学生和校友开展乐群行动提供资金支持，每年都有10—15个公益项目得到支持，有力地推动了乐群品牌品牌集群的发展。2018年，学校把十年来乐群公益服务成果凝练为"乐群公益梦工场"项目参加第四届中国"互联网+"大学生创新创业大赛，获得全国银奖。为进一步构建和完善"乐群文化"育人生态，创新创业学院还积极推进"大学生公益创业""社会创业理论与实践""社会创业经

⊙ "仁爱旅途·一起追求幸福且更富价值的人生" ——"小鹰护航"行动开展送教下乡活动

典案例评析"等社会创业课程建设，同时通过"互联网＋"大赛和"创青春"大赛种子选拔机制，举办了"社会创业先锋训练营"，并在大学生创业园成立了社会创业孵化专区，举办"青年社创故事汇"沙龙、积极开展青年社会影响力投资探索，逐步建立起全链条立体化的乐群青年人才培养机制。人才辈出，方能事业兴旺，乐群文化内涵也获得了持久的丰富和发展动能。如今，乐群行动，从参与慈善公益活动逐步向社会创新创业发展，通过市场的思维和方法解决社会问题，使公益项目成为可持续发展的实体，为社会创造更多更大的价值，赋予新时代广西师大人乐群文化新的内涵，使乐群行动拥有了持久的发展动能，并成为学校以创新创业为导向的新型人才培养模式的重要载体和改革力量。

（罗元　执笔　蒙志明　审校）

雁山图书馆建成启用
学校再添文化新地标

◎ **导读** ◎

广西师范大学雁山校区图书馆坐落在雁山校区东西方向景观轴线上，文、理学科楼群之中心，外观大气，结构规整，窗明几净，环境舒适，区域功能明确，文化氛围浓厚，藏书数量多，信息技术与系统应用先进，是目前广西乃至西南地区单体建筑面积最大的图书馆，场馆总建筑面积55000.03平方米，占地14542.2平方米，建筑层数为九层，建筑总高度41.6米，是雁山校区最高的建筑物，也是雁山校区的地标建筑。

广西师范大学图书馆创立于1932年。在抗战时期、解放战争时期及建国初期，图书馆随学校历史变迁几经改址。1954年图书馆随学校迁入王城校园；1982年，育才校区图书馆馆舍建成；2002年9月育才校区图书馆新馆取代原馆舍正式启用，建筑面积为2万余平方米。2018年10月12日，雁山校区图书馆正式启用，广西师范大学图书馆翻开新的一页。截至目前，三个校区图书馆的面积共82500平方米。

精心设计，长远规划

雁山校区图书馆于2011年9月正式立项，总投资21236万元，选址位于文科组团与理科组团的交汇处，是雁山校区规划的功能中心和景观中心，处于校园的主轴上，建筑两面临水，环境优美，也是整个校区的"制高点"，在此可以尽览整个雁山校区的校园景观。设计方案采用大量中国传统建筑元素，运用现代手法和材料勾勒出雄浑有力、庄重典雅的形象。整个建筑严格按照中轴对称布置，造型大气美观。图书馆主要的藏阅空间朝向以南北向为主，东西南北面的中间部位采用少量玻璃幕墙，光照强度充足，通风良好。

建筑平面布置充分考虑使用功能上的搭配，一层平面功能主要为：采编中心、密集书库、咖啡书屋、学生朗读厅、职工活动中心、物业管理、设备用房以及架空层公共停车；二层主要功能为：目录索检大厅、借还书、办证咨询、现报现刊阅览室、电子资源阅览区，以及人性化服务的包裹存放、自助打印服务区、读者沙龙、校长荐书墙、书记领学；三至七层大部分平面功能为借阅区，少部分为办公、会议、展览和接待区、师生研修间，以及六、七楼桂学博物（人文广西馆、文化桂林馆、广西当代文学馆）；八层平面功能主要为：学生档案库房、人事档案库房、综合档案库房、档案馆工作人员办公、网络中心用房和办公室；九层平面功能主要为：档案馆库房及其实习基地、图书馆服务器机房、仿真实验馆。

图书馆的建设从长远考虑，着眼于未来，在消防、门禁、网络系统设计方面投入大量资金，确保场馆建成后在运营管理上更加智能、高效、安全。

筑造精品，盛大开馆

2012年9月10日，图书馆土建工程正式开工。至2014年，完成主体结构施工；装饰装修工程2017年5月开工，投入约2000万元，于2018年5月完工；图书馆智能工程2017年10月开工，投入约1000万元，于2018年9月完工；周边道路及景观工程，2017年12月开工，2018年4月完工。

经过学校不懈努力，各参建方团结协作，克服一切困难，历经6年，项目主体在2018年5月通过五方预验收，高质量完成雁山校区图书馆建设工程。图书馆建设工程因其设计理念先进、施工工艺精良，获得

⊙ 2012年9月10日，举行雁山校区图书馆奠基仪式

了自治区建设主管部门的认可，2019年12月获评2019年度广西建筑装饰工程优质奖；2020年7月获评2020年度广西优秀勘察设计成果建筑设计一等奖。

雁山校区图书馆于2018年9月12日试运行，试运行期间，读者纷纷留言点赞，给予高度评价，喜爱之情溢于言表。正式开馆后，雁山校区图书馆一跃成为学校新地标。

2018年10月12日上午，在广大师生的殷切期盼中，雁山校区图书馆正式开馆，学校举行了隆重的开馆仪式，活动当日恰逢86周年校庆日，现场嘉宾云集，桂林图书馆、桂林市各兄弟高校图书馆负责人，学校首任校长杨东莼先生长孙杨震先生及家人，校友代表，学校电子图书资源项目合作伙伴代表到场祝贺，校领导、学校各单位负责人，师生代表共同参加开馆仪式。

校党委书记邓军宣布雁山校区图书馆正式开馆。校长贺祖斌在开馆仪式上致辞。贺祖斌表示，一流大学一定要有一流图书馆。图书馆雁山新馆的正式启用是学校建校历史上的一件大事，它将肩负起承前启后、继往开来的重任，在助力学校建设高水平大学征程中发挥积极

⊙ 2018年10月12日，举行雁山校区图书馆开馆仪式

作用。

中国新闻网、广西电视台、桂林电视台等多家媒体对雁山校区图书馆开馆仪式进行了报道。

师大"名片"，助力发展

雁山校区图书馆的建筑外观，以独一无二的黄墙、灰瓦、红门为主要色彩基调，结合现代化的玻璃幕墙和铝板线条，沉稳而不失现代感，与古色古香的东大门遥相呼应，是桂阳公路上一道靓丽的人文景观，充分彰显着广西师范大学高等教育学府的形象。

雁山校区图书馆不仅仅是雁山校区的一栋标志性建筑，更是广西师范大学的一张名片，向外界传递着她的教育理念。场馆前方，"尊师重道 敬业乐群"的校训石既庄重沉稳，置身其中，不禁感慨书的丰富和知识的浩瀚，更加明白"学高为师，身正为范"的深刻内涵。

图书馆作为学校的文献信息中心、文化服务中心、读书育人中心、科学研究中心，向来被视为衡量一个大学办学水平的重要标志。目前，图书馆的纸质藏书总量为377.9363万册，含过刊合订本、古籍、旧俄文、日文图书等。中文图书266.8408万册，外文图书13.35万册，中文

⊙ 交付使用后的图书馆

过刊40.34万册，外文过刊8.4万册，其他图书40万册（含古籍、未编日文、未录系统俄文、未录系统旧图书、学位论文等），中文电子图书257.1252万种，外文电子图书10.2510万种，中文电子期刊3.9321万种，外文电子期刊2.2089万种，中文数据库54个，外文数据库41个，电子图书数据库8个，视频资源数据库6个，自建数据库9个。图书馆藏丰富，区域功能完善，信息化建设先进，采取开架管理，实现"藏、借、阅、研、咨、育"六大功能一体化开放服务，为广大师生带来更舒适、更智能的阅读体验，为丰富学校校园文化、助力学校"双一流"和高水平大学建设奠定了坚实基础。

（谢晶晶　梁建春　执笔　陈欢欣　杨峰　审校）

实施本科教育"十大工程"
新时代本科教育发展加速

◎ 导读 ◎

2019年，学校出台《广西师范大学建设高水平本科教育行动计划（2018—2022）》，实施本科教育"十大工程"，推动学校本科教育实现"四个回归"，绘就学校本科教育未来五年的发展蓝图。2016年学校有计划、分步骤推动师范类专业认证工作，截至2022年9月，共有7个专业通过师范类专业第二级认证，23个专业入选国家级一流本科专业建设点，18个专业入选自治区级一流本科专业建设点，实现新时代本科教育加速发展。

聚焦立德树人，坚持以本为本

2018年6月21日，教育部在成都召开新时代全国高等学校本科教育工作会议。会议期间举行"以本为本 四个回归 一流本科建设"论坛，150所高校联合发出《一流本科教育宣言》（"成都宣言"），提出培养一流人才，建设一流本科教育。2018年9月10日，全国教育大会在北京召开。习近平总书记出席会议并发表重要讲话。

为深入贯彻全国教育大会与本科教育工作会议精神，进一步推进学校综合改革，2018年11月16日，学校隆重召开第八次本科教育工作大会。校党委书记邓军作《坚持社会主义办学方向 加快建设高水平本科教育 奋力实现新时代学校人才培养工作新作为》的讲话，校长贺祖斌作《坚持以本为本 推进四个回归 加快推进高水平本科教育建设》主题报告。大会围绕学校"建设国内高水平大学"的主题，结合党的十九大以来，国家形势和社会形势的新变化，指出了新时代学校高水平本科教育的建设方向，要让本科教育工作更好地融入学校"双一流"建设工作。

大会讨论形成了"本科教育十大工程"：（一）思想政治工作质量提升工程；（二）本科课堂教学质量提升工程；（三）本科专业内涵建设提升工程；（四）"互联网＋"本科教育体系构建工程；（五）教师教学能力提升工程；（六）学生多元选择与个性发展支持工程；（七）创新人才协同培养实践体系改革工程；（八）大学生创新创业引领工程；（九）本科生学风与学习能力提升工程；（十）本科教学激励体系建设工程。

2019年4月30日，为贯彻落实国家和自治区关于加快高水平本科教育的精神，学校印发《广西师范大学建设高水平本科教育行动计划（2018—2022）》，瞄准高水平本科教育的建设目标，提出涵盖本科教育教学各方面的"十大工程、40条措施"，针对本科教育教学改革提升的各个关键环节，明确具体目标，切实推动学校本科教育实现"四个回归"，绘就学校本科教育未来五年的发展蓝图。

⊙ 2018年11月16日，学校召开第八次本科教育工作大会

积极开展认证，夯实师范教育

为规范和引导高校师范类专业建设，提升师范生培养质量，2014年12月起，教育部在江苏、广西开展师范类专业认证试点工作，探索师范类专业认证模式。广西师范大学化学、学前教育专业作为自治区教师教育优势专业，率先接受试点认证。

2017年10月，教育部印发《普通高等学校师范类专业认证实施办法（暂行）》，在广西、江苏试点认证经验基础上，颁布全国统一版师范类专业认证标准。2019年，自治区教育厅启动广西师范类专业认证工作。

学校坚持"秉承弘文励教传统、根植壮乡基础教育，领先教师教育改革发展"的师范教育办学思路，立足师范为本，主动对接国家教育发展战略，扎根祖国边疆民族地区，积极探索师范类高水平大学建设之路。为更好地以评促建、以评促改、以评促强，学校对照师范类专业认证新标准，修订人才培养方案、课程教学大纲，强化课程考核形成性评价；完善教师教育课程体系，优化课程设置，强化教师职业技能训练和教育见习、实习、研习"三习贯通"；建立健全教育教学管理制度，加强规范化管理，构建科学合理的教师教育质量保障体系。

⊙ 生物科学、数学与应用数学师范类专业认证专家意见反馈会

根据自治区教育厅工作安排，学校有计划、分步骤推动师范类专业认证工作的开展。2016年，化学、学前教育专业接受自治区教育厅组织的师范专业试点认证。2017年，自治区教育厅批准化学、学前教育专业通过师范专业试点认证。2019年9月，经教育部组织审核，同意化学、学前教育专业通过师范类专业第二级认证。2020年下半年，先后完成历史学、生物科学、数学与应用数学等3个师范专业的第二级认证现场考查工作。2021年10月，小学教育、思想政治教育专业顺利完成第二级联合认证现场考查工作。2022年6月，物理学、英语、汉语言文学等3个专业接受第二级认证线上考查。截至2022年9月，经教育部批准，学校共有7个专业通过师范类专业第二级认证。

振兴本科教育，推进一流本科建设

为深化教育教学改革，全面振兴本科教育，2019年4月，教育部发布《教育部办公厅关于实施一流本科专业建设"双万计划"的通知》，决定启动一流本科专业建设"双万计划"，以建设面向未来、适应需求、引领发展、理念先进、保障有力的一流专业为目标，2019年至2021年建设1万个左右国家级一流本科专业点和1万个左右省级一流本科专业点。同年10月，教育部印发《教育部关于一流本科课程建设的实施意见》，决定实施一流本科课程"双万计划"，计划认定1万门左右国家级一流本科课程和1万门左右省级一流本科课程。

为更好推动本科教育十大工程落地落实，学校积极响应教育部"双万计划"，以建设本科专业、课程"双万计划"为抓手，积极开展一流本科教育。

学校大力加强专业建设，优化专业结构布局，做优做强特色专业，着力推进本科专业内涵式发展。2019年，经济学、法学、社会工作、思想政治教育、小学教育、体育教育、汉语言文学、英语、数学与应用数学、物理学、化学、生物科学等12个专业入选首批国家级一流本科专业建设点，学前教育、历史学、软件工程、科学教育、电子信息工程、音乐学、绘画、产品设计等8个专业入选自治区级一流本科专业建设点。2020年，学前教育、历史学、软件工程、行政管理等4个专业入选国家级一流本科专业建设点（其中，学前教育、历史学、软件工程专业建设点由原自治区级升级为国家级）；统计学、应用心理学、制药工程、环境科学等4个专业入选自治区级一流本科专业建设点。2021年，科学教育、音乐学、统计学、应用心理学、工商管理、教育技术学、环境设计等7个专业入选国家级一流本科专业建设点（其中科学教育、音乐学、统计学、应用心理学专业建设点由原自治区级升级为国家级），应用化学、翻译、朝鲜语、动画、运动训练、旅游管理、文化产业管理、生物技术、通信工程、计算机科学与技术、网络与新媒体、汉语国际教育、美术学等13个专业入选自治区级一流本科专业建设点。截至2022年9月，学校23个专业入选国家级一流本科专业建设点，18个专业入选自治区级一流本科专业建设点。

学校不断加大课程建设力度，促进现代信息技术与教育教学的深度融合，提升课程高阶性、创新性和挑战度。2019年，学校27门课程入选自治区级一流本科课程；2020年，学校7门课程入选首批国家级一流本科课程，24门课程入选自治区级一流本科课程；2022年，学校22门课程入选自治区级一流本科课程。截至2022年9月，学校共有国家级一流本科课程7门（其中线下课程3门，线上线下混合式课程4门），自治区级一流本科课程73门（其中线上课程8门，线下课程25门，线上线下混合式课程30门，虚拟仿真实验教学课程5门，社会实践课程5门）。同时，《创新创业基础》入选教育部课程思政示范课程，4门课程入选自治区级课程思政示范课程。依托学校全国重点马院打造思想政治教育理论课"金课"，入选教育部思政课示范"金课"3门。

（黄坚　执笔　周长山　审校）

实施研究生质量提升工程
推进研究生教育内涵式发展

◎ **导读** ◎

2021年，学校出台《广西师范大学研究生教育质量提升行动计划（2021—2025年）》，全面贯彻党的教育方针，以立德树人、服务需求、提高质量、追求卓越为主线，实施研究生教育质量提升"十大工程"，推进研究生教育内涵式发展。

经过 40 多年的建设和发展，学校形成了学科门类齐全、学位授予类型多样的学位与研究生教育格局。目前学校拥有 3 个博士后科研流动站，一级学科博士学位授权点 8 个，博士专业学位授权点 1 个，一级学科硕士学位授权点 30 个，硕士专业学位授权点 21 个，涵盖哲学、经济学、法学、教育学、文学、历史学、理学、工学、管理学、艺术学 10 个学科门类。

出台研究生教育质量提升行动计划

2021年学校召开研究生教育工作会议，深入学习贯彻习近平总书记关于研究生教育的重要指示精神、党的十九大和十九届历次全会精神、全国全区研究生教育会议精神，总结学校研究生教育经验成果，谋划新时代研究生教育改革发展大计，推动研究生教育高质量发展，奋力谱写新时代学校高层次人才培养新篇章。

出台《广西师范大学研究生教育质量提升行动计划（2021—2025年）》，连续5年每年投入200万元专项经费，实施研究生思想政治素质、生源质量、课程质

⊙ 广西师范大学研究生教育工作会议

量、科研能力、专业实践能力、导师质量、就业质量、社会服务能力、培养质量监测、国际化水平等十大质量提升工程。"行动计划"的实施有效推动了学校学位与研究生教育高质量发展。

加强研究生思想政治教育

坚持以思想教育保航向，开展"研雁领航"研究生骨干培训工程和迎接建党100周年行动计划，1000多人次参与研究生"学习强国"学习达人评选、红色经典咏诵会、"初心讲堂"、红色电影展播、红色家书读书会、党史知识竞赛、"四史"征文比赛等活动。构建学生成长发展全方位、立体化帮扶体系，加快研究生综合素质评价体系的修订，着力打造富有专业特色的研究生学术论坛品牌，发布《研究生学术道德与学风倡议》，修订完成《研究生校设类奖助学金管理办法》，发展型资助育人体系日益完善。

推进研究生培养质量工程

以课程思政示范课程、全英文课程、专业学位教学案例、联合培养基地、优秀学位论文培育、科研系列讲座等六大研究生培养质量工程为抓手，稳步提高研究生培养质量。"十四五"以来，学校已立项建设研究生课程思政示范课程项目40项（其中，文学院/新闻与传播学院黄伟林教授主持的"桂林文化城文学研究"获自治区级研究生教育类课程思政示范课程，黄伟林教授及该项目组成员被确定为课程思政教学名师和团队）、研究生全英文课程项目23项、专业学位研究生教学案例项目22项、专业学位研究生联合培养基地项目24项、研究生优秀学位论文培育计划项目119项，持续开展研究生科研创新能力提升系列讲座。

优化研究生管理体制机制

研究生人才选拔机制不断优化。按照教育评价改革要求相继完成《广西师范大学招收申请考核制博士研究生实施办法(2021年修订)》《广西师范大学招收硕博连读制研究生实施办法（2021年修订）》《广西师范大学硕士研究生招生考试自命题与评卷工作管理规定》修订工作。在博士招生机制方面更加优化，更加有利于人才选拔。

研究生管理制度不断完善，为人才培养质量的提升提供了坚实保障；管理信息系统持续升级，实现了研究生教务教学管理、学位论文评审、学位管理、学籍管理、研究生工作管理等方面的数据互通；教学质量监督机制不断健全，开展期中教学及学风建设检查，建立了教

⊙ 研究生思想政治教育活动

学督导、研究生评教等研究生课程教学评价机制；学位论文质量保证和监督体系不断完善，学位论文质量逐步提升；联合培养基地不断增多，为研究生专业实践能力的提升奠定了基础；科研能力不断增强，研究生高水平创新成果大幅增加；国际交流与合作不断深化，学校与国外名校积极开展线上课程项目，加大对参与项目学习研究生的资助。

加强研究生指导教师队伍建设

学校结合学科、学位点评估与发展需要，建立原则性与灵活性相结合、重点性与全面性相结合、评价性与引导性相结合的导师遴选制度。重视研究生导师培训信息化建设，完善研究生导师队伍培训机制。2021年6月，研究生导师网络培训课程建成并投入使用，利用大数据技术监督导师参与培训，已完成两期460名新增导师的培训。组织派出197名导师参加广西高校硕士研究生导师培训班。不断完善研究生导师考核制度与机制，开展研究生导师立德树人和业务考核工作，依据考核结果，实施奖惩。

提升研究生就业质量

学校根据不同的学科和专业发展要求，制订相应的研究生就业指导方案，并将其融入教育教学活动中，引导研究生树立正确的就业观念。构建研究生就业指导工作体系，多渠道、多方式开展就业指导，推出"研究生生涯规划与就业指导"慕课网络课程，充分发挥研究生辅导员和导师的就业指导作用。根据各学院（部）研究生就业意向开展就业工作，实现各专业、各类型研究生就业率、就业渠道均衡化，多元行业就业，就业率达到90%以上。加强就业指导教师队伍建设，成立研究生生涯发展中心，提供专业化的就业指导。建立研究生的职前评估、实习指导与就业信息反馈机制，做好研究生就业指导的质量跟踪服务；积极引入优秀的社会就业指导机构的师资力量，完善就业指导师资队伍结构。

（邹晓春　曾弘毅　陈凤洁　黄威桢　王剑

李延　黄世朗　执笔　何云　审校）

聚焦"双一流"建设
培育特色优势学科

◎ 导读 ◎

2018年5月11日，学校马克思主义理论、教育学、中国语言文学、化学、软件工程等5个一级学科，获得广西一流学科项目资助，物理学获得广西一流学科（培育）项目资助。2022年1月30日，在新一轮广西一流学科建设名单中，学校教育学、马克思主义理论、化学3个学科获得 A 类建设项目，软件工程、物理学、中国语言文学获得 B 类建设项目。学校高质量推进新一轮广西一流学科建设，为服务国家富强、民族复兴、边疆和谐、人民幸福贡献更大的力量。

抓住契机，贯彻落实

"双一流"建设是中共中央、国务院作出的重大战略决策，也是中国高等教育领域继"211工程""985工程"之后的又一国家战略，有利于提升中国高等教育综合实力和国际竞争力，为实现"两个一百年"奋斗目标和实现中华民族伟大复兴的中国梦提供有力支撑。

2018年，上级印发《自治区教育厅等四部门关于公布广西一流学科建设名单的通知》和《广西壮族自治区教育厅关于印发广西一流学科建设实施办法（试行）的通知》。学校高度重视一流学科建设工作，2018年5月发布《关于印发广西师范大学"双一流"建设总体方案的通知》，11月，学校党委研究和部署学科建设规划，出台《广西师范大学一流学科建设经费使用与管理办法（试行）》。之后，学校成立"双一流"建设领导小组和一流学科建设工作组，多次召开专题会议，配备专职人员，为学科建设提供良好的组织保障。学校通过制定完善一流学科制度、文件管理规定，专设学科建设办公室管理机构，加强一流学科建设，紧抓"双一流"契机，提升学科建设水平。

不懈奋斗，砥砺前行

为加快广西一流学科向国内一流学科迈进步伐，学校按照充分放权、加强指导的原则进行体制机制改革，通过完善资源配置、改善办学条件、提升培养质量等系列举措，助力一流学科更好更快发展。

落实学校主体责任。2019年3月，组织开展广西一流学科建设基本数据采集和学校学科建设力调研工作，促进学校一流学科建设和全校学科可持续发展。2021年7月，校领导带队到各一流学科建设单位现场检查。

改革学校体制机制。学校通过学科建设大力推进体制机制改革，统筹推进学校综合性重大改革，探索校院两级学科建设管理体制改革，稳步推进学校各项改革和建设，在实现人才培养、科学研究、社会服务等方面取得了较好的成效。

推进学科交叉融合。2021年，学校组建广西应用数学中心、成立教育区块链与智能计算实验室，促进信息技术与教育学的交叉融合。

加强学科团队建设。全面落实立德树人根本任务，完善人才培养体系。一方面，依托学校高层次人才引进办法的相关政策，依据学科方向发展需要，针对国家级人才和高层次学科带头人进行精准引才。另一方面，依托四大人才培育工程政策，重视高层次学科带头人和学术骨干的培养、高水平创新团队、杰出中青年骨干人才的培养和师资国际化的培育，着力推进学科队伍的梯队建设。涌现教育部首批"黄大年式"中华优秀传统文化传承发展教师团队等学科队伍。建设期内，共引进专任教师182人，其中三类岗位5人、五类岗位13人（含B类漓江学者6人）、A类漓江学者5人、培养和引进国家级人才9人次。

加强国际化交流合作。与国际高水平大学建立战略合作伙伴关系，建立实体性合作机构，拓展全方位、多层次、宽领域的合作。加大柔性引进海外人才力度，通过"海外专家＋校内导师＋项目＋人才培养"育人新模式，带动人才培养国际化。通过国际交流项目和激励制度，提高学生开展国际交流的积极性。优化留学生综合服务体系，稳步提高留学生接收和培养能力。

拓展社会服务功能。改变以往"重研究轻应用""重成果轻服务"的观念，采取激励和引导措施，鼓励学校教师积极投身广西乃至国家层面的社会文化发展与创新的应用对策研究。增强应用型学科团队力量，加大产学研用合作，成立现代产业学院，对接产业行业需求，开展技术攻关和研发合作。

提升科研成果转化能力。通过考核和激励机制相结合，引导学科聚集学科发展前沿，加强与国内外著名科研机构和知名企业的合作，大力开展协同创新，培育重大标志性成果。健全科研成果转化激励机制，鼓励学科人员积极参与广西科技研发计划和横向课题合作，深化产学研合作，推动成果转化。

聚力聚焦，成效显著

首轮建设成绩斐然。2019年7月，自治区教育厅组织开展广西一流学科中期评估，学校教育学、化学获得 A 等，马克思主义理论、中国语言文学、软件工程、物理学分别获得 B 等。2021年6月，自治区教育厅组织开展广西一流学科终期评估，学校教育学、马克思主义理论获得 A 等，化学、软件工程、物理学获得 B 等，中国语言文学获得 C 等。

⊙ 2021年6月，广西一流学科终期评估工作布置会

标志性成果不断涌现。学校加大一流学科建设力度，引进人才、重视青年人才成长，涌现一批广西高层次人才以及"八桂学者"和"人才小高地"自治区级创新团队。深入推进教学改革，获批全国重点马院、教育部高校思想政治工作队伍培训研修基地等平台，人才培养质量显著提升。国家级奖项稳步提升，获得国家级教学成果奖3项，第八届高等学校科学研究优秀成果奖（人文社会科学）4项（二等奖2项、三等奖2项）。学科布局持续优化，博士点建设取得新突破。2018年学校新增4个一级学科博士学位授权点，2021年学校新增2个一级学科博士学位授权点、1个博士专业学位授权点；获批多个省部级研究平台和基地；2020年11月，学校工程学首次进入ESI全球前1%学科，ESI全球前1%学科增至2个。

经济效益持续增长。一流学科助力医药产业和广西脱贫攻坚，实现成果转化9项，转让经费297.5万元。

社会效益日益凸显。注重社会服务，提高社会效益，出现了一批经典案例，如教育部"黄大年式"教师团队传承与弘扬中华优秀传统文化，服务中外人文交流案例；扎根西部，戮力乡村振兴教育事业，铸牢边疆民族地区"中华民族共同体意识"案例；面向区域经济社会发展需求，系列原创成果丰硕，引领发展广西化学；锰系锂离子电池创新，助力保护广西"绿水青山"等经典案例。

⊙ 2021年9月，自治区人民政府广西一流学科调研专家组莅临学校现场指导工作

凝聚共识，争创一流

2022年1月30日，在新一轮广西一流学科建设名单中，学校教育学、马克思主义理论、化学3个学科获得A类建设项目，软件工程、物理学、中国语言文学获得B类建设项目。

2022年5月19日，学校组织召开新一轮"双一流"建设工作会议，贯彻落实教育部和自治区"双一流"建设工作推进会精神，总结学校首轮"双一流"建设的成绩和经验，分析"十四五"时期乃至更长一段时间学校"双一流"建设面临的形势与任务。校党委书记邓军出席会议并讲话，校党委副书记、校长贺祖斌作建设工作的部署动员，副校长孙杰远做专题报告，学校6个广西一流学科建设单位的负责人分别就本单位推进新一轮广西一流学科建设作了交流发言。

学校"双一流"建设将坚持党对学校工作的全面领导，坚持高质量内涵式发展战略定位，进一步解放思想、改革创新，勠力同心，奋楫扬帆，全力推进"双一流"战略落实、落地。全校将进一步凝聚共识、增强斗志、争创一流，坚定奋进"一流"的政治自觉，统一奋进"一流"的思想自觉，凝聚奋进"一流"的行动自觉，聚焦重点任务、强化改革创新，提升学校核心竞争力，努力实现学校各项事业更好、更快、更高质量的发展。

⊙ 2022年5月19日，学校召开新一轮"双一流"建设工作会议

（朱会华　执笔　何云　审校）

获批全国重点马院
发挥西部引领辐射带动作用

◎ 导读 ◎

广西师范大学马克思主义学院的前身是1960年设立的政治系，2010年正式成立马克思主义学院，拥有国家在五个少数民族自治区中设立的第一个马克思主义理论一级学科博士点和博士后流动站，在习近平新时代中国特色社会主义思想的科学指引下，在中宣部、教育部的关心指导和自治区党委政府、学校党委行政的正确领导下，2019年入选全国重点马克思主义学院（全国37家、广西唯一），是广西首批重点马克思主义学院、自治区党委宣传部共建学院。

凝心聚力攻坚申报　成功跻身全国重点马院30强

举旗定向、笃定前行。为深入贯彻落实习近平总书记关于教育工作的重要论述，中宣部、教育部于2015年提出实施建设全国重点马克思主义学院工程。学校党委行政高度重视，对标习近平总书记关于加强马克思主义学院建设、办好思想政治理论课的重要论述，对表《普通高等学校马克思主义学院建设标准（2019年本）》的要求，把马克思主义学院作为重点学院、马克思主义理论学科作为重点学科、思想政治理论课作为重点课程，举全校之力建设马院，确保优先发展、优势发展、优质发展。特别是校党委书记、校长对申报建设全国重点马院的重要工作亲自部署、重大问题亲自过问、重点环节亲自协调、重要事项亲自督办，凝

⊙ 2019年3月15日，校党委常委会专题研究重点马院建设现场办公会

心聚力以超常规手段，用最短的时间、最好的资源、最高的质量完成按照全国重点马院建设标准所需的办公场地、设施设备、师资队伍的配置，高标准做好中宣部、教育部组织专家考察组的综合评审、实地考察等多轮次严格考核的迎检工作，最终用真心实意打动了专家、用精益求精赢得了认可。2019年7月30日，中央宣传部办公厅、教育部办公厅下发《关于印发第三批全国重点马克思主义学院名单的通知》（中宣办发〔2019〕36号），确定全国16所马克思主义学院入选，我校马克思主义学院位列其中，是广西高校中唯一入围的马院，这一历史性突破为马院加快建设成为西部地区思想政治理论课教学改革的引领者、民族地区马克思主义理论学科建设的领头羊、广西理论研究宣传和意识形态阵地建设的生力军、促进边疆和谐稳定发展的助推器奠定了坚实基础。

守正创新跨越发展
高质量打造西部民族地区马论研究宣传教育新高地

励精图治、奋发图强。马克思主义学院经过60多年的建设特别是近10年的锐意改革、接续发展，在建设国内一流、国际有重要影响力、特色鲜明、示范带动作用明显的全国重点马克思主义学院的征程上取得了显著成效，马克思主义学院已经成为加强党的领导和马克思主义理论教学、研究、宣传和人才培养的坚强阵地，马克思主义理论学科已经成为"人文强桂"战略服务新时代中国特色社会主义壮美广西和"一带一路"建设的主要支撑学科，思想政治理论课已经成为示范引领辐射带动广西思政课程和课程思政同向同行、守正创新的立德树人"灵魂课程"，培养堪当民族复兴重任的时代新人已经成为马院人为党育人、为国育才矢志不渝的初心使命和责任担当。

一是建强建优全国重点马院。制定出台《中共广西师范大学委员会关于加强新时代马克思主义学院建设的实施方案》等文件，构建学校党委书记亲自直接联系马院、校党委专职副书记主管马院工作、校党委常委、宣传部部长兼任马院院长的领导体制，在推动、打造区域性民族性特色鲜明的科学研究成果和一流高校新型智库上做出了新贡献，共承担包括重大项目、重点项目在内的国家社科基金项目40多项（立项数位居西部高校马院首位），教育部人文社科课题10多项，其他省部级项目70多项，获省部级优秀社科成果奖40多项，在《光明日

⊙ 2019年5月6日至10日，中宣部、教育部组织专家到我校对马克思主义学院申报全国重点马克思主义学院进行考评

报》《马克思主义研究》等刊物发表论文300多篇，10余项成果被国家领导人和省部级领导批示及党政部门采纳。打造了一支师德高尚、业务精湛、结构合理、充满活力的高素质专业化教师队伍，专任老师中具有高级职称的占比达72.4%，成为西部高校马论优秀人才的聚集地，拥有全国文化名家暨"四个一批"人才、全国优秀教师、全国模范教师、全国高校优秀思想政治理论课教师近10人次，广西八桂学者、广西十百千人才工程人选、广西优秀专家、广西教学名师等省部级人才20多人次。

二是办强办好学科平台。注重基础理论研究和学科特色凝练，马论学科综合实力位居西部领先、全国前列，在全国第四轮学科评估中获 B+ 等级（广西最好成绩），进入全国学科评估前20%，并被确定为广西一流学科；依托雄厚的学科实力和马克思主义理论博士后流动站的支撑，辐射帮扶了广西医科大学、桂林电子科技大学获得马论一级学科硕士点，带动支持了本校教育学、世界史学科获批一级博士点，充分发挥了学科发展孵化器作用。积极推进广西马克思主义理论研究和大众化普及，每年聚焦党的创新理论举办多个全国性学术会议、开展近百场理论宣讲，撰写出版《真理，您告诉我》《科学发展在广西》《社会主义核心价值观农民读本》等书籍，曾获中宣部"五个一工程奖"，成为民族地区先进文化建设的主力军。

三是深耕细作课程建设。制定出台《校领导联系思想政治理论课教师制度》等文件，构建党委统一领导、党政齐抓共管、有关部门各负其责、师生员工共同参与的思政课育人格局。按照1:350师生比要求配足配齐思政课教师，在广西高校率先足额发放思政课教师专项岗位绩效。大力推进习近平新时代中国特色社会主义思想进教材进课堂进头脑工作，高质量开足开齐思政课，高标准建成虚拟仿真思政课体验教学中心、广西"思政云"平台和"数字马院"。成立广西首家大中小学思政课"一体化"教学改革创新联合体，牵头推进广西高校"思想政治理论课"多层级集群结对共建，为加强新时代思政课建设贡献师大智慧。

四是顶天立地培根铸魂。坚持用习近平新时代中国特色社会主义思想铸魂育人，构建了本硕博一体化的人才培养体系，形成"四位一体"研究性学习与实践教学人才培养新模式。获国家级一流本科专业1个、一流本科课程1门和广西一流本科课程4门、教学成果一等奖5项，获批全国高校思政课"手拉手"集体备课中心、全国高校思政课教学名师工作室，学生总体就业率、考研升学率保持高位稳定，是广西基础教育政治学科人才培养的摇篮和特级、高级政治教师的孵化器以及广西哲学社会科学研究人才的培养高地。注重国际化办学，招收培养了越南、老挝、吉尔吉斯斯坦等国家10余名马克思主义理论国际化人才。师生获自治区级以上各类比赛竞赛奖项200余项。

踔厉笃行开创未来
奋力谱写新时代建强建优全国重点马院新篇章

新时代新征程，新使命新作为。马克思主义学院将坚持以习近平新时代中国特色社会主义思想为指导，坚持"马院姓马，在马言马"的鲜明导向和办学原则，紧扣政治建设首要任务、立德树人根本任务、重点马院核心任务，坚持高质量发展战略定位，聚焦核心竞争力提升，坚守初心、笃行不怠，奋力朝着成为西部地区和民族地区马克思主义理论人才培养的示范基地，成为西部地区和民族地区马克思主义理论学科建设的榜样标杆，成为西部地区和民族地区马克思主义理论创新的学术高地，成为西部地区和民族地区马克思主义理论教育教学改革的示范引领者，成为助推西部地区和民族地区科学发展的高端新型智库，成为推进西部地区和民族地区马克思主义大众化的坚强阵地，成为立足区域实践、面向东盟、具有重要国际影响的马克思主义理论研究宣传平台的奋斗目标昂首迈进，以强党建、强学科、强专业、强课程、强队伍、强马院的"强院兴校"新担当新作为为新时代党和人民事业赢得更大光荣。

（陈国华　李华铭　执笔　陈国华　审校）

原创校史话剧《杨东莼》
讲述师大家国情怀

◎ **导读** ◎

2017年5月，校史话剧——《杨东莼》完成剧本创作，10月12日作为我校85周年校庆献礼活动在王城校区国学堂正式开演。原创校史话剧《杨东莼》对加强大学文化建设，全面提升学校文化软实力，坚定师生中国特色社会主义文化自信，深化大学文化的传承创新，具有辐射力的作用。

创作原型背景

杨东莼（1900—1979），原名岂匏，号人杞，湖南醴陵人。1919年求学于北京大学。1921年参加北京马克思学说研究会。1923年在长沙加入中国共产党。杨东莼先生是我国著名的历史学家、翻译家、教育家、社会活动家，1932年10月至1934年5月任广西师范大学前身广西省立师范专科学校首任校长。杨东莼主持下的广西省立师范专科学校，致力于马克思主义理论的传播、宣传和研究工作，在教学理念上，贯彻实施学习上"自由研究"和生活上"集体生活"的办学方针。学校开设了大量的哲学社会科学课程，鼓励学生广泛阅读，召集各种讨论，倡导实地学习，组织学生深入广西各地进行社会调查。杨东莼任职期间，还聘请了国内一批著名学者来校任教，学校办得很有特色，成为当时国统区唯一敢于公开讲马克思主义的高校，把广西省立师范专科学校缔造成了一所进步大学，当时学校被称为"小莫斯科"。

话剧故事

校史话剧——《杨东莼》讲述了杨东莼出任广西省立师范专科学校首任校长，与朱克靖、薛暮桥等地下党员，实践"团体训练""自由研究"的办校理念，为国家培养一批革命青年的故事。话剧围绕杨东莼处理学生退学、平息军训风波，领导全校开展广西农村经济调查，邀请朱克靖、薛暮桥到学校任教，以及他被白崇禧设局逼走的几个故事来展开。重点突出杨东莼当年的办学思想不但奠定了如今师大的校训精神，而且还利用广西省立师范专科学校这个平台为当时的革命事业培养了一大批革命者，通过农村经济调查等活动教育了学生，使一批旧军官转变、投身革命。为了让剧本更受师生喜爱，在剧本创作中，除了彰显杨东莼校长的办学理念，还增加了杨东莼先生教育理念对周围人的影响。剧中军训大队部胡大队长的戏份，凸显了教育理念在化解以胡大队长（剧中）为代表的桂系军阀与杨东莼、朱克靖等进步教师在办学目的、办学思想上的矛盾冲突中的重要作用。通过戏剧性的情节设计，使得这个话剧更加丰富鲜活。

校史话剧——《杨东莼》主题鲜明，人物鲜活，情节起伏。该剧在内容上既彰显了学校首任校长杨东莼的办学理念、个性特征，又刻画出当时的进步师生的群体形象，还在时空转换的基础上展现了学校90年的历史变迁，有今昔的对比和呼应。话剧不仅着力塑造了杨东莼校长的形象，还塑造了刘敦安、路伟良、梁寂溪等一批进步学生的形象，讲述了他们加入中共地下党组织的事迹。更为可贵的是，话剧不局限于展示校史，还注重挖掘纳入广西党史的重要事件，有着爱国主义教育和党史教育的双重育人价值。杨东莼在广西师专期间提出的办校理念一直发挥影响到现在，为广西师范大学"尊师重道 敬业乐群"的校训精神奠定了坚实基础。

创作和排演

校史话剧《杨东莼》以"师大人讲师大故事"为思路，由学校教师谢婷婷担任主笔撰写剧本，编剧谢婷婷、齐福伟（广西群众艺术馆），导演郝芸（广西群众艺术馆）、齐福伟（广西群众艺术馆），表演指导李超（广西群众艺术馆），剧中的演员是来自法学院 / 政治与公共管理学院、音乐学院、历史文化与旅游学院、文学院 / 新闻与传播学院、体育学院、马克思主义学院、经济管理学院、数学与统计学院、生命科学学院、计算机科学与信息工程学院、国际文化教育学院等11 个学院的大一大二学生组成，90% 以上的学生是没有上过话剧舞台的初学者。作为学校第一部原创校史话剧，《杨东莼》的成功上演是校党委宣传部、档案馆、校团委、音乐学院等多个部门（单位）通力合作的成果。

高标准、高起点、首演大获成功

2017年，学校宣传思想文化工作在校党委的领导下，坚持正确的发展方向，取得了一批丰硕的校园文化建设成果。其中为纪念学校首

⊙ 原创校史话剧《杨东莼》演出剧照

任校长杨东莼而创作的大型原创校史话剧——《杨东莼》正是这一建设成果的标志性成就之一，得以立项为教育部宣传思想文化精品项目的委托项目。经过学校精心策划和制作，通过广西群众艺术馆的指导和帮助，历时九个月，八易其稿，于2017年5月完成剧本创作，10月12日作为学校85周年校庆献礼活动在王城校区国学堂正式开演。学校师生以及北京、海南、浙江、湖北、广东等区内外的校友会代表共800多人一起观看了校史剧《杨东莼》首演，重新感受在杨东莼先生带领下广西师专接受并传播马克思主义思想的历程，与师大风骨、家国情怀和革命信仰跨时代相逢。

现场反响热烈，好评如潮。光明网、中国新闻网、《中国社会科学报》、《广西日报》、广西共青团、桂林电视台、搜狐网等媒体对校史话剧《杨东莼》作了深入报道。此后，校史话剧——《杨东莼》作为学校校庆纪念日的保留节目，在每年校庆日为全校师生进行演出，成为每年献礼校庆的重头戏。

走出校园，赞誉满满，喜获多项大奖

2018年9月，校史话剧——《杨东莼》一举夺得第九届广西校园戏剧节剧目奖（大型剧目类）二等奖（一等奖空缺）、剧本奖、优秀导演奖、优秀表演奖、表演奖等5项大奖。编剧齐福伟、谢婷婷荣获剧本奖，导演郝芸荣获优秀导演奖，陈依同（杨东莼扮演者）、武冰洁（春梦婆扮演者）荣获优秀表演奖，郭子逍（朱克靖扮演者）荣获表演奖，郭心钰荣获校园戏剧活动积极分子，我校荣获优秀组织奖。

2019年1月，在《教育部思想政治工作司关于公布第一批、第二批"高校原创文化精品推广行动计划"入选名单的通知》（教思政司函〔2019〕6号）文件中，原创校史话剧《杨东莼》入选第二批"高校原创文化精品推广行动计划"名单。第一批、第二批"高校原创文化精品推广行动计划"共有40所高校入选，我校是广西唯一入选高校，《杨东莼》是广西高校唯一入选此项目的艺术作品。

（谭智奇　执笔　孟旭琼　审校）

中外合作办学项目
助推高等教育国际化发展

◎ 导读 ◎

2003年，学校开启了初期的中外联合培养项目，先后与韩国、越南、泰国等国家的合作高校开展了计划外招生的培养项目。2006年，开始了计划内招生的校际交流项目，先后与法国、英国、美国、加拿大的合作高校开展了"2+2"模式的培养项目。2014年，学校第一个中外合作办学项目——与英国格林多大学合作举办的"2.5+1.5"学前教育专业本科教育项目获教育部批准。2019年，与韩国韩瑞大学合作举办的"4+0"视觉传达设计专业本科教育项目获教育部批准。2021年，与韩国龙仁大学合作举办的"4+0"体育教育专业本科教育项目获教育部批准。

国际化人才培养是我国人才培养战略的重要组成部分，也是高校教育国际化发展的重要组成部分。开展中外合作办学是学校实现国际化人才培养的重要途径。学校一直稳步推进与海外友好院校的合作办学，由初期的计划外招生联合培养项目，到计划内招生校际交流项目，再到教育部批准的真正意义上的中外合作办学项目，一步步实现了中外合作办学事业质的飞跃与发展。

计划外招生的联合培养项目

2003年，学校开启了初期计划外招生的中外联合培养项目。从2003年至

2010年，学校先后与韩国大佛大学、越南河内大学、泰国兰实大学、德国德累斯顿工业大学、法国佩皮尼昂大学等国外高校合作开展了"2+2""3+1""1+3"等模式的联合培养项目，培养了760余名预科生、本科生和硕士研究生。2010年起，学校基本停止了计划外招生的中外联合培养项目。

计划内招生的校际交流项目

从2006年起，经自治区教育厅批复，学校先后与法国佩皮尼昂大学、英国格林多大学、美国威斯康星大学拉克罗斯分校及加拿大国际教育基金会暨中心合作，开展计划内招生的中外校际交流项目，通过"2+2"模式培养本科层次"外语 + 专业"的复合型、国际型和应用型高素质人才。中法项目由于法方原因，于2017年终止。截至2022年1月，中法、中英、中美、中加校际交流项目共计招收学生6121人，均由国际文化教育学院负责招生、教学与管理。

中外合作办学项目

学校一直坚持扩大教育开放，大力发展国际化办学，积极与英国、韩国的高水平大学开展中外合作办学项目。通过引入优质的教育资源、核心教育课程及师资团队，强强联合、优势互补，为提升专业建设水平，培养具有全球竞争力的复合型人才提供了重要保障。

迄今为止，学校先后获批了三个中外合作办学项目——与英国格林多大学合作举办的"2.5+1.5"学前教育专业本科教育项目、与韩国韩瑞大学合作举办的"4+0"视觉传达设计专业本科教育项目以及与韩国龙仁大学合作举办的"4+0"体育教育专业本科教育项目。

（一）英国格林多大学学前教育专业本科教育项目

2014年，学校第一个中外合作办学项目——与英国格林多大学合作办学的"2.5+1.5"学前教育专业本科教育项目获教育部批准，由国际文化教育学院负责招生、教学与管理。项目学生前2.5年在广西师范大学学习，后1.5年在英国格林多大学学习，符合毕业条件的学生最终可获得广西师范大学全日制普通本科毕业证书；如符合学士学位授予条件，可同时获得广西师范大学和英国格林多大学授予的学士学位。2014和2015年共招收54名学生；后因生源不足，于2016年停办。

（二）韩国韩瑞大学视觉传达设计专业本科教育项目

2016年，学校与韩国韩瑞大学开始筹备申报中外合作办学项目。2016年2月，韩瑞大学交流协力处金镇宇处长一行4人来学校访问，探讨合作的可能性；8月，学校党委副书记赵铁一行6人赴韩瑞大学访问，签订合作协议，双方达成在设计专业开展合作办学项目的意向；12月，韩瑞大学校长咸基善访问学校，再次就两校合作办学进行深入探讨。由于各种原因，2016年项目第一次申报未能获批。学校立即组织中外相关人员认真研讨、整改方案、继续申报。与此同时，双方积极互派师生交流互访，积淀合作基础。2019年10月，与韩国韩瑞大学合作举办的"4+0"视觉传达设计专业本科教育项目最终获得教育部批准。

该项目是广西区内首个视觉传达设计专业中外合作办学项目，由设计学院负责招生、教学与管理。项目通过引进韩瑞大学优质的设计教育资源及专业建设经验，促进我校专业的融合与创新，目标是为"一带一路"互联互通培养视觉传达领域创新型国际化高端专业人才。项

⊙ 2013年7月，学校时任校长梁宏与英国格林多大学时任校长 Michael Scott 签署合作办学项目协议

目采取"4+0"的培养模式,符合毕业和学士授予条件的学生最终可获得广西师范大学的学士学位证书和全日制普通本科毕业证书。项目每年招生名额为120人,于2020年开始招生。2020年招收了113名学生,报到率达94%;2021年招收了104名学生,报到率为87%,2021级学生的最低录取分数线较2020级学生提高了50多分,生源质量稳步提升。生源覆盖面广,项目学生来自全国20个省、区、直辖市。

（三）韩国龙仁大学体育教育专业本科教育项目

学校与韩国龙仁大学的合作交流始于2013年。2013年1月,韩国龙仁大学体育代表团访问我校体育学院。2014—2015年,体育学院多次选派教师赴龙仁大学交流访问。2017年,龙仁大学代表团正式访问学校,两校建立深度合作关系,商讨中外合作办学项目。2020年,学校与龙仁大学共同谋划部署,经过多次论证,决定申报"4+0"体育教育专业本科教育项目,并于2021年上半年获得教育部批准。

项目由体育与健康学院负责招生、教学与管理,通过引进龙仁大学现代的教育教学理念、课程体系和教学方式,充分利用两校体育专业优势教育资源,培养具有全球视野的体育事业理念,熟悉国内国际

⊙ 2021年12月,学校与韩国韩瑞大学召开中外合作办学项目中韩联合管理委员会线上会议

体育赛事运作规则及先进的体育教练及康复技能，了解全球体育事业发展趋势，能够胜任体育教育工作、体育训练工作、体育产业工作及运营国内外体育俱乐部及各种体育赛事，成为具有全球竞争力的综合型体育高端人才。项目采取"4+0"的培养模式，符合毕业和学士授予条件的学生最终可获得广西师范大学的学士学位证书和全日制普通本科毕业证书。2021年，项目招收了第一批学生76人，学生报到率高达95%，学生来自全国17个省、区、直辖市。

学校高度重视中外合作办学内部质量管理机制，充分发挥中外合作办学对促进学校教育教学改革、学科发展、提高办学质量的重要作用，不仅引进了国外优质教育资源，还引进了先进的评价体系和考核体系，将国际先进教育理念贯彻落实到人才培养过程，为学生搭建了不出国也可以享受国际教育资源的学习交流平台，为学校培养具有国际竞争力、通晓国际规则、能够参与国际事务的高层次人才保驾护航，也为学校的"双一流"建设、人才培养模式和教育教学改革奠定了良好基础。

⊙ 2021年11月，学校与韩国龙仁大学召开中外合作办学项目第一次中韩联合管理委员会线上会议

（谢绿 执笔 潘美德 审校）

两学院获得全国先进
文科重镇固守南疆

◎ 导读 ◎

人力资源和社会保障部、教育部联合开展全国教育系统先进集体和先进个人评比表彰工作，广西师范大学文学院、教育学部分别在2007年、2019年获"全国教育系统先进集体"，产生了良好影响，发挥了文科学院模范作用。

为促进我国教育事业高质量发展，大力实施科教兴国战略，倡导尊师重教的社会风气，激励教育系统广大教师和教育工作者献身教育事业的工作热情，增强广大教师、教育工作者的荣誉感、责任感、幸福感，促进广大教师和教育工作者为推进教育现代化、建设教育强国、办好人民满意的教育作出贡献，吸引更多优秀人才投身教育事业，人力资源和社会保障部、教育部联合开展全国教育系统先进集体和先进个人评比表彰工作。

文学院获"全国教育系统先进集体"荣誉称号

文学院经几代人薪火相传，开拓进取，在守望学术家园的同时不忘秉持现实关怀，在传承中华文化中自觉融汇西学新知，积极担当中国语言文学、新闻传播学专业教育大任，奠定了文学学科在广西高校的领先地位，并在国内和东盟国家产生了良好影响，学院也已成为在全国文学学科中有重要影响力的学术研究和人才培养重镇。

一是构建党建引领发展模式。文学院构建党建引领发展模式，积极推进党建和思想政治工作，抓基层党支部建设，发挥党支部的堡垒作用；加强党员教育和管理工作，调动和发挥党员的模范带头作用；抓新党员发展工作，做好入党积极分子的培养、党校培训及组织发展工作，按时讨论、办理预备党员转正手续。党的建设带动了教风和学风建设，促进了思想道德建设。2016年7月，学院教工第二党支部被评为广西高等学校先进基层党组织。

二是实施教学强院战略。文学院实施教学强院战略，高度重视本科教学工作，认真研究、部署，精心组织教学，按照教学要求落实各个教学环节的工作，学院的本科教学工作按计划有序开展，教学效果良好。学院由于迎接教育部本科教学工作水平评估的工作出色，被学校评为评建创优工作先进单位。教学团队建设获得新进展：2009年7月，文艺学、民族民间文学教学团队被评为第二批校级优秀教学团队；10月，中国古代文学教学团队被确定为广西高校自治区级教学团队。2019年，学院获批汉语国际教育硕士专业学位点和全日制教育硕士（学科教学·语文）学位点。

三是狠抓科研打造学术高地。学院加快科研的深化发展，组织召

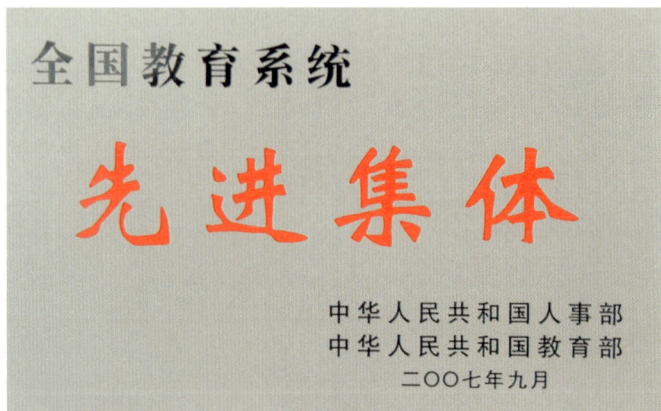

全国教育系统

先进集体

中华人民共和国人事部
中华人民共和国教育部
二〇〇七年九月

⊙ 文学院被人事部、教育部评为全国教育系统先进集体（2007年）

开了在岗教授、博士关于科研发展的专题研讨会，明确近年和中长期的任务。加大科研投入和支持力度，注重培育学术品牌和学术亮点，组织若干创新团队，扶持一批学术骨干，学院教师出版专著9部、教材5部、编著1部，发表学术论文140余篇，其中入选CSSCI及核心刊物的论文共42篇。由覃德清等人编著的《壮族文学发展史》（上、中、下）获得第五届中国高校人文社会科学研究优秀成果奖三等奖。

通过党建引领作用的发挥、教学强院及科研兴院战略的实施，文学院于2007年荣获"全国教育系统先进集体"荣誉称号。

教育学部获"全国教育系统先进集体"荣誉称号

2019年教育学部被授予"全国教育系统先进集体"荣誉称号，副校长兼教育学部部长孙杰远教授赴京参会并代表学部接受表彰。中共中央总书记、国家主席、中央军委主席习近平在人民大会堂亲切会见受表彰代表。近年来，教育学部以本科生和研究生教育为主体，以学科建设和社会服务为两翼，在人才培养、科学研究、文化传承创新、社会服务、国际交流合作等方面形成了广泛的影响力。

一是党建统领事业发展。学部秉承"立德树人"的理念，坚持"以本为本"为导向，以党的政治建设为统领，积极发挥党员先锋模范作用和党支部战斗堡垒作用，依托独特文化场域培养各级教育类专业人才。形成了党建思政强化有力，领导班子建设过硬，政治生态风清气正，党建工作形式新颖的生动工作局面。2019年获得广西唯一的全国高校"百个研究生样板党支部"，2021年学部党委和下属一个党支部同时获得"自治区党委教育工委先进基层党组织"荣誉称号，2022年创建培育出一个全国党建工作样板支部。

二是立足边疆弘文励教。在几代人长期执着的奋斗之下，学部工作实绩卓有成效，教育学科立足广西、面向西南、联结东盟，服务"中国—东盟""一带一路"等国家战略，呈现强劲发展趋势。塑造了以"长江学者""国家级教学名师"等为领衔的"双师"（学科教育双背景）"双结合"（理论实践相结合）特色师资团队，通过"影响力论坛""深度阅读赠阅计划""美丽教师"教育文化节等活动着力塑造学生先进、宽广、专业化的知识结构与学术素养。

三是人才引领底蕴积淀。学部秉持尊重人、理解人、发展人的工作理念，注重巩固教育教学改革和发展取得的成果，不断提炼和积淀发展核心竞争力，积累了教育部"长江学者"特聘教授、国家高层次人才特殊支持计划哲学社会科学领军人才、国家督学、享受国务院政府特殊津贴专家、全国五一劳动奖章获得者、全国先进工作者、全国优秀教师、全国文化名家暨"四个一批"理论人才等一批国家级高层次人才称号获得者，在民族文化与教育、学校课程与教学、学生发展与教师教育等领域形成重要研究成果，积淀了丰富的科研创新成果。

四是学科发展优势凸显。学部现有教育学一级学科博士学位授权点和教育博士专业学位授权点，教育学和心理学一级学科硕士授权点，以及教育硕士、应用心理专业硕士2个专业学位授权点。设置小学教

⊙ 教育学部2019年荣获全国教育系统先进集体称号证书及牌匾

90周年90件大事

育、学前教育、教育技术学、特殊教育、应用心理学、教育管理等6个全日制本科专业。教育学学科是广西一流学科、广西优势特色重点学科，在全国第四轮学科水平评估中获得B等级，在2019—2021年软科中国最好学科排名中，教育学学科排名均进入全国前15%。小学教育专业和学前教育专业入选国家级一流本科专业并通过师范类专业二级认证，教育技术学、应用心理学专业入选自治区一流本科专业，学前教育是国家卓越教师培养计划改革项目示范专业。2022年"小学教育专业虚拟教研室"入选教育部首批虚拟教研室建设试点。

五是社会服务支撑强劲发展。近年来，学部教学科研团队先后获得国家级教学成果奖5项，获国家社科基金项目26项、国家自然科学基金项目3项，在国内外权威期刊发表高水平学术论文100余篇。承担实施教育部中小学名校长领航工程、广西八桂教育家摇篮工程、广西基础教育名师名校长工程等多层次多类型400多项教师教育高端项目，年均参训学员达1万多人。此外，先后与欧盟签订高端项目INCLUTE、LEAD2合作项目，承办10多次国际、国内高端学术会议，每年邀请近两百名国内外知名学者来学部讲学，形成了开放、合作、共赢的教育文化与办学格局。

（赵亮　马玮岐　覃基笙　李健　执笔　樊中元　李颖　审校）

获批"三全育人"示范校
构建高质量思想政治工作体系

◎ 导读 ◎

　　学校2018年3月获批成为自治区首批"三全育人"示范校培育建设单位，2021年11月入选第一批全区高校"三全育人"综合改革示范校，全校协同落实立德树人根本任务显性成果丰硕，学校实现全员育人、全程育人、全方位育人，构建了高质量学校思想政治工作体系。

　　习近平总书记在全国高校思想政治工作会议上指出"要坚持把立德树人作为中心环节，把思想政治工作贯穿教育教学全过程，实现全程育人、全方位育人，努力开创我国高等教育事业发展新局面"。党的十八大以来，学校始终坚持以习近平新时代中国特色社会主义思想为指引，全面贯彻落实全国教育大会精神，深入实施思想政治工作质量提升工程，大力推进"三全育人"综合改革，努力培养担当民族复兴大任的时代新人。

入围广西"三全育人"培育示范校

　　"培养什么人、怎样培养人、为谁培养人"是习近平总书记始终高度重视的根本问题。学校历来坚持以立德树人为己任，把党建和思想政治工作摆在学校改革发展的首要位置，贯彻落实党的教育方针，坚持社会主义办学方向，坚持中国特色社会主义教育发展道路，以立德树人为根本，以理想信念教育为核心，以社会主义核心价值观为引领，以全面提高人才培养能力为关键，着力构建一体化育人体系，打通"三全育人"最后一公里，真正引导全体教职员工把各项工作的重点和目标落在育人效果上，使思想政治工作更好地适应和满足学生成长诉求、时代发展要求、社会进步需求，使学校教育教学更有温度、思想引领更有力度、立德树人更有效度，不断开创新时代学校思想政治工作新局面。为此，学校在全国高校思想政治工作会议召开后，根据教育部和自治区党委教育工委有关部署安排，以贯彻落实《高校思想政治工作质量提升工程实施纲要》为契机，主动谋划、积极布局，启动"三全育人"综合改革工程，把破解学校思想政治工作不平衡不充分问题作为目标指向，探索建立健全符合广西师大实际的"三全育人"长效机制，并于2018年3月获批成为自治区首批"三全育人"示范校培育建设单位。

全面推进"三全育人"综合改革

"三全育人"，"全"是关键。学校始终把"三全育人"理念贯穿学校思想政治工作各方面。在学校党委行政坚强领导带领下，由学生工作部（处）总体统筹推进、"十育人"牵头单位具体实施、全体教职员工全身心投入的《中共广西师范大学委员会深化"三全育人"综合改革建设方案》于2020年正式印发实施，将教育部提出的课程、科研、实践、文化、网络、心理、管理、服务、资助、组织等十大育人体系建设细分为71个重点项目、245项具体任务，明确实施"三年行动计划"，在"三维同育·网络贯穿"育人模式推动下，力求一体化构建内容完善、标准健全、运行科学、保障有力、成效显著的学校思想政治工作质量体系。一是将课程育人、科研育人、实践育人的小协同作为第一维度，加快课程思政示范课程建设，积极发挥"全国高校黄大年式教师团队"示范引领作用，扎实推进共青团改革，深化创新创业改革，充分发挥主渠道、主阵地作用，推动思想政治工作改革创新。二是将管理育人、服务育人、组织育人的小协同作为第二维度，研究梳

⊙ 2020年12月12日学校承办全国"深化'三全育人'综合改革背景下高校思想政治工作创新与发展"辅导员学术论坛

理各个管理岗位育人元素，拓展服务岗位育人功能，实现校院（部）两级领导班子联系支部制度落实落地，充分激发党建引领、全员参与的活力，推动思想政治素质全面提升。三是将文化育人、心理育人、资助育人的小协同作为第三维度，以"独秀""乐群"两大文化品牌助推校园文化建设，建立完善"学校、院系、班级、宿舍"四级心理预警防控体系，构建新时代发展型资助育人体系，充分优化供给服务质量，推动思想政治工作水平提档升级。四是将网络育人始终贯穿于三个协同育人矩阵之中，构建以易班、独秀新媒、大通社为核心的思想政治教育网络聚合体，着力打造引领新时代学校十大育人协同融合新高地。

入选广西"三全育人"示范校

习近平总书记指出，"做好高校思想政治工作，要因事而化、因时而进、因势而新"。多年来，学校始终把育人成效作为检验"三全育人"工作的根本标准，多次召开深化"三全育人"综合改革推进会，举办全国"深化'三全育人'综合改革背景下高校思想政治工作创新与发展"辅导员学术论坛，在"三维同育·网络贯穿"育人模式基础上升级打造"一根本三维度一贯穿十协同"新时代育人模式，走出一条由"点"到"线"、聚"面"成"体"、多"体"联动的育人之路，于2021年11月入选第一批全区高校"三全育人"综合改革示范校，全校协同落实立德树人根本任务显性成果丰硕。

在理论研究成果方面，校党委书记邓军教授领衔牵头的《构建"五并举四融合一贯穿十协同"未来卓越教师大思政格局的研究与实践》获自治区教学成果一等奖，《高校思想政治工作质量提升理论与实践》获得广西社会科学优秀成果二等奖，入选教育部高校思想政治工作研究文库。校党委副书记旷永青、副校长林春逸主编的《新时代大学生劳动教育》目前已经在9所高校中使用，是国内率先出版劳动教育教材的高校。

在文化产品产出方面，原创红色校史剧《育才赞歌》、"形势与政策"舞台情景剧《青春·信仰》等成为校园文化建设优秀成果，校史话剧《杨东莼》入围教育部高校原创文化精品推广行动计划，"女大学生素养""网络思想政治教育社区""探索'五学并进'育人模式，传承红色基因，培育时代新人"等项目入选教育部高校思想政治工作精品项目。

⊙《高校思想政治工作质量提升理论与实践》丛书10卷出版发行

在师生共同发展方面，马克思主义学院谭培文等多名教师荣获全国模范教师等称号，"中华优秀传统文化传承发展教师团队"入选教育部"全国高校黄大年式教师团队"，百灵鸟公益团队荣获全国"最佳志愿服务组织"，教育学部教育经济与管理专业研究生党支部入选第三批全国党建工作样板支部，在全国师范类教学竞赛中获奖达242项。

"三全育人"经验反响热烈

自开展"三全育人"综合改革以来，学校始终把总结经验、深化成果应用作为"三全育人"综合改革的内生动力，可复制、可推广的育人经验引起良好反响和高度关注。据不完全统计，广西大学、苏州大学等近200所高校6000人次到校参观"三全育人"综合改革建设成果展、网络思想政治教育社区、"一站式"学生社区恬园学生之家等"三全育人"建设示范阵地，育人成果和示范作用在兄弟院校引起反响。

此外，育人成果和示范作用引起社会普遍关注。新华社等多家媒体关注报道我校思政课"沉浸式"课堂，《广西师大：创新三大举措 用活红色资源 培育时代新人》《广西师范大学：贯通"大思政"迈出"新格局"》《厚植发展沃土 谱写"育人"新篇——广西师范大学推进"三全育人"工作综述》《深化"三全育人"综合改革 推动教育强国建设》等被《光明日报》《广西日报》、人民网、学习强国等10多家主流媒体关注报道100余次，《广西高校"三全育人"综合改革推进效果调研报告——基于区内4所高校调查分析》获全区高校思政工作优秀调研报告一等奖，相关咨询报告被桂林市委办公室综合采纳。

新思想引领新时代，新使命开启新征程。学校继续以习近平新时代中国特色社会主义思想为指引，把立德树人作为检验学校一切工作的根本标准，全面落实《深化新时代教育评价改革总体方案》，推进"一站式"学生社区综合管理模式建设，谋划实施"时代新人培育工程"，推动学校思想政治工作有效经验固化转化，推动形成协同联动的组织保障体系，构建育人力量聚合机制，为构建高质量思想政治工作体系贡献广西师大智慧与方案。

（黄荣幸 执笔 李宇杰 审校）

荣获"全国文明校园"
建设幸福美好师大

◎ 导读 ◎

2020年11月20日，全国精神文明建设工作表彰大会在北京召开，我校获得第二届"全国文明校园"荣誉称号。"全国文明校园"这块沉甸甸的牌匾，寄托着几代广西师大人的夙愿和渴望，倾注着广大领导干部和师生群众的心血和汗水，承载着上级党委政府和社会各界的关心和支持，见证着广西师大人不忘初心、牢记使命的奋斗和辉煌。

高起点谋划，师生齐心有力度

学校第十一次党代会以来，学校党委坚持以习近平新时代中国特色社会主义思想为指导，认真学习贯彻落实习近平总书记关于精神文明建设的重要论述，全面加强党对精神文明建设工作的领导，坚持守正创新，开拓进取，把创建"全国文明校园"作为提升学校办学水平的重要抓手，作为凝聚全体师生人文精神的民心工程，作为加强党对学校工作全面领导、推动学校高质量发展的重要举措，作为培育德智体美劳全面发展的社会主义建设者和接班人，推进实现建设国内一流、国际知名、教师教育特色鲜明的国内高水平大学的重要载体，作为"建设幸福美好师大"的重大成果。学校围绕"六个好"创建标准，不断建设"幸福师大、和谐师大、人文师大、创新师大"的特色文化，努力让校园成为锻造理想信念的熔炉、弘扬主流价值的高地、滋养文明风尚的沃土。

在 2018—2020 年创建周期中，全校师生上下团结拼搏、攻坚克难，持续发力、

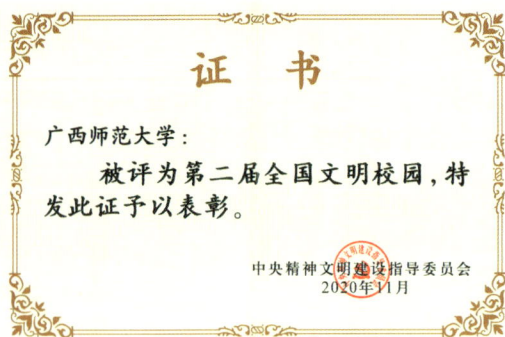

⊙ "全国文明校园"证书

久久为功，向着"全国文明校园"目标砥砺奋进，不负众望，终于捧回了这块含金量极高的牌匾。截至第二届文明校园结果公布之时，全国仅有89所高校荣获该称号，其中有18所师范类院校，我校位列其中。

高标准部署，顶层设计有高度

健全和完善全国文明校园建设常态化工作的长效机制，打造具有广西师大模式的"六大制度"，为高校创建全国文明校园工作提供可供借鉴、学习的"广西师大方案"。

抓实组织领导制度。学校成立了由邓军书记、贺祖斌校长担任组长的创建工作领导小组，组建了校院（部）两级创建工作团队，构建和完善了党委统一领导、党政群团齐抓共管、文明办统筹协调、有关部门各负其责，全校师生积极参与、协同配合的长效机制。出台《中共广西师范大学党委关于进一步加强全国文明校园创建工作的意见》《广西师范大学创建全国文明校园工作实施方案（2018—2020年）》《广西师范大学全国文明校园常态化建设工作实施方案》等10余个文件，充分做好顶层设计，不断强化组织领导。

健全宣传发动制度。学校"两微一端"开设文明创建专栏，发布信息1100余条；编制工作简报10期，编发信息220条，共计12.3万字，及时宣传报道创建工作领导小组以及各学院（部）、各单位的工作经验、工作成效、先进典型。充分利用宣传栏、宣传展架、横幅、电子屏等宣传阵地广泛宣传创建全国文明校园工作以及创建标准"六个好"，形成人人知晓、人人参与的浓厚氛围。

⊙ 2021年10月14日，校领导班子为"全国文明校园"揭牌

实行多层推动制度。学校党委常委会多次专题研究部署创建全国文明校园工作，并召开学校创建全国文明校园工作推进会、培训会，校领导多次牵头召开工作例会、现场办公会。相关校领导先后到教育部思政司、教育厅等相关部委汇报相关工作。在创建工作冲刺之年，学校创建工作领导小组建立起每两周召开一次工作例会的机制，先后召开10次工作例会、5次专项工作推进会、5次协调会、6次现场办公会、2次培训会。三年来累计开展各项工作会议60余次。

落实督查督导制度。校领导多次牵头开展覆盖三校区的专项督查检查，创建工作领导小组开展全校性专项督查20余次，在工作例会上建立"监督台"通报机制，每两周印发一期工作简报，及时总结各单位创建工作做法及经验，在文明校园创建工作群及时发布整改信息，线上线下联动，督促立行立改。

健全条件保障制度。学校不断健全组织机构，配齐配强工作队伍，在校党委宣传部设立了文明办，并配备专职工作人员负责文明校园创建工作。加强与兄弟院校的互相交流、互相学习，先后考察了荣获第一届"全国文明校园"的华南理工大学、赣南师范大学等学校。持续做好经费保障工作，把创建全国文明校园工作经费列入学校年度财政预算，确保工作经费落实到位、使用规范。

实现双向融合制度。坚持把助力桂林市创建"全国文明城市"与学校创建"全国文明校园"工作同部署、同推进、同落实，助力桂林市荣获"全国文明城市"称号。在创城冲刺之年，校领导带头入户宣传"创城"累计200余人次；制定相关文件12份；每周安排校内单位检查校外包联点位、值守学校南大门至育才路口一段，累计600余人次参与工作；每周安排校内单位开展环境卫生大扫除志愿服务活动，累计2000余人次参与工作；派出志愿者800余人次，增划车位2300个，清理垃圾、杂物40余车，粉刷墙壁、楼道2000多平方米。先后迎接自治区文明办主任赖荣生、桂林市政协主席陈丽华、桂林市委副书记赵仲华等领导以及各级"创城"测评组检查工作40余次，实现百分百达标。学校作为七星区"创城"高校测评指标建设示范点，超标实现各项测评指标，在"创城"民意测评工作中，测评满意度位居桂林高校第一。

高质量推进，贯彻落实有成效

领导班子坚强有力。校领导班子成员先后10余次在全区党建相关工作会议上作典型发言，2018年以来学校党委领导班子年度考核优秀率提升28.17%，2019年自治区党委对高校领导班子进行考核，学校排名广西高校第一。

思想道德建设扎实。学校获批成为全国重点马克思主义学院、首批全国高校思政工作队伍培训研修中心和广西"三全育人"示范校，连续三年入选教育部思政工作质量提升工程项目数量位居广西第一。

师德师风持续向好。学校涌现出"全国高校黄大年式教师团队"、全国模范教师、全国教育先进集体、中国好人等一大批"国字号"先进典型，2019年获全国教育系统表彰人数排名全国第一，是名副其实的广西教师教育的"领头羊"。

校园文化守正创新。原创校史话剧《杨东莼》入选"高校原创文化精品推广行动计划"。校训石、校史人物铜像集群、校名logo雕塑成为学校标志性文化景观。"点赞师大·年度致敬"、原创文艺党课《铭记·湘江》、原创校史剧《育才赞歌》、独秀大讲坛、独秀书房等文化品牌深受师生欢迎。中国共产党简史展、桂学博物馆、廉洁文化教育基地等成为校园文化建设新地标。

校园环境优化升级。王城校区作为历史文化底蕴深厚、环境优美宜人的国家5A级旅游景区，多次受到中央级媒体的关注报道；育才校区道路"白改黑"以及"厕所革命"顺利完成；雁山校区图书馆、田径游泳馆等文体设施陆续投入使用，美丽师大、幸福师大、和谐师大建设成绩显著。

阵地建设扎实规范。学校各类阵地运营规范，已建成网络思政教育社区、融媒体中心、恬园学生社区，"独秀新媒体工作室"入选教育部首批培育单位、微信公众号"广西师大独秀青年"获全国高校新媒体十佳运营创新奖。获得权威主流媒体宣传数居全区高校首位。

志愿服务品牌凸显。百灵鸟公益团队荣获2019年度全国最佳志愿服务组织，入选中国文明网品牌故事，何乃柱老师荣获全国未成年人思想道德建设工作先进工作者，学校连续19年获全国大学生志愿者"三下乡"活动"优秀单位"，先后获各级文明类奖项500余人次。

高站位部署，幸福师大有温度

广西师范大学跨入全国文明校园行列，既是学校以高质量创建工作推动学校高质量发展的精彩缩影，也是学校加快高水平大学建设的生动实践，更是全校上下深入学习贯彻习近平新时代中国特色社会主义思想和党的十九大、十九届历次全会精神，贯彻落实习近平总书记关于教育的重要论述和精神文明建设的重要指示精神，办好人民满意的大学，为实现建设国内一流、国际知名、教师教育特色鲜明的国内高水平大学的目标交出的一份出彩答卷。

文明建设永无止境。学校将以"全国文明校园"常态化创建为契机，不断提升师生的文明素养，不断丰富学校的文化内涵，不断提升师生的获得感和幸福感，努力办好人民满意的高等教育。学校继续以"五个着力"切实巩固好、维护好创建文明校园来之不易的成果，加快推进幸福美好师大建设。一是着力建设"校园安全稳定、校风文明进步、环境绿色优美、师生爱校荣校、教师舒心乐教、学生尊师崇学"的幸福美好师大。二是着力建设"求是创新、开拓奋进、开放包容、尊重理解、治理科学、宜居安居"的幸福美好师大。三是着力建设"更有梦想、更有情怀、更有温度、更加卓越、更高质量"的幸福美好师大。四是着力建设拥有"一流学院、一流学科、一流专业、一流课程"的幸福美好师大。五是着力建设拥有"一流教师、一流人才、一流学生、一流成果"的幸福美好师大，奋力谱写新时代国内高水平大学建设崭新篇章！

（谭智奇　执笔　孟旭琼　审校）

列入广西重点支持建设"国内一流大学"学校发展新的里程碑

◎ **导读** ◎

2021年4月19日《广西壮族自治区国民经济和社会发展第十四个五年规划和2035年远景目标纲要》正式发布，明确"支持广西大学、广西师范大学、广西医科大学等3所高校建设国内一流大学"。学校正式列入广西重点支持建设"国内一流大学"的高校，标志着学校改革发展进入新阶段，迈上新台阶，是学校发展历程中新的里程碑。

"双一流"建设大幕开启

2015年10月24日，国务院印发《统筹推进世界一流大学和一流学科建设总体方案》（以下简称《总体方案》），全面开启我国"双一流"建设新征程。2017年1月24日，经国务院同意，教育部、财政部、国家发展和改革委员会联合印发《统筹推进世界一流大学和一流学科建设实施办法（暂行）》，就如何推进"双一流"建设进行部署；9月21日，教育部、财政部、国家发展和改革委员会联合发布《关于公布世界一流大学和一流学科建设高校及建设学科名单的通知》，首批世界一流大学和一流学科建设高校及建设学科名单正式确认公布，全面拉开"双一流"建设大幕，10月，党的十九大报告强调"加快一流大学和一流学科建设，实现高等教育内涵式发展"，我国高等教育发展进入新时代，面临新机遇和新挑战。

2012年，时任中共中央政治局委员、国务委员刘延东视察学校时，勉励师生"建设有特色高水平的一流大学"，建设一流大学成为学校发展的新目标，开始一流大学建设的积极探索。《总体方案》印发后，为抢抓"双一流"建设新机遇，推动学校高质量发展，2016年7—10月，学校分别向自治区人民政府以及自治区教育厅、科技厅呈报了《关于将广西师范大学作为广西"一流大学、一流学科"建设重点支持高校的请示》，具体报告学校请求列入重点支持建设高校的理由、学校"双一流"建设目标和建设路径等，积极争取获得自治区"双一流"建设重点支持。11月15日，时任自治区主席陈武到学校雁山校区调研指导，时任校长梁宏代表学校汇报了学校"双一流"建设的目标与思路和进一步推动学校"双一流"建设的请求，进一步争取自治区"双一流"政策支持。

国内一流大学建设目标确立

2017年6月，自治区人民政府正式印发了《统筹推进一流大学和一流学科建设实施方案》，明确了广西高校"双一流"建设的目标、任务、遴选条件、推进措施、资金统筹等内容，重点支持建设1—3所国内同类一流大学、30个左右国内一流学科、20个左右国内一流学科培育项目，通过持续重点支持，建设一批具有广西特色、国内同类一流、国际知名的高校和学科。2017年8月，学校召开2017年干部培训暨发展与改革研讨会，根据自治区"双一流"建设方案，围绕国内高水平大学建设目标进行了深入研讨，积极探索学校"双一流"建设路径，进一步统一思想，凝聚共识，谋划发展。2017年12月，学校召开第十一次党代会，确立了到21世纪中叶，建成国内一流、国际知名、教师教育特色鲜明的国内高水平大学的学校中长期发展目标，提出"三步走"发展目标，为学校建设国内一流大学指明了方向。2018年5月，《广西师范大学"双一流"建设总体方案》印发实施（师政〔2018〕4号），成为指导学校"双一流"建设的纲领性文件。同年11月，学校成立"双一流"建设领导小组和一流学科建设工作组，全面开启学校"双一流"建设新征程。

国内一流大学建设获重点支持

2019年2月，全区教育大会明确提出："加快南宁教育园区、桂林高校集聚区建设，重点支持广西大学、广西师范大学、广西医科大学等高校建设国内同类一流大学。"6月12日，时任自治区主席陈武专程

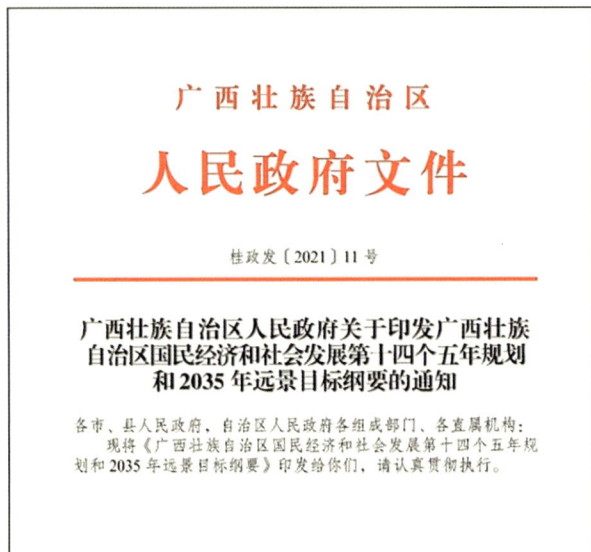

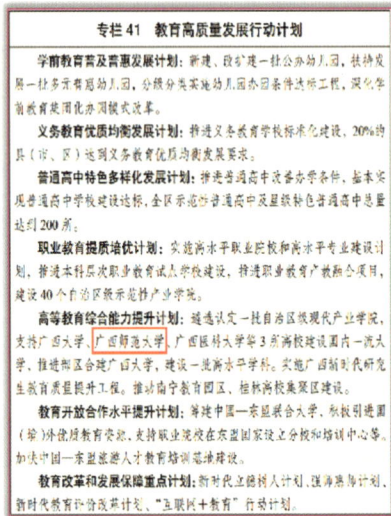

⊙ 广西壮族自治区人民政府在《广西壮族自治区国民经济和社会发展第十四个五年规划和2035年远景目标纲要》中将学校列入重点建设国内一流大学高校

　　　　　　　　　　　　　　　　　　　　　90周年90件大事

到学校视察，在座谈会上，陈武主席表示支持把广西师范大学"双一流"建设列入自治区教育"十四五"规划予以统筹考虑。10月，学校向自治区人民政府、自治区教育厅呈报《广西师范大学关于向自治区人民政府申请以"一校一策"方式公布广西师范大学推进一流大学和一流学科建设方案的请示》，呈请以"一校一策"方式加快推动学校国内一流大学建设，获得自治区主席陈武和自治区政府办公厅、发改委、财政厅、教育厅重要批示支持。2021年1月，在自治区政协十二届四次会议上，贺祖斌校长向大会提交了《以"一校一策"推进广西师范大学"双一流"建设的建议》的提案，提出了自治区人民政府按"一校一策"方式支持我校"双一流"建设的建议，以推进政策的落实落地，得到自治区教育厅回复：综合自治区发改、财政、科技等各部门意见，自治区政府各部门将继续支持广西师范大学"双一流"建设，将支持广西师范大学建设国内同级同类一流大学纳入广西"十四五"规划纲要、广西"十四五"教育规划，多渠道统筹中央、自治区各类资金，通过国家"十四五"教育强国推进工程"医学和师范院校"教学科研设施项目建设、新一轮广西一流学科项目建设等方式统筹推进学校的"双一流"建设。

2021年4月19日，《广西壮族自治区国民经济和社会发展第十四个五年规划和2035年远景目标纲要》正式发布，明确"支持广西大学、广西师范大学、广西医科大学等3所高校建设国内一流大学"，学校正式列入广西重点支持建设国内一流大学的高校，标志着学校改革发展进入新阶段，迈上新台阶，是学校发展历程中新的里程碑。

列入自治区重点支持建设国内一流大学的高校后，多项自治区级教育发展规划文件相继将学校列入重点支持建设国内一流大学高校行列。2021年10月自治区人民政府印发的《广西教育事业发展"十四五"规划》和2021年12月自治区教育厅印发《广西高等教育振兴发展"十四五"规划》确立了学校建设国内同类一流大学的阶段性发展目标。

"一校一策"绘就新未来

为深入推进国内一流大学建设，学校多方努力，持续申请自治区"一校一策"支持推进学校国内一流大学建设。2021年10月，学校向自治区教育厅呈报了《广西师范大学关于请求报请自治区人民政府以"一校一策"形式落实自治区支持学校建设国内一流大学政策的请示》（师政报〔2021〕254号），获得自治区教育厅支持。2021年11月16日，在自治区党委书记刘宁视察我校期间，学校向其汇报了"双一流"建设情况，随后，学校党委向自治区党委呈报了《中共广西师范大学委员会关于以"一校一策"形式推进学校建设国内一流大学的报告》（师党报〔2021〕66号），2021年12月获得自治区党委刘宁书记、刘小明副书记的重要批示。2022年1月，在自治区"两会"期间，学校党委邓军书记和贺祖斌校长向自治区主席蓝天立专题汇报了学校推进国内一流大学建设和90周年校庆筹备相关情况，再次请求落实国内一流大学建设"一校一策"政策，得到蓝天立主席的充分肯定和大力支持。

2022年3月，根据自治区领导的相关指示精神，在自治区教育厅的具体指导下，学校编制完成《广西师范大学国内同类一流大学建设方案（2022—2025年）》并上报。

（周勇　执笔　窦武　审校）

王城博物馆开馆
王城学府再添底蕴

◎ 导读 ◎

2017年1月6日，"王城博物馆"正式落成开馆。如今王城博物馆总面积为3000平方米，馆舍为前后相邻楼宇两座，前楼3层，由历史文化与旅游学院负责管理。王城博物馆对展示王城校区的千年文脉，彰显学校文化底蕴，服务教学科研工作具有重要深远意义。

王城博物馆启动一期建设

2012年，王城博物馆启动一期建设，建设资金约80万元，建设内容主要包括"独秀揽萃"与"千年文脉"两个展厅。

"独秀揽萃"展厅展出的文物标本，是广西师范大学历史文化与旅游学院历年来收集的数千件文物中的精品，包括石器、陶器、瓷器、青铜器、铁器、玉器、铜鼓、钱币等多种类400余件。这批文物藏品历经多年积累形成，来自多个途径，包括院系的征集、文物部门的赠送、社会各界人士特别是校友的捐赠等。许多文物具有很高的历史、艺术和科学价值。"独秀揽萃"展厅共分为六个单元及一个珍品区，从多个侧面反映出祖国灿烂辉煌的历史文化。

"千年文脉"展厅展示了学校王城校区的风雨历程。自1600多年前颜延之于独秀峰下岩厦读书起，经唐、宋、元、明、清、民国历朝历代，从此地选拔出数千举人，清代作为广西贡院后，从这里走出4位状元、1个榜眼、585名进士。新中国成立后，广西师范大学办学于此，传承一千六百年的王城文教之风得以发扬光大，数十年来为国家培养了数十万名各类人才。此地是桂林乃至广西文教之风的发源地。

王城博物馆启动二期建设

2014年，王城博物馆启动二期建设，建设资金约200万元，建设内容主要为增设新展厅，包括"校友捐赠文物""文旅学院院史""靖藩春秋""朋币生辉"和"明式家具"展厅，内设展厅达到7个。

"校友捐赠文物"展厅展示了王城博物馆新世纪以来，历届校友和社会爱心人士慷慨捐赠的文物和艺术品。其中以历史文化与旅游学院2010级杰出校友肖凡同学及其家庭的捐赠最为突出。在校读书期间，肖凡先后捐给博物馆文物一百余件。2017年4月，他不幸因病去世。2018年9月，他的父母将他收藏的各类珍贵文物一千余件又捐给了王城博物馆；同时还捐献了人民币40余万元，设立了"肖凡考古学奖学

⊙ 时任学校党委书记王枬，广西壮族自治区博物馆馆长吴伟峰共同为王城博物馆开馆剪彩

金"，专项资助文物与博物馆专业硕士点的发展。

"文旅学院院史"展厅展现了学校历史文化与旅游学院从1932年创办以来，历代为学院开拓尽心竭力的前贤们所留下的历史记忆。展厅展示了学院历代名师、学子的介绍，其留下的著作、获奖证书、课程实践作品等珍贵留念，也展示了前贤们无视世间浮华，甘于清贫，亲力亲为，教书育人的文旅精神。

"靖藩春秋"展厅将经营280多年的靖江王府采用画说历史的独特展示方式予以呈现。如今虽有明代的城墙依然赫赫，但这段对桂林城影响颇巨的藩国历史大多掩藏在文献当中，"靖藩春秋"展厅以画面呈现故事情节这种更直观和通俗的方式，向人们呈现靖江十一世十四王的昔日辉煌。

"朋币生辉"展厅精选了馆藏古代货币珍品，以时间为序，分为"先秦货币""秦汉货币""魏晋至五代十国货币""宋元货币""明清货币"和"民国货币"六个单元，展现数千年来货币的演变和发展历程。此外，我国货币文化深深影响周边国家，"朋币生辉"展厅也专辟了一个"邻国货币"单元，展示馆藏的日本和越南货币，从中可以看到中国货币文化对邻国货币的深远影响。

⊙ 王城博物馆内展品

"明式家具"馆展现了在中国家具史上最具中国传统文化特色的明式家具，明式家具带有典型的历史特征，是中国传统精神文明与物质文明相结合的丰富的物质载体。展厅展示了明式家具中凳、墩、椅、几、桌、案、床、榻、面盆架、镜架、衣架、砚屏、炕屏等多个品类，充分反映了中国传统文化思想和审美情趣。

2017年2月，王城博物馆正式对外开放。

2020年，王城博物馆增设临时展厅、陶瓷科技考古实验室等后楼设施，建设资金约100万元。临时展厅包含桂林市各大瓷器窑址的典型瓷片及完整器，陶瓷科技考古实验室已可初步完成文物鉴定和元素分析工作。

2020年6月，王城博物馆开展了第一届王城博物馆专业讲解员选拔活动，本次活动采用线上线下方式，覆盖人数达到800多人。

2021年6月，王城博物馆开展了第二届王城博物馆专业讲解员选拔活动。此后，王城博物馆讲解员将采取"老带新"的方式一直延续。

王城博物馆现状

如今，王城博物馆总面积为3000平方米，馆舍为前后相邻楼宇两座，前楼3层，已经完全建成竣工；后楼为近现代历史建筑，作为临时展厅、陶瓷科技考古实验室和桂林历史文化大数据中心。

王城博物馆藏品总数约在10000件（套），王城博物馆管理人员主要为文物及博物馆学硕士点的师生，教师共7人，学生20余人，博物馆讲解员20余人。从开馆至今，服务校内外观众约10000人次。

目前，学校正联合中国社会科学院考古研究所、广西壮族自治区文化和旅游厅，共建"华南边疆考古研究中心"，如获批，将挂牌在王城博物馆。

（王然　执笔　陈洪波　审校）

　　　　　　　　　　　　90周年90件大事

桂学博物馆开馆
桂学文化传承发展

◎ 导读 ◎

2021年7月5日，桂学博物馆开馆，展馆位于广西师范大学雁山校区图书馆内，面积达3000余平方米，现展出展品2000余件，是学校的学术型博物馆，是集学术探究与文化育人为一体且具备广西文化特色的综合性文化地标。

桂学博物馆的缘起

2018年1月25日晚，正在南宁参加自治区政协会议的贺祖斌校长和一同参会的黄伟林教授讨论，学校计划以人文学科为依托，建设一个以地方历史文化为主题的博物馆，这算是桂学博物馆建设的最初想法。

多年来，黄伟林教授即有建设桂林文化城博物馆的想法，并向广西政协提交了相关提案。2018年2月1日，他撰写了《关于建设桂学馆的建议》一文，对桂学馆的建设意义和建设思路进行了初步的说明。他开始与广西重要文化人联络，广泛征集桂学博物馆需要收藏的文物。

2018年3月16日，学校召开"双一流"建设推进会，受贺祖斌校长委托，黄伟林教授在会上介绍了建设桂学博物馆的想法。贺祖斌校长要求以专项经费投入建设桂学博物馆。之后，相关团队反复设计论证，2018年9月21日，经过反复论证，校长办公会通过了桂学博物馆建设方案。

各方名士慷慨捐赠

2018年9月21日，著名作家、中国女性主义文学代表人物林白女士，给桂学博物馆寄赠4箱个人文学资料。

2018年10月12日，广西师范大学桂学博物馆建设工作领导小组成立，组长由邓军书记和贺祖斌校长担任，梁君担任领导小组办公室主任，负责博物馆建设日常组织和协调等工作，文学院和历史文化与旅游学院负责内容设计，出版社负责场馆设计。

桂学博物馆建设方案正式通过后，学校确定了桂学博物馆内容的基本架构，具体由人文广西、文化桂林、八桂学术、桂林文化城、广西当代文学五个专题组成。其中，人文广西、文化桂林两个专题由历史文化与旅游学院陈洪波教授具体负责，八桂学术、桂林文化城、广

⊙ 广西壮族自治区党委原副书记、广西桂学研究会创会会长潘琦向桂学博物馆捐赠作品

90周年90件大事

西当代文学三个专题由文学院黄伟林教授和李逊老师负责。整体展陈设计由出版社张明编审负责。

2018年10月20日，著名作家东西给桂学博物馆寄赠44本著作和大量电子文件。

2019年3月5日，著名电视人杨小肃为桂学博物馆提供一批影像资料。

2019年3月7日，黄伟林教授、李逊老师和望道记录社郭烨泷社长到南宁，先后获得著名作家陆地先生后人陈南南先生捐赠的陆地资料、著名作家陈肖人先生捐赠的重要文物和著名作家鬼子捐赠的书法作品。

2019年11月11日，著名出版家刘硕良收藏的800多封珍贵书信完整捐赠桂学博物馆。

2021年6月12日，著名作家刘玉峰的遗孀王允女士捐赠了包括《山村复仇记》在内的刘玉峰先生多种手稿和相关书信。

在此前后，一大批广西籍的著名作家、专家、学者，如陈建功、韦其麟、潘琦、黄继树、张宗栻、张仁胜、梅帅元、张燕玲、冯艺、朱山坡、陈谦、钱宗范、谢中国等为桂学博物馆捐赠了各类藏品。

师生筹建劳心劳力

从2018年6月到2021年7月，整整三年的时间，文学院、历史文化与旅游学院和出版社三个团队利用工作之余，既要广泛征集展陈文物，又要精心编创展陈大纲，还要认真编制设计方案，千头万绪，事情多，人手少，三个团队协同推进，为桂学博物馆的建设付出了难以想象的努力。

仅以文学院团队为例，2018年10月，为推进八桂学术、桂林文化城和广西当代文学三个分馆的建设工作，黄伟林教授与李逊老师成立了学生社团望道记录社。郭烨泷、刘红、霍东升、张睿晰四任社长带领全体社员在征集文物、整理文献、布置场馆、记录实况、接待专家诸方面做了大量工作，王燕、农炎灿等研究生为展陈收集了不少珍贵的图片。

文旅学院团队在学院领导的支持下，主要依托文物与博物馆专业硕士点的师生从事此项工作。负责人陈洪波教授等老师带领研究生积极开展工作，展陈大纲八易其稿，逐渐完善，同时在校内外征集了一批文物，充实了展览内容。

2019年，黄伟林教授编创了八桂学术、桂林文化城和广西当代文学的展陈大纲，并将大纲提交相关方面的专家进行审读，数易其稿，形成了八桂学术、桂林文化城和广西当代文学三个专题馆的展陈大纲初稿。陈洪波教授撰写完成了人文广西、文化桂林两个展览的大纲。

桂学博物馆展陈大纲初稿形成后，学校组织多级专家评审，主要包括广西文博系统的专家评审、学校各相关学科的专家评审、学院各学科带头人的专家评审。

坚持不懈成功开馆

2021年4月28日，桂学博物馆建设进入攻坚阶段，广西师范大学邓军书记、贺祖斌校长现场检查桂学博物馆建设工作。

2021年7月5日上午，广西师范大学举行桂学博物馆开馆仪式。桂林市委书记周家斌，桂林市委常委、市委秘书长蒋育亮，桂林市副市长龙杏华出席仪式，桂林市雁山区委书记莫振华，桂林市博物馆馆长唐春松，广西师范大学校领导邓军、贺祖斌、旷永青、赵铁、黄文韬、

⊙ 桂学博物馆揭幕仪式现场

　　　　　　　　　　　　　　　90周年90件大事

苏桂发、莫坷、林春逸，校党委常委林国庆、汤志华参加仪式。仪式上，周家斌、邓军、贺祖斌、蒋育亮、龙杏华、唐春松、林春逸以及黄伟林共同为"桂学博物馆"揭牌。黄伟林教授、陈洪波教授为参加开馆仪式的嘉宾进行了桂学博物馆开馆之后第一场讲解。

珍贵文物、史料专题馆

　　2021年7月，贺祖斌校长得知原解放军报总编辑杨子才先生有意向桂林方面捐赠与桂林有关的数件文物，主动与杨子才先生的儿子杨小涟先生联系。杨小涟先生为贺祖斌校长希望文物由桂学博物馆收藏的诚意所打动。2021年10月23日，"杨子才先生、周作女士、杨小涟先生向广西师范大学桂学博物馆捐赠珍贵文物、史料"仪式在北京广西企业商会举办。校长贺祖斌和北京杂文学会常务副会长蒋元明及各界嘉宾出席了捐赠仪式。杨小涟先生以其父母和他本人的名义，将他们一家多年收藏的清代状元陈继昌书法作品、民国桂系将领白崇禧书法对联等171件珍贵文物捐赠桂学博物馆，博物馆将设立专题馆，专门展示其捐赠的文物、字画等。

　　桂学博物馆以建设"大学人文实验室"为理念，是以广西历史、

⊙ 杨子才、周作、杨小涟向广西师范大学桂学博物馆捐赠珍贵文物、史料仪式

文化为核心的高校学术型博物馆，以收藏、展示、研究、传承、传播广西学术文化为宗旨，全方位、多维度地展示广西文化，包括八桂学术、广西当代文学、桂林文化城、人文广西和文化桂林五个展厅。其中，八桂学术展厅，呈现的是从清代到当代的广西学术景观；广西当代文学展厅，呈现的是边缘崛起的当代广西文学景观；桂林文化城展厅，呈现的是抗日战争时期作为大后方文化中心的桂林文化城的文化景观；人文广西展厅，展示的是远古至清代广西人文社会历史进程；文化桂林展厅，展示的是文化圣地桂林的代表性文化符号。

桂学博物馆开馆前后，即受到文化界的广泛关注。广西壮族自治区党委常委、宣传部部长孙大光，自治区人民检察院检察长茅仲华，自治区党委原副书记潘琦以及中国社会科学院、深圳市政协、广西社会科学院、桂林市委市政府领导等分别参观了桂学博物馆。

桂学博物馆的建立，能够发挥文化育人、科研育人作用，也能进一步提升学校文化软实力，对桂学学术以及广西师范大学相关学科发展起到重要推进作用。"桂学博物馆"作为桂学研究的重要基地，必将有力加强桂林文化旅游产业建设，服务地方经济文化建设，在建设壮美广西的过程中发挥重要作用。

（亦云　撰稿　陈洪波　审校）

生物多样性博物馆开馆
助力提高全民科学素质

◎ 导读 ◎

生物多样性标本馆于2005年建成，2006年获批桂林市青少年科技教育基地，2014年获批自治区级科普教育基地，2017年搬迁至雁山校区新馆并更名"生物多样性博物馆"，2020年获批自治区级生态环境科普基地，2022年获批全国科普教育基地。生物多样性博物馆是国内高校馆藏动、植物标本最丰富的博物馆之一，也是极具地方特色的国家级科普教育基地。

成立源起

早在2002年生命科学学院成立前，生物系只有动、植物标本室。学院成立之后，学校于2004年决定扩建标本室，由学院组织外出考察，编制建设方案。2005年以前的标本来源，主要是靠学院老师和实验员采集并制作完成。随着国家对动、植物标本采集的管控越来越严，动、植物标本获取越来越困难，自制标本的数量越来越少。目前，标本主要依靠学校投入经费购买。

育才建设

2005年学校投入100多万元，在育才校区第二理科楼东面1—3层建设生物多样性标本馆，总面积达600平方米。除购买部分动物标本外，标本馆主要展出学院教师多年来野外采集的动、植物标本。展出的动、植物标本共计2000多号，其中动物标本1100余种1600多号。

2013年，标本馆整体接收叠彩山蝴蝶馆的动物标本，其中蝴蝶类90盒，昆虫类33盒，有机玻璃包埋精品昆虫50盒，盘装或盒装精品昆虫23个。同年标本馆新增展出标本1600多号，包括350余种蝴蝶和100余种昆虫，其中许多标本是国内外珍贵或奇特的种类，极大地增加了观赏性。标本馆经历近10年的发展，展馆面积不断增大，标本数量不断增加，标本种类愈加丰富。

搬迁雁山

随着学校办学调整，生命科学学院于2015年搬迁到雁山校区，生物多样性标本馆于2017年搬迁至雁山校区新馆并更名"生物多样性博物馆"。生物多样性博物馆共分三层，展示面积达2500平方米。

新馆集教学、科研、科普教育和同行交流为一体，是公众了解生物多样性的重要窗口。近年来，学校加大对生物多样性博物馆投入建设，对博物馆的展示平台进行升级改造，并进一步丰富馆藏和展示标本。目前，该馆分为三层共七个展区，即兽类、鸟类、两栖爬行类、鱼类、贝类、昆虫及植物。拥有语音自主解说、生物互动演示系统等互动平台。馆藏动、植物标本1万余种、50余万号，包括国家重点保护野生动、植物标本300余种。鱼类标本是本馆特色之一，馆藏广西淡水鱼类标本280种，占广西淡水鱼类90%，其中洞穴鱼类60种，占全国洞穴鱼类60%。馆藏各类昆虫标本40余万号，其中蚂蚁和蚱类标本占全国种类的80%，其中新发现的蚂蚁和蚱类模式标本有350余种，是国际蚁科和蚱科昆虫系统学研究的重要基地。植物展区分为蜡叶、浸泡和原色树脂包埋三类标本，共计95科，400余种，其中珍稀濒危植物有100余种。

开放交流

　　生物多样性博物馆面向社会公众开放，每年参观人数超过1万人次。同时，博物馆还吸引了国内外大批专家、学者前来访问和交流，为社会团体、科研机构、学校师生及来访进修人员的教学和科研活动提供平台和服务。博物馆自开馆以来，其建设和发展得到各方面的支持，广西壮族自治区和桂林市相关领导多次亲临指导。此外，来自区内外多所高校、学会、自然保护区等相关领导和专家来馆参观，围绕生物多样性保护工作开展经验交流。

科研育人

　　生物多样性博物馆充分挖掘"科研育人"潜力，坚持"以科研促科普"理念，搭建教育、科研、科普一体化交流平台。2016年以来，出版科普著作10部，科普译作2部，累计发表科普文章286篇。科普教育成效显著，受到社会各界高度关注。2020年获批自治区级生态环

⊙ 生物多样性博物馆内景

⊙ 生物多样性博物馆外景

境科普基地，2022年获批全国科普教育基地。博物馆成员多次受邀参与中央电视台等国内主流媒体节目录制，众多节目播出得到了广大网友关注和支持。

以科研成果为载体，助推科普教育。2019年，博物馆动物标本实现数据化，建成了动物物种数据库；开设了"伯康讲堂""博物圈""益启学生物"等线上线下品牌活动；搭建了博物馆全景VR、物种网、蚂蚁网等系列"云平台"。自开馆以来，每年举办生命科学节、科普一条街、博物馆奇妙夜、科普讲堂等线下活动100余场，用行动阐释了"保护生物多样性，功在当代，利在千秋"的生态文明理念。

在新一轮科技革命这个新的起点上，广西师范大学生物多样性博物馆将主动承担"提高全民科学素质"的责任与使命，秉承"人与自然和谐共生，共建地球生命共同体"理念，努力为生物多样性保护和生态文明建设做出更大贡献。

（李泽明　执笔　周岐海　审校）

漓江学院成功转设
开启学院发展新征程

◎ 导读 ◎

2021年3月4日，广西师范大学、广西益勤商贸有限公司、桂林新城投资开发集团有限公司三方共同签署了《广西师范大学漓江学院转设合作协议书》。2021年5月，漓江学院正式转设为桂林学院，开启了学院发展的新征程。

政策明晰引领工作推进

2018年12月27日下发的《教育部办公厅关于做好2018年度高等学校设置工作的通知》(教发厅函〔2018〕215号) 要求："各地要逐一梳理、系统分析本地区每所独立学院的办学实际情况，坚持分类施策，制定独立学院转设的时间表和路线图，积极推动独立学院能转快转、能转尽转。" 2020年5月，《教育部办公厅印发〈关于加快推进独立学院转设工作实施方案〉的通知》(教发厅〔2020〕2号)，提出独立学院"能转快转、能转尽转"，要求"到2020年末，各独立学院全部制定转设工作方案，同时推动一批独立学院实现转设"，对转设路径、标准、政策举措进行明确，为独立学院转设指明了路径，广西师范大学漓江学院随即全面开启新一轮的独立学院转设工作。

坚持"三有、三好、三不"原则谋转设发展

2019年学校启动了漓江学院转设工作，印发《关于成立广西师范大学漓江学院转设工作领导小组的通知》(师政人事〔2019〕60号)，建立相关领导机构和办事机构，加强相关工作组织领导。2020年3月印发《关于调整广西师范大学漓江学院转设工作领导小组成员的通知》(师政人事〔2020〕14号)，进一步充实和完善领导小组，建立转设办公室、合作洽谈组、财务资产组、办学条件组和监督组等机构。自2019年春季学期起，合作洽谈组先后和12家民营公司进行了接洽。根据《教育部办公厅印发〈关于加快推进独立学院转设工作实施方案〉的通知》(教发厅〔2020〕2号)精神和广西壮族自治区教育厅关于加快推进独立学院转设有关工作的要求，广西师范大学漓江学院由于没有社会举办方，被界定为"校中校"，根据文件精神，广西师范大学及广西师范大学教育发展基金会下属的广西益勤商贸有限公司决定将广西师范大学漓江学院加快转设为由地方政府设立的教育投资公司、教育基金会或国有企业举办的独立设置、非营利性民办普通本科高校。自2020年5月起，广西师范大学漓江学院转设工作领导小组办公室(以下简称"办公室")向前来接洽的意向接续举办企业分别发送了《关于广西师范大学漓江学院接续举办者遴选项目相关事宜的工作联系函》，竭诚欢迎有意向的企业及相关机构参与洽谈，其间共接洽了13家国有企业，并按照转设程序与其中6家进行了法律和财务的尽职调查工作。

2021年3月，按照"三有、三好、三不"(有经济实力、有教育情怀、有办学经验，对原举办者好、对漓江学院好、对新举办者好，不迁址、不降薪、不裁员)转设接续举办者遴选基本原则，经广西师范大学漓江学院转设工作领导小组(扩大)会议投票表决，桂林新城投资开发集团有限公司票数最高作为候选接续举办者。经过漓江学院董事会、广西师范大学教职工代表大会执委会、广西师范大学校长办公会、党委常委会审议，一致通过桂林新城投资开发集团有限公司作为广西师范大学漓江学院接续举办者。

⊙ 广西师范大学漓江学院转设合作协议书签约仪式

转设协议签约

2021年3月4日，广西师范大学漓江学院转设签约仪式在桂林市会议中心举行，广西师范大学、广西益勤商贸有限公司、桂林新城投资开发集团有限公司三方共同签署了《广西师范大学漓江学院转设合作协议书》。桂林市委书记周家斌，市人大常委会主任张晓武，市政协主席陈丽华，广西师范大学党委书记邓军、校长贺祖斌出席签约仪式，市委副书记赵仲华主持签约仪式。桂林市领导蒋育亮、龙杏华，市政府秘书长丁东弟，学校领导赵铁、黄文韬、苏桂发、孙杰远、莫坷、林春逸、李英利，校党委常委林国庆、黄海波、汤志华，广西师范大学转设工作领导小组全体成员，漓江学院党政领导班子、董事会全体成员、职能教辅部门和二级学院主要负责人参加了签约仪式，见证这一历史时刻。

桂林学院成立

2021年5月，教育部向自治区人民政府致《关于同意广西师范大学漓江学院转设为桂林学院的函》，漓江学院正式转设为桂林学院，标志着漓江学院转设工作顺利完成。7月27日，桂林学院第一届董事会成立暨第一次全体董事会议召开，会议审议通过桂林学院第一届董事会成员名单，聘任杨树喆教授为首任校长，桂林学院正式成立，开启了学院发展的新征程。

漓江学院转设由国有企业承接举办，顺利转设为非营利性民办普通本科高校，是全面贯彻落实教育部、自治区相关要求的客观需要，也是深入推进办学体制改革的具体实践，是广西师范大学和桂林市2020年5月签订战略合作框架协议以来深化校地合作的重大成果。漓江学院转设桂林学院后在桂林继续办学，建设以经管学科为主要特色，服务桂林世界级旅游城市建设的应用型本科学校，主要培养区域经济社会发展所需要的高素质应用型、技术技能型人才，努力建设成为"两型"（教学型、应用型）、"两性"（地方性、综合性）和"一化"（国际化）的城市大学。成功转设将为桂林学院进一步打响品牌，实现跨越发展提供更加广阔的空间，实现桂林市、学校、桂林学院（漓江学院）三方的"共赢"，也将为桂林市准确把握新发展阶段，抢抓用好新发展机遇，全面贯彻新发展理念，积极融入新发展格局，提供有效智力支持和人才保障。

（黄令　周勇　执笔　窦武　审校）

1932
—
2022

吸纳社会力量兴资助教
助力学校更好发展

◎ 导读 ◎

建校90年来，学校在发展过程中，不断获得企业、社会团体、师生校友及社会各界爱心人士的竭力支持，兴资助教，成为学校建设发展的不竭动力。近30年来，学校获得社会捐助设立的各类奖教、奖学项目和各类助学、助教项目60余项，金额超过6000万元，受助受益师生6000余人。

师生校友：心系母校　知恩反哺

　　师生校友，一直以来是向广西师范大学捐资助学的主力军。近30年来，师生校友捐赠金额已超过3000万元。1995年，我国著名的马克思主义文艺理论家、作家、教育家、我校原中文系教授林焕平及其学生共捐赠金额17.68万元，创建了学校第一个由教师捐赠设立的奖学金项目——"林焕平奖学金"。1997年，根据我国知名的教育家、中国古典文学研究专家、我校原中文系教授、系主任冯振的心愿，其亲属捐赠55.63万元，设立"冯振奖学金"。电子工程学院教授罗晓曙，国家级教学名师、全国模范教师、全国先进工作者、物理科学与技术学院教授罗星凯，先后把自己获得各项荣誉奖金捐赠设立罗晓曙奖学金和"兴华科学教育奖学金"。其中，"兴华科学教育奖学金"主要用于奖励科学教育、物理学、化学、生物科学、地理专业师范类全日制本科生以及科学教育和物理教学论方向硕士研究生和全日制教育硕士生。

吾师所爱，吾生将随。广西师范大学企业家校友联谊会，对学校的建设更是慷慨解囊，相继捐资100多万元人民币建设学校雁山校区图书馆前的校训石、西门的校名石和校园雕塑。2014年，校友韦诚（原外语系1976级本科生）、张筱华（原中文系1976级本科生）夫妇，为鼓励学校为发展教育事业做出突出贡献的优秀青年教师，捐赠100万元成立"诚华青年教师奖"。这是由校友捐赠设立的第一个面向青年教师的基金项目，截至2021年已奖励青年教师81人。2018年，原外语系1999级本科生校友荣海军，捐赠35万元成立"中运基金"，用于奖励外国语学院优秀的教师和学生。2021年，原法商学院2003级本科生校友蒋金以其创办的广西宝环投资集团有限公司名义捐赠200万元成立"中北兴业奖学金"，用于奖励品学兼优的学生和鼓励创新创业的学生。同年，原法商学院2003级本科生校友贵尚明以其创办的广西博童教育发展有限公司名义捐赠100万元，设立"博童乡村学前教育发展基金"。2022年，原外语系2000级本科生校友彭伍新以其创办的广西三点一四教育科技有限公司名义捐赠1001.62万元，用于支持学校社会公益项目。同年，原经济政法学院2000级本科生校友肖生华以其创办的桂林独秀峰酒业有限公司名义捐赠50万元，设立独秀峰梦想基金。2019年，历史文化与旅游学院2010级研究生肖凡在读期间因病逝世，根据他的遗愿，其父母把其生前积蓄的42万元全部捐赠给学校，成立"肖凡考古学奖学金"。这是学校第一个由在读学生捐赠设立的奖学金项目。

爱心人士：善心济学　明德至善

爱心人士，是向广西师范大学捐资助学最具活力的力量。在广西师范大学，说起爱心人士捐赠，第一个被称道的一定是"王冠川助学金"。这是学校成立最早，持续时间最长，由海外华人捐赠设立的助学基金。从1996年起，王冠川先生在学校设立"王冠川助学基金会"，27年来从未间断过，前后捐赠了245.15万元人民币，资助贫困生超过3000人。只要时间允许，他都会飞越太平洋来到学校，为受助学生颁发资助金并与每一位受助学生见面，给予他们成长的勉励。其实，王冠川先生在美国就是一位普通的工薪阶层，他说："从小母亲就会教育我们爱国，也正是这种思想让我开始想要为国家做一些事情。"王冠川的夫人钟敏桢女士也大力支持王冠川先生的做法。她说"我们中国人应该帮助中国人，资助学生不求他们回报，只希望他们将来有出息了要爱我们的国家，孝顺自己的父母"。为打造助学金的"造血"功能，2003年，在学校的支持下，王冠川先生在学校育才校区捐建了一栋学生公寓，并将所得住宿费除去成本及管理费的盈余收益纳入"王冠川助学金"。2018年，为提高受助学生的能力，王冠川先生又以其夫人的名义成立"钟敏桢乐群发展基金"，支持受助学生根据乡村和社区问题设计公益项目，在慈善公益参与中提高受助学生的核心素质。除了王冠川先生，不少的海外华人、海外友人，本着对中国西部地区师范教育的情怀，对学校给予了大力支持，如澳大利亚埃德华·彼得·埃德温·布朗先生于1997年至2018年捐资设立了"梁英奖学金"。美籍华人钟蓝教授在学校罗星凯教授的引荐下，于2004年至2020年捐赠26.1万元在学校设立了"文荃奖学金"。

⊙ 2005年9月，广西第一个"中国银行奖学金"在广西师范大学设立，图为设立奖学金签字仪式

国内社会爱心人士关心支持学校的发展。我国著名社会活动家、教育家、广西大学首任校长马君武先生的长子马保之先生为纪念其父亲，于1998年至2014年捐赠9.92万元人民币设立了"马君武校长、夫人奖学金"。此后，马保之先生之女——马葆龄女士、马左龄女士又为纪念其父亲捐赠12万元人民币设立"马保之先生奖学金"。2014年，桂林市社会爱心人士王强及其亲朋好友捐赠10万元，资助学校"小黑板计划"出版《学庸论语》(拼音版)，支持国学经典教育。

企业：承担责任　兴资助教

企业，一直都是向广西师范大学捐资助学的中坚力量。截至2022年8月，已有100多家企业向学校进行了捐赠，捐赠金额已超过2000万元。2000年，广西师范大学后勤服务集团捐赠设立贫困学生奖助学金，2017年改名为"广西师范大学后勤服务集团奖学金"。这是学校设立的第一个企业类社会捐资类奖助学金项目，至今已捐赠48.9万元。2005年，中国银行桂林分行及其全体员工捐赠设立"中国银行奖学金"，截至目前捐赠金额152万元。这是中国银行在广西设立的第一个奖学金项目。2010年，香港阳光(远东)有限公司捐赠110万，在外国语学院设立"阳光爱心基金"，用于资助在高层次外语专业竞赛中获奖的学生和奖励在外语教学科研业绩突出的教师。2011年，桂林升辉旅游景区投资管理有限责任公司捐赠500万用于支持相关学院学科建设。2014—2016年，桂林银行股份有限公司捐赠345万元，其中300万元用于成立"桂林银行奖教助学基金"，资助实施了大学生领导力培训计划、教师公益支持计划、教师奖教金、学生奖学金等项目，45万元用于经济管理学院学科建设等专项资助。2019年，平安养老保险股份有限公司广西分公司在学校设立"平安助学计划"，旨在支持改善基础设施建设和资助家庭经济困难学生顺利完成学业，至今已捐赠111万元人民币。2021年，同望律师事务所、信德嘉律师事务所分别向法学院捐赠25万元人民币、15万元人民币，设立专项基金，助力法学院人才培养。2022年，南宁福霖健康服务有限公司，向学校"金凤计划"捐赠5万元人民币，用于"她健康"网络课程研发。广西师范大学出版社集团对学校的建设发展更是竭力支持，为学校各项事业发展做出重要贡献。

社会团体：乐善好施　重道乐群

社会团体，是向广西师范大学捐资助学的新生力量。近 10 年来，已有近 20 家基金会和社会组织向学校进行了捐赠，捐赠金额已超过 400 万元人民币。其中包括中国扶贫基金会、中国国际文化交流基金会、中国教师发展基金会、中国金融教育发展基金会、上海正享公益基金会、云南大益爱心基金会、广西协力扶助基金会，香港曾宪梓教育基金会、田家炳基金会、钟翰德基金会等知名基金会。其中，2011年至 2016 年，钟翰德基金会捐助金额 168 万元人民币，设立"明德奖"，用于奖励品学兼优的学生和在本科教学取得积极贡献的教师。2015 年，中国教师发展基金会设立"叶圣陶奖学金"，用于奖励师范专业优秀学生，至今已捐赠 27 万元人民币。2019 年至 2022 年，曾宪梓教育基金会捐赠 36 万元人民币在学校实施"优秀大学生奖励计划"。2020 年，田家炳基金会在学校设立"田家炳优秀师范生奖学金"，以奖励品学兼优、立志投身基础教育的应届师范毕业生，截至目前捐赠金额 54 万元。2022 年，云南大益爱心基金会捐赠 5 万元人民币设立专项基金，以支持我校与南亚、东南亚各国的文化交流与人才培养，鼓励国际学生努力学习和传扬中华优秀传统文化。广西师范大学教育发展基金会，依托自身平台优势，为学校筹款筹资超过 3000 万元。

（黄河清　刘嘉　执笔　罗元　蒋丽琳　审校）

定点扶贫结硕果
助力乡村振兴再出发

◎ 导读 ◎

按照自治区党委、政府的统一部署，从2012年开始，我校启动对口广西资源县扶贫工作，2020年全面打赢脱贫攻坚战，2021年实现巩固拓展脱贫攻坚成果同乡村振兴有效衔接。在实践中逐渐探索出一套精准高效、协调联动的定点帮扶工作机制。

启动定点扶贫工作，推进"美丽广西"乡村建设

根据自治区党委、政府关于在"十二五"规划中做好定点扶贫工作的要求，学校启动了定点扶贫工作，成立了定点扶贫、"美丽广西"乡村建设工作领导小组，由分管校领导担任领导小组组长。2012—2015年，学校积极整合资源，发挥学校优势，以解决贫困村民生产、生活困难，完善基础设施建设作为扶贫投入的重点，把发展特色产业作为帮扶的首要任务来抓，积极向国家争取面向少数民族有政策倾斜的专项资金支持，大力推进产业扶贫机制，大力鼓励群众发展以种植百合、辣椒为主导的产业。四年中，我校共派出12人作为"第一书记"或工作队员驻村开展工作，学校相关领导40余次下到一线对定点扶贫村进行慰问

并解决实际困难。据不完全统计，在学校的协调和努力工作下，我校对定点扶贫村帮扶资金总投入（含无偿、有偿和物资折款）共计人民币252.85万元。其中：我校直接投入资金51万元，物资投入折款21.3万元，我校从社会引入资金30.5万元，争取财政、行业部门扶贫资金（含以工代赈、贴息贷款）150.05万元。定点扶贫工作进入常态化，"美丽广西"乡村建设不断推进。

做好精准扶贫，全面打赢打好脱贫攻坚战

"十三五"以来，学校坚决把精准扶贫、脱贫攻坚工作作为一项重大政治任务来抓，认真履行高校服务社会、服务地方的职责使命。校党委书记和校长挂帅担任学校脱贫攻坚工作领导小组组长。学校充分利用在教育、科技、人才和智力等方面优势，以探索建立扶贫与扶志、扶贫与扶智相结合的脱贫攻坚长效机制为重点，突出提升教育扶贫、科技扶贫、旅游扶贫和消费扶贫的品牌质量，突破脱贫攻坚产业扶贫和发展集体经济的难点，实施党建引领、包村共建、结对帮扶、校地联动等工作机制，圆满完成了对口帮扶资源县各项脱贫攻坚目标任务。

⊙ 2018年11月2日，学校党委在资源县梅溪镇坪水底村召开集体现场办公会

2016—2020年，学校先后共投入扶贫经费1200多万元，实施扶贫项目80多个，动员1万多名师生参与脱贫攻坚工作。大力实施教育扶贫工程，开展了"宝被计划""小小书屋进苗乡""艺起成长""粉笔头""桂台青年携手支教""蓓蕾行动""百灵鸟乡村音乐训练营"等教育扶贫项目10多个，派出研究生常驻资源县支教团1个，开展了50批次乡村支教、结对帮扶、志愿服务等教育扶贫活动，开展中小学、幼儿园和基层干部培训活动共40多期。学校积极统筹科技资源，为对口帮扶贫困县在现代农业、农村经济发展等领域组织开展科技惠民项目6个，组织专家学者共30多批次赴贫困村开展油茶等特色种养殖技术培训。大力推进电商扶贫校地合作项目，帮助资源县申报电子商务进农村项目并获国家2000万元经费支持。每年派出专业力量开展旅游扶贫工作，协助资源县八角寨景区通过国家AAAA级景区评定验收，助力资源县建成"自治区特色旅游名县"。探索建立消费扶贫新模式，消费扶贫总额达700多万元。对口支援的资源县已于2018年成功摘掉了贫困县帽子，对口帮扶的6个贫困村和1297户贫困户已全部脱贫摘帽。学校连续三年在自治区中区直单位定点扶贫工作考核中被评为最高等次"好"，荣获脱贫攻坚市（厅）级及以上集体、个人荣誉称号或奖励30多人次，红榜表彰3次；国家级、省级主流媒体报道脱贫攻坚方面先进事迹达80余次。

实现巩固拓展脱贫攻坚成果同乡村振兴有效衔接

2021年是"十四五"开局之年，也是巩固脱贫攻坚成果同乡村振兴有效衔接之年。学校深入学习贯彻习近平总书记关于"三农"工作的重要论述和视察广西及桂林时的重要讲话精神，按照"产业兴旺、生态宜居、乡风文明、治理有效、生活富裕"总要求，认真履行高校服务社会、服务地方的职责使命，充分发挥资源优势，扎实做好对口帮扶广西资源县工作。

学校党委高度重视，成立了由校党委邓军书记和贺祖斌校长担任组长，其他11名副职校领导、校党委常委任副组长的学校乡村振兴工作领导小组，形成了主要领导挂帅，分管领导齐抓共管，动员各方资源，全校上下齐心协力，校内校外资源充分参与的乡村振兴帮扶局面。学校严格落实"四个不摘"要求，明确了以巩固、拓展、衔接为基本导向，实施"校领导挂点、二级单位包村和帮扶动态监测户"的帮联工作机制，切实把习近平总书记关于广西经济高质量发展、乡村振兴等重点工作的新任务新要求落实到工作全过程。

根据自治区党委组织部统一安排调配，我校选派8名新队员，包括工作队长、"第一书记"、工作队员，分别赴资源县瓜里乡瓜里村、河口瑶族乡猴背村、资源镇金山村、车田苗族乡黄宝村、中峰镇社岭村、梅溪镇坪水底村开展乡村振兴工作。

2021年10月8日，广西师范大学党委专门赴对口资源县黄宝村召开乡村振兴工作现场办公会，现场捐赠260万元帮扶资金（项目）支持资源县、帮扶村的党建、产业、教育、干部培训等工作。2021年，广西师范大学领导、党委常委43人次到帮扶村开展帮扶、调研和协调解决问题，中层干部到驻点帮扶调研600余人次。学校二级单位包村向帮扶村捐赠物资，学校设立消费帮扶农产品销售专柜、淘宝店等销售载体，建立教职工消费帮扶特产义卖群，开展周末"书记带货"消费帮扶活动，消费帮扶采购与销售总额达245余万元，有效地带动农民增收致富。因地制宜，组织实施乡村振兴产业项目6个，构建起了"一村一品一特色"产业格局。学校发挥教育资源优势，探索把乡村教育融入乡村建设行动中来，常态化开展"送教下乡"活动，以"大手牵小手"的形式建构"有温度的乡村教育"。学校派出科技特派员和历史、设计、旅游规划方面的专家，到对口资源县资源镇金山村、中峰镇社岭

⊙ 2021年10月8日，学校党委赴对口资源县帮扶村召开校第十一届党委常委（扩大）会议暨集体现场办公会

村、河口乡猴背村、瓜里乡瓜里村开展种养技术指导，旅游项目调研、论证工作和咨询服务，全力巩固资源县"自治区特色旅游名县"成果，助力乡村全面振兴。

2021年学校在自治区中区直单位定点扶贫工作考核中被评为最高等次"好"；学校到对口社岭村开展2021年"推普助力乡村振兴"全国大学生社会实践志愿服务，驻村"第一书记"韦斯门获教育部、共青团中央表扬；驻村"第一书记"汤明旭、谢军涛获桂林市乡村振兴红榜表彰。国家级、省级主流媒体报道乡村振兴方面先进事迹达60余次。

加强智库建设，服务区域经济社会高质量发展

2019年3月15日，广西师范大学成立了新农村发展研究院，2020年12月，更名为"西部乡村振兴研究院"，贺祖斌教授任研究院院长。研究院下设乡村经济振兴、乡村教育发展、乡村文化建设、乡村社会治理、乡村生态可持续发展、乡村振兴大数据管理等6个研究中心。研究院重点围绕乡村文化建设研究、智慧农业发展研究、生态农

⊙ 广西师范大学校长、西部乡村振兴研究院院长贺祖斌，桂林市人民政府副市长赵奇玲共同为广西师范大学乡村振兴调研基地（雁山）揭牌

业可持续发展技术研究为主要研究方向，以适应乡村振兴战略实施需求为目标，推动完善科技创新体系布局，强化科技和人才支撑体系，培养造就一支懂农业、爱农村、爱农民的人才队伍，使广西师范大学成为广西乡村振兴战略科技创新和成果供给的重要力量、高层次人才培养集聚的高地、体制机制改革的试验田、政策咨询研究的高端智库。为进一步发挥学校人才、学科和科研优势，助力乡村振兴战略实施，2021年12月15日，广西师范大学西部乡村振兴研究院首个乡村振兴调研基地在桂林市资源县挂牌，并逐步在桂林的17个县区挂牌"乡村振兴调研基地"，为桂林市产业振兴、人才振兴、文化振兴、生态振兴、组织振兴的全面振兴贡献积极作用。由西部乡村振兴研究院承担的《2018—2020年广西壮族自治区教育扶贫实践特色研究》报告入选中国教育扶贫研究中心研制的《中国教育扶贫报告（2020—2021）》。西部乡村振兴研究院和桂林发展研究院团队，研创了《桂林经济社会发展报告（2021）》。

学校将通过开展系统性、实践性和创新性的科学研究和实践，全面总结、科学凝练形成可复制、可推广的桂林市乡村振兴的典型经验和发展"样板"，为桂林市经济建设与社会发展持续提供人才支持和智力支持；汇聚多方力量，探索构建乡村振兴产学研体系和合作常态化机制，共同打造桂林市乃至全国的乡村振兴工作前沿案例和标杆样板。

（卢春华　王董　执笔　刘景　审校）

牵手南大北师大
携手并进结硕果

◎ 导读 ◎

1998年9月14日，学校与南京大学签订教学改革人才培养合作协议，双方开启携手合作。1999年11月18日，学校与南京大学开展全方位的、深层次的"手拉手"合作。2015年1月20日，学校与北京师范大学签订《北京师范大学、广西师范大学合作协议书》。2021年11月17日，学校被列入教育部"对口支援西部地区高等学校计划"，由北京师范大学对口支援。南京大学和北京师范大学在师资队伍建设、联合培养人才、优质资源共享、科研合作、国际合作、干部培养等方面给予学校大力支持，为学校建设为国内一流大学提供强有力支撑。

因"世"结缘，携手南京大学推进新发展

为全面提升高校基础课实验教学条件，教育部启动实施世界银行贷款"高等教育发展项目"，南京大学与我校就携手申报该项目达成合作意向，两校以此为契机建立了全面合作关系。1998年9月14日，学校与南京大学举行教学改革人才培养协议签订仪式，时任校党委书记兼校长黄介山与南京大学副校长施建军共同签署《南京大学、广西师范大学教学改革人才培养合作协议书》，双方就人才培养、教学改革和科学研究等方面达成合作，开启为期7年的携手合作。

"手拉手"，深化结对共建

1999年11月18—22日，"南京大学、广西师范大学世行贷款项目协作会暨两校实验教学改革研讨会"在南京大学举行，时任学校党委书记兼校长黄介山、副校长梁宏率领学校相关单位有关负责人应邀前往南京大学参加协作会议，时任南京大学校长蒋树声等4位校领导和10多个部门负责人出席了协作会。

会议期间，双方一致认为两校一直有着密切联系和良好的合作，两校作为世界银行贷款高等教育发展项目建设高校和"手拉手"协作高校，以世界银行贷款项目为契机，开展全方位的、深层次的"手拉手"合作，并达成协议，主要内容包括：

南京大学在3—4年内免费帮助广西师范大学短期培训实验人员、实验教师36名；向学校提供各院系实验课程计划和实验教材，提供各院系基础课、专业主干课程教材目录；开展两校科研合作，包括联合申报国家级科研课题和利用广西资源科研课题的联合攻关；学校每年可选派访问学者1—2名到南京大学免费学习，联合培养硕士研究生；等等。

"心贴心"，合作成果丰硕

协议签订后，两校多方面持续开展了长达7年"心贴心"的务实合作，合作项目取得显著成绩。仅1998—2000年间，南京大学为学校培养博士19人、硕士5人，培训其他各级各类专业人员23人；依托世界银行贷款项目，两校共建了设备条件达当时国内同类高校实验教学先进水平的"电子综合""物理化学""环境监测"三个开放型实验室；向学校优惠提供图书馆管理软件，帮助

⊙ 2005年7月18日，时任南京大学常务副校长施建军和学校时任校长梁宏为南京大学与学校共建的"环境监测实验室"揭牌

433

学校图书馆自动化管理跃升至当时全区高校先进水平。在学校70周年校庆期间，南京大学特别向学校赠建雕塑《共创辉煌》和《岁月》，现仍矗立在育才校区图书馆前，是我校和南京大学友好合作的历史见证。

"手拉手"协作的深入，为学校强化教师队伍建设、深化教学改革，推进科研发展和改善办学条件提供了强有力支撑，有力推动两校教学、科研事业的发展。

首次与北京师范大学洽谈，建立合作意向

坚持"合作、共赢"的理念，加强与国内一流高校合作，争取支持和援助，进一步强化学校学科实力，加强高层次人才培养，改善学校办学条件，是学校一直以来的重要发展举措。与北京师范大学的全面合作是学校继与南京大学"手拉手"合作以来的又一重要成果。

2010年12月20日，时任校党委书记王枬、校长梁宏、副校长钟瑞添等校领导到北京师范大学商洽两校建立对口支援"手拉手"合作事宜，时任北京师范大学校长钟秉林教授亲切会见了我校领导，并就合作的具体内容进行了交流，初步形成了合作的基本共识，为实现双方的深化合作、携手共同发展奠定了坚实基础。

⊙ 2015年1月20日，学校与北京师范大学签署协议

携手合作，共同发展

　　2015年1月20日，学校与北京师范大学签订《北京师范大学、广西师范大学合作协议书》，双方约定建立长期、稳定、全面的合作关系，在合作培养创新人才、共同推进教育教学改革、协同创新教师教育、共同开展科研工作、共同推进学科专业建设等11个方面开展全面合作。协议签订后，两校合作全面拉开，双方合作交流活动频繁，师生互访交流、干部交流、科研合作、教师教育合作等全面加强。2015年9月双方签署《广西师范大学教育科学学院 北京师范大学教育学部合作协议》，就教师教育、教育科学领域多个方面的进一步合作达成具体协议，推动学校教师教育发展，有力促进了北京师范大学的科研成果及优质教育资源在广西的推广应用。2018年1月18日，校领导邓军、贺祖斌、孙杰远、林春逸、李家永访问北京师范大学，与北京师范大学就两校进一步推进合作协议落实的相关事宜进行商谈。时任北京师范大学校长董奇、副校长陈丽及有关职能部门的负责同志与我校考察组进行了热烈深入的会谈，双方就进一步深化合作，提升合作层次达成共识。2019年1月，学校国际文化教育学院与北京师范大学"一带一路"学院签订了合作协议，双方就"一带一路"高端人才培养和东盟区域研究方面开展合作，双方建立了良好的合作关系。2015—2021年间，北师大20余位专家学者先后受邀到我校相关学院（部）进行学术

⊙ 2018年1月18日，学校领导拜访北京师范大学

交流，我校科学技术教育团队在2013—2016年间先后承担北师大委托的"初中生科学素养测评与诊断改进项目"等7个项目，项目总经费达250余万元。

对口支援，助推新发展

"双一流"建设开启以来，为全面推进学校"双一流"建设，基于学校与北京师范大学的全面合作关系，学校积极争取列入"教育部对口支援西部地区高等学校计划"，搭建与北京师范大学的对口支援关系。2017年6月，学校向自治区教育厅呈报《广西师范大学关于申请纳入教育部对口支援计划的请示》（师政报〔2017〕76号），详细汇报学校与北京师范大学合作基础、合作计划和纳入教育部对口支援计划的必要性等，申请与北京师范大学的对口合作纳入教育部对口支援计划，其后一直与北京师范大学和自治区教育厅保持积极沟通，争取相关部门支持。2019年，广西壮族自治区人民政府与北京师范大学签订合作协议，约定支持北京师范大学与广西师范大学充分发挥各自资源优势，在学科建设、人才交流、学生培养、科学研究等方面开展交流合作。2021年，中共中央、国务院印发实施《关于新时代振兴中西部高等教育的若干意见》，明确东部地区高校加强对口支援中西部高校建设。2021年，学校将争取进入教育部对口支援西部地区高等学校计划列入年度行政工作要点重点推进工作，并多次与教育厅相关部门沟通，报送合作支撑材料。

2021年11月17日，自治区教育厅印发《自治区教育厅办公室转发教育部办公厅关于对口支援新疆工程学院等高校工作的通知》，确定我校列入教育部"对口支援西部地区高等学校计划"，由北京师范大学对口支援我校，开启我校与北京师范大学合作新篇章。学校高度重视该项工作，由学校党委书记邓军、校长贺祖斌主抓，发展规划处牵头对接落实，列入2022年学校党委、行政工作要点重点推进。根据《教育部关于进一步推进对口支援西部地区高等学校工作的意见》等文件精神，列入对口支援计划后，北京师范大学将在师资队伍建设、联合培养人才、优质资源共享、科研合作、国际合作、干部培养等方面给予我校大力支持，为学校国内一流大学建设提供强有力支撑。

（周勇　执笔　寞武　审校）

深化校地校企战略合作
产学研协同育人再推进

◎ **导读** ◎

2017年以来，学校充分发挥人才和科教资源优势，积极探索校地、校企共赢发展的新模式，深化拓展校地、校企合作，先后与桂林市、贵港市、恭城瑶族自治县、灌阳县、中国移动广西分公司、华为科技有限公司等政府和企业签订战略合作协议，开启校地、校企合作产学研协同育人新篇章。

市校合作融合发展

为进一步落实"健康中国"国家战略，学校与桂林市人民政府就"健康桂林"建设达成合作，2017年11月7日，双方战略合作框架协议签署仪式在学校育才校区举行，时任桂林市副市长何翔与校长贺祖斌签署战略合作框架协议。双方按照"优势互补、共谋发展、互惠互利、合作共赢"的原则，以健康产业为基础，在科研转化、人才教育、智库建设等领域深化合作，共同积极推动桂林市医疗旅游发展，建立良好合作关系。2020年5月22日，学校与桂林市人民政府战略合作框架协议签约仪式系列活动在桂林市会议中心小礼堂举行。时任桂林市委常委、常务副市长彭代元和校长贺祖斌出席仪式。桂林市副市长谢灵忠与副校长苏桂发共同签署《桂林市人民政府 广西师范大学战略合作框架协议》，并举行桂林发展研究院揭牌仪式。根据协议，双方将遵循"优势互补、资源共享、互惠双赢、共同发展"的原则，在产学研、人才培养等方面深化校地合作，建设完善定期联席会议制度、校地互访制度与资源共享机制等合作机制，建立长期战略合作关系，共建"桂林发展研究院"等智库机构；共同举办年度"桂林发展论坛"；进一步推进桂林国际旅

⊙ 学校与桂林市人民政府签订战略合作框架协议

⊙ 2020年7与3日，学校与贵港市人民政府签订战略合作框架协议

90周年90件大事

游胜地升级发展、国家可持续发展议程创新示范区建设、国家健康旅游示范基地建设，服务桂林市经济社会发展，助推"两个建成"目标实现；加快推进桂林高校集聚区建设，促进广西师范大学科技成果转化，支持广西师范大学全面建设广西一流高校和国内高水平大学。

2020年7月3日，学校与贵港市校市合作座谈会在贵港市举行。校长贺祖斌、时任贵港市市长何录春出席会议，学校党委副书记赵铁与贵港市常务副市长黄卫平共同签署《广西师范大学 贵港市人民政府校市合作框架协议书》。根据协议，双方建立长期战略合作关系，建立定期联席会议、校市互访、资源共享合作机制，深化在产学研合作、教育合作和人才合作，依托学校学科、平台和人才优势助力贵港市"工业兴市、工业强市"战略和"中国生态富硒港"建设，深化产学研合作，推动学校人才培养、科技成果转化和教师教育发展，实现双方共赢发展。

学校与桂林市和贵港市战略合作的进一步深入，有力推动学校与地方经济社会融合发展，为桂林和贵港经济社会发展注入了新活力，同时也为学校发展争取更有力的支持，进一步丰富学校办学资源，拓展产学研用协同创新，为地方经济社会发展与学校"双一流"建设提供不竭动力。

县校合作赋能"乡村振兴"

县校合作是学校推进社会服务下沉，助力"脱贫攻坚""乡村振兴"的重要举措。2018年以来，学校先后与恭城瑶族自治县、灌阳县人民政府签订县校战略合作框架协议。2018年6月19日，贺祖斌校长与时任恭城县黄枝君县长代表双方在恭城县会议中心签署《恭城瑶族自治区县 广西师范大学战略合作框架协议》，双方在文化旅游与健康生态产业发展，基础教育合作和人才培养交流，产学研一体化及中华优秀传统文化传承发展等方面建立多层次的长期合作关系。

2021年11月11日，学校与灌阳县人民政府校地合作座谈会暨战略框架协议签约仪式在灌阳县举行。校党委书记邓军，校党委副书记、校长贺祖斌，灌阳县委书记卢嵩，灌阳县委副书记、县长孙清洪等出席签约仪式。副校长林春逸与灌阳县副县长谢艳共同签署《灌阳县人民政府 广西师范大学战略合作框架协议》，双方在基础教育、人才培养、规划建设、乡村振兴、体育健康产业发展等方面建立长期合作关系。

⊙ 广西师范大学、恭城瑶族自治县校地合作战略框架协议签约仪式

县校合作进一步深化和拓展了学校社会服务内涵，进一步赋能"乡村振兴"，有力推动县域经济社会文化发展，展现了学校作为高水平大学的使命担当。

校企合作产学研协同发展

校企合作是加强人才培养，提升和改善办学条件、促进科研成果转化的重要手段。学校高度重视校企合作关系建立，先后与中国移动、华为技术有限公司等国内一流企业建立合作关系。2019年7月3日，学校与中国移动通信集团广西有限公司在南宁签订战略合作框架协议，校长贺祖斌、副校长黄文韬、中国移动通信集团广西有限公司总经理卢志宏等参加协议签约仪式。双方决定在网络通信、资源公共服务平台、优质数字教学资源开发共享与应用通信技术与教学融合创新、通信技术和产品研发及推广等方面开展多种形式的合作，拟在校内搭建基于5G的应用研究环境，开展科研合作及联合技术攻关，开展云端智能机器人、基于5G的智能定位和导航等方面研究；在智慧办公、校园

⊙ 广西师范大学、灌阳县校地合作战略框架协议签约仪式

安防等多方面进行深度合作，共同推进智慧校园建设。

2021年9月23日，学校与华为技术有限公司战略合作协议签约仪式在学校育才校区举行。校党委书记邓军、校长贺祖斌、副书记赵铁、副校长黄文韬、华为技术有限公司广西分公司总经理刘涛等参加签约仪式。协议约定，双方本着"长期合作、相互促进、平等协商、互利共赢"的原则，将围绕科研合作、人才培养和智慧校园建设等方面开展深层次的合作。在科研合作方面共同探索构建国家自主可控的信息化产业链；在人才培养方面，双方联合设立ICT学院人才合作培养平台，针对人工智能、鲲鹏"5G"等方向的学科专业进行深入探索和建设；在智慧校园整体建设上，双方共同探讨智慧校园软、硬件架构建设标准，形成建设规范，共同打造国际一流智慧大学校园园区建设。

与中国移动、华为集团等深入合作，进一步丰富学校办学资源，推动学校信息化建设，构建起智能应用的广阔平台，为进一步推进产教融合发展，提高人才培养质量，加快"新工科"建设奠定了基础，为深入推进校企合作树立了典范。

⊙ 广西师范大学、中国移动广西分公司战略合作协议签订仪式

合作成果硕果累累

　　校地、校企合作在双方努力下，合作成果丰硕。2019年9月，桂林移动公司在学校开通5G网络，在育才、雁山校区开通5G基站30个和5G室分站点共16个，学校率先成为桂林市首个5G网络全面深度覆盖高校。2019年12月16日，学校与恭城县正式成立合作项目茶江书院并合作举办桂林首届书院文化传承与桂林文化发展研讨会，为推动桂林优秀文化传承和文旅产业繁荣发展做出积极贡献。2022年1月7日，由学校与中国区域经济学会珠江—西江经济带专业委员会主办的首届桂林发展论坛暨第五届珠江—西江经济带发展论坛举行，并发布了《桂林经济社会发展报告（2021）》《珠江—西江经济带发展报告（2020—2021）》蓝皮书，成为社会各界全面系统了解桂林世界级旅游城市建设和珠江—西江经济带发展的重要窗口。校地、校企在创新驱动发展、战略决策咨询、乡村振兴科技创新、科研创新成果转化、高层次人才培养等方面全方位、深层次合作，结出累累硕果，形成了学校内涵式发展与经济社会发展紧密结合的新局面。

（周勇　执笔　窦武　审校）

90周年90件大事

附录

一、院系调整沿革

文学院／新闻与传播学院

文学院／新闻与传播学院前身为1932年10月创办的广西省立师范专科学校文学组（科），是学校最早建立的五个系科之一。1936年随广西师专并入广西大学文法学院。1941年广西师专重建，1942年改为省立桂林师范学院，增设国文系。1943年8月学院升格为国立桂林师范学院，广西大学师范专修科的中文并入国文系。1950年2月随学院并入广西大学。1953年8月全国高校院系调整，在原广西大学文教学院及师范（语文）专修科基础上重组广西师范学院中文系。2005年11月在原中文系基础上成立文学院。2014年11月成立新闻与传播学院，与文学院实行"两块牌子一套人马"的运行机制。

历史文化与旅游学院

历史文化与旅游学院前身为1932年10月创办的广西省立师范专科学校的历史专修科，是学校最早建立的五个系科之一。1936年随广西师专并入广西大学文法学院。1941年重建广西师专，设史地科；1942年学校更名为桂林师范学院后改为史地系。1950年随学院并入广西大学。1953年全国高校院系调整，以原广西大学文、理各系的部分教师及师范专修科全体学生为基础组建的广西师范学院设历史专修科；1956年，历史专修科更名为历史系；在1956至1960年期间，历史系曾先后短暂更名为史地系和政史系；1960年再次更名为历史系，1995年历史系更名为历史与信息学系。2000年5月在历史与信息学系基础上拓展成立社会文化与旅游学院。2005年11月社会文化与旅游学院更名为历史文化与旅游学院。

马克思主义学院

马克思主义学院的前身是1960年设立的政治系，当时只有"政治教育"一个专业，也是广西高校首个政治教育专业。1991年2月，政治系公共政治课教研室和学校德育教研室合并，成立与系一级平行、独立的社会科学教研部。1995年，政治系更名为政治经济系。1999年，政治经济系更名为经济政法学院。2002年，经济政法学院分立为政治与公共管理学院和法商学院。2005年底，政治与公共管理学院和社会科学教研部合并，成立政治与行政学院，社会科学教研部和政治与行政学院实行一套机构、两块牌子的运转模式。2010年11月，以社会科学教研部和思想政治教育专业的教学科研力量为基础，同时整合我校相关学院从事马克思主义理论和思想政治教育研究的学术骨干成立马克思主义学院，同时撤销社会科学教研部。

法学院

法学院历史可追溯到1936年我校并入广西大学后作为文法学院而于次年初设立的法律系。直到1941年停止办学，5年间，大批著名法学家前来弘文励教，在国内形成较大影响。改革开放后逐步恢复法学教育，1985年建立法律教研室，1992年法学专业恢复招生，1999年成立的经济政法学院和2002年成立的法商学院下设法律系。2005年12月成立法学院，起初设法律系、社会学与社会工作系。2013年10月，依托法学院成立律师学院，主要面向法律实务界开展法律教育培训和实践科学研究工作。2015年12月，社会学与社会工作系与原政治与行政学院的几个专业组建政治与公共管理学院，进而与法学院（律师学院）合并为法学院/政治与公共管理学院。2019年3月，又分设为法学院/律师学院、政治与公共管理学院两个学院。

政治与公共管理学院

政治与公共管理学院源于1960年9月马列教研室基础上设立的政治教育系。此后的半个多世纪里，以政治教育系为母体，思想政治教育、政治学、经济学、社会学、社会工作、管理学、法学等学科专业得到长足发展。1995年5月政治教育系更名为政治经济系，1999年5月更名为经济政法学院。2002年4月经济政法学院分设为政治与公共管理学院、法商学院。2005年11月，政治与公共管理学院与社会科学教研部合并，成立政治与行政学院；法商学院的法律系与社会学、社会工作专业合并整合成立法学院。2015年12月，政治学与行政学、行政管理、社会保障、社会学、社会工作等专业整合到原政治与行政学院，并更名为政治与公共管理学院，与法学院合并组建法学院/政治与公共管理学院。2019年3月，法学院/政治与公共管理学院分设为政治与公共管理学院、法学院。

经济管理学院

经济管理学科始于1936年。1936年6月，广西师专并入广西大学，设立经济学系，著名经济学家李达任首任经济系主任，开启了广西高校经济管理教育的先河。桂林师范学院时期，名家大师云集，著名经济学家陈岱孙、千家驹、沈志远、陶大镛、张培刚等教授曾来校任教。1953年全国高校院系调整，新组建的广西师范学院于1960年成立政治教育系，1990年复办经济学专业，1995年更名为政治经济系，1999年组建经济政法学院，2002年重组法商学院，2005年底成立经济管理学院。

教育学部 / 教师教育学院（田家炳教育书院）

教育学部成立于2015年12月，其前身可追溯到1941年重建广西师范专科学校设的教育专修科和1942年广西师专改为桂林师院时的教育系。1941年始在著名教育家林砺儒主持下开设了系列"教育学"课程。1953年全国高校院系调整，新组建广西师范学院，教育系停办，成立教育学科教研室。1982年9月，在原教育学科教研室基础上重建教育系。1998年6月15日，教育系、教育科学研究所、中学教育研究中心、附属实验幼儿园合并组建广西师范大学教育科学学院，同时为铭记田家炳先生的无私捐赠，又冠名为"田家炳教育书院"，实行两块牌子一套人马的管理模式。1994年，电教中心获准开设教育技术专业。1999年5月，电教中心并入教育科学学院，设置教育技术学系。2001年4月，电教中心恢复为学校直属独立建制单位，教育技术专业设在教育科学学院。2005年11月29日，原现代教育技术中心的"教育技术"教学资源划归教育科学学院。2015年12月12日，以教育科学学院（田家炳教育书院）、教师教育学院、教育部广西师范大学基础教育课程研究中心成立教育学部（田家炳教育书院）。教师教育学院成立于2005年，是学校的直属业务部门，并入教育学部后继续负责全校教师教育工作的统筹规划、指导协调、组织管理、监督评价等，并代表学校开展教师教育业务的对外交流、协调合作。

外国语学院

外国语学院的前身是1942年省立桂林师范学院的英语系。陈翰笙为首任主任。1950年2月学院并入广西大学，8月改为广西大学文教学院，改设为外语系。1953年全国高校院系调整时组建广西师范学院，重组外语组。1958年7月在桂林王城校区重建广西师院外语系，设立俄语、英语两个专业。2001年11月，以外国语言文学系与外国语言研究所组成外国语学院，下设英语语言文学系、东方语言文化系、应用英语系三个系。2005年11月29日，外国语学院与大学外语部合并，成立新的外国语学院，设英语、英语（商务英语）、日语、朝鲜语四个专业。

美术学院

美术学院的前身是由著名书法家伍纯道教授于1988年5月创办的艺术教育系。2002年2月，艺术教育系分设为美术系和音乐系。此后，学校撤系建院，美术学院于2006年3月26日揭牌成立。2010年12月，因学科发展需要，设计学科相关的专业从美术学院分离，成立新的美术学院和设计学院。

音乐学院

美术学院的前身是由著名书法家伍纯道教授于1988年5月创办的艺术教育系。2002年2月，艺术教育系分设为美术系和音乐系。2005年12月，音乐系与公共艺术教研部合并，成立音乐学院。

数学与统计学院

广西师范大学数学与统计学院可追溯到1932年10月创办的广西省立师范专科学校数学组（科）。1943年8月，教育部将国立广西大学师范专修科的数理化专修科并归国立桂林师范学院。1950年2月，学校并入广西大学，数学系并入理学院。1953年8月，院系调整，在原广西大学理学院及师范（数学）专修科基础上重组广西师范学院数学专修科。1954年8月，学校将数学专修科改为数学系，开始招收本科生。1995年5月，更名为数学与计算机科学系；1999年7月，更名为数学与计算机科学学院；2005年12月，更名为数学科学学院；2013年10月，更名为数学与统计学院。

物理科学与技术学院

物理科学与技术学院前身是1941年重建的广西省立师范专科学校理化专修科。1956年，由理化专修科发展成立物理系。1995年，更名为物理与电子科学系。2003年，更名为物理与信息工程学院。2005年，更名为物理与电子工程学院。2009年，在原物理与电子工程学院物理学学科的基础上，成立物理科学与技术学院。

化学与药学学院

化学与药学学院的前身是1941年重建的广西师范专科学校理化专修科。1954年3月，化学系成立。1995年，更名为化学化工系。1999年5月，化学化工系、计测中心的部分下属机构与生物学系合并，成立化学与生命科学学院。2002年9月，化学与生命科学学院解散。2003年5月，化学化工学院成立。2013年6月，在原化学化工学院的基础上成立化学与药学学院。

生命科学学院

生命科学学院的前身是1958年秋成立的广西师范学院生物学教研室。1959年生物系成立，陈伯康为首届系主任。1999年5月，生物系、化学化工系和计测中心部分下属机构合并，成立化学与生命科学学院。2002年9月，化学与生命科学学院解散，生命科学学院成立。

环境与资源学院

环境与资源学院源于1987年3月23日成立的计算分析测试中心。1999年5月，学校整合相近学科，由化学化工系、计测中心、生物系合并成立化学与生命科学学院。2000年化学与生命科学学院拆分，环境科学系并入计测中心成为教学单位。2001年更名为资源与环境学系，2005年成立环境与资源学院。

计算机科学与工程学院 / 软件学院

计算机科学与工程学院 / 软件学院成立于2006年2月，其前身可追溯到1932年10月12日成立的广西师范专科学校数学专修科，是建校时最早设立的系科之一。1954年在数学专修科的基础上建系，命名为数学系。1995年，数学系更名为数学与计算机科学系。1999年5月，数学与计算机科学系、公共计算机教学部、计算机应用技术研究所和网络中心组建为数学与计算机科学学院。2001年10月15日，网络中心从数学与计算机科学学院中划出，成为学校独立的二级单位。2006年2月，数学与计算机科学学院、物理与信息工程学院和现代教育技术中心的计算机专业相关部分教学资源组建为计算机科学与信息工程学院。2014年11月，成立软件学院，学院更名为计算机科学与信息工程学院 / 软件学院。2020年7月，信息管理与信息系统专业转入经济管理学院。2021年4月，学院更名为"计算机科学与工程学院 / 软件学院"。

体育与健康学院

体育与健康学院的前身是1973年2月成立的体育系。2001年3月，体育学院成立。2005年11月，体育学院与公共体育教研部合并组建为新的体育学院。2020年5月，健康管理学院并入学院，组建体育与健康学院。

电子与信息工程学院 / 集成电路学院

电子信息工程学院源于1988年学校在物理系开办的电子本科专业。2009年1月20日，以原物理与电子工程学院的电子信息工程、通信工程两个本科专业，电路与系统硕士点和电子技术研究所的相关教学、科研资源成立了纯工科的电子工程学院。2022年7月22日，学院更名为"电子与信息工程学院"。2022年7月25日，学校成立集成电路学院，与电子与信息工程学院实行两块牌子、一套人马的运行机制。

职业技术师范学院

职业技术师范学院源于1999年设立的高等职业技术学院。2009年1月20日，职业技术师范学院成立，是当时广西唯一在高等师范院校内部二级建制的职业技术师范学院。2014年2月26日，成立健康管理学院，挂靠在职业技术师范学院。2020年5月27日，健康管理学院并入体育学院。

设计学院

设计学院的前身是由著名书法家伍纯道教授于1988年5月创办的艺术教育系。2002年2月，艺术教育系分设为美术系和音乐系。美术系后来发展为美术学院。2010年12月，设计学科相关专业从美术学院中分离。2011年4月29日，设计学院成立。

国际文化教育学院

国际文化教育学院成立于2000年，前身是1991年学校设立的对外汉语培训中心。2000年，广西师范大学对外汉语培训中心与广西师范大学国际教育交流中心合并，成立广西师范大学国际文化教育学院，与国际合作与交流处／港澳台事务办公室实行三块牌子一套人马的管理模式，一直沿用至今。

（校长办公室整理）

二、党政群团、业务部门调整沿革

党委办公室／督查督办办公室

党委办公室／督查督办办公室前身是1957年3月成立的广西师范学院党委办公室。1960年10月，因精简机构，党委办公室与院长办公室合并办公。1961年9月，党委办公室与院长办公室分开，各自独立办公。"文化大革命"期间党组织受到冲击，1967年1月院党委被夺权后停止了活动，党委办公室也随之停止办公。1968年11月，广西壮族自治区革委会批准广西师范学院成立革命委员会，院革委会下设的院办事组代替了党委办公室和院长办公室的工作。1975年3月，召开党代会选举产生了第四届院党委，但尚未恢复党委办公室，仍由办事组代行其职。1979年9月，撤销院办事组，恢复了广西师范学院办公室，兼含党办的职能。1983年6月，党委办公室正式恢复。1986年10月20日，校党委任命了党委办公室主任。2000年12月，统战部与党委办公室合署办公。2015年4月成立督查督办办公室，挂靠党委办公室。2018年3月，统战部独立设置，督查督办办公室从党委办公室分离，与党委统战部合署办公。2019年12月，学校督查督办办公室从与党委统战部合署办公调整为与党委办公室合署办公至今。

校长办公室

1932年10月，学校的前身广西省立师范专科学校创办，随后，便有了相当于校长办公室的机构。1953年，全国高校院系调整，组建广西师范学院，设院长办公室。1955年9月，学院成立院刊编委会，院刊编辑部隶属于校办。1960年10月31日，党委办公室与院长办公室合署办公，实行两块牌子、一套人员。1961年9月12日，两办分开设置。1968年11月，成立广西师范学院革命委员会，原来的部、处、室被调整为政工组、办事组、后勤组等，其中办事组替代了院长办公室和院党委办公室的职能。1975年8月，学院为适应外事工作的需要，设立了外事工作小组，隶属办事组领导，配有专职外事干部，后由院办一名副主任兼管外事工作。1977年1月，学院成立了三里店分部领导小组及办公室。1978年10月，学院撤销院办事组，设置了院办公室，负责院行政和党务工作，并设有一名负责党务工作的秘书。1983年5月，广西师范学院更名为广西师范大学，院长办公室随之改为校长办公室。1983年6月，恢复党委办公室后，党办日常工作即从校长办公室分离。1986年5月，学校在原档案室的基础上成立了综合档案室，属校长办公室领导下的二层机构（副处级）。1986年9月，学校成立广西师范大学外事办公室，由校长办公室一名副主任分管。1987年5月，外事办公室从校长办公室独立出去。2001年2月，成立校长办公室车队。2001年10月，网络中心从数计学院划出，调整隶属于校长办公室。2002年3月，网络中心不再挂靠校长办公室，改由学校直接领导。2002年3月，综合档案室从校办划出，独立设置。2005年成立校友总会秘书处（挂靠校长办公室），2015年独立设置。2014年2月成立发展规划办公室（正处级内设机构，挂靠校长办公室）。2018年公车改革，校长办公室车队撤销。2018年5月，学校成立脱贫攻坚（乡村振兴）办公室，挂靠校长办公室。2018年10月，校长办公室设置秘书科、行政科。2020年2月，新冠肺炎疫情防控指挥部办公室设在校长办公室。2020年7月，学校成立发展规划处，原发展规划办公室撤销。

党委组织部

党委组织部的前身是成立于1957年2月的中共广西师范学院委员会组织部。当时，组织部与人事处合署办公。1960年1月，组织部设组织科。1962年9月，组织部与人事处分设，不再设科。1968年11月，广西师范学院革委会成立时，革委会下属政工组设组织小组，撤销组织部。1975年3月，广西师范学院第四届党委成立后，经向广西人民政府和国家教育部请示，1979年1月恢复设立组织部，再次与人事处合署办公，一套人马两块牌子。下设组织科、人事科、学生科、保卫科。1982年10月，组织部与人事处分设，组织部下设干部、组织及老干部三个科。1987年4月，学校成立离退休工作办公室，老干部科从组织部划出，组织部只设干部和组织两个科。从2005开始，组织部下设学校党委党校、为自治区高校工委党校桂林分校。2016年7月，成立干部教育培训学院，正处级建制，广西干部教育培训高校基地设在该学院，组织部与干部教育培训学院合署办公，一套人马两块牌子。

党委宣传部/新闻中心

1957年2月9日，广西师院第一届党委会成立，始设宣传部。1979年3月，广西师院党委恢复，宣传部随之恢复，下辖院刊编辑室、广播电影组，统管全院师生的政治思想教育工作和报刊、广播、电影及各种宣传工作。1986年，学校成立学生工作部（处），学生的思想政治工作分由学工部（处）负责。2000年12月成立新闻中心并与校报编辑室一起挂靠在宣传部。1979年3月，校广播站划归宣传部管理。2010年5月，成立宣传理论科。

2015年7月6日，成立网络信息科。2021年1月25日，成立学校精神文明建设工作委员会，委员会下设办公室，设在党委宣传部。

党委统战部

党委统战部成立于1987年5月。1998年，台湾事务（工作）办公室与统战部合署办公。2000年，党委统战部与党委办公室合署办公，部门更名为党办/统战部。2018年3月，独立设置党委统战部，督查督办办公室从党委办公室分离，与党委统战部合署办公，实行两块牌子，一套人马。2019年12月，督查督办办公室调整为与党委办公室合署办公，党委统战部独立设置。

党委教师工作部/人事处

党委教师工作部/人事处是在广西师范学院（广西师范大学前身）人事科的基础上建立起来的。1956年7月，学院在人事科基础上成立人事处，初设干部科、学生科，办公地点在王城校区。1957年增设档案科，1960年，更名为人事档案室。1959年增设保卫科、组织科。1968年11月，学院革命委员会将组织部与人事处合并，成立政工组，下设组织小组和人事小组。1978年10月，撤销政工组，恢复组织部、人事处，两部门合署办公，两块牌子，一套人马。部（处）下设组织科、人事科、学生科、保卫科、人事档案室。1982年12月，人事处与组织部分开独立办公，人事处下设人事科、学生科、保卫科（1983年3月—1984间曾归院办领导）、人事档案室。1984年11月，学校成立广西师范大学职称工作领导小组，并设置职称工作领导小组办公室，1986年11月更名为职称改革工作领导小组办公室。

1985年3月29日成立工资福利科，1988年更名为劳动工资福利科。1986年7月，学生科从人事处分出，成立学生工作部（处）。1987年4月，根据广西编委桂编〔1987〕79号文件规定，人事处确定为县（处）级机构。1987年5月，保卫科从人事处分出，成立保卫处。1994年7月27日，为适应人事制度改革，学校成立广西师范大学人才交流中心。1995年10月24日，原隶属教务处的师资科划归人事处管理。2007年12月31日，学校成立博士后管理委员会，下设博士后管理委员会办公室，挂靠人事处。2017年11月，学校成立党委教师工作部，与人事处合署办公，人事处处长同时担任党委教师工作部部长。2019年12月18日，学校在人事处设立广西师范大学人才办公室，组织部部长、人事处处长兼任办公室主任。2020年11月，学校成立人事处绩效科，撤销广西师范大学人才交流中心。

目前，党委教师工作部与人事处合署办公，设置人事科、师资科、劳动工资福利科、职称改革工作领导小组办公室、博士后管理委员会办公室（挂靠人事处）和人才工作办公室（设在人事处）。

党风廉政建设办公室 / 党委巡察工作办公室

2022年3月，根据中共广西壮族自治区党委办公厅《关于部分区直企业、区管高校纪检监察机构设置有关事项的通知》(厅发〔2021〕48号)、中共广西壮族自治区纪委办公厅关于《自治区纪委监委向广西师范大学和广西医科大学派驻纪检监察组试点方案》(桂纪办〔2021〕76号)和中共广西壮族自治区纪律检查委员会《关于同意广西师范大学纪检监察派驻改革试点实施方案的批复》(桂纪函〔2021〕31号)精神和要求，为做好派驻试点改革中有关职能转换及交接工作，经学校党委研究，决定成立党风廉政建设办公室。党风廉政建设办公室与党委巡察工作办公室合署办公，为正处级内设机构，核定党风廉政建设办公室与党委巡察工作办公室正处级领导职数1名，副处级领导职数2名，科级管理人员4名。

2019年5月，成立党委巡察工作办公室。党委巡察工作办公室配备副主任1名，与纪委办、监察处合署办公，纪委办主任、监察处处长兼任党委巡察工作办公室主任。2022年3月，根据自治区纪委监委派驻改革试点需要，党委巡察工作办公室与党风廉政办公室合署办公，并重新核定岗位职数。

学生工作部（处）

学生工作部(处)于1986年7月成立。2007年7月，获批成立教育部高校辅导员培训和研修基地(广西师范大学)，挂靠学生工作部(处)。2015年，研究生管理服务工作并入学生工作部(处)。2015—2019年学生工作部(处)与研究生工作部合署办公。2019年1月，教育部原高校辅导员培训和研修基地(广西师范大学)获批成为教育部高校思想政治工作队伍培训研修中心(广西师范大学)。2019年10月，学校恢复成立党委研究生工作部，研究生管理服务工作从学生工作部(处)剥离。

学生工作部(处)现设有办公室、思想政治教育科、学生管理科，大学生易班发展中心、心理健康教育中心、资助管理中心、就业指导中心、劳动教育中心、教育部高校思想政治工作队伍培训研修中心(广西师范大学)挂靠学生工作部(处)。

党委研究生工作部 / 研究生院

1988年9月，学校成立研究生办公室，隶属教务处。1994年，研究生办公室更名为研究生部，仍隶属教务处。2000年10月，根据《广西师范大学机构改革方案》，部分职能从机关管理部门划出，研究生部更名为研究生工作处(正处级)。2005年11月，研究生工作处更名为研究生学院，并成立研究生学院党总支。2006年5月，研究生学院党总支撤销，成立研究生工作部。2015年12月，研究生工作部并入学生工作部(处)。2018年7月，研究生学院更名为研究生院。研究生院下设研究生招生办公室、研究生培养办公室、学科建设办公室、学位管理办公室。2019年10月，恢复党委研究生工作部，与研究生院合署办公，下设教育与管理办公室、就业与奖助办公室。

校工会

工会于1953年召开第一次全体会员大会，选举出委员6名，其中主席、副主席各1名。1978年月10月31日，学校成立了恢复整建工会工作领导小组，配备组长、副组长各1人。1993—1994年，部门工会委员会换届选举，产生了25个部门工会委员会和8个直属工会小组。1998年，成立教工消费合作社，并设立液化气上门服务点。2000年，校工会增设了育才社区管理办公室和王城社区管理办公室。2001年，校计划生育办公室挂靠工会。

2006年4月，撤销劳动服务公司，成立劳动服务中心，挂靠校工会。2009年7月，劳动服务中心更名为劳动用工管理中心。挂靠校工会，其编制设置和主要职能不变。

2018年8月，调整校工会内设机构，在校工会成立综合办公室、青工女工部、组织宣传部、文化体育部4个正科级内设机构。

校团委

校团委成立于1953年9月。随着学校事业发展需要和共青团组织改革要求，特别是2015年党的群团工作改革以来，校团委组织架构历经多次调整，现设有办公室、组织部、宣传部、学术实践部、文化素质拓展部和学生社团管理部。下辖21个学院（部）团委、广西师范大学出版社集团有限公司团委、教工团支部和卓然小学团支部。

党委武装部 / 保卫处

保卫处前身是于1959年建立的保卫科，是人事处下属的一个科。"文革"期间，保卫科改为保卫组。1963年以前，根据我国民兵工作的传统，建有民兵组织"广西师范学院民兵团"，下设民兵营、连。1963年6月建立广西师范学院人民武装部。1976年7月，民兵组织进行调整，学校建立普通民兵团、武装民兵排。1981年中共中央、国务院、中央军委下发〔1981〕11号文件，批转总参谋部、总政治部《关于调整民兵组织的请示报告》。根据文件的规定"机关、学校、科研单位和城市一些人少、分散的小单位，平时一般不建民兵组织"，学校撤销了民兵组织。武装部机构及职能仍保留。1983年3月保卫科从人事处分出来，由院办公室领导（约一年时间后又归人事处领导）。1986年，学校建立了校卫队，由保卫科领导。1987年5月，保卫科从人事处独立出来，建立保卫处。1988年10月，广西公安厅下文同意建立桂林市公安局广西师范大学派出所。1989年4月，学校下文建立派出所。派出所受桂林市公安局和广西师范大学双重领导，与校保卫处合署办公。1993年1月9日，人民武装部与保卫处合署办公。1995—1996年，保卫处、派出所、武装部合署办公，三块牌子一套人马。2000年学校机构进行调整，保卫处与武装部合署办公，武装部属学校党群部门；保卫处属学校行政管理部门，下设政保科、治安科、户籍管理科、消防科、校卫队、城管广西师大中队、校园"110"报警服务中心由治安科管理。2015年7月保卫处下设机构调整为处办公室、政保户籍科、治安管理科、交通秩序科、消防安全科、技术防范科。2016年以后，开始将人民武装部改称党委武装部（没有专门下文）。2016年6月20日广西师范大学征兵工作站揭牌成立，设在学校党委武装部；2021年7月，学校设立军事理论教研室，隶属党委武装部。

发展规划处

发展规划处的前身是成立于2014年2月的发展规划办公室（正处级内设机构，挂靠在校长办公室）。2020年7月，成立发展规划处，原发展规划办公室撤销，原属发展规划办公室的职能划归发展规划处，并整合了学校法律事务等相关职能。发展规划处下设综合科、规划科、法律事务科。

教务处 / 教师教学发展中心

教务处前身是1932年成立的广西省立师范专科学校教务长办公室，陈此生、林励儒等先后担任教务长。1953年8月广西师范学院组建后，设教务长1人、副教务长1人，教务长办事机构为教务处，下设教务行政科、教研科、图书馆、资料组、广播组、院刊编辑室6个科、组、室。后所辖部门屡有变更，现下设教务处办公室、教材建设管理科、教务科、学籍管理科、教育实践办公室、招生工作办公室、高等教育研究室、应用型人才培养办公室、校评估与建设办公室、考务科、大学生文化素质教育基地办公室、教学信息技术科等12个科室。

教师教学发展中心前身是2012年7月10日成立的教师发展中心。2015年12月，教师发展中心更名为教师教学发展中心（2015年6月前，挂靠广西高等学校师资培训中心；之后，挂靠教务处）。下设教师发展科。

科学技术处

科学技术处前身是科研生产处，成立于1978年10月24日，下设科研科和设备科，11月设备科改为设备供应科。1988年1月设立实验室管理科。1989年3月30日成立科学技术协会。1991年12月27日成立社会科学联合会，均挂靠科研生产处。1993年2月12日，科研生产处更名为科学研究管理处。2011年12月科学研究管理处更名为科学技术处（简称科技处）。2012年4月，科技处设立项目管理科和成果管理科，同时撤销原设立的理科科研科。2017年12月，科技处设备供应科更名为设备管理科，2018年9月科技处成果管理科更名为成果管理与技术转移科，2021年3月新成立科技处科技平台科。

社会科学研究处 / 广西人文社会科学发展研究中心

社会科学研究处的前身是1978年10月24日设立的科研生产处，初设时分下辖科研科和设备科，并负责管理学校的校办工厂；其中科研科下分辖学报编辑部和科技情报室。1983—1985年间，各校办工厂陆续脱离科研生产处。1984年夏设立技术服务部，9月独立分出学报编辑室，10月设立生产科，11月将设备科改为设备供应科。1987年因人员调动取消技术服务部。1988年1月设立实验室管理科，8月建立科技开发中心。1989年3月30日成立科学技术协会。1990年1月科技开发中心独立分出，10月撤销科技情报室。1991年12月27日成立社会科学联合会，挂靠科研生产处。1993年2月12日，科研生产处更名为科学研究处。2005年12月21日成立人文哲学社会科学建设办公室（简称哲社办），哲社办与科学研究处实行两块牌子一套人马运行模式。2010年1月13日，建立省级科学实验中心广西人文社会科学发展研究中心（简称广西文科中心）。广西文科中心和哲社办实行两块牌子一套人马运行模式。2011年12月8日，成立社会科学研究处（简称社科处），原科学研究管理处（科技处）社会科学研究管理职能及相关人员划归社科处。社科处与广西文科中心实行两块牌子一套人马的运行模式，撤销人文哲学社会科学建设办公室。2012年4月22日，社科处设立科研科和社会服务科，同时撤销原设立的文科科研科。2018年6月2日，成立平台管理科，广西廉政建设研究中心办公室秘书岗位并入平台管理科。2017年，广西文科中心被评为首批广西特色新型智库联盟重点智库。2020年，广西文科中心入选广西首批高端智库建设试点单位。目前社科处分辖办公室、科研科、社会服务科、平台管理科。

财务处

财务处前身是1953年成立的广西师范学院总务处财务科。1968年11月，总务处改为后勤组，总务处财务科也改为后勤组财务小组。1978年10月，后勤组恢复为总务处，后勤组下属的财务小组也恢复为总务处财务科。1983年3月9日，财务科从总务处分离出来，成立了广西师范学院财务科，成为学校直属的一个科级单位，由分管后勤工作的副院长直接领导。1985年3月，财务科改为财务办公室，属副处级单位。1987年5月19日，财务办公室改为财务处，正处级单位，统管全校的财务工作。

审计处

学校于1993年1月设立专职内部审计机构——审计室。2000年10月，审计室更名为审计处。2001年11月，内设财经审计科和基建审计科。2021年3月，审计处设立综合审计科，基建审计科更名为工程审计科。2021年12月，学校成立党委审计委员会，办公室设在审计处。

国际合作与交流处／港澳台事务办公室

国际合作与交流处的前身是1975年成立的广西师范学院外事工作小组。1981年，成立广西师范学院外事领导小组，下设秘书组、教学组、总务组。1986年，成立广西师范大学外事办公室，与校长办公室合署办公。1987年，外事办公室与校长办公室分开设置为独立的正处级机构。1995年，成立港澳台办公室与外事办公室合署办公。1997年外事办公室更名为国际交流处。1998年，港澳台办公室更名为"港澳台事务办公室"。2018年，国际交流处更名为国际合作与交流处，下设综合办公室、外事管理科、海外项目合作科、孔子学院办公室、国际学生招生办公室、国际学生管理科、外国专家与国际学生服务中心7个科级处室。

国际合作与交流处、港澳台事务办公室和国际文化教育学院采取三块牌子一套人马的运行模式。国际合作与交流处、港澳台事务办公室是学校执行涉外政策、协调对外及港澳台交流与合作事务的职能部门和办事机构。国际文化教育学院是以招收汉语学习为主的国际学生和中外校际交流人才培养类项目的中国学生为主的办学实体。

国有资产管理处

国有资产管理处的部门起源可追溯到20世纪80年代，其前身校办产业办公室是学校校办产业管理体制改革的探索成果和时代缩影。1988年初，成立经济管理委员会，将无线电厂、化工厂、智力开发器材厂划归校经管会直接管理。1991年，成立科技开发服务公司，统一管理校办工厂。1995年5月，剥离科技开发服务公司的行政管理职能，成立校办产业办公室，统一管理全校的校办产业和商业网点。成立中共广西师范大学校办产业总支部委员会。2000年10月，成立校产管理处，财务处国有资产管理科划归校产管理处，具体负责对校办产业、学校资产、大宗物资采购招标投标的管理工作。2009年1月，校产管理处更名为资产管理处，内设办公室、资产财务管理科、企业管理科和采购管理科。2009年1月21日，成立中共广西师范大学资产管理处总支部委员会，同时撤销中共广西师范大学校办产业总支部委员会。2015年4月，成立公共用房管理科，负责学校公共用房的管理。2017年1月，成立校园经营管理办公室，为隶属于资产管理处的副处级机构。2018年8月，资产管理处资产财务管理科更名为资产管理科。2019年3月，撤销后勤基建处，原后勤基建处房地产管理科划入资产管理处。2019年8月，撤销中共广西师范大学资产管理处总支部委员会，成立资产管理处党支部，隶属机关党委。2022年1月，资产管理处更名为国有资产管理处。同年3月，机关党委批复"资产管理处党支部"更名为"国有资产管理处党支部"。

离退休工作处

离退休工作处的前身是1985年成立的校党委组织部老干部科。1987年4月，在原老干部科的基础上，成立了校离退休工作办公室，下设离休科和退休科。1991年10月，经学校党委批准，成立离退休党总支，下设7个支部。1992年11月，离退休工作办公室升格为离退休人员工作管理处；2006年4月，学校将离退休党总支升格为离退休党委。2008年3月，学校对退休科进行拆分，设立退休一科和退休二科，退休一科负责全校退休人员（关停企业退休人员除外），退休二科负责学校关停企业退休人员的管理与服务工作；2018年1月6日，学校将离退休人员工作管理处更名为离退休工作处，现下设有办公室、离休科、退休一科、退休二科等四个科级机构。离退休党委下设20个支部。

基建处

基建处的前身是于1957年在总务处内设的基建小组，于1959年改为基建办公室，1960年下半年，设立基建处。1979年2月6日，建立基建工作室，由总务处处长兼主任，下设施工组、材料组。1987年5月19日，设立基建处，下设计划综合科、施工管理科。1988年8月，基建处办公地点搬到三里店分部。1994年5月24日，基建处更名为基建房产处，总务处下属的房产部和水电队划归基建房产管理处管理。2000年10月8日，撤销基建房产管理处，成立后勤管理处。2003年12月31日，成立新校区建设指挥部办公室（正处级机构）。2009年1月21日，撤销后勤管理处，成立后勤基建处，学校节能减排工作领导小组办公室挂靠在后勤基建处。2015年12月12日，撤销雁山校区建设办公室，原雁山校区建设办公室的工作职能划归后勤基建处。2019年3月5日，撤销后勤基建处，成立基建处，内设规划管理科、基建管理科，配备秘书1名。

校友工作办公室

2005年12月，成立广西师范大学校友总会，下设校友总会秘书处（挂靠校长办公室）。2015年从校长办公室分离，成为独立内设机构。2019年11月，在自治区民政厅正式注册成立"广西师范大学校友会"。2019年6月设立校友工作办公室（正处级内设机构）。

教育发展基金会管理办公室

2006年11月，广西师范大学教育发展基金会在广西壮族自治区民政厅注册成立。2018年12月，成立教育发展基金会管理办公室，为学校内设机构，与校友工作办公室合署办公。

基础教育管理办公室

基础教育管理办公室前身是成立于2015年12月的基础教育管理与合作办公室（正处级内设机构）。2021年12月，基础教育管理与合作办公室更名为基础教育管理办公室，进一步明确监管与举办职能分离，统筹附属中小学幼儿园的建设与发展。

广西高等学校师资培训中心

广西高等学校师资培训中心是广西壮族自治区教育厅的派出机构，属自治区一级高等教育培训中心。中心依托广西师范大学，接受广西壮族自治区教育厅和广西师范大学双重领导。中心前身是1984年成立的广西师范大学师资培训部。1989年4月8日，根据当时国家教委要求各省建立相应的省级培训中心的精神，经自治区教育厅批准，"广西师范大学师资培训部"改为"广西高师师资培训中心"，附设在广西师范大学教务处。1995年10月改为独立建制，由广西师范大学直接管理。1999年3月由"广西高师师资培训中心"更名为"广西高等学校师资培训中心"。

中心现是全国高校教师网络培训广西分中心、教育部高等学校师资培训武汉中心广西培训基地、广西高等学校师资管理研究会秘书长单位。

继续教育学院

学校是全国较早、广西最早开展高等学历继续教育的高等学校。1957年在学校教务处设函授科，1958年创办函授教育，1985年函授科从教务处分离成立独立的学校函授部，下设教学教务科和教材科。1990年9月29日，成立广西师范大学高等教育自学考试办公室，隶属函授部。1991年6月，经原广西教育委员会批准，在函授部的基础上成立广西师范大学成人教育学院，下设函授夜大部、培训部、院办公室（含高等教育自学考试办公室）。1999年顺应国家对企事业单位人员加强继续教育的形势，成立学校继续教育学院，实行两块牌子一套人马的管理模式，内部机构设置为"两部两办"，具体是：学历教育部、自考培训部、院办公室、成教学生工作办公室。2007年增设了成高招生办公室，成人教育研究所。2008年继续教育学院更名为职业与继续教育学院，同时把自考培训部，拆分为自考办公室和培训部，学院设如下机构：院办公室、学历教育部、招生办公室，自学考试办公室、学工办、培训部和成人教育研究所。2017年，成人教育学院和职业与继续教育学院合并，更名为继续教育学院，同时成立成人高等教育考务中心，撤销学生工作办公室，学院设如下机构：院办公室、招生办、学历教育部、自学考试办公室、培训部、考务中心和成人教育研究所。

创新创业学院

2015年12月29日，成立创新创业教育中心，为学校正处级机构。2016年9月28日，创新创业教育中心更名为创新创业学院。设立综合事务部、教学科研部和实践部。2017年1月7日，创新创业学院/中国－东盟创新创业学院正式挂牌成立。

后勤保障处/后勤服务集团

后勤保障处/后勤服务集团成立于2019年3月，前身是后勤服务集团，其沿革历史最早可以追溯到20世纪90年代的学校总务处，系由学校总务处先后经历两次更名而来。2000年10月，成立后勤服务集团。2019年3月，成立后勤保障处，与后勤服务集团合署办公，在管理上实行两块牌子一套人马的运行模式，称为后勤保障处／后勤服务集团。

校医院

校医院前身是1953年成立的卫生保健科（王城校区）；之后随着学校到育才校区办学成立育才校区卫生保健科。1994年10月，卫生保健科更名为广西师范大学医院（科级建制单位下设机构，挂靠总务处）。1998年12月，校医院通过桂林市卫生部门医院等级评审，取得了"一级甲等医院"资格，成为广西高校医院首家定级单位。2000年12月，校医院从总务处分出，确定为副处级独立建制单位，为学校直属业务单位。2007年10月，广西师范大学雁山校区启用，成立校医院雁山校区医务室。

图书馆

广西师范大学图书馆创立于1932年。在抗战时期、解放战争时期及新中国成立初期，图书馆随学校历史变迁几经改址。1954年图书馆随学校迁入王城校园。1982年，育才校区图书馆馆舍建成。2002年9月，育才校区图书馆新馆取代原馆舍正式启用。2018年10月12日，雁山校区图书馆正式启用。目前，图书馆下设办公室、读者服务部、资源建设部、学科服务部、文化服务部、技术服务部、古籍特藏部等六部一室。

网络信息中心

网络信息中心其前身是成立于1997年5月的网络中心，是校园网最早与中国教育和科研计算机网（CERNET）互连的百所高校之一，是CERNET华南地区桂林主节点的依托单位。先后挂靠计算分析测试中心、数学与计算机科学学院、校长办公室。2002年3月，网络中心改为学校直属业务部门。2005年11月，现代教育技术中心的有线电视收视和管理职能划归网络中心。2015年4月，成立校园一卡通中心，隶属网络中心管理。2016年9月，成立网络信息中心，下设信息化建设办公室、信息技术部、网络技术部和一卡通部四个部门。

广西师范大学学报

1957年2月27日，学校科学研究委员会决定将教职工的论文结集出版。1957年8月25日，名为《科学论文集》的刊物正式出版，标志着《广西师范大学学报》创刊。1959年，《科学论文集》改名为《广西师院》，为文理综合版。1959年4月22日，第一届学报编辑委员会成立。"文革"期间一度停刊，1972年12月复刊。1972年10月16日，在院革命委员会领导下成立广西师院院刊编辑组。1977年2月4日，院刊编辑组和院写作小组合并，成立院刊编辑、写作小组。1978年刊名改为《广西师范学院学报》，季刊。1979年《广西师范学院学报》分为哲学社会科学版和自然科学版。1982年12月8日，学报编辑室改组为学报编辑部。1983年，广西师范学院升格为广西师范大学，学报随学校改名为广西师范大学学报。1992年，学报自然科学版改为季刊。2007年，学报哲社版改为双月刊，2020年学报自科版改为双月刊。《广西师范大学学报》(自然科学版)从2004年以来一直是中文核心期刊。2019年10月15日，学校党委常委会专题研究并通过了《广西师大学报办刊质量提升工作方案》，明确了学报高质量发展的实践路径。

档案馆

  档案馆于2002年3月在综合档案室的基础上成立。1953年10月，学校成立档案室，由院长办公室领导，全院文书档案材料统一由档案室立卷归档。1955年，学校成立党总支，并设立机要室，党群系统形成的文书档案由机要室集中统一管理。1957年3月，学校成立党委，党委系统形成的档案和文件集中统一由党委机要室管理，行政系统形成的档案和文件由院长办公室档案室管理，机要室、档案室日常工作由党委办公室主任负责管理。1968年12月，学校党、政档案和文件集中统一管理，机要室、档案室两块牌子一套人马。1985年9月，学校成立综合机要档案室，统一负责学校机要、档案的管理工作。1986年5月，学校成立综合档案室，属校长办公室二层机构，负责全校档案和机要的管理工作。1996年8月，机要室分出，划归党委办公室。2002年3月18日，学校决定在校综合档案室的基础上，成立校档案馆。现设有综合档案室、人事档案室、学生档案室、校史年鉴室。

（人事处整理）

三、专业调整沿革

(一) 文学院 / 新闻与传播学院专业简介

1.汉语言文学（含基地班）专业

  汉语言文学专业办学历史悠久，是学校设置最早的专业之一，始于1932年10月创建的广西省立师范专科学校文学组（科），1953年8月在原广西大学文教学院和师范（语文）专修科基础上重建广西师范学院中国语言文学系，汉语言文学为主要专业。1995年，中国语言文学学科点被确认为"国家文科基础学科人才培养和科学研究基地"，在汉语言文学本科专业基础上设置国家文科基地班。2001年，国家文科基地获教育部评估"优秀"等级。2007年，汉语言文学专业被评为国家级特色专业。2019年获批国家级一流本科专业建设点。

2.秘书学专业

20世纪90年代初设置文秘教育专业，1992年开始在广西首招师范类文秘教育专业专科生，2013年"文秘教育专业"改名为"秘书学专业"，并于当年开始招收秘书学专业非师范本科生。

3.汉语国际教育专业

汉语国际教育专业于2000年设置，旨在培养以汉语作为第二语言，具备熟练教学技能、良好的跨文化交际及中华文化传播能力，胜任多种教学任务的应用型、国际化、高层次复合型人才。

4.编辑出版学专业

2001年开办编辑出版专业，2005年改为隔年招生，2008年恢复每年招生，2012年停招，2013年最后一次招生，编辑出版学专业停办。为适应专业发展和学科建设需要，2013年10月成立了新闻传播学教研室，在编辑出版学专业的基础上申报新闻学专业。

5.新闻学专业

新闻学本科专业于2014年开始招生，自2017年5月起，由自治区党委宣传部、广西日报传媒集团和广西师范大学三方共同建设。

6.网络与新媒体专业

网络与新媒体专业于2012年设立，是第一批获教育部批准开设的新媒体本科专业之一，也是广西普通高等学校开办的第一个新媒体本科专业。

(二) 历史文化与旅游学院专业简介

1.历史学专业

历史学专业前身是1932年广西省立师范专科学校成立时设置的历史专修科。1956年开始本科专业招生。获批2020年国家级一流本科专业建设点。2021年通过教育部师范类第二级专业认证。

2.旅游管理专业

旅游管理专业创办于2000年，同年开始招收本科生。2004年获得学术型硕士研究生培养资格，2010年获得全国首批旅游管理专业硕士（MTA）的培养资格，2021年获批自治区级一流本科专业建设点。

3.文化产业管理专业

文化产业管理专业于2007年获批，2008年开始招收本科生，2017年获批成为广西高校创新创业教育改革示范专业，2021年获批成为自治区级一流本科专业建设点。

4.酒店管理专业

酒店管理专业源自2011年在旅游管理专业招生中设置的酒店管理方向。2017年增设酒店管理专业，2018年正式招收酒店管理专业本科生。

(三) 马克思主义学院专业简介

1.思想政治教育专业

思想政治教育专业从1960年办学至今已60余年，具有悠久的办学历史。2008年获批国家级本科特色专业，2019年获批国家级一流本科专业建设点。

2.马克思主义理论专业

马克思主义理论专业从2021年开始招生。

(四) 法学院专业简介

1992年，正式招收法学专业专科生，1998年开始招收法学本科生。法学本科专业是国家级特色专业建设点，2019年获批国家级一流本科专业建设点。

(五) 政治与公共管理学院专业简介

1.行政管理专业

2000年起招收本科生，2007年起招收硕士研究生，2011年起招收公共管理硕士专业学位研究生。获批2020年国家级一流本科专业建设点，拥有省级一流课程4门，开发全英文课程6门。

2.社会工作专业

2001年起招收本科生，2003年起招收社会工作方向硕士生，2010年招收全国第一批社会工作硕士，2019年获批国家级一流本科专业建设点。拥有省级一流课程6门，开发全英文课程6门。

3.政治学与行政学专业

政治学学科在我校建设的历史悠久。早在20世纪三四十年代，已经开设"政治学原理"等政治学学科主干课程。1953年学校设立马列主义教研室，1960年设立政治教育系，1964年开始招收政治学四年制本科学生，1984年开始招收硕士研究生。2012年开始招收政治学与行政学本科生。

4.社会学专业

早在1936年就设立了社会学系。1997年开始招收社会哲学方向硕士，2001年起招收本科生，2003年起招收社会学专业硕士生。

5.劳动与社会保障专业

2007年起招收社会保障方向硕士生，2011年起在公共管理硕士专业学位中设立社会保障方向，2015年获批本科专业招生资格，2016年开始招收本科生。本专业拥有省级一流课程4门，开发全英文课程4门。

(六) 经济管理学院专业简介

1.经济学专业

1936年设立经济系，新中国成立初期经高校院系调整后停办，1990年复办专科，1999年起招收本科。2006年，经济学本科专业获批广西优质经济学专业。2013年，区域经济学获批广西重点学科。2019年，经济学专业获批国家级一流本科专业建设点。

2.工商管理专业

工商管理专业起源于1936年创立的经济学专业，2003年开始招收该专业本科生，2005年组建经济管理学院工商管理系，2013年获批广西"企业管理"学科，2021年获得BGA（Business Graduates Association，英国商学院毕业生协会）国际认证会员资格。2021年在中国软科学评比中获评前50%的专业，同年获批自治区级一流本科专业建设点。

3.金融学专业

1936年设立经济系，著名经济学家李达任首任经济系主任。2013年开设金融学本科专业。

4.人力资源管理专业

人力资源管理本科专业于2004年9月开始招生，2016年1月起从政治行政学院划归经济管理学院。

5.会计学专业

源于1936年创立的经济学专业，2003年开始招收该专业本科生，2008年会计学专业开始招生，2021年获得BGA国际认证会员资格。

6.信息管理与信息系统专业

2000年9月开始招生，2020年1月起从计算机科学与信息工程学院划归经济管理学院。

(七) 教育学部专业简介

1.公共事业管理专业

1989年创办，当年招生，2018年开始停招。

2.学前教育专业

学前教育专业创设于1992年，2019年通过教育部师范类第二级专业认证，获批2020年国家级一流本科专业建设点，是广西唯一拥有本硕博完整学前人才培养体系的专业。

3.教育技术学专业

教育技术学专业于1994年成立，是广西唯一拥有本硕博完整教育技术人才培养体系的专业，是广西首批教师教育优势特色专业、自治区级一流本科专业建设点。

4.应用心理学专业

心理学系于1997年开始招收应用心理学专业本科生，2001年招收心理健康教育硕士，获批2020年自治区级一流本科专业建设点。

5.小学教育专业

2011年创办，2012年开始招生。2019年获批国家级一流本科专业建设点。2021年10月，完成教育部师范专业二级认证专家入校评估。2022年2月，小学教育教研室获批首批国家级虚拟教研室建设试点。

6.特殊教育专业

特殊教育学系创办于2013年，2014年开始招收特殊教育专业本科生，2018年开始招收特殊教育学硕士生，2022年开始招收教育学（融合教育方向）博士生，具有特殊教育学本硕博连贯人才培养体系。

（八）外国语学院专业简介

1.英语专业

英语专业创建于1942年，为自治区重点专业、优质专业、优势专业，2019年获批国家级一流本科专业建设点。

2.商务英语专业

商务英语专业从2000年开始招生。2021年 QS 排名全国商务英语类第37名，是广西唯一进入 A 类的外语类专业。

3.日语专业

日语专业于2000年开始招收本科生，2011年获得日语笔译专业硕士授权点，2019年开始招收日语语言文学硕士。

4.翻译专业

英语翻译专业于2005年开始招收本科生，2014年获教育部批准设置为翻译专业，2009年获翻译专业硕士（MTI）授权点，2021年获批自治区级一流专业。

5.朝鲜语专业

朝鲜语专业成立于2005年，是自治区级一流专业、特色专业。2011年开始招收朝鲜语笔译专业硕士（MTI），2018年开始招收亚非语言文学朝鲜语方向硕士研究生。

（九）美术学院专业简介

1.美术学专业

美术学专业起源于1988年成立的广西师范大学艺术教育系。1994年开始招收美术教育专业本科生（学制4年），2004年招收美术学专业本科生（学制4年）。

2.绘画专业

2004年设置绘画专业，2005年开始招生，2019年获批自治区级一流本科专业建设点。

3.书法学专业

2014年设置书法学专业，同年开始招收本科生。

（十）音乐学院专业简介

1.音乐学专业

音乐学（师范）专业于1994年开始招收本科专业学生，授予艺术学学士学位。2019年获批自治区级一流本科专业建设点。

2.舞蹈学专业

舞蹈学（师范）专业于2004年开始招收本科专业学生，授予艺术学学士学位。

3.音乐表演专业

音乐表演专业2009年开始招收本科专业学生，授予艺术学学士学位。

（十一）数学与统计学院专业简介

1.数学与应用数学专业

数学与应用数学专业1932年开始招生，1977年前使用的名称是数学专业，1977年更名为数学教育专业，1998年更名为数学与应用数学专业。先后被列为自治区级优质专业、教育部第四批高等学校特色专业建设点、广西高等学校特色专业及课程一体化建设项目（优势专业）。2019年获批国家级一流本科专业建设点。2021年通过教育部师范类第二级专业认证。

2.统计学专业

统计学专业办学历史悠久，1959年开设概率统计课程，1982年举办由陈希孺院士等人主讲的全国数理统计讲习班，1986年开始招收数理统计硕士研究生，2012年开始招收统计学专业本科生。获批2020年自治区级一流本科专业建设点。

3.应用统计学专业

应用统计学专业办学历史悠久，1959年开设概率统计课程，1982年举办由陈希孺院士等人主讲的全国数理统计讲习班，1986年开始招收数理统计硕士研究生，2013年开始招收应用统计学专业本科生。

4.信息与计算科学专业

信息与计算科学专业2007年获批设置，2009年开始招生。

(十二) 物理科学与技术学院专业简介

1.物理学专业

物理学专业的办学历史始于1941年，1956年开始招收本科生。本专业是第二批国家级特色专业、自治区级优质专业。2019年获批国家级一流本科专业建设点。

2.科学教育专业

科学教育专业始建于2002年12月。2019年获批自治区级一流本科专业建设点。

3.测控技术与仪器专业

测控技术与仪器专业于2012年正式招生，是集光、机、电、算于一体的多学科交叉融合的综合性专业。

(十三) 化学与药学学院专业简介

1.化学专业

化学专业始建于1941年，1954年招收本科生。2019年获批国家级一流本科专业建设点，同年通过教育部师范类第二级专业认证。

2.应用化学专业

应用化学专业创办于1989年，2013年被评为广西重点学科，2014年获批为广西优势特色专业，2021年获批为省级一流专业建设点。

3.制药工程专业

制药工程专业创办于2008年，获批2020年自治区级一流本科专业建设点，现有生物与医药专业学位硕士授权点。

(十四) 生命科学学院专业简介

1.生物科学专业

前身是创办于1959年4月的生物学系生物教育专业。2002年更名为生物科学专业。2019年获批国家级一流本科专业建设点。2021年通过教育部师范类第二级专业认证。

2.生物技术专业

2000年招收第一届本科生，学制四年，授予理学学士学位。2014年，生物技术申请授予工学学士学位获得批准。

3.生态学专业

从2004年起招收本科生（理学），2014年生态学专业申请授予工科学位获得批准，更名为环境生态工程专业（工学）。2019年重新更名为生态学专业（理学）。

(十五) 环境与资源学院专业简介

1.环境科学专业

环境科学专业创办于1999年，是广西的重点学科（2007年）、广西高校特色专业（2011年）。获批2020年自治区级一流本科专业建设点。

2.环境工程专业

环境工程专业于2006年开始招收本科生。

3.地理科学专业

我校地理科学专业于2006年批准设立，2008年开始招收本科生。

4.地理信息科学专业

地理信息科学专业是教育部2018年批准建设的专业，2020年招收第一批本科生。

(十六) 计算机科学与工程学院 / 软件学院专业简介

1.信息安全专业

信息安全专业于2011年开始招收本科学生。

2.软件工程专业

软件工程专业创办于2013年，2014年开始招收本科学生，2018年获广西高校特色专业。获批2020年国家级一流本科专业建设点。

3.计算机科学与技术专业

计算机科学与技术专业于1996年开始招收本科学生，2011年获广西高等学校特色专业，2014年获广西高等学校优势特色专业，2021年获广西一流本科专业建设点。

4.数据科学与大数据技术专业

数据科学与大数据技术专业于2020年开始招收本科学生。

(十七) 体育与健康学院专业简介

1.体育教育专业

本专业自1973年创立并开始招生，是广西最早的体育教育专业、广西体育人才的摇篮。2019年获批国家级一流本科专业建设点。

2.运动训练专业

2001年，运动训练专业被国家体育总局批准单独提前招生。

3.社会体育指导与管理专业

始于2003年，最初为社会体育专业，2013年更名为社会体育指导与管理专业。

4.武术与民族传统体育专业

武术与民族传统体育专业2011年开始面向全国招生，经教育部、国家体育总局批准为单独提前招生专业，目前该专业是广西高校体育学科唯一取得单独提前招生资格的专业。

5.健康服务与管理专业

2017年设立并招生，是中南地区首个专为培养健康管理人才而设立的新型专业。

(十八) 电子与信息工程学院 / 集成电路学院专业简介

1.电子信息工程专业

电子信息工程专业始于1999年，是我校最早设立的工科专业，2015年获批自治区高等学校优势特色专业群；2016年，获批自治区级创新创业教育改革示范专业；2019年获批自治区级一流本科专业建设点。

2.通信工程专业

通信工程专业是电子信息大类中的重点专业，于2005年开办，2021年获批自治区级一流本科专业建设点。

3.电子科学与技术专业

电子科学与技术专业于2016年开设。

4.电子信息专业（大类）独秀试验班

电子信息专业（大类）独秀试验班是落实"广西师范大学全日制普通本科独秀学生培养计划2.0"的独秀班之一，2016年开始创建。

5.人工智能专业

人工智能专业于2021年开设。

（十九）职业技术师范学院专业简介

1.旅游管理专业

旅游管理专业于2009年开始招收本科生。设有普通本科（职教师资）（2009年至今）、专升本（职教师资）（2009年至2017年招生）、中职师资专升本（2014年至2017年招生）、中职升本（2013年至2018年招生）四类生源本科生。2016年开始培养旅游管理方向教育硕士（职教领域）研究生。2013年获批教育部职业教育师资培训旅游管理专业建设点。

2.机械设计制造及其自动化专业

机械设计制造及其自动化专业于2010年开始招收普通本科生，2015年前按数控技术、机电一体化方向普通本科（职教师资）招生。设有普通本科（职教师资）（2010年至今）、中职升本（机电一体化方向）（2015至2018年招生）两类生源本科生。2016年开始培养加工制造方向教育硕士（职教领域）研究生。

3.汽车维修工程教育专业

汽车维修工程教育专业于2011年开始招收本科生，设有普通本科（职教师资）（2011年至2016年招生）、中职升本（2013年至2016年招生）两类生源本科生。2016年开始培养加工制造方向教育硕士（职教领域）研究生。

4.汽车服务工程专业

汽车服务工程专业于2017年开始招收本科生（职教师资）。同年开始培养加工制造方向教育硕士（职教领域）研究生。

5.工艺美术专业

工艺美术专业于2017年开始招收本科生，设有普通本科（职教师资）（2017年至今）、专升本（职教师资）（2017年至2018年招生）、中职升本（2017年至2018年招生）三类生源本科生。2016年开始培养文化艺术方向教育硕士（职教领域）研究生。2014年获批教育部职业教育师资培训工艺美术专业建设点。

6.电子商务专业

电子商务专业于2020年开始招收本科生（职教师资）。2021年开始培养财经商贸方向教育硕士（职教领域）研究生。

7.电子科学与技术专业

电子科学与技术专业于2014年开设，主要从高职高专应届毕业生中招录一批优秀学生，采取定向与非定向两种方式相结合的2年制本科职教师资培养模式。电子科学与技术（中职师资专升本）专业于2014年开始招生，2015年停招。

8.农学专业

农学专业于2014年开设。农学（中职师资专升本）专业开设时间为2014年和2016年两年，主要从高职高专应届毕业生中招录一批优秀学生，采取定向与非定向两种方式相结合的2年制本科职教师资培养模式。

9.动画专业

动画专业于2010年开始招收本科生，设有普通本科（职教师资）（2010年至2016年招生）、专升本（职教师资）（2010年至2015年招生）两类生源本科生。

10.视觉传达与设计专业

视觉传达与设计专业的前身是艺术设计专业，于2009年开始招收本科生（职教师资），2012年按艺术设计（视觉传达方向）（职教师资）专业招生。2012年教育部本科专业目录调整，2013年起招收视觉传达与设计（职教师资）专业，2017年停招。

11.服装与服饰设计专业

服装与服饰设计专业于2015年开始招收中职升本生源的本科生，2017年停招。

12.环境设计专业

环境设计专业的前身是艺术设计专业，于2009年开始招收本科生（职教师资）。2012年按艺术设计（环境设计方向）（职教师资）专业招生。2012年教育部本科专业目录调整，2013年起招收环境设计专业。设有普通本科（职教师资）（2013年至2019年招生）、专升本（职教师资）（2013年至2017年招生）、中职升本（2013年、2016年和2017年招生）三类生源本科生。

13.学前教育专业

学前教育专业于2012年开始招收本科生，设有普通本科（职教师资）（2012至2018年招生）、专升本（职教师资）（2012至2017年招生）、中职升本（2013至2018年招生）三类生源本科生。

14.秘书学专业

秘书学专业的前身是文秘教育专业，于2009年开始招收本科生。2012年教育部本科专业目录调整，2013年起招收秘书学专业。设有本科（职教师资）（2009年至2019年招生）、专升本（职教师资）（2009年至2017年招生）两类生源本科生。2016年开始培养公共管理与服务方向教育硕士（职教领域）研究生。

15.电子信息工程专业

电子信息工程专业于2009年开始招收本科生（职教师资），2020年停招。2016年开始培养信息技术方向教育硕士（职教领域）研究生。

16.计算机科学与技术专业

计算机科学与技术专业于2009年开始招收本科生。设有普通本科（职教师资）（2009年至2019年招生）、专升本（职教师资）（2009年、2010年、2016年、2017年招生）、中职升本（2013年、2015年、2016年招生）三类生源本科生。2016年开始培养信息技术方向教育硕士（职教领域）研究生。

17.会计学专业

会计学专业于2010年开始招收本科生。设有普通本科（职教师资）（2010年至2019年招生）、专升本（职教师资）（2010年至2017年招生）、中职师资专升本（2014年至2017年招生）、中职升本（2013年至2017年招生）四类生源本科生。2021年开始培养财经商贸方向教育硕士（职教领域）研究生。

18.物流管理专业

物流管理专业于2011年开始招收本科生。设有普通本科（职教师资）（2011年至2019年招生）、专升本（职教师资）（2013年至2015年、2017年招生）两类生源本科生。2021年开始培养财经商贸方向教育硕士（职教领域）研究生。

(二十) 设计学院专业简介

1.视觉传达设计专业

视觉传达设计专业最初为艺术设计专业下设的方向，2001年开始招生。2012年正式成为独立设置的视觉传达设计专业，2013年起招收视觉传达设计专业本科生。2014年获批广西高等学校优势特色专业。

2.环境设计专业

环境设计专业最初为艺术设计专业下设的方向，2002年开始招生。2012年成为独立设置的环境设计专业，2013年起招收环境设计专业本科生。2017年实施"环境设计独秀试验班"计划。2021年获批自治区一流本科专业建设点。

3.服装与服饰设计专业

服装与服饰设计专业最初为艺术设计专业下设的方向，于2006年开始招生。2012年正式成为独立设置的服装与服饰设计专业，2013年起招收服装与服饰设计（含按服装设计与表演方向培养）专业本科生。2014年获批广西高等学校优势特色专业。

4.产品设计专业

产品设计专业脱胎于工业设计和艺术设计专业，2012年正式成立产品设计专业，2013年起招收产品设计专业本科生。2019年获批自治区级一流本科专业建设点，拥有1门自治区级一流本科课程。

5.工业设计专业

工业设计专业设置于2012年，并于同年招收工业设计专业本科生。2019年学院对学科专业进行优化调整，整合专业力量和教学资源，暂停该专业招生。

6.动画专业

动画专业设置于2009年，于2010年招收动画专业本科生。2014年获批广西动漫人才培养基地，2021年获自治区一流本科专业建设点。

7.视觉传达设计（中外合作办学）专业

广西师范大学与韩国韩瑞大学中外合作办学视觉传达设计专业本科教育项目于2019年获教育部批准，是广西设计类专业唯一获教育部批准的中外合作办学项目，于2020年正式招生。

(二十一)国际文化教育学院专业简介

1.英语（中美、中加、中英校际交流项目）

采用"2+2"中外校际交流联合培养模式，是全日制普通高等教育专业，列入国家普通高校招生计划，参加全国统一招生考试。从2007年起开设中美、中英项目，外方合作高校分别为美国威斯康星大学拉克罗斯分校和英国格林多大学。2009年起与加拿大滑铁卢大学瑞尼森学院合作开设中加项目。

2.汉语言专业

前身为成立于20世纪80年代初的广西师范大学对外汉语培训中心，2000年汉语系成立，2017年获教育部批准设立汉语言本科专业，为非师范类应用型专业，非普通全日制，只招收国际学生。

（教务处整理）

471

四、学科调整沿革

(一) 博士学位授权点

0305马克思主义理论一级学科博士学位授权点

2006年获马克思主义基本原理、思想政治教育2个二级学科博士学位授权点，2007年获马克思主义理论博士后流动站，2011年获得马克思主义理论一级学科博士学位授权点，是5个少数民族自治区中设立的第一个马克思主义理论一级学科博士学位授权点。目前，该学位点已招收马克思主义基本原理、马克思主义发展史、马克思主义中国化研究、思想政治教育、中国近现代史基本问题研究、党的建设等6个学科专业方向的博士研究生。

0401教育学一级学科博士学位授权点

2018年获教育学一级学科博士学位授权点，下设教育学原理、高等教育学、民族文化教育、课程教学论、学前教育学等5个研究方向。2019年开始招生，是广西唯一的教育学一级学科博士学位授权点。

0403体育学一级学科博士学位授权点

2018年获体育学一级学科博士学位授权点，下设体育人文社会学、运动人体科学、体育教育训练学、民族传统体育学等4个研究方向。该学位点2019年开始招生，是广西唯一的体育学一级学科博士授权点，是全国唯一的少数民族地区体育学一级学科博士授权点。

0501中国语言文学一级学科博士学位授权点

2006年获中国古代文学二级学科博士学位授权点，2012年获批中国语言文学一级学科博士后科研流动站，2018年获批中国语言文学一级学科博士学位授权点，下设文艺学、中国古代文学、中国现当代文学、汉语言文字学、中国少数民族语言文学5个研究方向。

0603世界史一级学科博士学位授权点

2021年获世界史一级学科博士学位授权点，2022年起开始招收博士研究生。下设世界地区与国别史、世界古代中世纪史、世界近现代史等3个研究方向。

0702物理学一级学科博士学位授权点

2021年11月获物理学一级学科博士学位授权点，2022年起开始招收博士研究生。下设粒子物理与原子核物理、理论物理、凝聚态物理、光学等4个研究方向。

0703化学一级学科博士学位授权点

2011年获化学一级学科博士学位授权点。2012年开始招收博士研究生。2012年获批设立化学学科博士后科研流动站，形成了化学学科本、硕、博、博士后完备的高层次人才培养体系。下设无机化学、有机化学、分析化学、物理化学、高分子化学与物理、化学生物学等6个研究方向。

0835软件工程一级学科博士学位授权点

2018年获软件工程一级学科博士学位授权点，是学校也是广西首个计算机类博士学位授权点，2019年开始招收博士研究生，由此形成了软件工程学科从学士、硕士到博士的完备的高层次人才培养体系。下设数据科学与知识工程、软件服务及安全技术、软件工程基础理论与方法、面向领域的智能软件等研究方向。

0451b教育博士专业学位授权点

2021年获教育博士专业学位授权点，是学校首个博士专业学位授权点，也是广西首个文科博士专业学位授权点，2022年开始招收博士研究生。下设教育领导与管理、学校课程与教学、学生发展与教育等3个领域。

(二) 一级学科硕士学位授权点

0101哲学一级学科硕士学位授权点

1984年获马克思主义哲学硕士研究生授权点，于1999年、2000年、2004年又分别获得伦理学美学、西方哲学、科技哲学等二级学科硕士学位授予权。2018年获哲学一级学科硕士学位授权点。目前，哲学一级学科下设有马克思主义哲学、伦理学、科学技术哲学、外国哲学、美学、中国哲学等研究方向。

0201理论经济学一级学科硕士学位授权点

2003年获经济史硕士学位授权，2019年获理论经济学一级学科硕士学位授权点，下设政治经济学、人口、资源与环境经济学、世界经济3个研究方向。

0202应用经济学一级学科硕士学位授权点

1996年获国民经济学二级学科硕士学位点，2011年获应用经济学一级学科硕士学位授权点，下设区域经济学、财政学、金融学、产业经济学、国际贸易学、数量经济学等研究方向。

0301法学一级学科硕士学位授权点

2011年获法学一级学科硕士学位授权点，是广西首批法学一级学科硕士学位授权点。下设法学理论、宪法学与行政法学、刑法学、民商法学、经济法学、国际法学、知识产权法（自设）等研究方向。

0302政治学一级学科硕士学位授权点

1998年获中共党史二级学科授权点，2004年获科学社会主义与国际共产主义运动二级学科。2006年获政治学一级学科硕士点，下设政治学理论、中共党史、科学社会主义与国际共产主义、国际关系、国际政治等研究方向。

0305马克思主义理论一级学科硕士学位授权点

1999年获马克思主义理论与思想政治教育硕士研究生授权点，2006年获马克思主义理论一级学科硕士学位授权点。目前，下设马克思主义基本原理、马克思主义发展史、马克思主义中国化研究、国外马克思主义研究、思想政治教育、中国近现代史基本问题研究、党的建设等7个研究方向。

0401教育学一级学科硕士学位授权点

1986年获课程与教学论二级学科硕士学位授权，2000年获教育学原理硕士学位授权，2003年获学前教育学、高等教育学等硕士学位授权，2006年获教育技术学等硕士学位授权，2011年获教育学一级学科硕士学位点。下设教育学原理、课程教学论、比较教育学、学前教育学、高等教育学、承认教育学、职业技术教育学、特殊教育学、教育技术学、教师教育、民族教育、少年儿童组织与思想意识教育等研究方向。

0402心理学一级学科硕士学位授权点

2001年开始招收心理健康教育硕士，2006年获发展与教育心理学二级学科硕士学位授予权，2018年获心理学一级学科硕士学位授权点。下设基础心理学、社会心理学和教育与学校心理学3个研究方向。

0403体育学一级学科硕士学位授权点

1994年开始招收课程与教学论体育研究方向硕士研究生，2000年获体育教育训练学专业硕士点，2003年获体育人文社会学专业硕士点，2009年，获体育硕士专业学位授权点，2011年获体育学一级学科硕士学位授权点。

0501中国语言文学一级学科硕士学位授权点

1978年开始招收中国古代文学、现代汉语、汉语史、现代文学硕士研究生，1981年获中国古代文学、汉语史二级学科硕士学位授予权，1983年获中国现代文学硕士学位授予权，2006年获中国语言文学一级学科硕士学位授权点，下设中国古代文学、中国古典文献学、文艺学、中国现当代文学、比较文学与世界文学、民间文学与民族文化、汉语言文字学、语言学及应用语言学、写作学、文学传播学等10个研究方向。

0502外国语言文学一级学科硕士学位授权点

1979年开始招收英语语言文学专业硕士生，1984年获英语语言文学硕士学位授权，

2003年获外国语言学及应用语言学硕士学位授权，2011年获外国语言文学一级学科硕士学位授权点。下设英语语言文学、外国语言学及应用语言学、日语语言文学、亚非语言文学等研究方向。

0602中国史一级学科硕士学位授权点

1984年获中国近现代史硕士学位授权，2000年获专门史硕士学位授权，2003年获中国古代史硕士学位授权，2006年获中国史一级学科硕士学位授权点，下设史学理论及史学史、历史地理学、历史文献学、专门史、中国古代史、中国近现代史研究方向。

0603世界史一级学科硕士学位授权点

2011年获世界史一级学科硕士学位授权点，是广西唯一的世界史一级学科硕士学位授权点。下设世界地区与国别史、世界古代中世纪史、世界近现代史等研究方向。

0701数学一级学科硕士学位授权点

1990年开始招收基础数学方向硕士研究生，2000年基础数学学科被批准为广西重点建设学科，2006年被批准为广西重点学科，2006年获数学一级学科硕士学位授予权点。下设基础数学、计算数学、概率论与数理统计、应用数学等4个研究方向。

0702物理学一级学科硕士学位授权点

1993年获理论物理专业硕士学位授权，1996年获物理教育硕士专业学位招生权，2011年获物理学一级学科硕士学位授权。下设粒子物理与原子核物理、理论物理、凝聚态物理、光学、物理教育等研究方向。

0703化学一级学科硕士学位授权点

1982年开始招收有机化学硕士研究生，1984年开始招收物理化学硕士研究生，1986年获有机化学硕士学位授权，1987年开始招收无机化学硕士研究生，1993年获无机化学硕士学位授权，2006年获化学一级学科硕士学位授权点。下设无机化学、有机化学、分析化学、物理化学、高分子化学与物理、合成与天然药物化学、材料化学、化学生物学等研究方向。

0710生物学一级学科硕士学位授权点

2003年获动物学、生物化学与分子生物学硕士学位授权，2006年获植物学硕士学位授权，2011年获生物学一级学科硕士学位授权点。下设植物学、动物学、微生物学、生物化学与分子生物学、遗传学、细胞生物学等研究方向。

0711系统科学一级学科硕士学位授权点

2019年获系统科学一级学科硕士学位授权点，也是广西唯一具有系统科学硕士学位授权点的高校。下设智能交通系统与应急管理、复杂系统建模与调控、系统理论、系统分析与集成、类脑计算与集成优化等研究方向。

0713生态学一级学科硕士学位授权点

1998年获得生态学二级学科硕士学位授权点，2011年获生态学一级学科硕士学位授权点，下设动物生态学、植物生态学、保护生物学、恢复生态学、可持续生态学等研究方向。

0714统计学一级学科硕士学位授权点

1986年开始招收概率论与数理统计方向硕士研究生，2000年获概率论与数理统计专业硕士学位授权；2011年获统计学一级学科硕士学位授权点。统计学一级学科硕士点下设数理统计、社会经济统计、金融统计和应用统计等4个研究方向。

0809电子科学与技术一级学科硕士学位授权点

1990年获电路与系统二级学科硕士学位授权点，是广西高校该学科最早获得硕士授予权的单位，1991年开始招生。2011年获电子科学与技术一级硕士学位授权点，二级学科电路与系统2013年成为自治区重点学科。

0812计算机科学与技术一级学科硕士学位授权点

2003年获计算机应用技术硕士学位授权，2011年获计算机科学与技术一级学科硕士学位授权点。下设计算机系统结构、分布式系统与可信计算、软件与理论应用、人工智能与应用等研究方向。

0817化学工程与技术一级学科硕士学位授权点

2000年、2003年分别获批应用化学、化学工艺二级学科硕士点，2011年获批设立化学工程与技术一级学科硕士学位授权点。下设化学工程、应用化学、工业催化3个研究方向。

0830环境科学与工程一级学科硕士学位授权点

2005年开始招收环境科学与工程硕士研究生。2011年获环境科学与工程一级学科授权点。下设环境分析化学、环境功能材料、环境生态修复、环境污染控制、地表环境过程5个研究方向。

0835软件工程一级学科硕士学位授权点

2011年获软件工程一级学科硕士学位授权点，2012年开始招收硕士研究生。下设数据科学与工程、可信软件服务、软件工程基础理论和方法等方向。

1202工商管理一级学科硕士学位授权点

2011年获工商管理二级学科硕士学位授权点，2018年获工商管理一级学科硕士学位授权点。下设企业管理、旅游管理、会计学等研究方向。

1204公共管理一级学科硕士学位授权点

1998年获教育经济与管理硕士学位授权，2006年获行政管理、社会保障硕士学位授权，2010年获公共管理硕士专业学位授权点，2017年获公共管理一级学科硕士学位授权点。下设行政管理、社会保障、社会医学与卫生事业管理、教育经济与管理等4个研究方向。

1302音乐与舞蹈学一级学科硕士学位授权点

2011年获音乐与舞蹈学一级学科硕士学位授权点，2012年开始招收音乐与舞蹈学硕士研究生。下设音乐史学、民族音乐学、音乐教育学、作曲技术理论、表演艺术理论等5个研究方向。

1304美术学一级学科硕士学位授权点

2006年获美术学一级学科硕士学位授权点。下设中国画与书法艺术研究与实践、造型艺术研究与实践和实验艺术研究与实践3个研究方向。

1305设计学一级学科硕士学位授权点

2016年获设计学一级学科硕士学位授权点。下设非遗传承与民族教育、文化旅游与智慧设计、传统聚落与生态重塑3个研究方向。

(三) 硕士专业学位授权点

0251金融硕士专业学位授权点

2010年获金融学二级学科学术硕士授予权，2018年获金融硕士专业学位授权点。下设区域金融理论与实务、金融市场与金融投资、中小型金融机构、金融科技等领域。

0252应用统计硕士专业学位授权点

1986年开始招收概率论与数理统计方向硕士研究生，2000年获概率论与数理统计硕士专业学位授权，2010年获应用统计硕士专业学位授权点，是全国第一批应用统计专业硕士学位授权点。下设经济统计、教育统计、金融统计和应用统计等领域。

0351法律硕士专业学位授权点

2007年获法律硕士专业学位授权点，为广西首个法律硕士学位点。下设法律硕士(非法学)、法律硕士（法学）等领域。

0352社会工作硕士专业学位授权点

2003年获社会学专业硕士授予权时设立社会工作研究方向，2009年经国务院学位办批准获得社会工作专业硕士招生资格，为全国第一批社会工作硕士招生单位（全国33所高校）和广西第一家招收社会工作硕士的高校，并于2010年开始招收和培养社会工作专业硕士生。

0451教育硕士专业学位授权点

1996年，学校作为全国获批教育硕士专业学位首批试点单位，获批教育硕士专业学位授权点。1998年教育管理专业开始招生。从2009年起，开始了全日制教育硕士的培养办学。教育硕士涉及教育学部等14个二级培养单位，教育管理、学科教学（思政）、现代教育技术、心理健康教育、科学与技术教育、学前教育等17个招生领域。

0452体育硕士专业学位授权点

2009年获体育硕士专业学位授权，在体育教学、运动训练、社会体育指导三个专业方向招生。2021年，体育硕士学制由2年修改为3年。

0453汉语国际教育硕士专业学位授权点

2009年获汉语国际教育硕士专业学位授权点，2010年开始招生。

0454应用心理硕士专业学位授权点

2014年获应用心理硕士专业学位授权点，2015年开始招生。下设社会与经济心理学、心理健康与咨询等领域。

0551翻译硕士专业学位授权点

2010年获翻译硕士专业学位授权点，2011年开始招生。下设英语笔译、英语口译、日语笔译、朝鲜语笔译4个领域。

0553出版硕士专业学位授权点

2018年获出版硕士专业学位授权点，不分领域，2019年开始招生。

0651文物与博物馆硕士专业学位授权点

2018年获文物与博物馆硕士专业学位授权点，2019年开始招生。

0854电子信息硕士专业学位授权点

2010年获工程硕士（电子与通信工程）学位授权点，2014年获得工程硕士（软件工程）学位授权点，2019年调整为电子信息硕士专业学位授权点，下设电子信息（软件工程）、电子信息（电子与通信工程）等领域。

0856材料与化工硕士专业学位授权点

2021年获材料与化工硕士专业学位授权点，2023年开始招生。

0857资源与环境硕士专业学位授权点

2021年获资源与环境硕士专业学位授权点，2023年开始招生。

0860生物与医药硕士专业学位授权点

前身是创办于2008年的化工与制药，2012年改名为制药工程。2013年药物化学被评为广西重点学科，2014年被遴选为广西优势特色专业，同年工程硕士（制药工程）获得教育部批准并于2015年开始招生。2019年工程硕士（制药工程）专业名称调整为生物与医药。

0954林业硕士专业学位授权点

2018年获林业硕士专业学位授权点，下设野生动植物保护与资源利用、森林生态恢复与管理、经济林培育与经营3个研究方向。

1251工商管理（MBA）硕士专业学位授权点

2010年经国务院学位委员会批准获得授权，为全国第九批工商管理专业硕士（MBA）培养单位，2011年开始招收工商管理硕士专业学位研究生。

1252公共管理（MPA）硕士专业学位授权点

2010年获得授权，为全国第五批公共管理专业硕士学位授权点之一，是广西第二批获得公共管理专业硕士学位的授权点。2011年开始招收公共管理硕士专业学位研究生。

1254旅游管理硕士专业学位授权点

2010年广西师范大学成为旅游管理硕士专业学位（MTA）培养单位，是全国首批获得MTA招生资格的高校之一。

1255图书情报硕士专业学位授权点

2021年获图书情报硕士专业学位授权点，2023年开始招生。下设情投分析与服务领域。

1351艺术硕士专业学位授权点

2014年获艺术硕士专业学位授权点，2015年开始分领域招收艺术硕士研究生。下设音乐、舞蹈、美术、艺术设计等4个领域。

（研究生院整理）

五、历届党政主要领导

序号	姓名	类别	人物简介
1	杨东莼	首任校长	杨东莼（1900—1979），原名岂匏，号人杞，湖南醴陵人，历史学家、教育家、社会活动家。1919年考入北京大学。1923年加入中国共产党。1927年前往日本留学。1930年回国后，曾任中山大学教授、广西地方建设干部学校校长，武汉大学、四川大学、厦门大学教授，香港达德学院代理院长、香港《大公报》顾问。新中国成立后历任广西大学校长、华中师范学院院长、国务院副秘书长、民进中央副主席、全国人大常委会委员等职。1932年10月—1934年5月，任广西省立师范专科学校首任校长。

序号	姓名	类别	人物简介
2	罗尔莱	行政主要负责人	罗尔莱（1888—1987），广西贵县人。在北平医专求学后回到广西做医生，曾任贵县中学校长、广西省政府卫生处顾问、平乐医院院长兼分院院长。新中国成立后任贵县卫生院院长、梧州医院院长、南宁市一医院医师等职，直到1965年退休。 1934年5月—1934年10月，任广西省立师范专科学校校长。
3	郭任吾	行政主要负责人	郭任吾（1902—1969），广西桂林人。1924年考入黄埔军校，曾留学莫斯科逸仙大学，回国后曾任广西教育厅设计委员、广西省立三中校长、桂林中学校长、武汉大学教授等职。 1934年10月—1936年6月，任广西省立师范专科学校校长。
4	曾作忠	行政主要负责人	曾作忠（1895—1977），字恕存，广西桂林人。北平高等师范学校毕业，华盛顿大学心理学博士。曾任暨南大学、复旦大学、圣约翰大学、云南大学、西南联合大学教授。1941年回桂林重建桂林师范学院，担任教授兼院长。新中国成立后，任教于广西大学、湖南大学。 1941年11月—1942年3月，任广西省立师范专科学校校长； 1942年3月—1943年7月，任省立桂林师范学院院长； 1943年7月—1947年5月，任国立桂林师范学院院长； 1947年5月—1948年2月，任国立南宁师范学院院长。
5	唐惜芬	行政主要负责人	唐惜芬（生卒年不详），广东恩平人。国立广东高等师范学校毕业，在美国加州大学获教育学士及硕士学位，曾任国民政府广西省教育厅科长、处长，国立中山大学教授、师范学院院长，教育部科长、督学、专门委员等职。 1948年2月—1949年1月，任国立南宁师范学院院长。
6	黄华表	行政主要负责人	黄华表（1897—1977），字重光，广西梧州人。复旦大学商科毕业，曾就读于华盛顿大学教育系、加州大学及丹佛大学研究院，获博士学位。1926年回国，曾任广西省教育厅厅长、浙江大学教授、复旦大学教授等职。 1949年1月至1949年5月，任国立南宁师范学院院长。
7	陈一百	行政主要负责人	陈一百（1909—1993），别号百一，广西北流人。美国康奈尔大学硕士，后在加州大学和斯坦福大学研究院深造。回国后曾任教于上海光华大学、大夏大学、中山大学、华南师范学院、广东师范学院、广东教育学院等。全国政协委员，民进广东省第一届委员会主任委员。 1949年5月至1949年11月，任国立南宁师范学院院长。
8	岳健	党组织主要负责人	1953年10月—1955年6月，任广西师范学院党支部书记。

90 周年 90 件大事

序号	姓名	类别	人物简介
9	李迪生	行政主要负责人	李迪生（1913—1956），原名李春潮，又名春芳、黎炎，陕西省户县人。1936年在日本早稻田大学、帝国大学攻读文学。1938年参加革命，同年12月加入中国共产党。曾任徐州市教育局局长、广西省人民委员会文教办公室副主任、广西省教育厅副厅长。1954年，因受胡风同案人贾植芳问题的牵连，受到组织审查，于1956年3月3日不幸逝世。1980年7月1日，中共广西壮族自治区委员会为他平反，其骨灰安放在南宁市革命烈士公园。 1953年10月至1954年3月，任广西师范学院筹委会主任。
10	梁唐晋	党组织主要负责人、行政主要负责人	梁唐晋（1909—2005），原名梁鸿江，曾用名梁鹏、梁恨天、亚尔、梁淮成，陕西汉阴县人，著名教育家。1935年之前，曾在复旦大学教育系学习。1936年投身抗日救国活动。1939年3月加入中国共产党。曾任陕西汉阴简易师范学校教导主任、中原人民政府教育部（河南）督学、中原大学（武汉）第二分部主任、广西桂林军管会广西大学军事代表。新中国成立后，曾任广西人民革命大学秘书长、教务长，广西教师进修学院院长、党委书记，全州县委书记、广西林学院院长、广西农学院副院长、广西中医学院党委书记等职。 1954年3月—1955年9月，任广西师范学院代院长； 1955年6月—1956年9月，任广西师范学院党总支书记； 1955年9月—1957年9月，任广西师范学院院长； 1957年3月—1957年9月，任广西师范学院党委书记。
11	刘庆仙	党组织主要负责人	1956年10月—1957年2月，任广西师范学院党总支书记。
12	杨江	党组织主要负责人	杨江（1911—1991），原名路伟良，字家元，广西融水县人。1934年毕业于广西省立师范专科学校。新中国成立前，曾在广西地方建设干校、桂林师范学校、重庆乡建学院等学校任教，并从事革命工作。新中国成立后，曾任云南文山地委书记兼军分区司令员、武定地委书记、中央第一机械部劳动工资司司长等职。 1957年9月至1966年6月，任广西师范学院党委书记。
13	张云莹	行政主要负责人	张云莹（1912—1966），天津人。1933年9月考入国立北平师范大学（今北京师范大学）教育系。1935年参加"一二·九"爱国学生运动。1936年参加北京民族解放先锋队，1937年毕业，分配到陕西省立二中任教。1938年10月，到延安陕北公学高级班学习，同年加入中国共产党。1939年2月到陕甘宁边区中共绥德特委工作，此后在晋察冀边区从事教育工作多年。1949年至1957年间，先后担任全国总工会干部学校副校长、党委书记等职。 1957年9月至1966年6月，任广西师范学院院长。
14	张留先	行政主要负责人	1968年11月—1969年5月，任广西师范学院革委会主任。（未到任）

序号	姓名	类别	人物简介
15	张永华	行政主要负责人	1969年5月—1971年5月，任广西师范学院革委会主任。
16	王远明	党组织主要负责人	1972年1月—1973年12月，任广西师范学院革委会党的核心小组组长。
17	崔毅	党组织主要负责人、行政主要负责人	崔毅（1923—2009），山东临淄人。曾任山东博兴县青年救国会会长、中共清河区清中地委青委书记、中共德州市委书记、中共渤海区津浦铁路工委副书记等职。新中国成立后曾任华东人民革命大学组织科科长、上海圣约翰大学党委书记、华东师范大学党委书记、华东文化教育委员会办公厅主任、广西大学副校长、广西教育局局长、中共中央宣传部办公厅代主任、教育部成人教育司司长等职。 1973年12月至1975年5月，任广西师范学院革委会党的核心小组组长； 1973年12月至1976年6月，任广西师范学院革委会主任； 1975年5月至1976年6月，任广西师范学院党委书记。
18	梁正	党组织主要负责人、行政主要负责人	梁正（1922—2005），广东东莞人。1938年参加广东东江纵队，1939年加入中国共产党，1949年转业到地方工作，曾任东江纵队参谋、第三野战军保卫股股长、特派员、广东地方工作党支部书记，南京公安局侦察科科长，广西南宁市公安局局长、副市长，广西公安厅边防处处长，广西国家安全厅厅长等职。 1976年6月至1978年11月，任广西师范学院革委会主任； 1976年6月至1980年3月，任广西师范学院党委书记； 1978年11月至1980年3月，任广西师范学院院长。
19	刘群	党组织主要负责人、行政主要负责人	刘群（1918—2006），曾用名刘殿甲、刘迈群，山东邹平人。长山中学毕业。1938年3月参加革命工作。1938年6月加入中国共产党。曾任八路军山东纵队第三支队副连长、山东清河区党委群委会书记、中央商业部生产企业管理局第一局长等职。1958年调往广西，曾先后任广西农学院副院长，百色医专（今右江医学院）、桂林医学院党委书记，广西大学党委副书记、副校长，广西自然辩证法研究学会副理事长等职。 1980年3月至1982年6月，任广西师范学院院长； 1980年3月至1984年6月，任广西师范学院党委书记。
20	李德韩	行政主要负责人	李德韩（1920—2003），湖南省桂阳县人。1942年10月至1946年6月就读于国立中山大学，1948年7月毕业于国立南宁师范学院教育系，1947年3月至1949年11月在广西从事学生运动和地下革命活动。曾任中共广西省委宣传部理论教育处副处长，广西省教育厅高教处处长，广西师范学院、广西教育学院、广西民族学院副院长等职。 1982年6月至1983年5月，任广西师范学院党委副书记、院长； 1983年5月至1984年6月，任广西师范大学党委副书记、校长。

序号	姓名	类别	人物简介
21	朱天恩	党组织主要负责人	朱天恩（1933— ），广东省广州市人。1957年毕业于北京师范大学后即到校工作。曾任外语系党总支副书记、书记、教务处处长、校党委副书记、党委书记等职。 1986年12月至1990年10月，任广西师范大学党委书记。
22	陈光旨	党组织主要负责人、行政主要负责人	陈光旨（1934— ），重庆荣昌人，教授。1957年毕业于西南师范大学，曾任学校物理系主任、副校长、副书记、校长、书记，广西大学校长、党委副书记，国家督学，中共广西壮族自治区党委第六届委员会委员、政协广西第七届委员会委员、教文体委员会副主任等职，享受国务院政府特殊津贴专家。 1986年12月至1991年7月，任广西师范大学校长（其间，1986年6月至1991年4月兼任党委副书记）； 1991年4月至1991年7月，任广西师范大学党委书记。
23	黄介山	党组织主要负责人、行政主要负责人	黄介山（1943— ），江苏南通人，教授，硕士生导师。1967年毕业于北京大学中文系。1983年起到校任职，曾任干训部副主任、党办副主任、中文系党总支书记，校党委副书记、书记、校长等职。曾任自治区人大代表、政协委员，受聘教育部国家督学，被评为全国优秀党务工作者。 1991年7月至2004年9月，任广西师范大学党委书记，其间，1997年3月至2002年1月，兼任广西师范大学校长。
24	王炜炘	行政主要负责人	王炜炘（1933—2017），江苏常熟人，教授，硕士生导师。1957年毕业于华东师范大学数学系。曾任学校数学系副主任、副校长、校长兼党委副书记、出版社社长、自治区政府督学等职。享受国务院政府特殊津贴专家。 1991年7月至1993年8月，任广西师范大学党委副书记、校长。
25	张葆全	行政主要负责人	张葆全（1936— ），广西桂林人，教授，硕士生导师。1961年毕业于广西师范学院（今广西师范大学）中文系，曾任中文系副主任、副校长、校长、党委副书记等职。享受国务院政府特殊津贴专家、全国教育系统劳动模范、全国先进工作者。 1993年8月至1997年3月，任广西师范大学党委副书记、校长。
26	陈大克	党组织主要负责人	陈大克（1954— ），海南文昌人，教授，硕士生导师。1984年6月加入中国共产党，1982年1月参加工作。曾任桂林工学院党委书记、院长，广西壮族自治区科学技术厅党组书记、厅长等职。 2004年9月至2007年4月，任广西师范大学党委书记。

序号	姓名	类别	人物简介
27	梁宏	行政主要负责人	梁宏（1964—　），广西北流人，博士，二级教授，博士生导师，广西科协副主席。国家"万人计划"百千万工程领军人才，享受国务院政府特殊津贴专家，首批国家"百千万人才工程"人选，国家有突出贡献的中青年专家，全国优秀科技工作者，获中国青年科技奖、教育部"高校青年教师奖"、中国科协"西部开发突出贡献奖"。2002年1月至2017年7月，任广西师范大学党委副书记、校长。
28	王枬	党组织主要负责人	王枬（1960—　），辽宁沈阳人，二级教授，博士生导师。1982年毕业于广西师范学院（今广西师范大学），2000年获华东师范大学博士学位。曾任广西师范大学教育系主任、教科院院长，桂林旅游高等专科学校校长、书记等职。全国巾帼建功标兵、广西高校教学名师、广西高校杰出科技人才、广西优秀专家，享受国务院政府特殊津贴专家。2007年8月至2017年6月，任广西师范大学党委书记。
29	邓军	党组织主要负责人	邓军（1965—　），广西灌阳人，二级教授，编审，博士生导师，广西壮族自治区第十三届人民代表大会常务委员会委员。曾任广西艺术学院党委副书记、纪委书记，广西大学党委副书记、广西艺术学院党委书记。2017年6月至2022年5月，任广西师范大学党委书记。
30	贺祖斌	行政主要负责人	贺祖斌（1965—　），广西灌阳人，二级教授，博士生导师。1987年毕业于广西师范大学，2004年获华中科技大学教育学博士学位。广西社科联副主席，第十二届自治区政协委员。曾任广西师范大学副校长，广西师范学院副院长，广西广播电视大学校长，厦门大学校长助理（挂职），玉林师范学院院长。入选国家"万人计划"哲学社会科学领军人才，全国文化名家暨"四个一批"理论人才，享受国务院政府特殊津贴专家，广西优秀专家等。2017年7月至今，任广西师范大学党委副书记、校长。

（党办整理）

后记

　　九十年风雨兼程，九十载弦歌不辍。1932年，在抗日烽火中创办的广西省立师范专科学校，已走过了90年不平凡之路，创造了不平凡的光辉历史。在90年的历史长河中，学校发生了许多大事要事。从"激情燃烧的小莫斯科"的广西省立师范专科学校到"西南民主堡垒"的国立桂林师范学院，从院系调整后被誉为"广西教师教育摇篮"的广西师范学院，再到改革开放后蓬勃发展的广西师范大学，学校始终与国家和民族同向同行，培养了45万余名教师和其他各类人才。经过数代师大人的接续奋斗，学校已发展成为教育部与广西壮族自治区人民政府共建高校、"中西部高校基础能力建设工程项目"高校、广西重点支持建设"国内一流大学"的高校。

　　为庆祝建校90周年，呈现学校90年来发生的重要历史事件，2021年11月，学校决定编写广西师范大学90周年校庆系列丛书，其中就包含《90周年90件大事》一书。本书通过讲述学校90件大事，旨在重温学校走过的光辉历程，激发全体师生、广大校友爱校荣校的意识，凝聚力量、继续前行，共同谱写学校新的发展篇章。

何为大事？简而言之，就是重大的事件，重要的事情。要从90年的历史中，遴选90件大事，是一项不容易的工作。为此，学校决定由贺祖斌校长亲自组织，并由校长办公室牵头，成立了谭智雄、刘朝文、谢凌香为副组长，杨凯、谢婷婷、陈鹏、卢春华、张乾一、朱会华、李健、王董、钟婉莹、赵剑光、赵萌萌、车向清为成员的编写组。编写组反复研究，酝酿沟通，确定了入选本书大事的标准，就是学校各时期成立、撤销、合并、迁址的重要办学历史情况；学校各时期国家领导人或重要名人到校的重要历史事件；学校各时期召开的重要会议、确立的重要改革措施；学校各时期完成的重大任务，一级学科博士点、一流学科、国家级一流本科专业建设点等获得和建设情况；学校各时期获得重要教学科研成果和平台等重要情况；学校各时期获得国家级表彰的重要历史事件；学校各时期重要基建建设工程的兴建、竣工等；学校各学院（部）和相关部门设立发展情况、学科专业调整情况；其他对学校发展产生重要影响的事件。

确定大事标准后，编写组从2021年12月初开始，通过查阅年鉴、校史资料，发布征集大事候选事件通知，多次组织专家召开大事名单论证会等，最终从150多个事件中确立了成书中的90件大事。书稿前后历经半年，完成书稿后，编写组先后发送相关老校领导和部分在任校领导、专家和部门负责人审核修改。在此过程中，贺祖斌校长以大视野的历史观和人文情怀，提出"90周年90系列"的构想，并多次对本书的编写提出具体详细的指导意见。经过执笔人和审校人、审稿人的反复修改完善，编写组统筹，最终形成了书稿。本书大事件按时间顺序，大体可分为广西师专筹备时期、广西省立师范专科学校时期、国立桂林师范学院时期、国立南宁师范学院时期、广西师范学院时期、广西师范大学时期6个时期，共90个事件，附录5个事件，较为全面、客观地记载了学校各个时期影响力较大的事件，呈现了学校90年来值得致敬、值得纪念的历史细节，展现了学校走过的不平凡的、光辉的90年。当然，由于部分事件发生时间较为久远，资料较少，加之编者水平有限，时间仓促，难免存在不完善之处，敬请全体师生、广大校友和读者谅解。我们也期待后来人继续修改完善，丰富学校校史书写，展现师大更为全面的发展历程。

在《90周年90件大事》的编写过程中，学校党政领导给予了直接指导，各学院（部）各单位及全体师生员工、校友给予了大力支持和帮助，已经离任的原校领导张葆全、黄介山、王枬、梁宏、邓军，在任校领导赵铁、苏桂发和专家唐凌、黄伟林等，以极高的热情和专业的态度，为本书的编写和文稿的撰写提出了大量宝贵的修改意见。编写组人员加班加点，多次打磨，不断完善书稿。除了编写组同志，还有丁慧、王忠、王剑、王志勇、王然、王燕、马玮岐、代猛、邓宇、吕芳、华静、刘莹、刘嘉、江庆彬、孙中会、麦上锋、杜子壮、李延、李逊、李敏、李华铭、李闰华、李泽明、李晓玲、李婉茹、杨颖、杨日星、邹晓春、张文超、陈军、陈艳、陈凤洁、陈国华、林芳芳、罗元、周勇、周歧海、赵亮、姚劼宁、秦念、贾雅楠、徐小珍、唐晓琳、黄令、黄坚、黄世杰、黄世朗、黄荣幸、黄威桢、黄秋菊、黄晓红、黄河清、梁建春、宿程远、蒋毅、韩亚东、覃基笙、曾弘毅、谢绿、谢俊峰、谢晶晶、蒲智勇、谭智奇等也参与了编写；审校组人员李殷青、韦冬、郑国辉、吴骞、窦武等以极负责的态度，逐字逐句对文稿进行了审改。除了审校组的同志，还有韦敏、邓胜平、卢宇飞、白云、伍尚海、刘景、刘奕彤、刘翠秀、李颖、李冬梅、李宇杰、李林波、张婷婷、杨峰、杨荣辉、杨树喆、何云、何小明、陈子锋、陈欢欣、陈洪波、武正军、孟旭琼、钟学思、倪水雄、蒋丽萍、蒙志明、蒙冕武、樊中元、潘美德等也参与了审校。宣传部、档案馆提供了大量珍贵的照片。出版社编辑张洁等人为本书的出版，付出了大量辛勤劳动。在此，我们谨向为本书付出心血的各位领导和参编人员、审稿人员、编辑人员等表示衷心的感谢！

九十年砥砺前行，九十载风华正茂。展望未来，一代代师大人将继

续秉持"尊师重道 敬业乐群"的校训精神和"弘文励教 至臻至善"的
独秀精神，自强不息，奋发图强，向建设国内一流、国际知名、教师教
育特色鲜明的国内高水平大学目标迈进，为国家和地方经济社会发展作
出新的更大的贡献。我们也期待，在往后的岁月中，学校能续写一个又
一个传奇！

《90周年90件大事》编写组

2022年9月